MÉMOIRES

DU DUC

DE SAINT-SIMON

XIX

TYPOGRAPHIE DE CH. LAHURE ET Cie
IMPRIMEURS DU SÉNAT ET DE LA COUR DE CASSATION
RUE DE VAUGIRARD, 9, A PARIS

MÉMOIRES

COMPLETS ET AUTHENTIQUES

DU DUC

DE SAINT-SIMON

SUR LE SIÈCLE DE LOUIS XIV ET LA RÉGENCE

COLLATIONNÉS SUR LE MANUSCRIT ORIGINAL PAR M. CHÉRUEL

ET PRÉCÉDÉS D'UNE NOTICE

PAR M. SAINTE-BEUVE DE L'ACADÉMIE FRANÇAISE

TOME DIX-NEUVIÈME

PARIS

LIBRAIRIE DE L. HACHETTE ET Cie

RUE PIERRE-SARRAZIN, N° 14

1858

MÉMOIRES
DE
SAINT-SIMON

CHAPITRE PREMIER.

Rang observé toujours dans l'ordre de la Toison d'or. — Quel est l'état de capitaine général des armées d'Espagne. — Médiannates et lansas des grands. — Appointements des maisons royales, des capitaines généraux et des conseils. — Explication sur les serments. — Quelles de ces personnes n'en prêtent point; quelles en prêtent, et entre quelles mains. — Buen-Retiro. — Casa del Campo. — L'Escurial. — Aranjuez. — Le Pardo. — La Sarçuela. — Le Pardillo. — Don Gaspard Giron; sa naissance, son caractère. — Du marquis de Villagarcias. — De Cucurani. — De Villafranca, introducteur des ambassadeurs. — Hyghens, premier médecin du roi d'Espagne; son caractère. — Hyghens m'engage à conférer secrètement avec le duc d'Ormond; son caractère. — Legendre, premier chirurgien; son caractère. — Ricœur, premier apothicaire; son caractère. — Marquis del Surco et sa femme; leur fortune, leur caractère. — Valouse; sa fortune, son caractère. — Hersent; son état, son caractère. — Cardinal Borgia; son caractère. — Garde et livrée. — Armendariz, lieutenant-colonel du régiment des gardes espagnoles; son caractère. — Titulados. — L'Excellence. — Comtesse d'Altamire; son caractère. — Caractère de quelques señoras de honor. — Don Domingo Guerra, confesseur de la reine; son caractère. —

MM. de Saint-Jean père et fils ; leur fortune et leur caractère. — Capitaines des gardes du corps et colonels des régiments des gardes prêtent seuls serment entre les mains du roi d'Espagne. — Salazar ; sa fortune et sa réputation.

CHEVALIERS DE L'ORDRE DE LA TOISON D'OR, EXISTANTS EN AVRIL 1722.

DE CHARLES II.

L'empereur.
Le prince Jacques Sobieski.
Le duc de Bejar.
Le duc de Lorraine.
Le duc de Bavière, électeur.
Le comte de Lemos.
Le prince de Chimay.
Le marquis de Conflans-Vatteville.
Le duc de Montéléon.

DE PHILIPPE V.

Le prince des Asturies.
Le duc d'Orléans, régent.
Le duc de Noailles.
Le comte de Toulouse.
Le duc de Berwick.
Le comte de Thöring, premier ministre de Bavière,
Le duc d'Albuquerque.
Le marquis de Villena.
Le duc de Popoli.
Le marquis de Richebourg.
Le prince Ragotzi.
Le prince de Masseran.
Le duc de Bournonville.
Le duc d'Atri.
Le prince de Robecque.
Le marquis de Beaufremont.
Le marquis d'Arpajon.
Le maréchal duc de Villars.
Le marquis de Brancas, depuis maréchal de France.
Le comte de Montijo.
Le duc de Liria.
Le marquis de Béthune, depuis duc de Sully.
Le prince Frédéric de Nassau.
Le marquis, depuis maréchal d'Asfeld.
Le marquis de Caylus.
Le duc Lellio Caraffa.
Le marquis Mari.
Le duc de Ruffec.
Le marquis, depuis maréchal de Maulevrier.
Le marquis, depuis maréchal de La Fare.

Cet ordre, non plus que celui de Saint-Jacques de Calatrava et d'Alcantara, ne souffre de rang ni de préférence que par l'ancienneté de réception entre les chevaliers, sans exception quelconque que des têtes couronnées, mais d'aucuns autres souverains, ni en même promotion d'autre préférence que de l'âge, tellement que le prince des Asturies, fils aîné de Philippe V, est le premier exemple de chevalier qui ait précédé ses anciens, et encore à la prière du roi, son père, en plein chapitre, accordée par les chevaliers, et sans conséquence pour tout ce qui ne seroit pas infant d'Espagne. A cet exemple, nos princes du sang, et même légitimés, ont prétendu le même honneur, lorsqu'il y a eu depuis des colliers envoyés en France, et des chevaliers à recevoir. Ces princes y ont trouvé beaucoup de résistance, tellement qu'ils ne se trouvent point aux chapitres lorsqu'il y a des chevaliers à recevoir, et qu'eux-mêmes ont reçu le collier sans cérémonie. Je diffère à parler de cette cérémonie de réception, et de quelques autres choses qui regardent cet ordre, à l'occasion de la réception de mon fils aîné.

CAPITAINES GÉNÉRAUX DES ARMÉES.

Le duc d'Arcos.
Le comte d'Aguilar.
Le marquis d'Ayétone.
Le duc de Saint-Pierre.
Le marquis de Bedmar.
Le marquis de Richebourg.
Le prince Pio[1].
Le comte de San-Estevan de Gormaz.
Le marquis de Lede.
  Ces neuf tous grands d'Espagne.

Le comte de Las Torrès est devenu enfin grand d'Espagne.
Le marquis de Casa-Fuerte.
Don François Manriquez.
Le marquis de Thouy.
Le marquis, depuis maréchal de Puységur.
Le marquis de Seissan.

C'est tout ce qu'il existoit de capitaines généraux d'armées, tandis que j'étois en Espagne. Ces capitaines géné-

---

1. Le duc de Popoli, grand d'Espagne, que j'oubliois.
(*Note de Saint-Simon.*

raux sont à l'égard du militaire, honneurs et commandements, semblables en tout à nos maréchaux de France, et prétendent rouler d'égal avec eux. Mais ils leur sont, au fond, totalement inférieurs, en ce qu'ils ne sont point officiers de la couronne, qu'ils ne sont ni juges de la noblesse sur le point d'honneur, ni supérieurs en rien à la noblesse, et qu'ils n'ont ni rang ni honneurs, hors des fonctions militaires, sinon l'excellence, traitement qui se borne à ce mot, dont je parlerai ailleurs.

MAISON DU ROI D'ESPAGNE LORSQUE J'Y ÉTOIS.

Majordome-major.

Le marquis de Villena, duc d'Escalona.

Majordomes de semaine.

Don Gaspar Giron.	Le comte de Casa-Real.
Le marquis de Villagarcias.	Le comte Cucurani.

Surnuméraires.

Le comte Saratelli.	Le marquis d'Almodovar.

Introducteur des ambassadeurs.

Le marquis de Villafranca.

Premier médecin.

M. Hyghens.

Premier chirurgien.

M. Le Gendre.

Premier apothicaire.

M. Ricœur.

Sommelier du corps.

Le marquis de Montalègre.

Gentilshommes de la chambre.

Le comte de Peñeranda.	Le comte de San-Estevan de Gormaz.
Le duc de Bejar.	
Le duc de Veragua.	Le marquis de Santa-Cruz.
Le comte de Baños.	Le duc del Arco.

Le duc de Gandie.
Le marquis de Los Balbazès.
Le prince de Masseran.
Le marquis de Montalègre, fils du sommelier.
Le duc de Liria.
Le comte de Maceda.
Le duc de Solferino.
Le duc de Bournonville.
Le duc de Popoli.
Le duc de Monteillano.
Le marquis de Cogolludo, fils aîné du duc de Medina-Cœli.
Le marquis del Surco, } non grands.
Le marquis de Valouse, }

Guardaroba.

M. Hersent.

La grande et petite livrée du roi et de la reine d'Espagne, pages et valets de pied, gens d'écurie et valets de peine, sont en tout les mêmes que celles de France, même celles des garçons bleus du château et des tapissiers.

Grand écuyer.

Le duc del Arco.

Le duc de La Mirandole en conservoit les honneurs et les appointements, en cédant la charge qu'il avoit au duc del Arco.

Premier écuyer.

Le marquis de Valouse.

Grand aumônier.

L'archevêque de Compostelle, par son siége, et qui effaceroit le patriarche des Indes s'il se trouvoit à la cour. Mais les évêques résident toujours dans leurs diocèses, en sorte qu'il n'est rien de plus rare que d'en voir quelqu'un à Madrid, et toujours pour affaires nécessaires. Les fonctions de grand aumônier sont suppléées en tout, et sans dépendance, en absence continuelle de l'archevêque, par :

Le patriarche des Indes, qui est sacré *in partibus* sous ce titre, qui ne lui donne quoi que ce soit aux Indes ni ailleurs, hors de la chapelle.

Le cardinal Borgia.

GARDE DU ROI D'ESPAGNE

C'est Philippe V qui se l'est donnée à l'instar de la France. Ses prédécesseurs n'avoient que la compagnie des hallebardiers, qui répond en tout à celle de nos Cent-Suisses.

CAPITAINES DES GARDES DU CORPS.

Première compagnie, espagnole.

Le comte de San-Estevan de Gormaz.

Deuxième compagnie, italienne.

Le duc de Popoli.

Troisième compagnie, wallonne.

Le duc de Bournonville.
 Il n'y a point de quatrième compagnie.

Compagnie des hallebardiers.

Le marquis de Montalègre, sommelier.

Régiment des gardes espagnoles.

Colonel : le marquis d'Ayétone.

Régiment des gardes wallonnes.

Le marquis de Richebourg.

Ces six corps, officiers, gardes, hallebardiers, soldats, drapeaux, étendards, en tout et partout ont le pareil et tout semblable uniforme, hommes et chevaux, que les compagnies des gardes du corps, celle des Cent-Suisses, et les régiments des gardes françoises et suisses. Les capitaines et les officiers des gardes du corps et des hallebardiers portent des bâtons, comme en France, quand ils sont en quartier, et servent de même.

GOUVERNEURS DES MAISONS ROYALES.

Le comte d'Altamire, du Buen-Retiro.
Le duc de Medina-Cœli, de la Casa del Campo.
Le père prieur de l'Escurial, de l'Escurial, d'Aranjuez.
Le duc del Arco, comme grand écuyer, est surintendant de toutes les chasses, et gouverneur par là :

du Pardo[1],
de la Torre di Parada,
de la Sarçuela,
du Pardillo;

et il est personnellement gouverneur

de Balsaïm,
et de Saint-Ildephonse.

Les fonctions des charges ont été, ce me semble, suffisamment expliquées, mais les appointements oubliés. Les voici, ils sont tous en pistoles :

MAISON DU ROI.

Majordome-major...........................	1 800 pistoles.
Majordomes de semaine.....................	400
La médecine n'a rien de fixé.	
Introducteur des ambassadeurs..............	275
Sommelier du corps........................	430
Gentilhommes de la chambre................	90
Guarda-roba...............................	»
Grand écuyer..............................	900
Premier écuyer............................	300
Patriarche des Indes.......................	90
Capitaines des gardes du corps..............	1 000
Capitaines des hallebardiers................	1 000
Colonels des régiments des gardes...........	1 000

MAISON DE LA REINE.

Majordome-major...........................	1 300
Majordomes de semaine.....................	200
Camarera-mayor...........................	800
Dames du palais...........................	834
Señoras de honor..........................	200
Grand écuyer..............................	300
Premier écuyer............................	200

1. C'est ainsi que Saint-Simon écrit ce mot qu'on a depuis changé en celui de *Prado*.

Grands officiers et autres officiers et domestiques du prince et de la princesse des Asturies, un quart moins que ceux du roi.

Gouverneur de l'infant don Ferdinand.........	600 pistoles.
Capitaines généraux des provinces.............	2 000
Présidents ou gouverneurs des conseils........	2 000
Secrétaires d'État............................	2 000
Secrétaire de l'estampille...................	»

Ces conseillers d'État n'ont point d'appointements.

Nul emploi ni charge vénale en Espagne.

Il n'y a point de charge en Espagne qui réponde à notre grand prévôt ou prévôt de l'hôtel.

Le majordome-major, en certaines choses, et le corrégidor de Madrid en d'autres, y suppléent.

EXPLICATION DES SERMENTS.

Les trois charges chez le roi et chez la reine, reçoivent le serment de tous ceux et celles qui sont chacun sous leurs charges.

Le patriarche aussi, et les capitaines des gardes du corps, celui des hallebardiers, et les colonels des deux régiments des gardes.

{ Le président ou gouverneur du conseil de Castille,
Les deux majordomes-majors,
Le capitaine des hallebardiers,
Les gouverneurs des infants n'en prêtent point;

{ Le sommelier du corps,
La camarera-major,
Les deux grands écuyers,
Le patriarche des Indes le prêtent entre les mains de leur majordome-major.

Les seuls capitaines des gardes du corps et colonels des deux régiments des gardes entre les mains du roi.

Les présidents ou gouverneurs des conseils entre les mains de celui du conseil de Castille.

Les conseillers et officiers de chaque conseil, entre les mains du président ou gouverneur de leur conseil.

Les secrétaires d'État le prêtoient dans le conseil d'État.

Le secrétaire de l'estampille entre les mains du sommelier du corps.

Les conseillers d'État entre les mains du plus ancien secrétaire d'État.

Les gouverneurs des maisons royales entre les mains d'un conseiller de la junte des bâtiments.

Les vice-rois,
Gouverneurs des provinces,
Capitaines généraux des armées,
Capitaines généraux des provinces, j'ignore s'ils prêtent serment ou entre les mains de qui.

Pareillement le corrégidor de Madrid et [ceux] des autres villes, comme le président ou gouverneur du conseil de Castille est leur supérieur, je croirois que ce seroit entre ses mains [1].

Disons ici un mot de ces maisons royales, puisque l'occasion s'en présente si naturellement, sans m'abandonner à des descriptions qui ne sont pas de mon sujet, et qu'il faut voir dans les différents voyageurs. Le Buen-Retiro est un vaste et magnifique palais, à une extrémité de Madrid, dont il est séparé par un espace large d'une portée de mousquet, et qui a un grand et fort beau parc. La cour y passoit, de mon temps, quelques mois de l'année, et s'y est fixée depuis l'incendie du palais de Madrid. On voit par là que c'est un gouvernement fort agréable.

1. Nous rétablissons à la place que lui avait assignée Saint-Simon le passage qui commence par *les fonctions des charges* (p. 7) jusqu'à *entre ses mains* (p. 9). On l'avait rejeté, dans les anciennes éditions, à la fin du chapitre.

La Casa del Campo est un bâtiment fort commun, vis-à-vis la place du palais de Madrid, le Mançanarez entre deux, et tout près dans la plaine. Il y a un parc, quelques pièces d'eau, quelques bois, mais de ceux des Castilles et fort peu de vrais arbres. C'est proprement une ménagerie, mais fort mal remplie et aussi mal entretenue. Je n'ai jamais vu personne s'y aller promener, ni Leurs Majestés Catholiques. Cela peut faire une maison de campagne au duc de Medina-Cœli, où il peut aller en moins de demi-heure, et fournir sa table de bien des commodités, si les Espagnols connoissoient les tables, même les plus frugales.

J'ai dit de l'Escurial tout ce que j'en pouvois dire. Le roi est maître d'agréer ou non l'élection du prieur, d'en mettre un, de l'ôter quand il veut; et ce prieur, avec l'autorité que sa place lui donne sur ses moines et dans le monástère, a aussi celle de gouverneur sur les appartements de Leurs Majestés Catholiques, de leur cour et de toute leur suite.

Pour Aranjuez, je remettrai d'en parler au petit voyage que j'y ai fait pour le voir. Je dirai en attendant que je n'y trouvai pas le gouverneur, chez qui pourtant je fus logé. C'étoit un homme du commun, dont je n'ai pas retenu le nom, et que je n'ai jamais rencontré, ni ouï parler de lui à personne.

Le Pardo est un bâtiment carré, fermé des quatre côtés, à peu près égaux et assez courts, dont la cour est triste, et les appartements de Leurs Majestés Catholiques des plus médiocres en tout; les autres des plus étroits et en fort petit nombre. Il n'y a ni avant-cour ni autre bâtiment, ni jardin, ni parc. La cour y va pourtant quelquefois, mais avec le plus étroit nécessaire. C'est une habitation entièrement esseulée où je ne comprends pas qu'on puisse aller, car rien du tout n'y appelle. Cela est au bord d'une plaine aride, peu éloigné d'une colline au pied de laquelle on passe sur un très-médiocre pont, au haut de laquelle est un couvent de capucins, tout seul, d'où on voit tant que la vue se peut étendre dans la plaine d'en haut et d'en bas, excepté la Torre di Parada, qui en est assez proche. Ce n'est, en effet, qu'une vieille tour, avec une espèce de cabaret joignant, bas et petit, où on met des relais qui ont donné le nom di Parada à cette tour. Il y a de Madrid au Pardo deux lieues, c'est-à-dire au moins comme de Paris à Versailles. Le chemin est assez longtemps agréable le long du Mançanarez en le remontant, et par ce qui fait le cours de Madrid.

La Sarçuela est un peu plus éloignée de Madrid. C'est une espèce de petit château, fort commun en dehors et en dedans, mais qui a une sorte de basse-cour et un jardin, mais dans un grand éloignement de toute autre habitation. La cour n'y alloit plus, mais Charles II quelquefois.

Le Pardillo est un pavillon tout seul au milieu du vaste parc de l'Escurial, bon pour aller faire une collation, ou pour s'aller rafraîchir une heure ou deux après la chasse dans ce vaste parc, qui a beaucoup de fauve et de ces mauvais bois des Castilles.

De Balsaïm et de Saint-Ildephonse, je remets à en parler au voyage que j'y ai fait. Pour varier et ne pas confondre, je placerai ici ce que je puis dire de quelques-uns de ceux qui viennent d'être nommés. Je dis quelques-uns, parce que tous n'en fournissent pas matière. J'ai parlé des grands d'Espagne à chacun de leurs articles, lorsqu'il s'est trouvé choses à en dire. Je viens maintenant à ceux qui ne le sont pas, et qui se trouvent dans la liste précédente de la maison du roi, que j'ai tous rangés à la suite du grand officier, grands et autres, de la charge duquel ils dépendent, et [à qui ils] sont subordonnés.

Don Gaspard Giron, le plus ancien des majordomes du roi de semaine, fut chargé de me recevoir, accompagner, faire servir par les officiers du roi, convier des seigneurs à dîner chez moi, et faire les honneurs de ma table et de ma maison, tant que je fus traité à mon arrivée, et je me suis depuis adressé à lui quand j'ai eu besoin de quelqu'un du palais pour ma curiosité particulière. Il étoit Acuña y Giron, c'est-à-dire de même maison que le marquis de Villena, duc d'Escalona, majordome-major, et de la branche du duc d'Ossone.

C'étoit un grand homme sec, noir, vieux, qui avoit été bien fait et galant, vif, quoique grave, salé en reparties et en plaisanteries, gai et très-poli, avec cela néanmoins la gravité du pays, et sentant en toutes ses manières sa haute naissance, mais avec aisance et sans rien de glorieux. Il faut cependant avouer que son premier aspect rappeloit tout à fait le souvenir de don Quichotte. C'étoit l'homme le plus rompu à la cour, qui savoit le mieux les anciennes et les nouvelles étiquettes, les rangs, les droits, les règles, les cérémonies, les personnages distingués ou principaux, les ressorts des fortunes et des chutes, avec de l'esprit et de la lecture, qui tout discret qu'il fût le rendoient d'une très-aimable et utile conversation. Il avoit passé sa vie dans un emploi qui le tenoit presque toujours dans le palais, où il avoit été témoin de près d'une infinité de choses importantes et curieuses, toujours au milieu de la cour, en tous lieux, et parmi tous les changements de ministère, plus employé qu'aucun des majordomes à recevoir les ambassadeurs distingués, les princes et les personnes les plus considérables qui venoient à Madrid, et que le roi vouloit honorer, M. le duc d'Orléans en particulier, au-devant duquel il fut envoyé avec les équipages du roi, et qu'il reçut et accompagna toutes les fois qu'il alla à Madrid. Ces fonctions continuelles lui avoient acquis une grande familiarité avec le roi et la reine, qui se plaisoient quelquefois à causer avec lui en particulier, et avec qui il étoit fort libre. Cela le faisoit compter par les courtisans les plus élevés, même par les ministres; comme il passoit sa vie au milieu de la cour par des fonctions continuelles, il vivoit avec tout le monde avec beaucoup d'aisance et de familiarité. C'étoit un homme tout fait pour l'emploi qu'il exerçoit, et un répertoire vivant auquel le roi, les ministres, les seigneurs avoient recours avec confiance sur les difficultés qui survenoient sur le cérémonial, ou d'autres matières que son expérience dans ses fonctions et dans les choses de la cour lui avoient apprises. C'étoit d'ailleurs un fort honnête homme, homme d'honneur et de bien, d'une conduite sans reproche à l'égard de la cour, et quoique assez pauvre, désintéressé et point du tout avide de grâces. Je me suis souvent étonné comment il étoit demeuré ensablé dans un emploi qui sert de passage aux fortunes de toute espèce. Il y étoit si propre et si commode au roi, aux ministres qui s'en servoient et aux majordomes-majors pour l'exercice de leur charge, que j'ai toujours cru que c'est ce qui l'y avoit arrêté. Je l'ai donc beaucoup fréquenté, et j'en ai tiré des choses utiles et curieuses. Nous nous étions pris tous deux d'amitié.

Le marquis de Villagarcias étoit le deuxième des majordomes. Il avoit moins d'esprit, de finesse dans l'esprit, mais un agrément, une bonté, une politesse extrême, et un désir d'obliger toujours prêt et prévenant. C'étoit aussi un homme de qualité, estimé et assez compté, qui avoit été destiné à l'ambassade de Portugal, qui n'eut pas lieu. Le duc de Liñarès, mari de la camarera-mayor de la reine douairière à Bayonne, étoit mort au Mexique, dont il étoit vice-roi, quelque temps avant que j'arrivasse en Espagne; et peu avant que j'en partisse Villagarcias fut nommé pour lui succéder, ce qui fut pour lui une grande fortune, dont je remarquai que toute la cour fut bien aise.

Cucurani étoit un Italien raffiné, appliqué, instruit, glorieux, ambitieux, particulier, qui n'avoit la confiance de personne. Il étoit gendre de la nourrice de la reine, qui étoit aussi *assafeta*, et il espéroit tout par là. Il avoit de l'esprit et du manége. Depuis mon retour, assez tôt, il obtint une ambassade dans le Nord.

Villafranca, si différent en tout du grand d'Espagne, et qui sans lui appartenir en rien portoit le même titre (j'ex-

plusieurs universités et en celle de Montpellier, d'où il étoit passé en Espagne médecin des armées. On y fut si content de sa conduite et de sa capacité que le roi d'Espagne le fit son premier médecin, et avoit en lui beaucoup de confiance et plus que la reine n'auroit voulu, quoiqu'elle le traitât fort bien. Mais elle ne souffroit pas volontiers d'autres gens que donnés de sa main pour cet intérieur si assidu et si intime, et auroit désiré cette place à son premier médecin Servi, qui étoit de son pays, et de son choix, et qui lui étoit entièrement livré. Elle en vint à bout, en effet, quelques années après mon retour que Hyghens mourut.

Cet Irlandois, qui parloit parfaitement françois, étoit un excellent médecin qui, sans entêtement ni attachement de médecin, ne vouloit que guérir son malade avec une grande application. J'en fis une heureuse expérience à ma petite vérole, dont les détails, qui pourroient instruire les médecins de bonne foi, seroient ici étrangers. Son caractère ouvert mais discret, doux mais ferme, montroit sans la plus légère affectation une belle âme, toujours occupée du bien, sans nul autre intérêt quelconque, quoiqu'il aimât sa famille qui étoit assez nombreuse, et de plus détaché de toute ambition, voyant de très-près les intrigues, sans y vouloir jamais entrer, disoit très-nettement le vrai au roi sur sa santé, et le lui disant de même et à la reine, quand l'un ou l'autre l'en mettoient à portée sur d'autres matières, mais sans s'avancer jamais sur aucune, et parlant toujours avec grande discrétion et grand éloignement de nuire à personne. Aussi étoit-il fort aimé et considéré. Il avoit l'esprit juste, agréable, modeste, avoit beaucoup de belles-lettres et savoit bien l'histoire, surtout il connoissoit bien les maîtres et la cour, et passoit pour un grand et sage médecin, et pour le seul même en Espagne qui méritât le nom de médecin. Il possédoit très-bien la chirurgie et avoit souvent fait d'heureuses opérations, bon botaniste, bon artiste, connoissant bien les simples et les remèdes dont il savoit faire usage, et

14 VILLAFRANCA, INTRODUCTEUR DES AMBASSADEURS.

pliquerai ce terme après), étoit un vieil homme renfermé, qui ne paroissoit que pour ses fonctions, glorieux et ridicule. Je ne sais plus à quelle occasion de bonnes fêtes, de jour de naissance ou de baptême de l'infant don Philippe, les ambassadeurs qui étoient à Madrid allèrent ensemble complimenter le roi, la reine, le prince et la princesse des Asturies. Les ambassadeurs d'Angleterre, de Venise et de Hollande, Maulevrier et moi, étions avec le nonce qui portoit la parole, et ce que chacun avoit amené de principal de chez soi nous accompagnoit. Arrivés au palais, l'introducteur se fit attendre une demi-heure au delà de l'heure qu'il avoit marquée, car à ces sortes de compliments, il n'y a que l'introducteur des ambassadeurs, à la différence de l'entrée et de la première audience de cérémonie. Le nonce fut choqué d'attendre, et lui en dit son avis. Sans prendre la peine de répondre, il alla gratter à la porte du cabinet des miroirs, et nous introduisit tout de suite. En sortant, le nonce encore plus choqué de ce procédé lui en lâcha des lardons, auxquels l'introducteur répondit avec impertinence. Le nonce, pour lui marquer son mépris, dédaigna de se fâcher, et avec un sourire nous demanda ce que nous en pensions. Nous ne pûmes alors éviter d'en dire chacun notre mot. L'introducteur, piqué, voulut se rebecquer; le nonce alors se moqua de lui tout franchement, lui dit qu'il nous faisoit sentir qu'il étoit de méchante humeur, et le brocarda tant et si bien, chemin faisant, que l'introducteur lui répondit enfin, après avoir assez grommelé entre ses dents, qu'il voyoit bien qu'il feroit mieux de nous laisser faire nos visites, et nous quitta : on s'en moqua de lui un peu davantage. Nous continuâmes sans lui toute notre tournée, mais nous ne voulûmes pas en porter de plaintes. C'étoit un pauvre bonhomme très-dépourvu d'esprit et de sens, fort incapable de son emploi, quoique des plus légers, et compté pour rien par tout le monde.

Hygbens, premier médecin, étoit Irlandois, docteur en

la composition des médicaments comme le meilleur apothicaire et comme un bon chimiste. Tant de bonnes qualités étoient relevées par une piété sage, éclairée et vraie, qui n'étoit que pour lui, et qui n'incommodoit personne que par le frein qu'elle mettoit à sa langue, plus souvent que n'auroient voulu ceux qui étoient à portée avec lui de l'entretenir librement. Sa conversation m'a été d'un grand secours et m'a instruit de bien des choses. Il aimoit son pays, ses compatriotes avec tendresse, et avoit le plus vif attachement pour le roi Jacques, et pour tout ce qui étoit de son parti. La sagesse le retenoit, à cet égard, dans les plus justes bornes, à l'extérieur; mais quand il se trouvoit en liberté avec des amis, ce feu de patrie lui échappoit, et bienfaisant pour tout le monde, il ne se possédoit pas d'aise quand il pouvoit rendre quelque service à quelque jacobite. J'eus tout loisir de le connoître pendant six semaines qu'il ne bougea d'auprès de moi.

Sa candeur, sa probité, ses soins me gagnèrent, son esprit me plut, nous prîmes grande amitié l'un pour l'autre. Je dus la sienne, à ce que je crois, au penchant qu'il sonda et qu'il trouva en moi pour le roi Jacques. Je le trouvai si sage et si discret que je ne me cachois point de lui, sans toutefois lui rien dissimuler sur les liens de notre cour à cet égard, et sur mon impuissance. Je lui expliquai même les ordres précis que j'avois là-dessus, et d'éviter le duc d'Ormond qu'il mouroit d'envie que j'entretinsse. J'y consentis, à condition que ce seroit sous le plus grand secret, à notre retour à Madrid; que le duc d'Ormond se rendroit chez lui, m'y attendroit sans pas un de ses gens dans la maison, se tiendroit dans un cabinet séparé; qu'averti par Hyghens, j'irois à l'heure marquée lui faire visite, je le trouverois seul, et qu'après que mes gens seroient retirés, je passerois dans le cabinet où seroit le duc d'Ormond ; qu'après la conversation, je le laisserois dans ce cabinet et reviendrois dans la chambre de Hyghens, d'où je m'en irois, comme ayant fini ma visite; que le duc d'Ormond ne se retireroit que quelque temps après; qu'au palais ni ailleurs, nous ne nous approcherions point l'un de l'autre, et que nous nous saluerions avec la civilité que nous nous devions, mais avec froideur et indifférence marquée. Pour le dire tout de suite, cela s'exécuta de la sorte plusieurs fois chez Hyghens, sans que personne s'en soit jamais aperçu, et notre froideur, si marquée ailleurs, nous donnoit quelquefois envie de rire.

Je trouvai dans le duc d'Ormond toute la grandeur d'âme que nul revers de fortune ne pouvoit altérer, la noblesse et le courage d'un grand seigneur, la fidélité la plus à toute épreuve, et l'attachement le plus entier au roi Jacques et à son parti, malgré les traverses qu'il en avoit essuyées, et auxquelles il étoit tout prêt de s'exposer de nouveau dès qu'il pourroit en espérer le plus léger succès pour les affaires d'un prince si malheureux. D'ailleurs, je trouvai si peu d'esprit et de ressources que j'en fus doublement affligé pour le roi Jacques et son parti, et pour le personnel d'un seigneur si brave, si affectionné et si parfaitement honnête homme. Je ne lui dissimulai [pas] non plus que j'avois fait à Hyghens les chaînes de notre cour et mon impuissance à cet égard, de sorte que nos entretiens, où il me confia aussi ses déplaisirs sur les méprises du roi Jacques et les divisions de son parti, n'aboutirent qu'à des regrets communs et à des espérances bien frêles et bien éloignées.

Le Gendre étoit très-bon chirurgien; le roi l'aimoit et la reine aussi, parce qu'elle n'avoit personne en main pour le remplacer. C'étoit d'ailleurs un drôle hardi, souple, intéressé, qui se faisoit compter, et qui, tant qu'il pouvoit, se mêloit de plus que de son métier, mais sagement et sans y paroître.

Ricœur étoit plus en sa place, aimé, estimé, bien avec le roi et la reine, capable dans son métier, obligeant, bienfaisant, fort françois, qui n'étoit pas sans intérêt et sans songer à ses affaires, mais sans intéresser l'honnête homme, et qui longtemps après mon retour voyant Hyghens mort et La Roche aussi, auxquels il étoit fort attaché, Servi à la place d'Hyghens, et Le Gendre ayant l'estampille qu'avoit La Roche, obtint à toute peine de se retirer, et vint mourir en France, où il vécut, en effet, en homme de bien et fort dans la retraite. Je n'eus point de commerce que d'honnêteté avec ces deux derniers qui ne pouvoient pas m'être d'un grand usage.

Le marquis del Surco était un Milanois de fortune, fin, délié, de beaucoup d'esprit et de jugement, grand et bien fait, qui avoit été à Milan capitaine des gardes du prince de Vaudemont, et depuis, son espion en Espagne, par conséquent impérial fort dangereux, homme de beaucoup de manége et d'intrigue, et dont la corruption du cœur et de l'ambition avoit beaucoup profité à l'école d'un si bon maître, et si heureux en ce genre. Un extérieur froid, mesuré cachoit ses sourdes menées, toujours bas valet de qui pouvoit le plus, et ne faisant jamais sans vues le pas en apparence le plus indifférent. Sa souplesse, son intrigue, les voiles épais dont il savoit se couvrir, une ambition en apparence tranquille, en effet la plus active et la plus infatigable, une dévotion de commande, une connoissance parfaite de ceux à qui il avoit affaire, une grande adresse à savoir leur plaire, les gagner, s'en servir, le porta à la place de sous-gouverneur du prince des Asturies, et, ce qui scandalisa toute la cour, à la clef de gentilhomme de la chambre du roi. Sa femme, faite exprès pour lui, grande, bien faite comme lui, et de bon air, qu'il avoit bien dressée, avoit aussi beaucoup d'esprit et d'intrigue, elle étoit ainsi arrivée par la cabale italienne, dont je parlerai en son temps, à être *señora de honor* de la reine et assez bien avec elle, de façon qu'il se pouvoit dire qu'en gouverneur et en sous-gouverneur du prince des Asturies, quoique chacun en son genre, il eût été difficile de choisir deux plus insignes et plus dangereux fripons, et plus radicalement incapables de donner la moindre éduca-

tion à un prince, tous deux aussi malhonnêtes gens l'un que
l'autre, tous deux pleins d'art, d'esprit et de vues, mais del
Surco plus encore que le Popoli, et moins affiché que lui
pour ce qu'ils étoient l'un et l'autre. Ils se connoissoient
bien tous deux, par conséquent, ne s'aimoient ni ne s'esti-
moient ; mais ils sentoient tous deux qu'il étoit de leur intérêt de ne pas se brouiller et d'avoir l'air de s'entendre, et
leur intérêt étoit leur maître absolu. Je reçus peu de civilités de Surco, sous prétexte de l'attachement de sa charge,
mais beaucoup de sa femme, dont les manières étoient très-
aimables, ce que n'avoit pas son mari, dont le dedans, à
l'esprit près, et le dehors me rappelèrent souvent M. d'O,
dont del Surco avoit aussi l'impertinente importance, car
pour le Saumery, il n'en avoit que la corruption, et d'ailleurs n'alloit pas à la cheville du pied du Surco.

Valouse, gentilhomme d'assez bon lieu, du comtat d'Avi-
gnon, élevé page de la petite écurie, produit par Du Mont
au duc de Beauvilliers pour être écuyer de M. le duc d'An-
jou, parce qu'il étoit bon homme de cheval, sage et de
bonnes mœurs, suivit ce prince en Espagne, et y devint un
des fréquents exemples qu'avec de la sagesse et de la conduite on fait fortune dans les cours sans avoir aucun esprit.
Il fit son capital de s'attacher au roi, à ses supérieurs, de
ne se mêler d'aucune intrigue, de ne donner d'ombrage à
personne, d'être réservé en tout, et appliqué à son emploi,
souple à qui gouvernoit, avec indifférence dans tous les
changements, appliqué à plaire au roi, et aux deux reines
l'une après l'autre, point répandu dans la cour, sous prétexte de l'assiduité de ses fonctions ; bien avec tout le monde,
sans nulles liaisons particulières, et inutile à tout par le
non-usage, de résolution prise, de sa faveur pour qui que
ce fût ; d'ailleurs aussi ne nuisant à personne. Il fut bientôt
majordome de semaine, puis premier écuyer, après le duc
del Arco, et totalement dans sa main, et vivant sous lui
grand écuyer comme sous son maître, dont il étoit fort bien

traité. Il poussa enfin longtemps après mon retour, jusqu'à être chevalier de la Toison d'or, et mourut comme il avoit vécu sans s'être marié et sans avoir amassé beaucoup de bien, dont il ne se soucia pas.

Je l'avois connu dans la jeunesse des princes, je le retrouvai tel que je l'avois laissé. J'en reçus toutes sortes de prévenances; je lui fis aussi toutes sortes de politesses, mais sans particulier, sans liaison qu'il ne souhaitoit pas et qui m'auroit été fort inutile. Il obtint aussi une clef de gentilhomme de la chambre, et fut préféré pour être de service au rare défaut du marquis de Santa-Cruz et du duc del Arco, mais cela longtemps aussi depuis mon retour.

Hersent étoit fils d'un homme de qui j'ai parlé à l'occasion du départ de Versailles de Philippe V. Il ressembloit à son père pour l'honneur et la probité, mais non pour la liberté, la familiarité, la confiance du roi, et une sorte d'autorité qu'il avoit usurpée, que nul autre que les ministres ne lui envioit, parce qu'elle étoit utile au bien et à tous, et qu'il ne se méconnoissoit point. Le fils n'en avoit ni l'esprit ni le crédit, ni la considération; quoique sur un pied d'estime, et mêlé et fort bien avec tout le monde, en se tenant pourtant assez dans les mesures de son état. J'en reçus toutes sortes d'attentions, mais je n'en tirai pas grand fruit.

Le cardinal Borgia revint de Rome à Lerma, pendant ma petite vérole, du conclave, où le cardinal Conti avoit été élu. C'étoit un grand homme de bonne mine, oncle paternel du duc de Gandie, et neveu d'un autre cardinal Borgia, aussi patriarche des Indes. Son adieu au cardinal Conti, frère du pape, le caractérisera mieux que tout ce que j'en pourrois dire. Parmi les compliments de regrets réciproques de leur séparation, Borgia dit à Conti que tout ce qui le consoloit étoit l'espérance du plaisir de le revoir bientôt, et que dans peu un autre conclave le rappelleroit à Rome. On peut juger comme le frère du pape trouva ce compliment bien tourné. Borgia étoit un très-bon homme, qui n'avoit pas le sens commun, et dont sa famille et le défaut de sujets ecclésiastiques avoit fait la fortune. La difficulté de la main nous empêcha de nous visiter; mais force civilités au palais et partout où nous nous rencontrions, et quelquefois des envois de compliments de l'un chez l'autre. Son rang et sa charge lui attiroient quelque sorte de considération; mais de sa personne, il étoit compté pour rien. Le roi et la reine l'aimoient assez, et ne se contraignoient point de s'en moquer.

On a vu en son lieu le temps et la façon dont le roi d'Espagne se forma une garde, le premier de tous ses prédécesseurs, et ce qui se passa en cette occasion. La copie de celle du roi, son grand-père, en fut si fidèle que ce seul mot instruit de sa composition, de son service, de son uniforme, en sorte qu'à voir cette garde on se croyoit à Versailles. Il en étoit de même dans les appartements à l'égard des garçons du palais et des garçons tapissiers, quoiqu'en bien plus petit nombre que les garçons du château et des tapissiers à Versailles, où on s'y croyoit aussi à les voir et leur service. Il en étoit de même pour la livrée du roi, de la reine et de la princesse des Asturies; et tous les services des compagnies des gardes du corps et des régiments des gardes, de leurs capitaines, de leurs colonels, de leurs officiers entièrement semblables à ceux d'ici, sinon qu'il n'y a que trois compagnies des gardes du corps, dont les capitaines et le guet servent par quatre mois chacun, au lieu de trois ici, où il y a quatre compagnies.

Armendariz, lieutenant général assez distingué, étoit lieutenant-colonel du régiment des gardes espagnoles. C'étoit un homme d'esprit, remuant, insinuant, intrigant, impatient de l'état subalterne, qui avait ses amis et son crédit, et que le marquis d'Ayétone étoit importuné de trouver assez souvent sur son chemin dans les détails et sur les grâces à répandre dans le régiment. Mais l'extérieur étoit gardé entre eux, et j'ai souvent trouvé Armendariz chez le marquis d'Ayétone, d'un air assez libre quoique respectueux. Il étoit fort poli, agréable en conversation, bien reçu partout, assez souvent chez moi. Il avoit de la réputation à la guerre; on prétendoit qu'il ne falloit pas se fier à lui ailleurs. Avant mon départ, il fut nommé pour succéder au marquis de Valero, sur le point de revenir de sa vice-royauté du Pérou, qui se trouva fait duc d'Arion et grand d'Espagne en arrivant à Madrid.

Il ne faut pas aller plus loin sans dire un mot de ce qui est connu en Espagne sous le nom de *titolados*. Ce sont les marquis et les comtes qui ne sont point grands. La plaie françoise a gagné l'Espagne sur ce point, mais d'une manière encore plus fâcheuse, en ce que ce n'est pas simple licence comme ici, et, dès là, facile à réformer quand il plaira au roi de le vouloir. Mais en Espagne, c'est concession du roi en lettres-patentes enregistrées au conseil de Castille ou d'Aragon sur une terre, et dès là érection, ou sans terre sur le simple nom de celui que le roi veut favoriser d'un titre de marquis ou de comte, tellement que, quelque infimes qu'ils soient en grand nombre, tels que le marchand Robin, directeur de la conduite de Maulevrier, et le directeur de la vente du tabac à Madrid, tous deux faits comtes peu avant mon arrivée en Espagne, et comme quantité d'autres qui ne valent pas mieux, ces gens-là sont véritablement marquis et comtes, et quels qu'ils soient d'eux-mêmes, ils y sont fondés en titre qui ne peut leur être disputé, au lieu qu'en France, qui veut se faire annoncer marquis ou comte, le devient aussitôt pour tout le monde qui en rit, mais qui l'y appelle, sans autre droit ni titre que l'impudence de se l'être donné à soi-même. Ainsi en Espagne comme en France, tout est plein de marquis et de comtes les uns de qualité, grande ou moindre, les autres, canailles ou peu s'en faut, pour la plupart, ceux-ci, de pure usurpation de titre, ceux d'Espagne, de concession de titre. Mais cette concession ne les mène pas loin. Ces titres ne donnent aucun rang, et depuis qu'il n'y a plus d'étiquette et de distinction de pièces chez le roi pour y attendre, ces *titolados* ne jouissent d'aucune distinction. Les marquis et les comtes sont honorés et considérés de tout le monde, selon leur naissance, leur âge, leur mérite, leurs emplois, comme le sont aussi les gens de qualité qui n'ont point ces titres, et qu'on appelle don Diègue un tel, etc., et ces autres marquis et comtes en détrempe sont méprisés et plus que s'ils ne l'étoient pas, et en cela, ils font mieux que nous ne faisons en France.

Il faut pourtant dire que ces *titolados* peuvent avoir un dais chez eux, mais toujours avec un grand portrait du roi d'Espagne dessous, qui est la différence du dais des grands d'Espagne, qui n'ont jamais de portrait du roi dessous, mais des ornements de broderie ou leurs armes, ou rien du tout dans la queue, et toute unie comme il leur plaît. Ces dais avec le portrait du roi descendent, s'il se peut, encore davantage. Hyghens en avoit un ainsi comme premier médecin, que j'y ai vu plusieurs fois, et j'y appris qu'il étoit commun à d'autres fort petites charges. Mais toutefois n'a pas un dais avec le portrait du roi, sans titre et droit de l'avoir, mais le portrait du roi qui veut, chez soi, et comme il veut, sans dais.

Cette matière me conduit à celle de l'*Excellence*. On ne se licencie plus de la refuser sous aucun prétexte, comme on faisoit autrefois sous prétexte de familiarité et de liberté, par des gens fâchés de ne l'avoir pas eux-mêmes. Je ne sais comment cet abus s'est enfin aboli; mais entre grands ou autres qui ont l'Excellence, il arrive quelquefois qu'ils se tutoient et s'appellent par leurs seuls noms de baptême, par familiarité, et non pour éviter ce qu'ils se doivent réciproquement. L'Excellence, autrefois réservée aux grands et aux ambassadeurs étrangers, s'est peu à peu infiniment étendue. Les fils aînés des grands, les successeurs immédiats à une grandesse, les vice-rois et les gouverneurs de provinces, les capitaines généraux et les conseillers d'État, les chevaliers de la Toison d'or, ceux que le roi nomme à une ambassade, même le cas arrivant qu'ils n'y aillent pas (et le marquis de Villagarcias dont j'ai parlé naguère l'avoit acquise de cette sorte), à plus forte raison ceux qui ont été ambassadeurs, enfin le gouverneur du conseil de Castille, tous ceux-là, et leurs femmes, ont l'Excellence, tellement qu'il importe fort de savoir à qui on parle pour ne pas offenser ceux qui l'ont à qui on ne la donneroit pas, et peut-être davantage ceux à qui on la donneroit et à qui on ne la devroit pas.

C'est la méprise qui m'arriva, dont je fus fâché après, mais qui auroit pu être plus désagréable. Ce fut à Lerma, au sortir de la cérémonie du mariage du prince et de la princesse des Asturies, à la fin de laquelle je venois d'être déclaré grand d'Espagne de la première classe, conjointement avec mon second fils, et l'aîné déclaré chevalier de la Toison d'or. Je venois d'être accablé des compliments de toute la cour. Ma journée, qui avoit commencé de bon matin, étoit loin d'être finie, et moi sortant de maladie, fort fatigué. Je profitai donc d'un tabouret qui se rencontra dans une des premières salles, ayant autour de moi ce que j'avois mené de plus considérable. Je me reposois de la sorte, lorsqu'un jeune [homme] bien fait, un peu noir, s'en vint me faire des compliments empressés et fort polis, avec un air de respect et de déférence. Je crus le reconnaître parfaitement; je me levai, lui répondis sur le même ton, je multipliai mes remercîments et je l'accablai d'*Excellence*. Il eut beau me témoigner sa honte de me voir debout pour lui, je pris cela pour un raffinement de politesse, je n'avois garde de me rasseoir, n'ayant pas d'autre siége à lui présenter, enfin il s'en alla pour [me] laisser rasseoir. Dès qu'il fut retiré, l'abbé de Saint-Simon me demanda quel plaisir je prenois à confondre ce pauvre garçon qui me venoit marquer son respect et sa joie, et à l'accabler d'Excellence et de moqueries. Surpris à mon tour, je lui demandai si je pouvois en user autrement avec le marquis de Cogolludo, fils aîné du duc de Medina-Cœli. « Le marquis de Cogolludo ! reprit l'abbé ; mais vous n'y songez pas, c'est le fils de Mme de Pléneuf, dont l'embarras nous a fait pitié. » En effet, c'étoit lui-même. La Fare l'avoit amené avec lui, comme je partois de Madrid pour Lerma. Je n'avois fait qu'entrevoir ce jeune homme lorsqu'il me le présenta, et je ne l'avois ni vu ni rencontré depuis, séparé jusqu'à la veille de ce jour-là par la petite vérole. Ils se mirent tous à rire et à se moquer de moi ; mais ils convinrent tous qu'il ressembloit beaucoup au marquis de Cogolludo. De lui faire des excuses de l'avoir trop bien traité, il n'y avoit pas moyen ; de lui laisser penser que je m'étois moqué de lui, étoit encore pis : l'expédient fut d'en faire le conte à la Fare.

Venons maintenant à la maison de la reine d'Espagne.

MAISON DE LA REINE.

Majordome-major.

Le marquis de Santa-Cruz.

Je ne parlerai point des trois majordomes de semaine, dont Magny en étoit un.

Premier médecin.

M. Servi.

J'ai parlé de lui il n'y a pas longtemps.

Camarera-mayor.

La comtesse douairière d'Altamire, Angela Folch, de Cardonne et Aragon.

Dames du palais.

La princesse de Robecque.	La princesse de Pettorano.
La duchesse de Saint-Pierre.	La comtesse de Taboada.

Señoras de honor.

Mmes Rodrigo.	Mmes Albiville.
Carillo.	Monteher.
Nievès.	O'Calogan.
Del Surco.	Cucurani.
Riscaldalègre.	

Assafeta.

Dona Laura Piscatori, nourrice de la reine.

Confesseur.

Don Domingo Guerra.

Grand écuyer.

Le duc de Giovenazzo, c'est-à-dire notre prince de Cellamare.

Premier écuyer.

Le marquis de Saint-Jean, et son fils en survivance.

La comtesse d'Altamire étoit fille du sixième duc de Ségorbe et de Cardonne. Son mari mourut en 1698, étant ambassadeur d'Espagne à Rome. Elle étoit mère du comte d'Altamire et du duc de Najara, et belle-mère du comte de San-Estevan de Gormaz. On a vu ailleurs dans quelle union elle, le marquis de Villena et le marquis de Bedmar et leurs enfants vivoient ensemble, ce qui redoubloit leur considération. Cette comtesse d'Altamire étoit une des plus grandes dames d'Espagne, en tout genre, d'une grande vertu et de beaucoup de piété. Avec un esprit qui n'étoit pas supérieur, elle avoit toujours su se faire respecter par sa conduite et son maintien, et personne n'étoit plus compté qu'elle par la cour, par les ministres successifs, par le roi et la reine mêmes. Elle fut d'abord camarera-mayor, après l'expulsion de la princesse des Ursins, et toujours également bien avec la reine, et sur un grand pied de considération. Elle faisoit fort assidûment sa charge et fort absolument, toutefois poliment avec les dames, mais dont pas une n'eût osé lui manquer, ni branler seulement devant elle. Elle étoit petite, laide, malfaite, avoit environ soixante ans et en paroissoit bien soixante et quinze. Avec cela, un air de grandeur et une gravité qui imposoit. J'allois quelquefois la voir. Elle étoit toujours sur un carreau, au fond de sa chambre; des dames sur des carreaux ou des siéges, comme elles vouloient; on me donnoit un fauteuil vis-à-vis d'elle. Je la trouvai une fois seule, elle ne savoit pas un mot de françois ni moi d'espagnol, de manière que nous nous parlâmes toujours sans nous entendre que par les gestes; elle en sourioit parfois et moi aussi. J'abrégeai fort cette visite.

J'ai parlé ailleurs de la princesse de Robecque, de la duchesse de Saint-Pierre, et de la princesse de Pettorano. La comtesse de Taboada n'étoit point laide, et ne manquoit pas d'esprit ni de vivacité; j'ai parlé de son mari et de son beau-père le comte de Maceda, grand d'Espagne.

Parmi les *señoras de honor*, il y en avoit plusieurs qui avoient de l'esprit et du mérite. La femme de Sartine, qui avoit été camériste et bien avec la reine, la devint à la fin. Mme de Nievès, très-bien avec la reine, étoit gouvernante de l'infante, et vint et demeura à Paris avec elle, et s'en retourna aussi avec elle. On lui trouva, en ce pays, de l'esprit, du sens et de la raison; je ne sais si cela fut réciproque. Mme de Riscaldalègre étoit une femme bien faite, qui avoit beaucoup de mérite, qui étoit considérée, et qui auroit été fort propre à bien élever une princesse. Mme d'Albiville étoit une Irlandoise âgée, qui méritoit aussi sa considération. Le mérite de Mme de Cucurani étoit d'être fille de l'assafeta, qui étoit Parmesane, nourrice de la reine, et qui toute grossière paysanne qu'elle étoit née et qu'elle étoit encore, conservoit un grand ascendant sur la reine, étoit la seule qui, par l'économie des journées, pouvoit chaque jour lui dire quelque mot tête à tête, et qui avoit assez d'esprit pour avoir des vues, et les savoir conduire. Enfin ce fut elle qui fit chasser le cardinal Albéroni, dont on ne seroit jamais venu à bout sans elle. Comme elle étoit extraordinairement intéressée, il y avoit des moyens sûrs de s'en servir. D'ailleurs elle n'étoit point méchante. Pour son mari, ce n'étoit qu'un paysan enrichi, dont on ne pouvoit rien faire, et qui n'étoit souffert que par l'appui de sa femme. Mais celle-ci étoit redoutée et ménagée par les ministres et par toute la cour.

Don Domingo Guerra, confesseur de la reine, n'étoit rien ni de rien, lorsque j'étois en Espagne. Il étoit frère de don Michel Guerra, de qui je parlerai bientôt, et n'en tenoit pas la moindre chose. Le plus plat habitué de paroisse auroit paru un aigle en comparaison de ce confesseur. Il n'est pas de mon sujet de parler d'un peu de crédit qu'il eut assez longtemps, depuis mon retour, qui n'en fit qu'un abbé commandataire de Saint-Ildephonse et un évêque *in partibus*, quoiqu'il l'eût enflé jusqu'à penser au cardinalat, et à se croire un personnage, mais avec qui personne n'eut à compter.

Les deux Saint-Jean, père et fils, étoient d'espèce à donner de la surprise de les voir premiers écuyers de la reine. Je n'ai point su par où elle les prit en si grande amitié, qui, du temps que j'étois en Espagne, étoit déjà fort marquée. C'étoient des gens cachés, mesurés, respectueux avec tout le monde, qui se produisoient peu, qui ne faisoient nulle montre de leur faveur, qui ne vouloient être mal avec personne, ni liés avec aucun. Sages dans leur conduite, ils ne donnoient aucune prise. Comme ils ne vouloient faire que pour eux et rien pour personne, pour mieux ménager leur crédit pour eux, éviter l'envie et cacher leurs vues, ils s'enveloppoient de modestie et d'impuissance, et ne servoient et ne desservoient personne. Le père avoit bien commencé; le fils, qui avoit plus d'esprit et de montant, et longtemps depuis mon retour, on fut subitement épouvanté de le voir tout d'un coup grand écuyer de la reine et grand d'Espagne.

J'ai expliqué avec assez de détails les fonctions de toutes ces charges pour que je n'aie rien à y ajouter, sinon que les trois capitaines des gardes du corps et les colonels des deux régiments des gardes prêtent serment entre les mains du roi. Ce sont les seuls dont le roi même le reçoit, et ces charges et ces grades sont aussi d'établissement nouveau.

On a vu plus haut de quelles personnes furent formées les

maisons du prince et de la princesse des Asturies, lorsque j'ai parlé de cet établissement. Je n'ai donc rien à y ajouter, sinon que leurs fonctions chez le prince et la princesse sont pareilles à celles que les mêmes charges ont chez le roi et chez la reine. L'âge alors si tendre des infants me dispensera de parler des personnes employées auprès d'eux. Del Surco et Salazar, major des gardes du corps, lieutenant général et homme d'esprit et de qualité, furent dans la suite gouverneurs chacun d'un. Je le dis pour la singularité de cette fortune pour un homme tel que le Surco, et pour celle du soupçon peut-être mal fondé, mais reçu comme certain par tout le monde, que le Salazar avoit empoisonné sa femme, comme le duc de Popoli avoit fait la sienne, ce qui fit dire à la cour qu'avoir empoisonné sa femme étoit une condition nécessaire pour arriver à l'honneur et à la confiance d'être gouverneur des infants.

La médiannate que paye au roi d'Espagne un grand d'Espagne pour la première fois monte à huit mille ducats. Ses descendants en payent quatre mille à chaque mutation. Les frais pour la première fois vont bien à la moitié. Les *lanzas* que paye tous les ans un grand d'Espagne se montent à soixante pistoles, quand sa grandesse est placée sur un titre de Castille.

CHAPITRE II.

Miraval, gouverneur du conseil de Castille; son caractère. — Caractère du grand inquisiteur. — Conseils. — Deux marquis de Campoflorido extrêmement différents à ne pas les confondre. — Archevêque de Tolède. — Constitution. — Inquisition. — Le nonce ni les évêques n'ont point l'Excellence. — Premier et unique exemple en faveur de l'archevêque de Tolède, de mon temps. — Conseillers et conseil d'État, nuls. — Ce qu'ils étoient. — Don Michel et don Dominguo Guerra; leur fortune et leur caractère. — Fortune et caractère du marquis de Grimaldo et de sa femme. — Riperda. — Fortune et caractère du marquis de Castellar et de sa femme. — Jalousie du P. Daubenton [à l'égard] du P. d'Aubrusselle; caractère de ce dernier. — Jésuites tous puissants, mais tous ignorants en Espagne, et pourquoi. — Fortune et caractère du chevalier Bourck. — Caractère et fortune du nonce Aldobrandin en Espagne. — Caractère et fortune du colonel Stanhope, ambassadeur d'Angleterre en Espagne. — Bragadino, ambassadeur de Venise en Espagne. — Ambassadeur de Hollande. — Ambassadeurs de Malte traités en sujets en Espagne. — Guzman, envoyé de Portugal. — Caractère de Maulevrier. — Duc d'Ormond; son caractère, sa situation en Espagne. — Marquis de Rivas, jadis Ubilla; sa triste situation en Espagne; je le visite.

Venons maintenant aux conseils que je trouvai, et que je laissai dans un grand délabrement, pour ce qui regardoit les conseils particuliers.

Le marquis de Miraval étoit gouverneur du conseil de Castille. C'étoit un homme de médiocre naissance, qui avoit été amabassadeur d'Espagne en Hollande, et qui en fut rappelé pour occuper cette grande place dont il n'étoit pas incapable. Il étoit doux, poli, accessible, équitable. Son esprit toutefois n'étoit pas transcendant, et son inclination étoit autrichienne. La cabale italienne, à laquelle il étoit étroitement lié, l'avoit porté par la reine à cette grande place. C'étoit un grand homme, fort bien fait, qui avoit l'attention polie de n'aller presque jamais en carrosse que ses rideaux à demi tirés pour ne faire arrêter personne.

Don François Camargo, ancien évêque de Pampelune, étoit inquisiteur général ou grand inquisiteur. Je n'ai jamais vu homme si maigre ni de visage si affilé. Il ne manquoit point d'esprit; il étoit doux et modeste. On eût beaucoup gagné que l'inquisition eût été comme lui.

Le comte de Campoflorido étoit président du conseil des finances, où il ne faisoit rien depuis longtemps; une longue maladie le conduisit au tombeau, depuis mon arrivée en Espagne : l'ancien de ce conseil le gouverna pendant tout mon séjour, avec le trésorier général, desquels je n'entendis point parler.

La présidence du conseil des Indes et de celui de la marine vaquoit pendant que j'étois en Espagne; les doyens obscurs de ces conseils les conduisoient. La présidence de celui des Indes fut donnée, après mon départ, au marquis de Valero, à son arrivée de la vice-royauté du Pérou, avec la grandesse et le titre de duc d'Arion.

Le marquis de Bedmar étoit président du conseil des ordres et du conseil de guerre. La première charge étoit sérieuse, donnoit quelque travail, du crédit et de la considération. L'autre étoit tombée à n'être plus qu'un nom.

A l'égard du conseil d'Italie et de celui des Pays-Bas, ils étoient tombés par le démembrement de ces pays de la domination d'Espagne, et passés sous celle de l'empereur.

J'ai oublié d'avertir qu'il ne faut pas confondre le Campoflorido, dont je viens de parler, avec le marquis de Campoflorido, capitaine général du royaume de Valence, lorsque j'étois en Espagne. Celui-ci étoit un fin et adroit Sicilien qui s'étoit acquis la protection de la reine par le mariage de son fils avec la fille aînée de dona Laura Piscatori, nourrice et assafeta de la reine qui, contre tous les usages d'Espagne, le maintint quinze ou seize ans dans la place de capitaine général du royaume de Valence qu'il gouverna, en effet, fort sagement. Il en sortit par être fait grand d'Espagne, et vint après ici ambassadeur d'Espagne, où chacun a pu juger de son esprit, et qu'il a été peut-être le seul bon ambassadeur qu'on ait vu ici envoyé par l'Espagne, depuis don Patricio Laullez.

Il y avoit déjà plus d'un règne que les archevêques de Tolède, chanceliers de Castille par leur siége, en avoient perdu toute fonction et toute mémoire, et qu'ils étoient réduits au pur ecclésiastique, sans plus avoir aucune autre prétention. Diego d'Astorga y Cespedes l'étoit pendant que j'étois en Espagne. Né en 1666, il fut inquisiteur de Murcie, évêque de Barcelone en décembre 1715, grand inquisiteur d'Espagne en 1720, et en mars suivant archevêque de Tolède, en quittant la place de grand inquisiteur, enfin cardinal par la nomination du roi d'Espagne en novembre 1727.

On a vu ici ce que j'ai dit de ce prélat et la confiance avec laquelle il me parla contre la constitution *Unigenitus*, le despotisme des papes et de l'inquisition en Espagne et dans tous les pays d'inquisition, qui ne laissoient aucune autorité ni liberté aux évêques, qu'il faisoit trembler, qui étoient réduits aux simples fonctions manuelles, et qui, bien loin d'oser juger de la foi, n'auroient pas même hasardé de recevoir la constitution *Unigenitus* sans risquer d'être envoyés par l'inquisition pieds et poings liés, à Rome, pour avoir osé se croire en droit de pouvoir donner une approbation à ce qui émanoit de Rome, qu'ils sont obligés de recevoir à genoux, les yeux fermés, sans s'informer de ce que c'est, si dans cette conjoncture le pape ne leur avoit pas permis et ordonné de la recevoir; combien il déplora avec moi l'anéantissement de l'épiscopat en Espagne et autres pays d'inquisition, où ce tribunal d'une part, celui du nonce de l'autre, avoient entièrement dépouillé les évêques, qui n'étoient plus les ordinaires de leurs diocèses, mais de simples grands vicaires, sacrés pour le caractère épiscopal et donner la confirmation et l'ordination et rien de plus, destitués même des pouvoirs que les évêques des autres pays donnent à leurs grands vicaires; enfin combien il me remontra l'importance extrême que nos évêques ne tombassent pas dans cet anéantissement, sous lequel ceux d'Espagne et de tous les pays d'inquisition gémissoient, et combien les nôtres se devoient souvenir de ce que c'est que d'être évêque, soutenir les droits divins de l'épiscopat et résister avec toute la sagacité et la fermeté possible aux ruses et aux violences de Rome, dont le but continuel est d'anéantir partout l'épiscopat pour rendre les papes évêques seuls et uniques et ordinaires immédiats de tous les diocèses, pour être les seuls maîtres dans l'Église; et par là de revenir à la domination temporelle qu'ils ont si longtemps essayé d'exercer partout, et de ne pouvoir enfin y être contredits par personne de leur communion.

Ce [que ce] prélat, éclairé et si judicieux, en vénération à toute l'Espagne par sa modestie, sa frugalité, ses mœurs, ses aumônes, sa vie retirée et studieuse, sa douceur et son éloignement de toute ambition, tel que les dignités le vinrent toutes chercher, sans en avoir jamais brigué aucune, ce que ce prélat, dis-je, crut m'apprendre sur l'esclavage et le néant de l'épiscopat dans les pays d'inquisition, et qui met en si grande évidence le cas qu'on doit faire de l'acceptation faite de la constitution par tous les évêques et les docteurs de ces pays, que nos boute-feu d'ici ont tant sollicitée et tant fait retentir pour faire accroire de force et de ruse que l'Église avoit parlé, etc., cela même on l'a vu dans ce qui a été donné ici de M. Torcy; par les dures réprimandes, et ce qu'il arriva à Aldovrandi, nonce en Espagne, pour avoir fait accepter la constitution par des évêques, licence prise par eux, qui fut trouvée si mauvaise à Rome, quoique à la sollicitation d'Aldovrandi, que ce nonce en fut perdu, et eut toutes les peines qu'on a vu à s'en relever, et que le pape, pour couvrir cet étrange excès des évêques d'Espagne, leur commanda à tous de recevoir sa constitution *Unigenitus*, afin qu'il ne fût pas dit qu'ils eussent osé le faire sans ses ordres précis; et en même temps les évêques, qui l'avoient acceptée à la réquisition du nonce, furent fort blâmés et menacés de Rome, comme ceux qui n'avoient osé déférer là-dessus aux instances du nonce furent loués et approuvés.

Cet archevêque de Tolède est le premier et l'unique prélat à qui l'Excellence ait été accordée, pour lui et pour les archevêques ses successeurs. Aucun autre n'a ce traitement, non pas même le nonce du pape, quoique si puissant en Espagne, et le premier de tous les ambassadeurs, qui l'ont tous. Les nonces, comme tous les autres archevêques et évêques d'Espagne, se contentent de la Seigneurie illustrissime, et ne prétendent point l'Excellence, même depuis que l'archevêque de Tolède l'a obtenue, fort peu avant que j'arrivasse en Espagne. C'est aussi la seule distinction qu'il ait par-dessus les autres archevêques et évêques.

CONSEILLERS D'ÉTAT.

Le duc d'Arcos, le duc de Veragua, le marquis de Bedmar, le comte d'Aguilar, le prince de Santo-Buono, le duc de Giovenazzo, tous grands d'Espagne, don Michel Guerra, le marquis Grimaldo, secrétaire d'État.

On l'a déjà dit, les conseillers d'État sont, ou plutôt étoient en Espagne ce que nous appelons ici ministres d'État. Aussi étoit-ce le dernier et le suprême but de la fortune et de la faveur. Mais depuis que la princesse des Ursins eut fait quitter prise aux cardinaux Portocarrero et d'Estrées, et à tous ceux qui avoient eu part au testament de Charles II, qui avoient mis Philippe V sur le trône, renfermé le roi d'Espagne avec la reine et elle, et changé toute la forme de la cour et du gouvernement, les fonctions de conseillers d'État tombèrent tellement en désuétude qu'il ne leur en demeura que le titre vain et oisif, sans rang ni fonctions quelconques, et sans autre distinction que de pouvoir aller en chaise à porteurs dans les rues de Madrid, avec un carrosse à leur suite, et l'Excellence. Aussi fut-ce uniquement pour donner l'Excellence à Grimaldo qu'il reçut le titre de conseiller d'État pendant que j'étois à Madrid. Je [la] lui donnois souvent avant qu'il l'eût par cette voie. Cela le flattoit, parce qu'il étoit glorieux et qu'il étoit peiné de travailler continuellement avec des ambassadeurs et avec des grands et d'autres qu'il falloit bien qu'il traitât d'Excellence, et dont il ne recevoit que la Seigneurie. Il m'en reprenoit quelquefois en souriant; je répondois que je ne me corrigerois point, parce que je ne pouvois me mettre dans la tête qu'il ne l'eût pas. Nous reviendrons à lui tout à l'heure. Je passe les grands, parce que j'en ai parlé sous leurs titres.

Don Michel Guerra étoit une manière de demi-ecclésiastique sans ordres, mais qui avoit des bénéfices, qui étoit vieux et qui n'avoit jamais été marié. C'étoit une des meilleures têtes d'Espagne, pour ne pas dire la meilleure de tout ce que j'y ai connu; instruit, laborieux, parlant bien et assez franchement. Aussi, quoique tout à fait hors de toutes places, étoit-il fort aimé et considéré. Il étoit chancelier de Milan, et à Milan lors de l'avénement de Philippe à la couronne d'Espagne; il se conduisit bien dans cette conjoncture. Sa place étoit également importante et considérable, et faisoit compter les gouverneurs généraux du Milanois avec elle. Il y étoit fort estimé et fort autorisé. Peu après l'avénement de Philippe V à la couronne, il quitta Milan, passa quelque temps à Paris, fut traité avec beaucoup de distinction par le roi et les ministres, et fort accueilli des seigneurs principaux. C'étoit un homme fort rompu au grand monde et aux affaires, qui ne se trouva ni ébloui ni embarrassé parmi ce monde nouveau pour lui. Il repassa d'ici en Espagne, après avoir vu le roi en particulier, et conféré avec quelques-uns de nos ministres, dont il remporta l'estime et de toute la cour. Il eut son tour à être gouverneur du conseil de Castille, mais il ne l'accepta qu'à condition de n'être pas tenu d'en garder le rang, s'il venoit à quitter cette grande place, parce que, disoit-il, il ne prétendoit pas mourir d'ennui pour y avoir passé. En effet, il ne la conserva pas longtemps. Ce n'étoit pas un homme à ployer bassement; et quand il l'eut quittée, il reprit, en effet, son genre de vie accoutumé, sans aucun rang et libre dans sa taille, fort visité et considéré, assez souvent même consulté. Je le voyois assez souvent chez lui et chez moi. Quoiqu'il n'aimât pas les François, il s'entretenoit fort familièrement avec moi, et, outre que sa conversation étoit gaie et agréable, j'y trouvois toujours de quoi profiter et m'instruire.

Il avoit dans une forte santé une incommodité étrange : sa tête se tournoit convulsivement du côté gauche. Dans l'ordinaire cela étoit léger, mais presque continuel, par petites saccades. Il étoit déjà dans cet état quand il passa à Paris, retournant de Milan en Espagne. Depuis, cela avoit augmenté, et la violence en étoit quelquefois si grande que son menton dépassoit son épaule, pour quelques instants, plusieurs fois de suite. Je l'ai vu chez lui, le coude sur sa table; tenant sa tête avec la main pour la contenir, d'autres fois au lit pour la contenir davantage. Il m'en parloit librement, et cela n'empêchoit point la conversation. Il avoit fait inutilement plusieurs remèdes en Italie et en Espagne, et avoit consulté son mal ici. Il n'avoit trouvé de soulagement considérable et long que par les bains de Barége, et il étoit sur le point d'y retourner quand je partis d'Espagne.

On admiroit à Madrid comment je l'avois pu si bien apprivoiser avec moi; avec tout son agrément et son usage du grand monde, il avoit du rustre naturellement, et les grands emplois par lesquels il avoit passé ne l'en avoient pas corrigé. Ainsi ses propos avoient souvent une nuance brusque, sans que lui-même le voulût, ni s'en aperçût par l'habitude. Je sentis bien qu'il ne faisoit pas grand cas du gouvernement d'Espagne, ni beaucoup plus de celui du cardinal Dubois. Ce n'étoit pas matières même à effleurer pesamment de part ni d'autre, mais qui ne laissoient pas de se laisser entendre. Il étoit frère du confesseur de la reine; ils logeoient ensemble; il le méprisoit parfaitement. Don Michel étoit grand, gros, noir, de fort bonne mine et la physionomie de beaucoup d'esprit.

Le marquis de Grimaldo, secrétaire d'État des affaires étrangères, étoit le seul véritable ministre. Je l'ai fait connoître plus haut par sa figure singulière et par son caractère. C'étoit un homme de si peu, et qui avoit si peu de fortune, que le duc de Berwick m'a conté que la première fois qu'il fut envoyé en Espagne, il lui fut présenté pour être son secrétaire pour l'espagnol; qu'il ne le prit point, parce qu'il ne savoit pas un mot de françois, et qu'ensuite il entra sous-commis dans les bureaux d'Orry. Des hasards d'expéditions le firent connoître et goûter à Orry; il en fit son secrétaire particulier, et il y plut à Orry de plus en plus. Il lui donna sa confiance sur bien des choses, le fit connoître à Mme des Ursins et à la reine; il se servit peu à peu de lui pour l'envoyer porter au roi des papiers, et en recevoir des ordres sur des affaires, quand ses occupations lui faisoient ménager son temps. Ces messages se multiplièrent; il avoit la princesse des Ursins et la reine pour lui; il fut donc tout à fait au gré du roi, tellement qu'Orry, à qui son travail avec le roi n'étoit qu'importun, parce qu'un avec Mme des Ursins, par conséquent maître de l'État, il n'avoit pas besoin de particuliers avec le roi pour soutenir sa puissance et son autorité particulière, se déchargea de plus en plus de tout le travail que Grimaldo pouvoit faire pour lui avec le roi, et des suites de ce travail, comme ordres, arrangements, etc., dont Grimaldo faisoit le détail, et lui en rendoit un compte sommaire, ce qui le tira bientôt de la classe des premiers commis, et en fit une manière de petit sous-ministre de confiance. Le roi s'y accoutuma si bien que la chute d'Orry, celle de Mme des Ursins, l'ascendant que prit la nouvelle reine sur son esprit, presque aussitôt qu'elle fut arrivée, ne purent changer le goût que le roi avoit pris pour lui, ni sa confiance. Albéroni et la reine le chassèrent pourtant de toute affaire et de toute entrée au palais, mais ils ne purent venir à bout de l'exiler de Madrid.

Grimaldo, pendant la durée de son petit ministère, s'en étoit servi pour se lier avec La Roche, avec les valets intérieurs et pour gagner les bonnes grâces du duc del Arco et du marquis de Santa-Cruz, amis intimes l'un de l'autre, l'un favori du roi, l'autre de la reine, et par leur faveur et leurs charges dans l'intérieur du palais. Il s'étoit fait aussi des amis considérables au dehors du palais, bien voulu en général et mal voulu de personne que d'Albéroni et de ses esclaves. Plus ce premier ministre se faisoit craindre et haïr, plus on souhaitoit sa chute, plus on plaignoit le malheur de Grimaldo, plus on s'intéressoit à lui. L'Arco n'avoit jamais ployé sous Albéroni d'une seule ligne; Albéroni n'avoit pu le gagner, et n'avoit osé l'attaquer. Santa-Cruz, plus en mesure avec lui par rapport à la reine, ne l'en aimoit pas mieux. Il étoit comme et pourquoi je l'ai dit ailleurs, ami intime du duc de Liria, auquel Grimaldo s'étoit attaché dans ses petits commencements, parce qu'il avoit cultivé la protection du duc de Berwick, dont il avoit pensé être secrétaire, et Liria et Grimaldo furent toujours depuis dans la même liaison dans laquelle Sartine se glissa. Santa-Cruz et l'Arco faisoient ainsi passer bien des avis de l'intérieur à Grimaldo par Liria, quelquefois l'Arco par le même ou par Sartine, et peu à peu il arriva bien des fois que sous quelque prétexte de quitter la reine quelques moments, ou pendant sa confession, ou entre le déshabillé du roi et son coucher où il n'y avoit jamais que Santa-Cruz, et l'Arco et deux valets françois intérieurs, le roi faisoit entrer Grimaldo par les derrières, conduit par La Roche, et l'entretenoit d'affaires et de bien d'autres choses. La difficulté de le voir en augmenta le désir, le goût, la confiance, tellement que la chute d'Albéroni fit le rappel subit de Grimaldo au palais et aux affaires.

Il fut fait secrétaire d'État avec le département des affaires étrangères, et bientôt après sans être chargé des autres départements des secrétaires d'État, il travailla seul sur tous avec le roi, à leur exclusion. Le roi, toujours peiné de multiplier les visages dans son intérieur, accoutuma bientôt les autres secrétaires d'État et ceux qui en vacance de président ou de gouverneur des conseils des Indes, des finances, etc. [en faisoient les fonctions], d'envoyer à Grimaldo ce qu'ils auroient porté eux-mêmes au travail avec le roi, en sorte que Grimaldo lui rendoit compte tout seul de ces différentes affaires de tous les départements, recevoit ses ordres, et les envoyoit avec les papiers à ceux de qui il les avoit reçus. On voit par cette mécanique qu'elle rendoit Grimaldo maître, ou peu s'en falloit, de toutes les affaires, et les autres secrétaires d'État, ou conducteurs à temps des conseils, impuissants, sans le concours de Grimaldo, par conséquent ne voyant jamais le roi, et dès là, fort subalternes. De là vint que pas un d'eux ne suivit plus le roi en ses voyages, qui dans Madrid ne les voyant jamais où ils étoient tous, et ne travaillant sur les affaires de tous les départements qu'avec le seul Grimaldo, les accoutuma bientôt à demeurer à Madrid et à envoyer chaque jour, s'il en étoit besoin, ou plusieurs fois la semaine à Grimaldo dans le lieu où le roi étoit, tout ce qui avoit à passer sous ses yeux, et à recevoir par Grimaldo la réponse et les ordres du roi sur chaque affaire de chaque département.

Quoique Grimaldo fût glorieux, et qu'une situation si brillante lui fît élever ses vues bien haut pour ennoblir et élever sa fortune, il eut grand soin de conserver ses anciens amis, de s'en faire de nouveaux, d'avoir un accès doux et facile pour tout le monde, d'expédier de façon que rien ne demeurât en arrière par sa négligence, de tenir ses commis en règle et assidus au travail, de ne les laisser maîtres de rien, et en les traitant tous fort bien, d'empêcher qu'aucun prît ascendant sur lui. Par cette conduite, il fit que tout le monde étoit content de lui, et que, dans l'impossibilité d'espérer que le roi sortît jamais de la prison où Mme des Ursins l'avoit accoutumé, et qu'Albéroni avoit soigneusement entretenue, et à laquelle ce prince s'étoit si fortement accoutumé, il n'y avoit personne de la cour ni d'ailleurs qui n'aimât mieux Grimaldo pour geôlier, et avoir affaire à lui qu'à tout autre.

A l'égard de ceux dont il portoit le travail au roi, à leur exclusion, il adoucissoit cette peine par les manières les plus polies et les plus considérées. Il ne se mêloit immédiatement d'aucun de leurs départements, c'est-à-dire qu'il n'écoutoit point ceux qui y avoit des affaires : c'étoit à eux à s'en démêler avec les ministres naturels du département dont étoient leurs affaires; et lui, il n'en entendoit parler que par l'envoi que lui faisoient ces ministres des papiers qu'ils auroient portés devant le roi, et du compte qu'ils lui en [eussent] rendu, s'ils eussent travaillé avec Sa Majesté. Quelquefois alors Grimaldo écoutoit ceux que ses affaires regardoient; je dis quelquefois, selon que l'importance de l'affaire le demandoit, ou que la considération des personnes l'exigeoit, car d'ordinaire il s'en tenoit à ce que les ministres lui envoyoient, formoit son avis là-dessus, en conformité du leur ou non, mais rapportant toujours au roi leur avis et sur quoi ils le fondoient, accompagnoit le renvoi qu'il faisoit des papiers et de la décision du roi, avec célérité et politesse. Bien étoit vrai qu'il prenoit plus de connoissances de certaines affaires; mais ce n'étoit qu'avec beaucoup de choix pour suffire à son propre travail, et ne se pas noyer dans celui des autres. Malgré ces attentions, il étoit impossible que les autres secrétaires d'État, etc., ne sentissent le poids de ce joug qui les séparoit du roi comme de simples commis, et qui leur donnoit un censeur tête à tête avec le roi, en lui rapportant toutes leurs affaires. J'expliquerai plus bas cette façon de travailler, et la jalousie qui en résulta, mais qui fut impuissante jusque longtemps après mon retour, et qui n'en mit pas les autres ministres plus à portée du roi, trop accoutumé de si longue main à ne travailler qu'avec un seul, toujours le même. Je me contente de rapporter ce que j'ai vu, sans louer ni blâmer ici cette manière de gouverner une si vaste monarchie.

Grimaldo étoit chancelier de l'ordre de la Toison d'or, sans en porter sur soi ni à ses armes aucune marque. Il avoit bien envie d'en devenir chevalier, et il y parvint enfin à la longue. Par lui-même, j'ai eu lieu de croire qu'il eût été plus modeste, mais il avoit une femme qui pouvoit beaucoup sur lui, qui avoit de l'esprit, des vues du monde, qui crevoit d'orgueil et d'ambition, qui ne prétendoit à rien moins qu'à voir son mari grand d'Espagne, qui ne cessoit de le presser d'user de sa faveur. Il en avoit un fils et une fille fort gentils : c'étoient des enfants de huit ou dix ans qui paroissoient fort bien élevés. Son frère, l'abbé Grimaldo, fort uni avec eux, l'étoit parfaitement d'ambition avec sa belle-sœur, et [ils] le poussoient de toutes leurs forces. Mais outre que cette femme étoit ambitieuse pour son mari, elle étoit haute et altière avec le monde, et se faisoit haïr par ses airs et ses manières, et ce fut en effet cela qui le perdit à la fin. L'abbé Grimaldo imitoit un peu sa belle-sœur dans ce dangereux défaut. Il étoit craint et considéré, mais point du tout aimé, même de la plupart des amis de son frère.

J'étois instruit de ces détails, mais des plus intérieurs par le duc de Liria, et surtout par Sartine véritablement intéressé et attaché à Grimaldo, et par le chevalier Bourck, dont je parlerai dans la suite. Je voyois assez souvent Mme Grimaldo chez elle et son beau-frère, et il est vrai qu'à travers la politesse et la bonne réception, l'orgueil de cette femme transpiroit et révoltoit, non pas moi, qui aimois son mari, et qui n'en faisois que rire en moi-même, ou en dire tout au plus quelque petit mot, et encore rare et mesuré, à Sartine, ou au duc de Liria. Je pense que ce fut elle qui se servit de Sartine et de Bourck pour me pressentir sur la grandesse. Je raconte ceci de suite, quoique après le retour de Lerma à Madrid, et pour sonder si je voudrois y servir Grimaldo. Rappelé à sa charge de secrétaire d'État, au moment de la chute d'Albéroni, il avoit été témoin de bien près de la rapidité de la fortune de Riperda devenu comme en un clin d'œil premier ministre aussi absolu que le fut jamais son prédécesseur Albéroni, et en même temps grand d'Espagne, dans le premier engouement de ce beau traité de Vienne [1] qu'il y avoit conclu : fruit amer du renvoi de l'infante en Espagne.

Riperda, gentilhomme hollandois, et ambassadeur de Hollande en Espagne, à qui il s'étoit attaché depuis son rappel, et dont il a été tant parlé ici, d'après Torcy, étoit étranger à l'Espagne, devenu une espèce d'aventurier. Grimaldo qui, en jouant sur le mot et de sa terminaison en *o* ou en *i*, avoit franchement arboré les armes pleines de Grimaldi, se prétendoit être de cette maison, depuis qu'il étoit secrétaire d'État, par conséquent de bien meilleure maison que Riperda. Il n'y avoit aucun Grimaldi en Espagne pour lui contester cette prétention. Le règne de Riperda avoit été court, et sa chute bien méritée, mais affreuse. Sa gestion, à la suite de celle d'Albéroni, avoit dégoûté le roi et la reine des premiers ministres, sans les détacher de ne travailler qu'avec un seul ministre, et ce seul ministre fut encore Grimaldo. Il succéda donc à Riperda, non au titre ni au pouvoir, mais au moins à l'accès unique, et à rapporter seul au roi les affaires de tous les départements, comme il avoit fait auparavant. C'en étoit bien assez pour mettre la grandesse dans la tête de sa femme et de son frère, et pour le tenter lui-même, quoique plus sage et plus clairvoyant qu'eux.

Pour revenir sur mes pas à mon temps, le servir dans cette ambition, n'avoit rien de contraire au service ni à l'intérêt de la France : c'étoit, au contraire, lui attacher de plus en plus l'unique ministre qui approchât du roi et de la reine d'Espagne, et qui avoit toujours bien mérité de la France. Ces raisons et mon inclination m'y portoient par tout ce que je devois, comme on verra bientôt, à l'amitié de Grimaldo ;

---

1. Le traité, dont parle ici Saint-Simon et auquel on donna le nom de traité de Vienne, fut signé le 30 avril et le 2 mai 1725. La France et l'Angleterre, inquiètes du rapprochement de l'Autriche et de l'Espagne, opposèrent à cette alliance le traité de Hanovre (25 septembre 1725), qui réunissait l'Angleterre, la France et la Prusse.

mais je sentois aussi combien je devois éviter de me mêler des choses purement intérieures de la cour d'Espagne, et quoique pour l'importance et la conduite des affaires, les ministères et les dignités n'aient rien de commun, et soient choses entièrement séparées, je m'étois fait là-dessus à moi-même une leçon générale, quand je refusai au P. Daubenton d'entrer dans ses vues et dans ce que le roi d'Espagne voudroit faire par mon ministère pour faire rendre aux jésuites le confessionnal du roi. Il étoit néanmoins plus que délicat d'éconduire Sartine et Bourck sur une proposition que je sentois bien qu'ils ne me faisoient pas d'eux-mêmes. Je pris donc le parti de leur montrer que je la goûtois, que je me prêterois avec empressement à procurer cette élévation à Grimaldo; mais tant pour lui-même que pour moi, il s'y falloit garder de faux pas, et que c'étoit à lui à me conduire dans un terrain qu'il connoissoit si bien, et dont l'écorce m'étoit à peine connue. Par cette réponse qui me vint sur-le-champ dans l'esprit, j'espérai des mesures de Grimaldo, de sa crainte de se perdre en voulant voler trop haut, de son embarras à se servir d'un étranger qui, quelque bien qu'il fût et qu'il parût auprès de Leurs Majestés Catholiques, ne les voyoit pourtant jamais seul que par audiences, dont les occasions désormais ne pouvoient être fréquentes, tiendroient Grimaldo en des délais continuels qui me feroient gagner le temps de mon départ, et ne me concilieroient pas moins sa reconnoissance de mes offres et de ma bonne volonté. En effet, tout cela arriva comme je l'avois prévu.

Le marquis de Castellar, secrétaire d'État de la guerre, étoit un grand homme fort bien fait, avec un œil pourtant un peu en campagne, et jeune. Il étoit frère de Patiño, qui étoit alors intendant de marine à Cadix, qui ne vint point à Madrid de mon temps, et qui longtemps après devint premier ministre avec plus de pouvoir qu'aucun autre, qui l'eût été, qui se fit, à la fin, grand d'Espagne, et qui mourut dans toute cette autorité. Il a été parlé de lui ici plus d'une fois.

Ils étoient Espagnols d'assez bon lieu, établis à Milan depuis quelques générations, et revenus enfin en Espagne. Patiño avoit été jésuite. Lui et son frère se haïssoient parfaitement, et se sont haïs toute leur vie.

Castellar aimoit fort son plaisir, paroissoit très-rarement à la cour, étoit autant qu'il pouvoit dans le monde, fort paresseux avec de l'esprit, de la capacité, une grande facilité de travail, qui expédioit en deux heures avec justesse plus qu'un autre en sept ou huit heures. Il portoit avec la dernière impatience d'envoyer ses papiers à Grimaldo, et de n'en recevoir que par lui les réponses et les ordres du roi. Toutefois il fit tant qu'il parvint pendant que j'étois à Madrid, à travailler avec le roi deux fois assez près à près, et cela fit nouvelle et mouvement dans la cour. Grimaldo ne s'en émut pas, et il eut raison. Castellar ne put se contenir de témoigner au roi que tout se perdoit par cette façon de faire passer toutes leurs affaires par Grimaldo, et de ne travailler qu'avec lui. Cette représentation peut-être trop forte, et qui put aussi être un peu aigre, déplut au roi, qui depuis ne voulut plus travailler avec lui, et il en arriva autant à celui qui étoit par *interim* en premier aux finances, qu'au premier travail de Castellar avec le roi, il y avoit poullié. Ainsi Grimaldo, sans se remuer le moins du monde, continua tranquillement à faire seul avec le roi la besogne de tous.

Ce mauvais succès de Castellar acheva de le piquer. Sa femme n'étoit pas moins haute que celle de Grimaldo, et personnellement [elles] ne se pouvoient souffrir l'une l'autre. Le feu s'alluma donc tout à fait entre elles et entre leurs maris. Castellar se lâcha indiscrètement sur Grimaldo, qu'il força, malgré lui, à se fâcher. Cela fit du bruit et des partis, mais celui de Castellar n'étoit rien en comparaison de celui de Grimaldo, qui avoit pour lui la faveur et la confiance privative de toutes les affaires.

Castellar me voyoit assez, sa conversation étoit fort agréable. On me voyoit bien avec lui et beaucoup mieux encore avec Grimaldo, et sur un pied d'amitié et de confiance. Leurs amis me pressèrent de travailler à les raccommoder, Sartine, Bourck, les ducs de Liria et de Veragua, le prince de Masseran et d'autres. C'étoit une bonne œuvre qui ne pouvoit qu'être bonne au service du roi et utile à tous les deux. J'aurois réussi, si je n'avois eu affaire qu'aux deux maris, mais les deux femmes qui vouloient se manger et périr ou culbuter le secrétaire d'État opposé, se mirent tellement à la traverse que je m'aperçus bientôt que je n'y gagnerois rien que de me mettre peut-être mal avec l'un ou l'autre, tellement que je me retirai doucement de cette entremise, sans y laisser rien du mien.

Quand ils se furent bien aboyés, ils se turent, mais ne se pardonnèrent pas. De ce moment Castellar, à qui sa place devenoit tous les jours plus insupportable, mais qui ne pouvoit la quitter pour demeurer rien, tourna toutes ses vues sur l'ambassade de France, et m'en parla plusieurs fois. Je lui représentai toujours que pour mon particulier, rien ne me pouvoit être plus agréable, mais qu'il prît garde à quitter le réel qu'il tenoit, et qui le pouvoit devenir davantage, et plus agréable par des choses que le temps amenoit, et qu'on ne pouvoit prévoir, ce que j'accompagnois de choses flatteuses sur son mérite, sa capacité, sa réputation, et en tout cela je lui disois vrai, et je l'entretins toujours de la sorte sans entrer en aucun engagement : c'est que je sentois combien cette ambassade seroit désagréable à Grimaldo, que par toute raison j'aimois mieux que l'autre, et que je voyois bien aussi que la correspondance étroite, si désirable entre les deux cours, courroit risque d'être mal servie entre un ambassadeur d'Espagne et le ministre unique d'Espagne, et spécialement des affaires étrangères, aussi ennemis l'un de l'autre que l'étoient ces deux hommes.

Castellar enfin y réussit, mais longtemps après, et eut entre deux une attaque d'apoplexie qui, d'un homme gai, léger, de la conversation la plus fine, la plus leste, la plus aimable, mais aussi la plus solide et la plus suivie quand cela étoit à propos, en fit un homme triste, pesant jusqu'à en être lourd et massif, qui ne produisoit rien, qui ne suivoit pas, qui travailloit même pour comprendre. Je m'étois fait un grand plaisir de le revoir ici ambassadeur. A son premier aspect ma surprise fut grande, et mon étonnement encore plus dès la première conversation. C'étoit une apoplexie ambulante : aussi le tua-t-elle bientôt.

Il mourut à Paris, et laissa un fils à qui son oncle fit épouser l'héritière d'une grandesse. Il étoit fort jeune et fort fou, du temps que j'étois en Espagne. Il s'est depuis appliqué au service, il y a acquis de la réputation ; il s'est soutenu après la mort de son oncle; dont il a eu aussi la grandesse. Il trouva le moyen de s'attirer la protection de la reine; il eut des commandements en chef qui l'ont conduit à être capitaine général.

J'ai parlé de La Roche et du P. Daubenton assez pour n'avoir rien à y ajouter : seulement dirai-je que ce maître jésuite vieillissoit et qu'il commençoit à perdre la mémoire. Je m'en aperçus dans les conversations fréquentes que j'avois avec lui chez moi, ou au collége impérial où il étoit fort bien logé. Mais cette foiblesse de mémoire me fit découvrir plus d'une friponnerie de sa part, par lui-même, sur des affaires où d'abord il m'avoit promis merveilles, et dès le lendemain me venoit conter celles qu'il avoit opérées là-dessus avec le roi, puis quelques jours après me disoit tout le contraire, oubliant ce qu'il m'avoit raconté. C'est que ce qu'il m'avoit dit d'abord étoit une fable, et ce qu'il me rendoit après étoit ce qu'il avoit exécuté. Je n'en fus ni surpris ni n'en fis pas semblant. Je connoissois trop le personnage pour m'y fier en rien, mais je ne fus pas fâché de jouir du défaut de sa mémoire, et de m'amuser à lui en tendre des panneaux.

Mais ce qui m'importuna de lui à l'excès, fut sa jalousie du P. d'Aubrusselle, jésuite françois, demeurant aussi au collége impérial et précepteur des infants. C'étoit un homme d'esprit, de savoir, fort instruit des choses d'Espagne et de l'intérieur du palais, aimé et estimé généralement, et d'une conversation agréable, sage, discrète, mais toutefois instructive. Aubenton qui craignoit toujours pour sa place, et pour la confiance et l'autorité qu'elle lui donnoit, se sentoit vieux et connu. L'expérience qu'il avoit faite de pouvoir être congédié, le rendoit soupçonneux sur tous ceux qui lui pouvoient succéder. Il voyoit bien qu'Aubrusselle étoit le plus apparent et le plus naturel; la bienveillance générale et la réputation qu'il avoit acquise en Espagne le blessoit; tout lui étoit suspect de ce côté-là, à tel point qu'Aubrusselle m'en avertit, me pria d'éloigner mes visites, surtout de n'aller point chez lui les jours que j'irois voir Aubenton, et de ne trouver pas mauvais qu'il vînt peu chez moi. Je m'informai d'ailleurs de cette jalousie, et par ce que j'en appris, je vis que le P. d'Aubrusselle ne m'en avoit pas tout dit. Il craignoit encore ses relations en France, et même à Rome, quelque vendu qu'il fût à cette dernière cour. En un mot, tout lui faisoit ombrage, et plus sa tête vieillissoit, moins il étoit capable de se contenir là-dessus, sans succomber à des échappées, quelque seconde nature qu'il se fût faite de la dissimulation la plus profonde et de la plus naturelle fausseté. Cela fit qu'Aubrusselle et moi eûmes moins de commerce ensemble que lui et moi n'eussions voulu.

Puisque je parle de jésuites, il faut achever ici ce qui les regarde. Je ne les trouvai pas en Espagne moins puissants qu'ils se le sont rendus partout ailleurs, pénétrant partout, imposant partout, et d'amour ou de crainte se mêlant de tout. Les dominicains autrefois si puissants en Espagne y étoient devenus de petits compagnons auprès d'eux, et dans l'inquisition même, où les jésuites s'étoient saisis de la pluralité des places, et des plus importantes. Mais quels pays que ceux d'inquisition! Les jésuites savants partout et en tout genre de science, ce qui ne leur est pas même disputé par leurs ennemis, les jésuites, dis-je, sont ignorants en

Espagne, mais d'une ignorance à surprendre. Ce sont les PP. Daubenton et d'Aubrusselle qui me l'ont dit, et plusieurs fois, qui ne pouvoient s'accoutumer en ce qu'ils en voyoient. C'est que l'inquisition furette tout, s'alarme de tout, sévit sur tout avec la dernière attention et cruauté. Elle éteint toute instruction, tout fruit d'étude, toute liberté d'esprit, la plus religieuse même et la plus mesurée. Elle veut régner et dominer sur les esprits, elle veut régner et dominer sans mesure, encore moins sans contradiction, et sans même de plaintes, elle veut une obéissance aveugle sans oser réfléchir ni raisonner sur rien, par conséquent elle abhorre toute lumière, toute science, tout usage de son esprit; elle ne veut que l'ignorance, et l'ignorance la plus grossière. La stupidité dans les chrétiens est sa qualité favorite, et celle qu'elle s'applique le plus soigneusement d'établir partout, comme la plus sûre voie du salut, la plus essentielle, parce qu'elle est le fondement le plus solide de son règne et de la tranquillité de sa domination.

Le chevalier Bourck étoit un gentilhomme irlandois, qui avoit été quelque temps au cardinal de Bouillon, à Rome, et qui n'aimoit pas qu'on le sût, car il étoit pauvre, glorieux et important. Son maître qui ne pouvoit tenir dans sa peau, et qui toujours étoit plein d'un monde de vues obliques et folles, lui reconnut de l'esprit et un esprit de manége et d'intrigue qui, en effet, étoient le centre et la vie de Bourck, et l'employa à des messages et à de petites négociations dans Rome et au dehors. Il fut chargé d'une autre vers les princes d'Italie, que le cardinal de Bouillon avoit imaginée pour leur faire agréer une augmentation de cérémonial en faveur des cardinaux. Bourck, domestique pour son pain, parce qu'il n'en avoit pas, mais blessé de l'être, tira sur le temps, et sur la foiblesse de son maître, pour lui persuader qu'il réussiroit beaucoup mieux s'il étoit l'homme du sacré collége, dont le nom imposeroit bien plus aux princes avec qui il traiteroit, que s'il n'agissoit qu'au nom d'un cardinal particulier, quelque considérable qu'il fût. Bouillon, fanatique d'orgueil en tout genre, qui s'étoit mis en tête cette augmentation de cérémonial, et pour le succès duquel tout lui étoit bon, goûta la proposition, et obtint de la complaisance des cardinaux, de charger Bourck de cette négociation en leur nom, mais toutefois sans se commettre au cas qu'elle ne réussît pas.

Ce point gagné, Bourck [fut] admis chez les principaux cardinaux, pour recevoir leurs ordres, et voir avec eux les moyens d'agir en leur nom, mais d'une manière secrète, et qui ne les commît point s'il ne réussissoit pas. Comme presque tous se doutoient bien qu'il échoueroit, et ne s'étoient laissé aller que par la foiblesse pour l'impétuosité du cardinal de Bouillon qui, dans la plus haute faveur du roi, étoit chargé de ses affaires à Rome, et y faisoit un personnage principal, et le premier par la splendeur de sa magnificence, Bourck, dis-je, leur insinua que l'homme chargé par le sacré collége ne pouvoit avec décence, pour ce grand corps, être payé que par lui, et qu'il seroit trop indécent que ce même homme pût être reconnu par les princes avec qui il traiteroit pour être domestique d'un cardinal particulier. Avec cette adresse, il se tira de sa condition, sans perdre les bonnes grâces de son maître, et tira du sacré collége plus qu'il ne tiroit du cardinal de Bouillon.

Le voilà donc à Parme, à Modène sans éclat et sourdement; la négociation traîna le plus longtemps qu'il put. Elle eût fini d'abord, car ces princes se moquèrent de ses propositions au premier mot qu'il leur en dit, mais Bourck vouloit se faire valoir et faire durer la commission. Elle échoua enfin, et il eut encore l'adresse de se faire donner une petite pension par le sacré collége, dont il a toujours joui, pour le récompenser tant de ses peines et de ses dépenses prétendues, que pour le dédommager de ce qu'il perdoit à n'être plus au cardinal de Bouillon. Je n'entreprendrai pas de le suivre, il me mèneroit trop loin. Je me contenterai de dire qu'il fit plusieurs voyages par inquiétude d'esprit, et peut-être moins pour chercher fortune que chercher à se mêler : car se mêler, négocier, intriguer, étoit son élément et sa vie.

A la fin il se fixa en Espagne, où il fut assez bien voulu de la princesse des Ursins, dont il avoit fréquenté les antichambres à Rome, à la mode du pays. Elle lui confia même plusieurs choses, et le mit tout à fait bien auprès du roi et de la reine qui lui parloient souvent familièrement, en particulier, et lui, à l'en croire, leur donnoit souvent de fort bons conseils, et à Mme des Ursins, et leur parloit fort hardiment. Cette posture, et un naturel vif, entreprenant, haut, souvent même audacieux et très-libre, soutenu d'esprit et de connoissances, le faisoit ménager, mais craindre par les ministres, et le mêla fort avec le monde et avec la cour où il s'étoit fait des amis. L'arrivée d'une nouvelle reine, et la chute subite de Mme des Ursins diminua fort ses accès et sa considération. Néanmoins il se soutint, et ne laissa pas d'être encore de quelque chose sous Albéroni. C'étoit un homme qui ne s'abandonnoit point, et qui savoit toujours s'introduire par quelque coin. Il avoit toujours ménagé Grimaldo, en sorte qu'après le ministère d'Albéroni, il espéra tout de la protection de Grimaldo. Mais Grimaldo, qui le connoissoit, le traita toujours avec une distinction qui l'empêcha de s'écarter de lui, mais qui le tint toujours en panne, parce qu'en effet ce ministre craignoit son caractère, et profita de l'éloignement que la reine avoit pris de lui pour l'empêcher de se rapprocher d'elle et du roi.

C'est dans cette situation que je le trouvai en arrivant à Madrid. On me l'avoit donné pour un homme fort attaché à la France, et dont je pourrois tirer beaucoup de lumières. J'en tirai en effet, mais souvent aussi bien des visions. Il étoit ami de plusieurs personnes distinguées, le pays et le jacobisme l'avoient lié avec le duc de Liria, Hyghens, le duc d'Ormond, et plusieurs autres. Il étoit aussi ami de Sartine, mais tous connoissoient bien son caractère. Il étoit en effet fort instruit d'événements intérieurs du palais fort curieux, et de beaucoup de choses et d'affaires où il étoit entré, et d'autres où il s'étoit fourré. Il parloit bien, mais beaucoup, on pouvoit dire qu'il étoit malade de politique. Il y revenoit toujours de quelque extrémité opposée que se trouvât la conversation. Il possédoit seul, à son avis, tous les intérêts des différentes grandes et médiocres puissances de l'Europe, et il en accabloit sans cesse ceux qu'il fréquentoit, avec un ton d'autorité de ministre en place. Je ne laissai pas d'en tirer assez de bonnes choses, et de m'en amuser d'ailleurs. Je dois dire aussi que je n'en ai vu ni ouï dire rien de mauvais. Il n'étoit point intéressé d'argent, et a passé toujours pour honnête homme.

Désespéré de ne pouvoir rattraper d'accès auprès du roi et de la reine, il tourna ses pensées vers l'ambassade d'Espagne à Turin. De son premier état à y représenter le roi d'Espagne il y avoit un peu loin; mais on n'épluche pas toujours ce que les ambassadeurs ont été, et je crois qu'il se seroit utilement acquitté de cette ambassade délicate. Il me pria fort de m'y employer. J'en parlai à Grimaldo, qui me répondit en ministre fort rompu au métier. Quoiqu'il n'oubliât rien pour me marquer son empressement à servir Bourck, et qu'il me pressât même de tâcher de pressentir le roi et la reine sur lui en général, sans néanmoins rien particulariser, je sentis bien qu'il n'avoit aucune envie d'employer Bourck, ni de le mettre en aucune passe. Son caractère ferme, impérieux, libre, arrêté à son sens, avoit fait peur à tous les ministres, à ceux même dans la confiance de qui il étoit entré, et qui tous le craignirent et jugèrent le devoir écarter de tout pour n'avoir point à compter avec lui. C'est aussi ce qui arriva en cette occasion. Je trouvai moyen de parler de Bourck dans une audience. Comme j'évitois de traiter toute affaire qui auroit pu me retenir en Espagne plus que je n'aurois voulu, ces audiences se tournoient bientôt en conversation. Je reconnus de l'éloignement dans le roi pour Bourck, et un air de secrète moquerie dans la reine. Il ne m'en fallut pas davantage pour m'arrêter sur un homme en faveur duquel rien ne m'engageoit à me prodiguer, et auquel je voyois tout contraire. Je rendis foiblement à Grimaldo ce qui s'étoit passé là-dessus, qui sourit et n'en parut ni fâché ni surpris. A Bourck, je ne lui dis que des choses générales, et je me gardai bien d'en reparler depuis.

Il se lassa enfin de vains projets et d'espérances aussi vaines. Il quitta l'Espagne peu après mon retour, et s'en vint à Paris où je le vis assez souvent, et où il ne put s'agripper à rien. Sept ou huit mois le lassèrent. Il s'en alla mourir à Rome entre le roi Jacques et la princesse des Ursins, dans un âge fort avancé, après y être demeuré quelques années à y tracasser comme il put. J'ai parlé ailleurs des malheurs singuliers de sa famille.

Il faut dire aussi un mot des ministres étrangers qui étoient lors à Madrid. Le nonce Aldobrandin, jeune, grand, fort bien fait, montroit un prélat romain, c'est-à-dire un ecclésiastique qui ne l'est que pour la fortune, sans néanmoins rien d'indécent. Il étoit gai, vif, plaisant, ouvert, avec de l'esprit et beaucoup de monde, fort à travers du meilleur de Madrid et des dames, l'air galant, familier avec le roi et la reine, et n'aimant point du tout les François, mais m'accablant de recherches et de politesses. J'y répondois avec grande attention, sans aller une ligne au delà, et je le charmois sans le convertir en lui parlant souvent de ce que la France devoit à la mémoire de Clément VIII, et de la gloire et de la sagesse de son pontificat. Il fut cardinal au sortir de sa nonciature, un peu plus tôt qu'il n'auroit voulu, car elle lui valoit fort gros, et il étoit pauvre. Quoiqu'il eût l'air fort sain, il ne jouit pas longtemps de sa pourpre, et la France ni l'Espagne n'y perdirent rien.

Le colonel Stanhope étoit ambassadeur d'Angleterre. C'est

le même qui y étoit depuis longtemps, en deux fois, et dont il a été tant parlé ici dans ce qui est donné de M. de Torcy. C'étoit parfaitement un Anglois. Savant et amoureux de ses livres et de l'étude des sciences abstraites, versé dans l'histoire, fort au fait des intérêts de sa nation et des détails de sa cour et du parlement d'Angleterre, parlant bien les langues, sérieux, parlant peu, sans cesse aux écoutes, instruit à fond de la cour du pays, du commerce, des intérêts généraux et particuliers de la nation chez qui il résidoit, avec cela peu répandu, aimant la solitude, naturellement triste, rêveur, réfléchissant, une maison honnête, une bonne table assez peu et assez mal fréquentée, poli mais froid, fermé et je ne sais quoi de repoussant, occupé à pomper et à parler sans rien dire, et ne laissant pas de trouver ses plaisirs au fond ténébreux de son appartement, mais secrètement autant qu'il étoit possible, et sans indécence, et ne sortant de chez lui que par raison et point du tout par goût.

J'avois des ordres très-exprès et très-réitérés de le voir souvent et avec confiance. J'en fis assez pour éviter tout reproche; mais j'usai de sobriété avec un homme dont le goût particulier et de solitude m'en offroit le moyen, et pour la confiance je m'en tins à l'écorce. C'étoit un homme de beaucoup d'esprit, de conduite, de sens, mais tout en dedans, sans rien qui attirât à lui. D'ailleurs je ne fus jamais affolé de l'Angleterre; j'en laissois l'enthousiasme au cardinal Dubois, qui le porta où il avoit prétendu et qui le maintint où il étoit arrivé.

Stanhope avoit ramassé je ne sais où un prêtre italien qu'on appeloit l'abbé Tito-Livio, qui se fourroit partout, ramassoit tout, intriguoit partout. C'étoit un drôle d'esprit, de savoir, de fort bonne compagnie, plaisant même avec sel et jugement, dangereux au dernier point. Il étoit reçu en beaucoup d'endroits où il amusoit, mais il étoit craint, et au fond méprisé comme un espion qu'il étoit, et fort débauché. Il tâcha fort de s'introduire chez moi, mais inutilement, sans toutefois rien qui pût être trouvé mauvais par Stanhope. Cet ambassadeur demeura encore longtemps en Espagne, figura depuis dans les charges et le ministère d'Angleterre, et finit par la vice-royauté d'Irlande.

Bragadino, d'une des premières maisons de Venise, et ce n'est pas peu dire, étoit ambassadeur de cette république. Lui et sa femme étoient de fort aimables gens et d'un fort bon commerce,

L'ambassadeur de Hollande mangeoit son pain et son fromage dans sa poche. C'étoit un homme qu'on ne voyoit et qu'on ne rencontroit jamais.

L'ambassadeur de Malte étoit un chevalier espagnol, qui, avec le caractère et les immunités d'ambassadeur, ne jouissoit d'aucun des honneurs de la cour qui y sont attachés, parce que Malte a été donnée à la Religion[1] comme un fief de Sicile dont les rois d'Espagne avoient toujours été en possession, quoique alors Philippe V n'y fût plus. J'ai vu cet ambassadeur avoir une audience en cérémonie, en présence de tous les grands avertis, et moi comme les autres, car les ambassadeurs ne se trouvent point à ces fonctions, le roi debout, sous son dais, couvert, les grands couverts, appuyés à la muraille, les gens de qualité vis-à-vis, découverts. L'ambassadeur de Malte ne se couvrit point, complimenta le roi d'Espagne, et lui présenta de fort beaux faucons de la part du grand maître et de la Religion. Comme c'étoit une espèce d'hommage, je m'informai si cet ambassadeur ne se couvroit point en arrivant en sa première audience de cérémonie. Il me fut répondu que non, et qu'elles se passoient toutes comme celle que je voyois, excepté les faucons. Ce qui me surprit le plus, c'est que les grands ne se découvrirent pas un seul moment, et il se retira comme il étoit entré, le roi et tous les grands présents et couverts.

Un Guzman étoit envoyé de Portugal qui voyoit fort le

---

1 C'est-à-dire à l'ordre religieux de Malte.

monde, vivoit fort noblement et se faisoit aimer et estimer. Il me donna un grand, magnifique et excellent repas la veille de mon départ, avec toute sorte d'aisance et de politesse.

Après avoir différé, et parlé de tous les ministres étrangers, il faut enfin venir à M. de Maulevrier. De ma vie je ne l'avois vu qu'à Madrid, ni n'avois eu occasion de rien direct ni indirect à son égard, ni avec personne qui lui touchât en rien. Le seul des siens que j'avois vu et connu étoit l'abbé de Maulevrier, son oncle, aumônier du feu roi, dont il a été parlé ici quelquefois, et avec lequel j'avois toujours été fort bien. J'ignore donc en quoi je pus déplaire à un homme entièrement inconnu, et qui sans mon consentement n'auroit pas eu l'honneur de recevoir le caractère d'ambassadeur du roi. Dès Paris, je savois qu'il avoit trouvé fort mauvais que je vinsse en Espagne, et comme je l'ai déjà dit, qu'on n'eût pas choisi le duc de Villeroy ou La Feuillade. Je résolus d'ignorer cette impertinence, et de vivre avec lui comme si j'eusse été content de lui. Je trouvai un homme fort respectueux, fort silencieux, fort réservé, et je m'aperçus bientôt qu'il n'y avoit rien dans cette épaisse bouteille que de l'humeur, de la grossièreté et des sottises. Je ne sais où l'abbé Dubois avoit pris un animal si mal peigné.

Il l'avoit fait accompagner par un marchand, devenu petit financier, qui s'appeloit Robin, et qui en portoit tout à fait la mine. C'étoit pour le diriger dans les affaires du commerce, mais il se trouva qu'il le dirigeoit dans toutes, et que sans Robin aucune n'eût marché. Aussi Robin, qui avoit de l'esprit et du sens, ayant envie d'être dépêché au roi pour lui porter son contrat de mariage, je n'osai priver Maulevrier de son mentor, quoiqu'ils m'en priassent tous deux. Je me contentai de mander le refus au cardinal Dubois sans m'expliquer de la raison. Le cardinal ne fut pas si réservé dans sa réponse à cet article. Il me remercia de l'avoir refusé, et ajouta plaisamment que Robin étoit l'Apollon sans lequel Maulevrier ne pouvoit faire des vers. Peu de jours après mon arrivée, je l'allai voir en cérémonie. Je ne sais si ce fut ignorance ou panneau, il voulut donner la main à mes enfants. Je m'en aperçus assez tôt pour l'empêcher.

Sa bêtise l'avoit mis à merveille avec Grimaldo, parce que sans autre façon, il lui montroit toutes les dépêches qu'il recevoit de la cour. Rien n'étoit plus commode au ministre d'Espagne. J'en avertis le cardinal Dubois, mais sans aucun commentaire, qui me manda qu'il n'étoit pas à le savoir, et que tout le remède qu'il y avoit trouvé, c'étoit d'être fort attentif à ne rien écrire à Maulevrier que Grimaldo ne pût voir.

J'ai expliqué ailleurs la conduite qu'il eut avec moi à la signature du contrat de mariage. Si je m'amusois à marquer toutes ses sottises, je serois bien long et bien ennuyeux. Malgré tout cela, je lui montrai toujours le même visage, et à son caractère les mêmes égards. Il venoit presque tous les jours chez moi le plus librement du monde et très-souvent dîner, fort souvent aussi au palais ensemble. Le monde qui avoit ou vu ou su ce qui s'étoit passé à la signature du contrat de mariage, et qui le haïssoit et le méprisoit, admiroit ou mon tranquille mépris ou ma patience. Comme j'avois résolu de ne me point fâcher, et surtout de ne point divertir le monde à nos dépens, je tournois toujours ce qu'on me disoit de lui en plaisanterie, et disois qu'il étoit le meilleur homme du monde.

Sa grossièreté, son humeur et sa bêtise lui avoient acquis une haine peu commune et générale. Il ne voyoit personne, et disoit franchement au palais, à tous ces seigneurs, qu'il aimoit mieux être tout seul que voir des Espagnols. Cette brutalité qu'ils m'ont tous rapportée, qu'il leur répétoit souvent, est inconcevable. Il blâmoit devant eux leurs mœurs, leurs coutumes, leurs manières, leur disoit qu'elles étoient ridicules, n'en approuvoit aucune, et même ce qu'il y avoit de plus beau, édifices, fêtes, etc., il le trouvoit vilain, et se plaisoit à le leur dire, jusque-là qu'il n'avoit pas honte de leur témoigner nettement et souvent qu'il ne pouvoit souffrir l'Espagne ni les Espagnols. La plupart des seigneurs lui tournoient le dos au palais : je l'y trouvois isolé, seul au milieu de la cour.

Quoique ces brutalités me revinssent de toutes parts, je les aurois crues exagérées, sans une des plus fortes dont je fus témoin et bien honteux. C'étoit à Lerma, la veille du mariage, et la première fois que je fis la révérence au roi et à la reine après ma petite vérole. J'attendois, pour avoir cet honneur, dans une petite pièce devant leur appartement intérieur avec Maulevrier et cinq ou six grands d'Espagne, avec lesquels je causois. Un homme étoit dans la même pièce, au haut d'une fort longue échelle, qui rattachoit une tapisserie. Tout d'un coup voilà Maulevrier qui se met à dire en faisant la grimace : « Voyez-vous cet animal là-haut, combien il est maladroit; aussi est-ce un Espagnol. » Et tout de suite à dire des injures. Moi, bien étonné, à rompre les chiens, et ces seigneurs à me regarder. Pour tout cela, Maulevrier ne démordit point. « B..... d'Espagnol, dit-il, je voudrois te voir tomber de là-haut pour ta peine, et te rompre le cou; tu le mériterois bien, j'en donnerois deux pistoles. » Véritablement je fus si effarouché, que je n'eus pas le mot à dire pour détourner ces beaux propos : « Eh le sot b..... d'Espagnol! Eh le sot! eh le maladroit! mais voyez donc comme il est gauche. » J'écoutai tout comme ne sachant plus ce que j'entendois ni où j'étois. Ces seigneurs, à force d'excès, s'en mirent à rire et à me dire : « M. le marquis de Maulevrier nous loue toujours. » J'eusse voulu être en mon village. Ce mot n'arrêta point Maulevrier; il soutint son dire. Enfin je fus appelé pour entrer où étoient le roi et la reine. Je pense qu'après les avoir quittés, ces seigneurs ne tinrent pas longue compagnie à cet ambassadeur si bien appris; outre qu'avec la haine, cette rusticité lui concilia le mépris, et sa vie mesquine en table nulle, et en équipages pauvres et courts, l'acheva. Il me donna pourtant une fois et même deux un assez grand et bon repas.

Il s'en falloit bien que je me crusse à portée de lui parler d'adoucir et de modérer ses manières. Quelque peu d'intérêt que je prisse en lui, je ne pouvois me détacher de celui de la nation et de ce déshonneur du choix d'un pareil ministre. Je n'en parlai point non plus à son conducteur Robin, que je jugeai bien qui sentoit les mêmes choses, et qu'il ne pouvoit retenir cette étrange humeur. J'ignore quel mérite il avoit à la guerre, ni comment il ensorcela M. le prince de Conti de se piquer d'honneur d'arracher pour lui un bâton de maréchal de France. Ce que je sais, c'est que ce fut à l'étonnement général, pour n'en pas dire davantage.

Le duc d'Ormond étoit à Madrid sur un grand pied de considération de tout le monde et des ministres. Il en étoit fort visité et tenoit une table abondante et délicate, où il y avoit toujours quelques seigneurs et beaucoup d'officiers. Il tiroit gros du roi d'Espagne. Il alloit presque tous les jours au palais où il étoit fort accueilli, et je ne l'ai point vu à portée du roi et de la reine qu'ils ne lui parlassent, et quelquefois même en s'arrêtant à lui avec un air de considération et de bonté. Il portoit publiquement la Jarretière et le nom de duc d'Ormond. Il ne se trouvoit point où on se couvroit; mais d'ailleurs il étoit traité en tout et partout comme les grands. Il étoit petit, gros, engoncé, et toutefois de la grâce à tout, et l'air d'un fort grand seigneur, avec beaucoup de politesse et de noblesse. Il étoit fort attaché à la religion anglicane, et refusa constamment les établissements solides qui lui furent souvent offerts en Espagne pour la quitter.

Ubilla, ou le marquis de Rivas, secrétaire de la dépêche universelle sous Charles II, qui eut tant de part à son testament qu'il écrivit sous ce prince, avoit eu le sort commun à tous ceux à qui Philippe V avoit obligation de sa couronne, que la princesse des Ursins fit chasser. Il languissoit

depuis obscurément et avec peu de bien, dans le conseil de
Castille, où on lui avoit donné une place, comme dans un
vieux sérail; et, avec les années et l'infortune, il vivoit fort
seul, fort abandonné, se présentant rarement, toujours
très-inutilement, au palais où il étoit fort peu accueilli.
Louville m'avoit conseillé à Paris de rendre une visite à cet
illustre malheureux, comme chose fort convenable au service qu'il avoit rendu à la France. Je m'en souvins au retour de Lerma, et, quoique je n'eusse pas ouï parler de lui,
je l'allai voir avec plus de suite que je n'avois coutume de
mener dans mes visites. Jamais homme si surpris ni si
aise, et je le fus beaucoup de lui avoir fait tant de plaisir.
C'étoit un petit homme mince, et sur l'âge, dont la mine
n'imposoit pas, mais plein d'esprit, de sens et de mémoire,
et avec qui je me serois extrêmement plu et instruit, s'il avoit
parlé moins difficilement françois. Il se montra avec moi
fort mesuré sur sa disgrâce, à laquelle pourtant on sentoit
qu'il n'étoit pas accoutumé. Ce n'étoit pas comme nos ministres renvoyés, dont les restes enrichiroient plusieurs seigneurs et les logeroient magnifiquement à la ville et à la
campagne. Celui-ci, qui avoit exercé plusieurs années une
charge qui comprend les quatre charges de nos secrétaires
d'État[1], étoit logé plus que médiocrement, presque sans
meubles, et les plus simples, avec fort peu de valets. Il revint me voir et me fit présent d'un beau livre espagnol qu'il
avoit composé des voyages et des campagnes de Philippe V.
Cette visite me fit honneur à Madrid, et ne déplut pas aux
ministres.

1. Les quatre secrétaires d'État de l'ancienne monarchie étaient ceux de
la guerre, des affaires étrangères, de la marine et de la maison du roi. Ils
se partageaient l'administration des provinces. Le ministère de l'intérieur
n'a été établi qu'à l'époque de la révolution. Le chancelier avait la surveillance de l'administration de la justice, de l'imprimerie et de la librairie.
Les finances dépendaient du contrôleur général, qui, depuis 1661, avait
remplacé le surintendant des finances.

CHAPITRE III.

Situation de la cour d'Espagne. — Goût et conduite de la reine. — Elle hait les Espagnols, qui la haïssent publiquement. — Cabale nationale à la cour d'Espagne. — Fortune de Caylus. — Importance de la mécanique journalière. — Plan de la reine arrivant à Madrid. — Sa conduite. — Fortune d'Albéroni; son règne, sa chute. — Vie journalière du roi et de la reine d'Espagne. — Déjeuner. — Prière. — Travail avec Grimaldo. — Lever. — Toilette. — Heures des audiences particulières des seigneurs et des ministres étrangers. — De l'audience publique et sa description. — De l'audience du conseil de Castille. — Des audiences publiques des ambassadeurs et de la couverture des grands. — La messe et confession et communion. — Dîner. — Sortie et rentrée de la chasse. — Collation, et travail de Grimaldo. — Temps de la confession de la reine; sa contrainte. — Souper et coucher. — Voyages. — La reine présente à toutes les audiences particulières des ministres étrangers et des sujets. — Raisons de l'explication du détail des journées. — Jalousie réciproque du roi et de la reine. — Difficulté extrême de la voir en particulier, et de tout commerce d'affaires avec elle seule. — Caractère de Philippe V. — Éducation et sentiments de la reine d'Espagne pour sa famille et pour son pays. — Fortune de Scotti. — Caractère, vie, vues, art, manéges, conduite, pouvoir, contrainte de la reine d'Espagne. — Extinction par la princesse des Ursins des étiquettes; des conseils où le roi se trouvoit; des fonctions des charges principales, qui a toujours duré depuis. — Oubli réparé d'une fonction du grand et du premier écuyer.

Outre les inimitiés particulières et les divisions que l'ambition et les différents intérêts forment et entretiennent toujours dans les cours, il y en avoit de nationales dans celle de Madrid. La reine étoit d'un poids très-principal dans les affaires de toute espèce, dans les choix, dans les grâces. Si elle n'étoit pas sûre de l'inclusion, elle l'étoit au moins de l'exclusion. Le comment on l'expliquera bientôt, et son crédit certain et invulnérable étoit universellement reconnu au dedans et au dehors. Elle étoit Italienne, Albéroni l'étoit aussi ; tous deux régnèrent conjointement comme avoit fait la feue reine avec la princesse des Ursins, [et ils] avoient tous attiré des Italiens à la cour et dans le service militaire. Les besoins de ménager la nation espagnole, et la reconnoissance due à sa fidélité singulière dans les revers les plus désespérés, et les signalés services qui avoient par deux fois remis sa couronne sur la tête de Philippe V, avoient duré presque jusqu'à la mort de cette reine, qui n'avoit cessé de s'attacher les Espagnols par le solide et par le charme de ses manières, qui l'en avoit fait pour ainsi dire adorer. Après sa mort le roi, enfermé dans l'hôtel de Medina-Cœli avec la princesse des Ursins, n'y voyoit qu'elle dans tous les moments de la journée, et par-ci par-là quelques-unes des sept ou huit personnes qu'elle avoit choisies pour se relayer les unes les autres, à toute autre exception, pour accompagner le roi à la chasse et à la promenade, desquelles elle étoit parfaitement assurée. Les dangers étoient passés, elle gouvernoit seule, en plein et publiquement, sans contradiction de personne.

Le traitement d'Altesse qu'on a vu ailleurs qu'elle avoit fait donner au duc de Vendôme et à elle, avoit mis les Espagnols au désespoir contre elle, et leur haine éclatoit de toutes parts, malgré toute sa puissance. La nécessité des ménagements étoit passée avec la guerre ; elle tenoit le roi au point de ne craindre rien, pas même le feu roi qu'elle offensa, et qui la perdit. Elle rendit donc aux Espagnols haine pour haine ; mais toute-puissante de sa part. Le second mariage du roi d'Espagne fut son ouvrage ; personne en Espagne ni ailleurs n'en douta, elle en étoit même bien aise. Mais la conséquence fut que ce second mariage ne fut pas du goût des Espagnols, et pour d'autres raisons encore peu agréable à l'État, à la maison, au personnel de la nouvelle reine, au point que la chute si précipitée de la princesse des Ursins par l'arrivée de cette reine, ne put la réconcilier avec les Espagnols, beaucoup moins les Espagnols avec elle, à qui elle ne pardonna jamais leur éloignement de son mariage. On a vu ailleurs comment elle s'empara du roi d'Espagne, tout en arrivant, et par elle, et avec elle bientôt après Albéroni. Entre son introduction et le comble de sa puissance, il y eut assez d'intervalle pour laisser aux Espagnols la liberté de se répandre sur un champignon poussé de si bas par une main qui leur étoit déjà odieuse. Ce fut bien pis pour les sentiments quand le poids du joug les empêcha de parler. Ils s'exhalèrent, à la vérité, à sa chute, mais cette chute même étoit l'ouvrage de la reine, qui n'en demeuroit que plus absolue et plus régnante. Ainsi ils ne l'en aimèrent pas mieux, ni elle eux, jusque-là qu'elle dédaigna de profiter d'une conjoncture si favorable pour se les rapprocher. Aussi est-il incroyable jusqu'où alla cette réciproque aversion. Quand elle sortoit avec le roi pour aller à l'Atocha ou à la chasse, le peuple crioit sans cesse, ainsi que les bourgeois, dans leurs boutiques : *Viva el Re y la Savoyana, y la Savoyana*[1]*!* et répétoit sans cesse *la Savoyana* à gorge déployée, qui est la feue reine, pour qu'on ne s'y méprît pas, sans qu'aucune voix criât jamais : *Viva la Reina!* La reine faisoit semblant de mépriser cela, mais elle rageoit en elle-même, on le voyoit, elle ne pouvoit s'y accoutumer. Aussi disoit-elle fort librement, et me l'a dit à moi plus d'une fois : « Les Espagnols ne m'aiment pas, mais je les hais bien aussi, » avec un air de pique et de colère. Ce n'étoit pas qu'il n'y en eût quelques-uns, mais en plus que très-petit nombre qu'elle aimoit, comme Santa-Cruz, la comtesse d'Altamire, Montijo, et quelque peu d'autres, et quelques-uns encore qu'elle traitoit bien à cause de leurs places, de leur état, même familièrement, et avec un air de bonté, comme le duc del Arco, à cause du goût du

---

1. Il s'agit de Louise-Marie-Gabrielle de Savoie, première femme de Philippe V; elle était morte comme on l'a vu plus haut, en 1714.

roi. Par la même raison du roi, et par la conjoncture d'alors, elle traitoit bien les François, mais au fond elle ne les aimoit pas.

Son goût étoit déclaré pour les Italiens, qui se rassembloient entre eux en cabale contre les Espagnols, sous la protection de la reine. Les Flamands s'accrochoient à eux pour plaire à la reine et par ancienne aversion de leur nation pour l'espagnole, et ce qu'il y avoit d'Irlandois aussi en officiers et en señoras de honor, et en cameristes, quoique le duc d'Ormond et le marquis de Lede, auxquels chacune des deux nations se rallioit, se maintinssent bien avec la reine, et avec les Espagnols. Des Espagnols aussi, mais en petit nombre, se joignoient à la cabale italienne, comme Montijo, tout jeune qu'il étoit encore, comme Miraval, gouverneur du conseil de Castille, ami intime du duc de Popoli, et quelques autres, ou pour des vues de fortune, ou par avoir secrètement la maison d'Autriche dans le cœur.

Les Espagnols payoient de haine, de hauteur, de mépris, et ne détestoient rien tant au monde que les Italiens, et après eux les Flamands. Ils souffroient les Irlandois, et la considération du roi, qui aimoit fort les François, les retenoit à leur égard. Ce qui faisoit encore cette différence, c'est qu'ils trouvoient beaucoup de seigneurs en leur chemin des deux premières nations pour les fortunes, les distinctions, les charges et les grandes places, ce qui ne se rencontroit pas dans les deux autres où il n'y avoit personne à pouvoir s'égaler à eux; et d'ailleurs les François établis à demeure n'étoient rien pour le nombre. Caylus étoit le seul qui pointât vers la fortune; il étoit militaire plus que courtisan, et point marié. Toutefois il avoit la Toison, et visoit à être capitaine général d'une province et d'armée. Il y arriva en effet, et longtemps depuis mon retour, à la grandesse et à la vice-royauté du Pérou. Mais ce n'étoit qu'un seul homme. A l'égard du duc de Liria, il avoit su se maintenir avec les uns et les autres, et il en étoit regardé comme naturel Espagnol, à cause de sa femme héritière en Espagne; car tous ces seigneurs italiens et flamands n'avoient que leurs titres, leurs charges et leurs emplois, et pas un pouce de terre, au lieu que le Liria n'avoit ni terres, ni espérances, ni établissement qu'en Espagne.

Ces deux cabales, l'espagnole sur son palier, l'étrangère sous la bannière de la reine, n'éclatoient ni ne se montroient au dehors, mais en dessous se guettoient sans cesse, et par leur haine, leur envie, leur jalousie, faisoient des mouvements intérieurs. La reine, à la vie qu'elle menoit, ne pouvoit pas toujours être avertie, et tout le menu lui échappoit, parce que tous les secrétaires d'État et tous les membres des conseils et des juntes, pour ce qui en subsistoit, étoient tous Espagnols, et par ce encore que les grands seigneurs espagnols ne laissoient pas de trouver des accès auprès du roi, quelque enfermé qu'il fût, et qui, au fond, les consideroit et donnoit dans son cœur et dans son goût une grande préférence aux Espagnols sur toute autre nation, excepté la françoise, mais sur laquelle il tenoit son goût de fort court, en considération des Espagnols; laquelle considération étoit bien connue à la reine, et la contraignoit beaucoup et souvent. Toutes ces choses invisibles en détail au gros du monde, même de la cour, étoit un spectacle fort intéressant, ou fort amusant et curieux, pour qui étoit au fait des personnages de l'intérieur du palais et des événements.

Ceci conduit naturellement à donner la mécanique extérieure du journalier du roi et de la reine d'Espagne, parce que rien n'influe tant sur le grand et le petit que cette mécanique des souverains. C'est ce qu'une expérience continuelle apprend à ceux qui sont initiés dans l'intérieur par la faveur ou par les affaires, et à ceux des dehors assez en confiance avec ces initiés pour qu'ils leur parlent librement. Je dirai, en passant, par l'expérience que j'ai faite vingt ans durant, et plus en l'une et en l'autre manière, que cette connoissance est une des meilleures clefs de toutes les autres, et qu'elle manque toujours aux histoires, souvent aux mémoires, dont les plus intéressants et les plus instructifs le seroient bien davantage s'ils avoient moins négligé cette partie, que qui n'en connoît pas le prix, regarde comme une bagatelle indigne d'entrer dans un récit. Toutefois suis-je bien assuré qu'il n'est point de ministre d'État, de favori, de ce peu de gens qui de tous étages se trouvent initiés dans l'intérieur des souverains par le service nécessaire de leurs emplois ou de leurs charges, qui ne soit en tout de mon sentiment là-dessus.

La reine, arrivant en Espagne, ne songea qu'à remplir seule auprès du roi le vide qu'y laissoit l'expulsion qu'elle venoit de faire de la princesse des Ursins; et le roi, impatient par tempérament d'avoir une épouse, retenu qu'il étoit par sa conscience de trouver ailleurs, lui donna là-dessus tout le jeu qu'elle pouvoit désirer; mais accoutumé au tête-à-tête continuel, tout au plus au tiers, la reine n'eut pas à choisir. Son peu de connoissance lui fit bientôt admettre entre eux deux Albéroni, qui étoit le seul homme qu'elle connût, et qui, uni de même intérêt qu'elle par être Parmesan et ambitieux, étoit son conseil unique depuis leur départ de Parme, et le seul qu'elle pût avoir en Espagne, au moins dans les commencements. Il devint donc bientôt avec le roi et cette reine ce que Mme des Ursins avoit été avec l'autre reine, avec la différence du sexe, qui en ôta le ridicule, et qui le rendit capable du nom comme du pouvoir de premier ministre, et enfin de la dignité de cardinal. Pour arriver à ces grandes choses, il suivit le plan dont la princesse des Ursins s'étoit si bien trouvée, et dont les gens avisés qui peuvent tout sur les rois font tous, d'une façon ou d'une autre, un usage si utile pour eux, mais si détestable pour leurs maîtres et si pernicieux pour leurs États, leurs sujets, leur gouvernement. Albéroni n'eut, pour cela, rien à faire qu'à suivre le goût funeste que le roi avoit pris pour la prison où Mme des Ursins avoit su le renfermer peu à peu avec la reine, puis avec elle seule lorsqu'il devint veuf. La nouvelle reine et Albéroni suivirent la même route; ils renfermèrent le roi entre eux deux seuls et le rendirent inaccessible à tout le reste de la nature. Albéroni chassé, la reine lassée d'avoir été si longtemps prisonnière, victime de sa propre ambition et de celle de cet Italien, tenta plusieurs fois d'élargir son esclavage, sans jamais y avoir pu réussir. L'habitude du roi étoit trop enracinée; elle avoit passé en lui en une seconde nature, et la reine désespéra bientôt d'adoucir ses fers. Voici donc quelle étoit leur vie en tous lieux, en tout temps, en toute saison.

Le roi et la reine n'eurent jamais qu'un seul et même appartement et qu'un lit, tel que je l'ai décrit, lorsque je fus admis avec Maulevrier à les y voir, lorsque nous leur portâmes la nouvelle du départ de Paris de la future princesse des Asturies. Fièvres, maladie telle qu'elle pût être de part et d'autre, couches enfin, jamais une seule nuit de séparation; et la feue reine, pourrie d'écrouelles, le roi ne découcha d'avec elle que peu de jours avant sa mort. Sur les neuf heures du matin le rideau étoit tiré par l'assafeta, suivie d'un seul valet intérieur françois portant un couvert et une écuelle qui étoit pleine d'un chaudeau. Hyghens, dans la convalescence de ma petite vérole, m'expliqua ce que c'est, et m'en fit faire un lui-même pour m'en faire goûter. C'est une mixtion légère de bouillon, de lait, de vin qui domine, d'un ou deux jaunes d'œufs, de sucre, de cannelle et d'un peu de girofle. Cela est blanc, a le goût très-fort avec un mélange de douceur. Je n'en ferois pas volontiers mon mets, mais il est pourtant vrai que cela n'est pas désagréable. On y met, quand on veut, des croûtes de pain et quelquefois grillées, et alors c'est une espèce de potage, autrement cela s'avale comme un bouillon; et pour l'ordinaire, cette dernière façon de le prendre étoit celle du roi d'Espagne. Cela est onctueux, mais fort chaud, et un restaurant sin-

-gulièrement bon à réparer la nuit passée, et à préparer la prochaine.

Pendant que le roi faisoit ce court déjeuner, l'assafeta apportoit à la reine de quoi travailler en tapisserie, passoit des manteaux de lit à Leurs Majestés, et mettoit sur le lit partie des papiers qui se trouvoient sur les siéges prochains, puis se retiroit avec le valet et ce qu'il avoit apporté. Leurs Majestés faisoient alors leurs prières du matin. Grimaldo, sûr de l'heure, mais qui de plus étoit averti dans sa cavachuela au palais, montoit chez Leurs Majestés, et entroit. Quelquefois ils lui faisoient signe d'attendre en entrant, puis l'appeloient quand leur prière étoit finie, car il n'y avoit personne autre, et la chambre du lit étoit fort petite. Là Grimaldo étaloit ses papiers, tiroit de sa poche une écritoire et travailloit avec le roi et la reine, que sa tapisserie n'empêchoit pas de dire son avis. Ce travail duroit plus ou moins, selon les affaires ou quelque conversation. Grimaldo, en sortant avec ses papiers, trouvoit la pièce joignante vide, et un valet dans celle d'après, qui, le voyant passer, entroit dans la pièce vide, la traversoit et avertissoit l'assafeta, qui, sur-le-champ, venoit présenter au roi ses mules et sa robe de chambre, qui tout de suite passoit seul la pièce vide, et entroit dans un cabinet où il s'habilloit, servi par trois valets françois intérieurs, toujours les mêmes, et par le duc del Arco ou le marquis de Santa-Cruz, et souvent par tous les deux, sans que jamais qui que ce soit autre entrât à ce lever. Lorsqu'il étoit tout à fait à sa fin, un de ces valets alloit appeler le P. Daubenton dans le salon des miroirs, qui venoit trouver le roi dans ce cabinet, d'où, sur-le-champ, les valets susdits emportoient à la fois les débris du lever, et ne rentroient plus. Si le roi faisoit un signe de la tête à ces deux seigneurs, après la sortie des valets, ils sortoient aussi; mais cela n'arrivoit que quelquefois, et ils restoient se tenant vers la porte, et le roi parloit dans la fenêtre au P. Daubenton.

La reine, dès que le roi étoit passé à son lever, se chaussoit seule avec l'assafeta, qui lui donnoit sa robe de chambre. C'étoit le seul moment où elle pouvoit parler seule à la reine et la reine à elle; mais ce moment alloit au plus et non toujours à un demi-quart d'heure. Plus long, le roi l'auroit su, et auroit voulu savoir ce qui l'auroit allongé. La reine passoit cette pièce vide, et entroit dans un beau et grand cabinet où sa toilette l'attendoit. La camarera-mayor, deux dames du palais, deux señoras de honor tour à tour par semaine, et les caméristes étoient autour, quelquefois quelques dames du palais ou quelque señora de honor, qui n'étoient pas en semaine, mais rarement. Quand le roi avoit fini avec le P. Daubenton, et d'ordinaire cela étoit court, il alloit à la toilette de la reine, suivi des deux seigneurs, qui, pendant sa conversation avec le P. Daubenton, l'attendoient à la porte du cabinet, soit en dedans, soit en dehors. Les infants venoient aussi à la toilette où il n'entroit avec eux que leurs gouverneurs et, depuis le mariage du prince des Asturies, la princesse des Asturies, le duc de Popoli et la duchesse de Monteillano, quelquefois une dame du palais aussi de la princesse. Le cardinal Borgia avoit cette privance, et s'en servoit souvent. Le marquis de Villena l'avoit aussi, mais fâché d'être réduit à celle-là, et privé de toutes celles que de droit lui donnoit sa charge, il n'en usoit presque jamais. La chasse, les voyages, les beaux habits du roi et des infants étoient la matière de la conversation. Par-ci, par-là, quelque petit avis de réprimande de la reine à ses dames sur l'assiduité de leur service, ou sur leurs commerces, ou sur la dévotion, car elle les tenoit fort de court pour ne pas voir grand monde et sur le choix de leur commerce; et pour être bien avec elle, il falloit moucher souvent, n'être pas trop longtemps en couche ni souvent incommodée, surtout faire ses dévotions tous les huit jours. Souvent aussi le cardinal Borgia défrayoit la toilette par les plaisanteries qu'on lui faisoit, et auxquelles il donnoit lieu. Cette toilette duroit bien trois quarts d'heure, le roi debout, et tout ce qui y étoit.

Tandis qu'on en sortoit, le roi venoit entre-bâiller la porte du salon des miroirs dans le salon qui est entre celui-là et le salon des grands, où la cour se rassembloit, et là donnoit l'ordre à ceux qui, en très-petit nombre, avoient à le prendre, puis alloit retrouver la reine dans cette pièce que j'ai tout à l'heure appelée si souvent vide. C'étoit là l'heure des audiences particulières des ministres étrangers et des seigneurs ou autres sujets qui l'obtenoient. Ministres étrangers et sujets s'adressoient à La Roche pour la demander. Il prenoit l'ordre du roi, les faisoit avertir, et les introduisoit l'un après l'autre, sans demeurer avec eux dans le salon des miroirs où le roi la donnoit toujours.

Une fois la semaine, le lundi, il y avoit audience publique, qui est une pratique qu'on ne peut trop louer, quand on ne la corrompt pas. Le roi, au lieu d'entre-bâiller la porte dont je viens de parler, l'ouvroit, donnoit l'ordre sur le pas de la porte, et tout de suite traversoit tous ses appartements au milieu de sa cour, ces jours-là assez nombreuse, jusqu'à la pièce de l'audience publique des ambassadeurs et de la couverture des grands. Tous s'y rangent comme en ces occasions, dont j'ai décrit l'assiette et la cérémonie ailleurs. Mais en celle-ci le roi s'assied dans un fauteuil avec une table, une écritoire et du papier à sa droite. Il se couvre et tous les grands. Alors La Roche, qui a une liste à la main, ouvre la porte opposée à celle par où le roi et sa cour est entrée, et appelle à haute voix le premier qui se trouve sur la liste. Celui-là entre, fait au roi une profonde révérence en entrant, une au milieu, puis se met à genoux devant le roi, excepté les prêtres qui ôtent leur calotte, et font une génuflexion en abordant le roi et en se retirant, et parlent debout, mais baissés. C'est le roi qui à leur génuflexion les fait relever : tout autre demeure et parle à genoux, jusqu'à ce qu'il se retire. On parle au roi tant qu'on veut, de qui on veut et comme on veut, et on lui donne par écrit ce qu'on veut. Mais les Espagnols ne ressemblent en rien aux François; ils sont mesurés, discrets, respectueux, courts. Celui-là ayant fini, se relève, baise la main au roi, fait une profonde révérence, et se retire, sans en faire d'autres, par où il est entré. Alors La Roche appelle le second, et ainsi tant qu'il y en a.

Lorsque quelqu'un veut parler au roi tête à tête, et qu'il est bien connu, cela ne se refuse point, et après avoir été appelé, La Roche se tourne sans bouger vers les grands, et dit du même ton qu'il a appelé : « C'est une audience secrète. » Alors les grands se découvrent, passent promptement devant le roi avec une révérence, et se retirent par la porte par où ils sont entrés, dans la pièce voisine. Le capitaine des gardes tient cette porte, la tête un peu en dehors pour voir toujours le roi et celui qui lui parle, qui est seul dans la pièce où il ne reste personne que le roi et lui. Dès qu'il se lève, le capitaine des gardes le voit, rentre et tous aussi comme ils étoient sortis, et se remettent où ils étoient. Je n'ai point vu d'audience publique sans audiences secrètes, et quelquefois deux et trois. Dans le peu que je fus à Madrid avant le mariage, les grands me prièrent de m'y trouver comme duc et ayant les mêmes honneurs qu'eux, et j'y fus. Au retour du mariage, j'y eus double droit, comme duc et pair de France et comme grand d'Espagne. Mon second fils s'y trouva aussi avec moi, après sa couverture. Quand tout est fini, on reconduit le roi comme on l'avoit accompagné. Venant et retournant dans le palais, en quelque temps ou occasion que ce fût, le roi ne se couvroit jamais. C'étoit aussi le temps des audiences publiques des ambassadeurs et de la couverture des grands.

Cette même heure est aussi celle où le conseil de Castille vient au palais rendre compte au roi des jugements qu'il a rendus dans la semaine. Je crois avoir expliqué ce qui s'y passe et comment : ainsi je ne le répéterai pas. Ce temps, avec le court travail qui le suit, dans une des autres pièces, entre le roi et le gouverneur du conseil de Castille dure au plus une heure et demie, mais rarement, et l'audience publique rarement trois quarts d'heure. Ce sont des temps d'autant plus précieux pour la reine qu'elle n'avoit que ceux-là dans la semaine, encore quand le roi étoit au palais ou au Retiro; car hors de Madrid, il n'y avoit jamais d'audience du conseil de Castille ni d'audience publique. Ainsi à l'Escurial, à Balsaïm de mon temps, à Saint-Ildephonse depuis, au Pardo, à Aranjuez, la reine n'avoit exactement et précisément à elle que le temps de sa chaussure en sortant du lit.

J'oubliois d'ajouter que tout ce qui n'est pas ce qu'on appeloit autrefois en France, mais non à présent, gens de qualité ou militaire fort distingué, vont tous à ces audiences publiques. Il s'y amasse des placets et des mémoires que le roi reçoit et jette à mesure sur la table, et que La Roche porte après lui dans l'appartement intérieur; mais il y en a toujours quelques-uns que le roi mettoit dans sa poche ou emportoit dans sa main. C'est ce qu'étoient nos placets dans l'origine, qui sont tombés, comme on les voit, et comme je ne les ai jamais vus autrement que pendant la régence.

Le roi rentré tout droit auprès de la reine, ou après s'être amusé avec elle seule, s'il n'y a point d'audience, alloit à la messe avec elle, ce même intérieur de la toilette, et le capitaine des gardes en quartier de plus. Le chemin se faisoit tout dans l'intérieur jusque dans la tribune, dans laquelle il y avoit un autel, où on leur disoit la messe, et où ils communioient tous deux ensemble et jamais séparément, et ordinairement tous les huit jours, et alors ils y entendoient une seconde messe. Quand le roi se confessoit, c'étoit après son lever, avant d'aller à la toilette de la reine. S'il étoit jour de tenir chapelle, c'étoit à la même heure; la reine alloit par l'intérieur dans la tribune, et le roi avec sa cour à travers les appartements. Le marquis de Santa-Cruz et le duc del Arco avoient tant d'assiduité qu'ils n'alloient guère ni à la tribune ni aux chapelles, mais quelquefois le marquis de Villena à la tribune, quand il n'y avoit pas chapelle, et qu'il vouloit parler au roi, comme sa charge, toute mutilée qu'elle étoit, l'y obligeoit assez souvent.

Au retour de la messe, ou fort peu après, on servoit le dîner. J'en ai expliqué les différents services des dames de la reine. Nul n'y entroit que ce qui entroit à la toilette. Le dîner étoit toujours de chez la reine, ainsi que le souper, et cela partout, mais le roi et la reine avoient chacun leurs plats; le roi peu, la reine beaucoup : c'est qu'elle aimoit à manger et qu'elle mangeoit de tout, et le roi toujours des mêmes choses. Un potage uni, des chapons, poulets, pigeons bouillis et rôtis, et toujours une longe de veau rôtie; ni fruit, ni salade, ni fromage, rarement quelque pâtisserie, jamais maigre, souvent des œufs ou frais ou en diverses façons, et ne buvoit que du vin de Champagne, ainsi que la reine. Le dîner fini, ils prioient Dieu ensemble. S'il arrivoit quelque chose de pressé, Grimaldo venoit leur en rendre un compte sommaire.

Environ une heure après le dîner, ils sortoient par un endroit public de l'appartement, mais court, et par un petit escalier alloient monter en carrosse, et au retour revenoient par le même chemin. Les seigneurs qui fréquentoient un peu familièrement la cour se trouvoient, tantôt les uns, tantôt les autres, à ce passage, ou les suivoient à leurs carrosses. Très-souvent je les voyois à ces passages allant ou revenant. La reine y disoit toujours quelque mot honnête à ce qui s'y trouvoit. Je parlerai ailleurs de la chasse, toujours la même, où ils alloient tous les jours, et du Mail et de l'Atocha, certains dimanches ou fêtes qu'ils y alloient sans cérémonie.

Au retour de la chasse le roi donnoit l'ordre en rentrant. S'ils n'avoient pas fait collation dans leur carrosse, ils la faisoient en arrivant. C'étoit, pour le roi, un morceau de pain, un grand biscuit, de l'eau et du vin ; et pour la reine, de la pâtisserie et des fruits, dans la saison; quelquefois du fromage. Le prince et la princesse des Asturies, et les infants, suivis comme à la toilette, les attendoient dans l'appartement intérieur. Cette compagnie se retiroit en moins de demi-quart d'heure. Grimaldo montoit et travailloit, et ordinairement longtemps ; c'étoit le temps du vrai travail. Quand la reine avoit à se confesser, c'étoit là l'heure. Outre ce qui regardoit la confession, elle et son confesseur n'avoient pas le temps de se parler. Le cabinet où elle étoit avec lui étoit contigu à la pièce où étoit le roi qui, quand il trouvoit la confession trop longue, venoit ouvrir la porte et l'appeloit. Grimaldo sorti, ils se mettoient ensemble en prières, ou quelquefois en lectures spirituelles jusqu'au souper. Il étoit en tout servi comme le dîner. Il y avoit à l'un et à l'autre beaucoup plus de plats à la françoise qu'à l'espagnole ni même qu'à l'italienne.

Après souper, la conversation ou la prière tête à tête les conduisoit à l'heure du coucher, où tout se passoit comme au lever, excepté qu'à la toilette de la reine le prince, ni la princesse des Asturies, ni les infants, ni le cardinal Borgia n'y alloient point. Enfin Leurs Majestés Catholiques n'avoient jamais partout que la même garde-robe, et leurs deux chaises percées étoient à côté l'une de l'autre dans toutes leurs maisons.

Ces journées si uniformes étoient les mêmes dans tous les lieux et même dans les voyages, et le même tête-à-tête partout. Les journées de voyage étoient si petites que le temps qui se donnoit à la chasse de tous les jours suffisoit pour aller d'un lieu dans un autre, et tout le reste se passoit dans les maisons où Leurs Majestés Catholiques logeoient sur la route tout comme si elles étoient dans leur palais. Je parle ici du voyage de Lerma et de ceux qui se sont faits depuis mon retour. A l'égard de ceux de l'Escurial, de Balsaïm, d'Aranjuez, tous à peu près de la même longueur, mais trop courts pour coucher en chemin, tout s'avançoit peu à peu dans la matinée l'un sur l'autre d'une heure. Le départ étoit au sortir de table, et l'arrivée quelque temps avant l'heure de souper. En carrosse, soit pour la chasse, soit en voyage, toujours Leurs majestés tête à tête dans un grand carrosse de la reine à sept glaces, et la housse de velours rouge clouée comme ici.

Pour ne rien omettre, il faut ajouter que la reine avoit encore à elle seule les premières et dernières audiences de cérémonie des ambassadeurs, et les couvertures des grands. Mais comme ces ambassadeurs et ces grands alloient toujours de chez le roi immédiatement chez elle, elle s'y préparoit, en les attendant, au milieu de ses dames et des autres dames qui n'avoient que ces occasions de venir au palais, et de lui faire leur cour; car pour les bals publics et les comédies, il n'y en avoit point au palais sans des occasions extraordinaires et fort rares.

A l'égard des audiences particulières des ministres étrangers ou des seigneurs, elles ne se donnoient jamais qu'en présence de la reine, soit qu'elle y demeurât à côté du roi, soit qu'elle se retirât un peu à l'écart dans la même pièce. Aussi n'arrivoit-il guère que ceux qui avoient ces audiences laissassent écarter la reine. On connoissoit quel étoit son pouvoir sur le roi, et son influence dans toutes les affaires et les grâces, et ils étoient bien certains que si la reine s'étoit écartée, lorsqu'ils parloient au roi, ils étoient cependant bien examinés par la reine, et qu'ils n'étoient pas plus tôt retirés, qu'elle apprenoit du roi tout ce qu'ils lui avoient dit, et ce qu'il leur avoit répondu, qui n'étoit jamais rien de précis sur quoi que ce fût, parce qu'il vouloit toujours avoir le temps de consulter la reine et Grimaldo.

Si ce détail des journées paroît long et petit, c'est qu'il est incroyable à qui ne l'a vu dans sa précision et son unisson, toujours et partout les mêmes. C'est qu'un tête-à-tête jour et nuit si continuel, et si momentanément et rarement interrompu, semble avec raison insoutenable. C'est l'influence entière que ce tête-à-tête insupportable portoit sur toutes les affaires de l'État et sur celles des particuliers, c'est la démonstration nécessaire de ne pouvoir jamais, quel que l'on fût, parler au roi sans la reine, ni pareillement à la reine sans le roi, dont tous deux avoient réciproquement une jalousie extrême l'un à l'égard de l'autre; c'est enfin ce qui rendoit l'assafeta si nécessaire pour faire passer à la reine seule ce qu'on vouloit dans le moment de sa chaussure, et dans les temps de l'audience publique et de l'audience du conseil de Castille, qui n'étoit jamais que dans Madrid, et qui étoient les seuls où la reine pouvoit parler à quelqu'un du dehors, qui en prenant bien juste ses mesures pouvoit être secrètement introduit par l'assafeta en lieu où la reine pût venir. C'est à quoi elle-même ne se jouoit guère, dans la frayeur de la découverte et des suites. Mais au moins pouvoit-elle dans ces courts, rares et précieux moments, recevoir et lire des lettres et des mémoires, et en écrire elle-même. Mais on peut juger avec quelle précipitation et avec quel soin de ne garder aucun papier.

Philippe V n'étoit pas né avec des lumières supérieures, ni avec rien de ce qu'on appelle de l'imagination. Il étoit froid, silencieux, triste, sobre, touché d'aucun plaisir que de la chasse, craignant le monde, se craignant soi-même, produisant peu, solitaire et enfermé par goût et par habitude, rarement touché d'autrui, du bon sens néanmoins et droit, et comprenant assez bien les choses, opiniâtre quand il s'y mettoit, et souvent alors sans pouvoir être ramené, et néanmoins parfaitement facile à être entraîné et gouverné.

Il sentoit peu. Dans ses campagnes, il se laissoit mettre où on le plaçoit, sous un feu vif sans en être ébranlé le moins du monde, et s'y amusant à examiner si quelqu'un avoit peur. A couvert et en éloignement du danger tout de même, sans penser que sa gloire en pouvoit souffrir. En tout, il aimoit à faire la guerre, avec la même indifférence d'y aller ou de n'y aller pas, et présent ou absent, laissoit tout faire aux généraux sans y mettre rien du sien. Il étoit extrêmement glorieux, ne pouvoit souffrir de résistance dans aucune de ses entreprises; et ce qui me fit juger qu'il aimoit les louanges, c'est que la reine le louoit sans cesse et jusqu'à sa figure, et à me demander un jour à la fin d'une audience, qui s'étoit tournée en conversation, si je ne le trouvois pas fort beau et plus beau que tout ce que je connoissois. Sa piété n'étoit que coutume, scrupules, frayeurs, petites observances, sans connoître du tout la religion, le pape une divinité quand il ne le choquoit pas, enfin la douce écorce des jésuites pour lesquels il étoit passionné. Quoique sa santé fût très-bonne, il se tâtoit toujours, il craignoit toujours pour elle. Un médecin tel que celui que Louis XI enrichit tant à la fin de sa vie, un maître Coctier, auroit fait auprès de lui un riche et puissant personnage : heureusement le sien étoit solidement homme de bien et d'honneur, et celui qui lui succéda depuis tout à la reine et tenu de court par elle.

Philippe V avoit moins de peine à bien parler que de paresse et de défiance de lui-même. C'est ce qui le rendoit si retenu et si rare à entrer le moins du monde dans la conversation, qu'il laissoit tenir à la reine avec ce qui les suivoit au Mail ou dans les audiences particulières, et qu'il la laissoit aussi parler aux uns et aux autres en passant, sans presque jamais leur rien dire : d'ailleurs c'étoit l'homme du monde qui remarquoit mieux les défauts et les ridicules, et qui en faisoit un conte le mieux dit et le plus plaisant. J'en dirai peut-être bientôt quelque chose. On a vu avec quelle dignité et quelle justesse il me répondit à mon audience solennelle, et avec quel discernement de paroles et de ton sur l'un et l'autre mariage, et cela seul montre bien qu'il savoit s'énoncer parfaitement, mais qu'il n'en vouloit presque jamais prendre la peine. A la fin, je l'avois un peu apprivoisé, et, dans mes audiences qui se tournoient toujours en conversation, je l'ai plusieurs fois ouï parler et raisonner bien; mais où il y avoit du monde, ordinairement il ne me disoit qu'un mot qui étoit une question courte ou quelque chose de semblable, et n'entroit jamais dans aucune conversation.

Il étoit bon, facile à servir, familier avec l'intérieur, quelquefois même au dehors avec quelques seigneurs. L'amour de la France lui sortoit de partout. Il conservoit une grande reconnoissance et vénération pour le feu roi, et de la tendresse pour feu Monseigneur, surtout pour feu Mgr le Dauphin, son frère, de la perte du quel il ne pouvoit se consoler. Je ne lui ai rien remarqué sur pas un autre de la famille royale que pour le roi, et [il] ne s'est jamais informé à moi de qui que ce soit de la cour que de la seule duchesse de Beauvilliers, et avec amitié.

On a peine à comprendre ses scrupules sur sa couronne, et de les concilier avec cet esprit de retour, en cas de malheur, à la couronne de ses pères, à laquelle il avoit si solennellement renoncé, et plus d'une fois. C'est qu'il ne pouvoit s'ôter de la tête la force des renonciations de la reine en épousant le feu roi, et de toutes les précautions possibles dont on les avoit affermies, et en même temps il ne pouvoit comprendre que Charles II eût été en droit et en pouvoir de disposer par son testament d'une monarchie dont il n'étoit qu'usufruitier, et non pas propriétaire, comme l'est un particulier de ses acquêts dont il est libre de disposer. Voilà sur quoi le P. Daubenton avoit eu sans cesse à le combattre; il se croyoit usurpateur. Dans cette pensée, il nourrissoit cet esprit de retour en France, et par en préférer la couronne et le séjour, et peut-être plus encore pour finir ses scrupules en abandonnant l'Espagne. On ne peut pas se cacher que tout cela ne fût fort mal arrangé dans sa tête, mais le fait est que cela l'étoit ainsi, et que l'impossibilité seule s'est opposée à un abandon auquel il croyoit être obligé, et qui eut une part très-principale en l'abdication qu'il fit et qu'il méditoit dès avant que j'allasse en Espagne, quoiqu'il laissât sa couronne à son fils. C'étoit bien la même usurpation à ses yeux, mais enfin ne pouvant là-dessus ce qu'il eût voulu par scrupule, il se contentoit au moins en faisant de soi ce qu'il pouvoit en l'abdiquant. Ce fut encore ce qui lui fit tant de peine à la reprendre à la mort de son fils, malgré l'ennui qu'il avoit essuyé, et le dépit fréquent de n'être pas assez consulté, et ses avis suivis par son fils et par ses ministres. On peut bien croire que ce prince ne m'a jamais parlé de cette délicate matière, mais je n'en ai pas été moins bien informé d'ailleurs. Pour entre Grimaldo et moi, il ne s'est jamais dit une seule parole qui pût y avoir le moindre rapport.

La reine n'avoit pas moins de désir d'abandonner l'Espagne qu'elle haïssoit, et de venir régner en France, si malheur y fût arrivé, où elle espéroit mener une vie moins enfermée et bien plus agréable. Cela s'est bien vu d'elle surtout et de son Albéroni, dans les morceaux d'affaires étrangères que j'ai donnés ici de M. de Torcy.

Parmi tout ce que je viens de dire, il ne laisse pas d'être très-vrai que Philippe V étoit peu peiné des guerres qu'il faisoit, qu'il aimoit les entreprises, et que sa passion étoit d'être respecté et redouté, et de figurer grandement en Europe.

La reine avoit été élevée fort durement dans un grenier du palais de Parme, par la duchesse sa mère, qui ne lui avoit pas laissé voir le jour, et qui depuis la conclusion de son prodigieux mariage ne l'avoit laissé voir que le moins qu'elle avoit pu, et jamais que sous ses yeux. Cette extrême sévérité n'avoit pas réussi auprès de la reine, dont le mariage ne réconcilia pas son cœur avec une mère, sœur de l'impératrice, veuve de l'empereur Léopold, et Autrichienne elle-même jusque dans les moelles. Ainsi il ne resta entre la fille et la mère que des dehors de bienséance, souvent assaisonnés d'aigreur. Il n'en étoit pas de même entre la reine et le duc de Parme, frère et successeur de son père, et second mari de sa mère. Ce prince l'avoit toujours traitée avec amitié et considération, et tâché d'adoucir à son égard l'humeur farouche de sa mère. Aussi la reine aima toujours tendrement le duc de Parme, dont elle porta sans cesse les intérêts et même les désirs avec la plus grande chaleur; et le crédit de ce prince auprès d'elle étoit le plus sûr et le plus fort qu'on y pût employer.

Elle aimoit, protégeoit et avançoit tant qu'il lui étoit possible les Parmesans; elle avoit un foible pour eux bien connu d'Albéroni, et qu'il redoutoit sur toutes choses, comme on l'a vu dans ce qui a été donné ici de M. de Torcy. Scotti, d'une des premières maisons de Parme, car il y a d'autres Scotti qui n'en sont pas, et qui sont peu de chose, étoit venu à Madrid chargé des affaires du duc de Parme, lorsque Albéroni s'en défit et devint premier ministre. Scotti étoit toujours demeuré à Madrid sous la protection de la reine, qui se moquoit de lui la première, et qui une fois ou deux me laissa très-bien entendre le peu de cas qu'elle en faisoit, en quoi elle étoit imitée de toute la cour, qui néanmoins lui témoignoit des égards à cause de l'affection sans estime de la reine. En effet, c'étoit un grand et gros homme, fort lourd, dont l'épaisseur se montroit en tout ce qu'il disoit et faisoit; bon homme et honnête homme d'ailleurs, mais parfaitement incapable. Personne n'en étoit si persuadé que la reine, mais il étoit Parmesan et d'une des premières maisons sujettes du duc de Parme, et cela lui suffit pour faire à la longue et faute de concurrents du même pays, la haute fortune où il est à la fin parvenu par la bienveillance de la reine, sans néanmoins qu'elle ait jamais fait de lui le moindre cas. Elle l'a fait gouverneur du dernier des infants, lui a valu la Toison d'or, enfin la grandesse, et pour couronner tout, après l'avoir extrêmement enrichi, de fort pauvre qu'il étoit, l'ordre du Saint-Esprit.

Après l'explication préalable sur la tendresse de la reine

pour son oncle et pour sa patrie, et sa façon d'être avec la duchesse sa mère, il faut venir à quelque chose de plus particulier. Cette princesse étoit née avec beaucoup d'esprit et avec toutes les grâces naturelles que l'esprit savoit gouverner. Le sens, la réflexion, la conduite, savoient se servir de son esprit et l'employer à propos, et tirer de ses grâces tout le parti possible. Qui l'a connue est toujours dans le dernier étonnement comment l'esprit et le sens ont pu suppléer autant qu'ils ont fait en elle à la connoissance du monde, des affaires et des personnes, dont le grenier de Parme et le perpétuel tête-à-tête d'Espagne l'ont toujours empêchée de pouvoir s'instruire véritablement. Aussi ne peut-on disconvenir de la perspicacité qui étoit en elle, qui lui faisoit saisir du vrai côté tout ce qu'elle pouvoit apercevoir en gens et en choses, et ce don singulier auroit eu en elle toute sa perfection si l'humeur ne s'en fût jamais mêlée; mais elle en avoit, et il faut avouer qu'à la vie qu'elle menoit on en auroit eu à moins. Elle sentoit ses talents et ses forces, mais sans cette fatuité d'étalage et d'orgueil qui les affoiblit et les rend ridicules. Son courant étoit simple, uni, même avec une gaieté naturelle qui étinceloit à travers la gêne éternelle de sa vie; et quoique avec l'humeur, et quelquefois l'aigreur que cette contrainte sans relâche lui donnoit, c'étoit une femme qui ne prétendoit à rien plus dans le courant ordinaire, et qui y étoit véritablement charmante.

Arrivée en Espagne, sûre d'en chasser d'abord la princesse des Ursins, et avec le projet de la remplacer dans le gouvernement, elle le saisit d'abord et s'en empara si bien, ainsi que de l'esprit du roi, qu'elle disposa bientôt de l'un et de l'autre. Sur les affaires, rien ne lui pouvoit être caché. Le roi ne travailloit jamais qu'en sa présence. Tout ce qu'il voyoit seul, elle le lisoit et en raisonnoit avec lui. Elle étoit toujours présente à toutes les audiences particulières qu'il donnoit, soit à ses sujets, soit aux ministres étrangers, comme on l'a déjà expliqué ci-dessus, en sorte que rien ne pouvoit lui échapper du côté des affaires ni des grâces. De celui du roi, ce tête-à-tête éternel que jour et nuit elle avoit avec lui lui donnoit tout lieu de le connoître, et, pour ainsi dire, de le savoir par cœur. Elle voyoit donc à revers les temps des insinuations préparatoires, leurs succès, les résistances, lorsqu'il s'en trouvoit, leurs causes et les façons de les exténuer, les moyens de ployer pour revenir après, ceux de tenir ferme et d'emporter de force. Tous ces manéges lui étoient nécessaires, quelque crédit qu'elle eût; et si on l'ose dire, le tempérament du roi étoit pour elle la pièce la plus forte, et elle y avoit quelquefois recours. Alors les refus nocturnes excitoient des tempêtes. Le roi crioit et menaçoit, par-ci, par-là passoit outre ; elle tenoit ferme, pleuroit et quelquefois se défendoit. Le matin tout étoit en orage ; le très-petit et intime intérieur agissoit envers l'un et envers l'autre sans pénétrer souvent ce qui l'avoit excité. La paix se consommoit la nuit suivante, et il étoit rare que ce ne fût à l'avantage de la reine qui emportoit sur le roi ce qu'elle avoit voulu.

Il arriva une querelle de cette sorte pendant que j'étois à Madrid, qui fut même poussée fort loin. J'en fus instruit par le chevalier Bourck et par Sartine qui l'étoient eux-mêmes par l'assafeta, et dans un détail que je n'ai pas oublié, mais que je ne rendrai pas. Ils me voulurent persuader de m'en mêler, et que l'assafeta les avoit chargés de m'en presser. Je me mis à rire et les assurai que je me garderois bien de suivre ce conseil, et même de laisser apercevoir à personne que j'eusse la moindre connoissance de ce qu'ils venoient de me raconter.

Ainsi la vie de la reine étoit également contrainte et agitée au delà de tout ce qui s'en peut imaginer ; et quelque grand que fût son pouvoir, elle le devoit à tant d'art, de souplesses, de manéges, de patience, que ce n'est point trop dire, quelque étendu qu'il fût, qu'elle [le] payoit beaucoup trop chèrement. Mais elle étoit si vive, si active, si décidée, si arrêtée, si véhémente dans ses volontés, et ses intérêts lui étoient si chers et lui paroissoient si grands, que rien ne lui coûtoit pour arriver où elle tendoit. Son premier objet fut de se mettre à couvert par tous les moyens possibles du dénûment et de [la] tristesse de la vie d'une reine d'Espagne, veuve, et de ce qui lui pourroit arriver de la part du fils et successeur du roi, qui n'étoit pas le sien.

D'autres objets ne tardèrent pas à se joindre à celui-là, et à le rendre moins difficile. Elle eut plusieurs princes, et dès lors elle tourna toutes ses pensées à en faire un souverain indépendant pendant la vie du roi, chez qui, après sa mort, elle pût se retirer et commander. Pour arriver à ce but que jour et nuit elle méditoit, il falloit tourner les affaires de manière à le faciliter, se faire des créatures, et leur procurer des places dont les fonctions et l'autorité la pussent aider. Ce fut aussi à quoi elle se tourna tout entière, et ce fut par les ouvertures vraies ou fausses que l'adroit Albéroni sut lui présenter qu'il se rendit tout à fait maître de son esprit, ce que ses successeurs Riperda et Patiño imitèrent depuis avec le même succès pour eux-mêmes.

Dans l'entre-deux d'Albéroni et de Riperda que j'étois à Madrid, et que Grimaldo étoit le seul qui travailloit avec le roi, elle n'avoit point de secours, parce que les impressions qu'Albéroni lui avoit données contre Grimaldo subsistoient dans son esprit, de façon qu'elle ne pouvoit lui confier son secret et se servir de lui. Ce secret toutefois étoit pénétré. Albéroni en furie de sa chute ne le lui avoit pas gardé; mais elle se flattoit qu'un premier ministre chassé, et de la réputation que celui-là s'étoit si justement acquise partout, au dedans et dehors, n'en seroit pas cru à ses discours pleins de rage et de fiel. Mais elle étoit étrangement embarrassée, abandonnée ainsi à sa seule conduite. C'étoit aussi ce qui l'attachoit plus fortement à la cabale italienne, et qui, par cela même, donnoit aux Italiens plus de force, de vigueur et de crédit. Elle se piquoit d'avoir beaucoup d'égards pour le prince et la princesse des Asturies, et de marquer des soins et de l'amitié aux enfants de la feue reine, ce qui changea bien quelque temps après mon retour ici. Enfin ces desseins de souveraineté pour ses enfants qui, du temps même d'Albéroni, étoient publics par tout ce qui s'étoit proposé et même traité là-dessus, malgré tout ce secret que la reine vouloit encore prétendre, ont été le pivot constant sur lequel ont roulé depuis toutes les affaires avec l'Espagne, ou qui y ont eu un rapport.

Mais ce qui les gâta sans cesse, et à tous égards, fut la contrainte continuelle des ministres étrangers et de ceux du roi d'Espagne, dont les premiers ne pouvoient lui parler, ni les autres travailler avec lui qu'en présence de la reine. Quoiqu'en usage de tout voir et de tout entendre, elle ne pouvoit en avoir assez appris par là pour discerner avec justesse ce qui l'éloignoit ou l'approchoit de son but, ou ce qui y étoit étranger et indifférent, de sorte que ses méprises traversoient les propositions, les plans, les avis les plus raisonnables, et en soutenoient de tout contraires avec une âcreté qui imposoit absolument aux ministres espagnols, et qui faisoit perdre terre aux ministres étrangers, parce qu'ils sentoient bien que rien ne pouvoit réussir malgré elle.

Rien aussi n'a été plus funeste à l'Espagne que cette forcenerie d'établissements souverains pour les fils de la reine, et que cette impossibilité de traiter de rien qu'avec le roi et la reine ensemble. Elle avoit une telle peur de tout ce qui pouvoit croiser ses projets, et avoit une teinture d'affaires si superficielle, que tout ce qui se proposoit lui étoit suspect dès qu'il n'entroit pas dans son sens. Dès lors, elle le barroit, et si quelquefois on la faisoit revenir, ce ne pouvoit être qu'avec des circuits, des ménagnements, des longueurs qui gâtoient et bien souvent perdoient les affaires, en faisant manquer de précieuses occasions. Que si on eût pu l'entretenir seule avec un peu de loisir, elle avoit de l'esprit et du sens de reste pour bien entendre et discuter avec jugement, et on auroit été en état de la combattre avec succès, ce qui étoit impossible, le roi présent, parce qu'elle avoit tant de peur qu'il ne prît les impressions qu'on lui présentoit, et qui lui entroient à elle dans la tête, comme l'éloignant de son but, qu'elle ne laissoit lieu à aucune explication, et barroit tout, et jusqu'à des choses qui facilitoient ses vues, parce qu'elle n'en comprenoit pas d'abord les suites et les conséquences, tellement que les ministres espagnols demeuroient tout courts dans la crainte de s'attirer sa disgrâce et de perdre leurs places, et les ministres étrangers enrayoient aussi dans la certitude de l'inutilité de pousser plus avant. C'est ce qui a fait un tort extrême et continuel aux affaires d'Espagne.

A l'égard des choses intérieures d'Espagne et des grâces, elle n'étoit pas toujours maîtresse de les faire tourner comme elle vouloit, surtout les grâces, quoiqu'elle en emportât la plus nombreuse partie. Mais pour l'exclusion, elle ne la manquoit guère, quand elle la vouloit donner, et à force d'exclusions, elle arrivoit quelquefois à faire tomber la grâce sur qui elle ne l'avoit pu d'abord. Rien n'égaloit la finesse et le tour qu'elle savoit donner aux choses, et les adresses avec lesquelles elle savoit prendre le roi, et peu à peu l'affecter de ses goûts à elle et de ses aversions. Rarement alloit-elle de front, mais par des préparations éloignées, des contours et retours qu'elle poussoit ou retenoit à la boussole de l'air des réponses, de l'humeur du roi qu'elle avoit eu tout le temps de connoître sans s'y pouvoir tromper. Ses louanges, ses flatteries, ses complaisances étoient continuelles; jamais l'ennui, jamais la pesanteur du fardeau ne se laissoit apercevoir. Dans ce qui étoit étranger à ses projets, le roi avoit toujours raison, quoi qu'il pût dire ou vouloir, et alloit sans cesse au devant de tout ce qui pouvoit lui plaire, avec un air si naturel qu'il sembloit que ce fût son goût à elle-même.

La chaîne toutefois étoit si fortement tendue qu'elle ne quittoit jamais le côté gauche du roi. Je l'ai vue plusieurs fois au Mail, emportée des instants par un récit ou par la conversation, marcher un peu plus lentement que le roi et se trouver à quatre ou cinq pas en arrière, le roi se retourner, elle à l'instant même regagner son côté en deux sauts, et y continuer la conversation ou le récit commencé avec le peu de seigneurs qui la suivoient, et qui comme elle, et moi avec eux, regagnoient promptement aussi ce si peu de terrain qu'on avoit laissé perdre. Je parlerai du Mail à part tout à l'heure.

On voit aisément, par le détail des journées du roi et de la reine d'Espagne, qu'il ne restoit pas même vestige des anciennes étiquettes de cette cour, qu'elle étoit tombée à rien, et que les seigneurs n'avoient plus que des instants de passage à pouvoir se montrer, mais qu'il n'y en avoit plus aucun pour les dames, de conseil et de travail qu'avec un seul ministre, et que presque toutes les charges de la cour étoient anéanties, ainsi que la distinction des pièces par degrés de dignité, où chacun connoissoit et se tenoit dans sa mesure, et attendoit avec ses pareils à voir le roi. La charge de sommelier du corps, l'une des trois charges par excellence, et celle des gentilshommes de la chambre, sans autorité et sans fonction quelconque, n'étoient plus que des noms vains, et leurs clefs une montre entièrement inutile. Aussi plusieurs d'eux ne venoient guère au palais, et quoique le marquis de Montalègre, sommelier du corps, fût aussi capitaine des hallebardiers, rien n'étoit plus rare que de l'y rencontrer. Il ne restoit au majordome-major que l'honorifique de cette grande charge, encore borné à sa place auprès du roi, ou aux chapelles à la tête des grands, et l'autorité sur les provisions de bois, de charbon, des caves et des cuisines; ces dernières encore fort diminuées, parce que le roi mangeoit toujours de chez la reine, et jamais de chez lui; et il lui restoit encore quelques débris à l'égard des ordres pour les fêtes, encore assez bornés, quelques rares cérémonies, et sur les logements dans les voyages, ce qui étoit encore plus rare, enfin sur la réception des ambassadeurs et des autres étrangers distingués à qui le roi en vouloit faire. Les majordomes de semaine étoient sous lui dans les mêmes privations. Le grand écuyer, seul des trois charges, n'avoit presque rien perdu, parce que toutes ses fonctions n'étoient que dans le dehors, et le premier écuyer de même. Le patriarche des Indes non plus, dont les fonctions ne s'étendoient que sur la chapelle, et à dire le *benedicite* ou les *grâces* quand sans contrainte il se trouvoit au dîner du roi. Le capitaine des hallebardiers n'avoit jamais eu de fonction personnelle, comme a ici le capitaine des Cent-Suisses, sinon de prendre l'ordre, quand sans contrainte il se trouve quand le roi le donne. Les capitaines des gardes du corps et leurs compagnies, et les deux colonels des régiments des gardes, créés en même temps, eurent toujours le même service qu'ils ont ici.

Ce fut la princesse des Ursins qui peu [à peu] abolit les conseils où le roi assistoit, les étiquettes du palais et les fonctions des charges, pour tenir le roi enfermé avec la feue reine et elle, et ôter tout moyen de lui pouvoir parler et d'en approcher, et pareillement aux dames, à l'égard de la reine. Aussi prit-elle toujours bien garde au choix qu'elle faisoit des dames du palais, des *señoras de honor* et des caméristes, et ces deux dernières classes elle les avoit remplies tant qu'elle avoit pu d'Irlandoises et d'autres étrangères. Depuis Mme des Ursins, l'enfermerie du roi et [de] la nouvelle reine continua également, et les étiquettes et les charges ne se relevèrent plus. La camarera-mayor qui lui succéda, n'eut plus aucun particulier avec la reine, toujours enfermée avec le roi, et fut réduite comme le majordome-major de la reine à la toilette et aux repas.

Mais puisque je reparle ici des charges, je crois devoir réparer un oubli que je crois m'être échappé sur le grand et sur le premier écuyer. C'est que dès que le roi est dehors, s'il mange sur l'herbe ou dans un village, non pas en voyage, mais chasse ou promenade, s'il boit même seulement un coup, s'il veut se laver les mains, s'il prend un manteau ou un surtout, ou le quitte; si même il change de chemise, et par conséquent se déshabille et se rhabille, le grand écuyer le sert et le premier écuyer, et celui-là ôte au sommelier du corps toutes ses fonctions, même en sa présence, et celui-ci de même aux gentilshommes de la chambre, non au sommelier, ce qui fait que le sommelier et les gentilshommes de la chambre ne sont pas curieux de suivre le roi dehors.

Parlons maintenant de la chasse, de l'Atocha et du Mail.

CHAPITRE IV.

Chasse. — L'Atoche. — Impudence monacale. — Le Mail. — Vie ordinaire de Madrid. — *Recao;* ce que c'est. — Usages dans les visites. — Vie des gens employés dans les affaires. — Politesse et dignité des Espagnols. — Mesures pour la grandesse et la Toison. — Lettres de M. le duc d'Orléans au roi d'Espagne, et du cardinal Dubois à Grimaldo pour ma grandesse, d'une telle foiblesse, que Grimaldo ne voulut pas remettre au roi celle de M. le duc d'Orléans, ni lui parler de celle du cardinal Dubois.

La chasse étoit le plaisir du roi de tous les jours, et il falloit qu'il fût celui de la reine. Mais cette chasse étoit toujours la même. Leurs Majestés Catholiques me firent l'honneur, fort singulier, de m'ordonner de m'y trouver une fois, et j'y allai dans mon carrosse. Ainsi je l'ai bien vue, et qui en a vu une les a vues toutes. Les bêtes noires et rousses ne se rencontrent point dans les plaines. Il faut donc les chercher vers les montagnes, et ces pays sont trop âpres pour y courre le cerf, le sanglier et d'autres bêtes comme on fait ici et ailleurs. Les plaines mêmes sont si sèches, si dures, si pleines de crevasses profondes, qu'on n'aperçoit que de dessus le bord, que les meilleurs chiens courants ou lévriers seroient bientôt rendus après les lièvres, et auroient les pieds écorchés, même estropiés pour longtemps. D'ailleurs tout y est si plein d'herbes fortes que les chiens courants ne tireroient pas grand secours de leur nez. Tirer en volant, il y avoit longtemps que le roi avoit quitté cette chasse, et qu'il ne montoit plus à cheval; ainsi les chasses se bornoient à des battues.

Le duc del Arco, qui par sa charge de grand écuyer avoit l'intendance de toutes les chasses, choisissoit le lieu où le roi et la reine devoient aller. On y dressoit deux grandes feuillées, adossées l'une à l'autre, presque fermées, avec force espèce de fenêtres larges et ouvertes presque à hauteur d'appui. Le roi, la reine, le capitaine des gardes en quartier et le grand écuyer, et quatre chargeurs de fusils, étoient seuls dans la première, avec une vingtaine de fusils et de quoi les charger. Dans l'autre feuillée, le jour que je fus à la chasse, étoient le prince des Asturies venu dans son carrosse à part avec le duc de Popoli et le marquis del Surco, aussi dans cette feuillée le marquis de Santa-Cruz, le duc Giovenazzo, majordome-major et grand-écuyer de la reine, Valouse, deux ou trois officiers des gardes du corps et moi, force fusils, et quelques hommes pour les charger. Une seule dame du palais de jour suivoit tour à tour la reine, dans un autre carrosse, toute seule, duquel elle ne sortoit point, et y portoit pour sa consolation un livre et quelque ouvrage, car personne de la suite n'en approchoit. Leurs Majestés et cette suite faisoient le chemin à toutes jambes, avec des relais de gardes et de chevaux de carrosse, parce qu'il y avoit au moins trois ou quatre lieues à faire, qui valent au moins le double de celles de Paris à Versailles. On mettoit pied à terre aux feuillées, et aussitôt on emmenoit les carrosses, la pauvre dame du palais et tous les chevaux hors de toute vue, fort loin, de peur que ces équipages n'effarouchassent les animaux.

Deux, trois, quatre cents paysans commandés avoient fait dès la nuit des enceintes, et des huées dès le grand matin, au loin pour effrayer les animaux, les faire lever, les rassembler autant qu'il étoit possible, et les pousser doucement du côté des feuillées. Dans ces feuillées, il ne falloit pas remuer ni parler le moins du monde, ni qu'il y eût aucun habit voyant, et chacun y demeuroit debout, en silence. Cela dura bien une heure et demie d'attente, et ne me parut pas fort amusant. Enfin nous entendîmes de loin de grandes huées, et bientôt après nous vîmes des troupes d'animaux passer à reprise à la portée et à demi-portée de fusil de nous, et tout aussitôt le roi et la reine faire beau feu. Ce plaisir ou cette espèce de boucherie dura plus de demi-heure à voir passer, tuer, estropier cerfs, biches, chevreuils, sangliers, lièvres, loups, blaireaux, renards, fouines sans nombre. Il falloit laisser tirer le roi et la reine qui, assez souvent, permettoient au grand écuyer et au capitaine des gardes de tirer; et comme nous ne savions de quelle main partoit le feu, il falloit attendre que celui de la feuillée du roi se fût tu, puis laisser tirer le prince, qui souvent n'avoit plus sur quoi, et nous encore moins. Je tuai pourtant un renard, à la vérité un peu plus tôt qu'il n'étoit à propos, dont un peu honteux, je fis des excuses au prince des Asturies, qui s'en mit à rire et la compagnie aussi, moi après à leur exemple, et tout cela fort poliment. A mesure que les paysans s'approchent et se resserrent, la chasse s'avance, et elle finit quand ils viennent tout près des feuillées, huant toujours, parce qu'il n'y a plus rien derrière eux. Alors les équipages reviennent, et les deux feuillées sortent et se joignent, on apporte les bêtes tuées devant le roi. On les charge après derrière les carrosses. Pendant tout cela, la conversation se fait, qui roule sur la chasse. On emporta ce jour-là une douzaine de bêtes et plus, et quelques lièvres, renards et fouines. La nuit nous prit peu après être partis des feuillées. Voilà le plaisir de Leurs Majestés Catholiques tous les jours ouvriers. Les paysans employés sont payés, et le roi leur fait donner encore quelque chose assez souvent, en montant en carrosse.

Notre-Dame d'Atocha ou l'Atoche, comme on l'appelle le plus ordinairement pour abréger, est une image miraculeuse de la sainte Vierge, dans la riche chapelle d'une église, d'ailleurs assez ordinaire, d'un vaste et superbe couvent de dominicains hors de Madrid, mais à moins d'une portée de fusil des dernières maisons, et joignant le bout du parc du palais du Buen-Retiro, qui enferme aussi un beau et grand monastère de hiéronimites, dont l'église sert de chapelle à ce palais, d'où on y va, à couvert, de partout, ainsi que dans le monastère. L'Atoche est tellement la grande dévotion de Madrid, et de toute la Castille, que c'est devant cette image que s'offrent les vœux, les prières, les remercîments publics pour les nécessités et les prospérités du royaume, et dans les cas de maladie périlleuse du roi et de sa guérison. Le roi n'entreprend jamais de vrai voyage, et cela depuis un temps immémorial, qu'il n'aille en cérémonie faire ses prières devant cette image, ce qui ne s'appelle point autrement qu'aller prendre congé de Notre-Dame d'Atocha, et y va de même dès qu'il est de retour. Les richesses de cette image en or, en pierreries, en dentelles, en étoffes somptueuses, sont prodigieuses. C'est toujours une des plus grandes et des plus riches dames qui a le titre de sa dame d'atours, et c'est un honneur fort recherché, quoique très-cher, car il lui en coûte quarante mille livres et quelquefois cinquante mille tous les ans pour la fournir de dentelles et d'étoffes qui reviennent bientôt au profit du couvent. Je ne m'arrêterai pas aux réflexions sur ces dévotions. La duchesse d'Albe, qu'on a vue à Paris ambassadrice d'Espagne, l'étoit alors. Je ne sais qui lui succéda dans cet emploi. Elle mourut peu de jours après mon arrivée à Madrid.

Il y a plusieurs jours, dimanches ou fêtes, quelquefois même des jours ouvriers de fêtes non fêtées, où il y a sur le soir un salut à l'Atoche, qui est fort fréquenté, et où le roi et la reine alloient souvent sans cérémonie par les dehors de Madrid, et sans entrer dans l'église ni dans le couvent. Il y a au dehors un médiocre corps de logis sans cour. On monte en dedans une quinzaine de marches, et on trouve trois pièces dont celle du milieu est la plus grande. Une longue tribune règne sur l'église dans laquelle on entre des deux secondes pièces. Celle du roi est séparée dans la même longueur par une cloison; la famille royale et le service le plus indispensable s'y met; dans l'autre toute leur suite; ce qui est en charge médiocre demeure dans la pièce du milieu, et le bas domestique dans celle d'entrée, desquels tous va qui veut dans l'église; en sorte que dans la tribune de la suite, il n'y entre qu'elle et le peu de seigneurs principaux courtisans, qui, les uns ou les autres y viennent faire leur cour, dont la plupart même ne sont pas dans cet usage. J'y allois presque toujours attendre Leurs Majestés un moment avant qu'elles arrivassent. Je n'y ai jamais vu qu'une douzaine, toujours les mêmes, de ceux qui n'y étoient pas obligés par leurs fonctions, et jamais plus de trois ou quatre à la fois. Les dames du palais et les señoras de honor y suivoient la reine, plusieurs, mais non pas toutes, et si la reine alloit de là au Mail, il n'en restoit qu'une dame du palais; toutes les autres dames et la camarera-mayor s'en retournoient. Trois ou quatre dominicains, des premiers du couvent, y recevoient Leurs Majestés et les voyoient partir, qui leur disoient toujours quelque chose en s'arrêtant à eux, et à ceux qu'elles trouvoient dans ces pièces, avant d'entrer dans la tribune et en en sortant.

Je ne vis jamais moines si gros, si grands, si grossiers, si rogues. L'orgueil leur sortoit par les yeux et de toute leur contenance. La présence de Leurs Majestés ne l'affoiblissoit point, même en leur parlant; je dis pour l'air, les manières, le ton, car ils ne parloient qu'espagnol que je n'entendois pas. Ce qui me surprit, à n'en pas croire mes yeux la première fois que je le vis, fut l'arrogance et l'effronterie jusqu'à la brutalité avec laquelle ces maîtres moines poussoient leurs coudes dans le nez de ces dames, et dans celui de la camarera-mayor comme des autres, qui, toutes à ce signal, leur faisoient une profonde révérence, baisoient humblement leurs manches, redoubloient après leurs révérences, sans que le moine branlât le moins du monde, qui rarement après leur disoit quelque mot d'un air audacieux, et sans marquer la civilité la plus légère, à quoi, lorsque cela arrivoit, ces dames répondoient le plus respectueusement du monde, à leur ton et à toute leur contenance. J'ai vu quelquefois quelque seigneur leur baiser aussi la manche, mais comme à la dérobée, d'un air honteux et pressé, mais jamais les moines la présenter à pas un d'eux. Quoique cette rare cérémonie se renouvelât toutes les fois que le roi alloit à l'Atoche, elle me surprit toujours, et je ne pus m'y accoutumer.

La tribune donnoit également en face de la chapelle de Notre-Dame et du grand autel; le saint-sacrement étoit dans le tabernacle de l'un et de l'autre, et si alors il étoit exposé, ce qui n'arrivoit pas toujours, c'étoit à l'autel de Notre-Dame, très-magnifiquement et avec une infinité de lumière. Il l'étoit fort haut; et pour donner la bénédiction il descendoit et remontoit après par une machine cachée derrière l'autel. Cela me parut un peu machine d'opéra bien déplacée. Quand le saint-sacrement n'étoit pas exposé, il n'y avoit point de bénédiction. Les moines chantoient dans leur chœur, qu'on ne pouvoit voir, les litanies de la Vierge et d'autres prières d'un ton lent, triste et très-lugubre, et cela duroit demi-heure ou trois quarts d'heure. Ce salut étoit très-commode pour voir Leurs Majestés et leur faire sa cour.

De l'Atoche il étoit fort ordinaire que le roi entrât dans le parc du Retiro, et il y étoit suivi par les mêmes qui s'étoient trouvés au salut. On mettoit pied à terre au Mail, beau, large, extrêmement long. Le roi y jouoit avec le grand et le premier écuyer, le marquis de Santa-Cruz ou quelque autre seigneur, et y jouoit toujours trois tours complets d'aller et venir; la reine toujours à son côté, et quand il le falloit [elle] changeoit de place pour être toujours à sa gauche. Ce Mail étoit extrêmement agréable par les charmes qu'elle y répandoit. Il n'y avoit que des seigneurs dans le Mail, et la dame du palais qui la suivoit; tout le reste se tenoit des deux côtés sans y entrer. On suivoit le roi et la reine qui faisoit la conversation avec les uns et les autres, avec une aimable familiarité, et amusoit de temps en temps le roi par les plaisanteries qu'elle faisoit, dont Valouse s'embarrassoit fort ordinairement et en augmentoit la gaieté. Elle attaquoit fort aussi le duc del Arco, prenoit plaisir à le mettre aux mains avec Santa-Cruz, et faisoit en sorte qu'ils s'en disoient souvent de bonnes. Le grand écuyer ne laissoit pas de se rebecquer quelquefois contre la reine, librement, et plaisamment quelquefois. Si quelque joueur faisoit une pirouette ou quelque mauvais coup, c'étoit de rire et de lui tomber sur le corps, en sorte que ce temps du Mail paroissoit toujours trop court. Le roi, toujours grave, souriot; quelquefois un mot tout court et rare. Il jouoit très-bien et de bonne grâce, et la reine l'admiroit fort. A la fin du dernier tour, les carrosses venoient au bout du Mail, et on s'en retournoit. De la mi-février à la mi-avril on laissoit reposer et repeupler les animaux; il n'y avoit point de chasse, et le Mail allongé d'un peu de promenade, dans le même parc quelquefois, en remplissoit un peu le vide, presque tous les jours.

La vie de Madrid étoit de deux sortes pour les personnes sans occupation : celle des Espagnols et celle des étrangers, je dis étrangers établis en Espagne. Les Espagnols ne mangeoient point, paressoient chez eux, et avoient entre eux peu de commerce, encore moins avec les étrangers; quelques conversations, par espèce de sociétés de cinq ou six chez l'un d'eux, mais à porte ouverte, s'il y venoit de hasard quelque autre. J'en ai trouvé quelquefois en faisant des visites. Ils demeuroient là trois heures ensemble à causer, presque jamais à jouer. On leur apportoit du chocolat, des biscuits, de la mousse de sucre, des eaux glacées, le tout à la main. Les dames espagnoles vivoient de même entre elles. Dans les beaux jours le cours étoit assez fréquenté dans la belle rue qui conduit au Retiro, ou en bas sous des arbres entre quelques fontaines, le long du Mançanarez. Ils voyoient et rarement les étrangers en visite, et ne se mêloient point avec eux. A l'égard de ceux-ci, hommes et femmes mangeoient et vivoient à la françoise, en liberté, et se rassembloient fort entre eux en diverses maisons. La cour montroit quelquefois que cela n'étoit pas de son goût, et s'en lassa à la fin, parce qu'il n'en étoit autre chose. De paroisses ni d'office canonical, c'est ce qui ne se fréquentoit point; mais des saluts, des processions, et la messe basse dans les couvents. On rencontre par les rues beaucoup moins de prêtres et de moines qu'à Paris, quoique Madrid soit plein de couvents des deux sexes.

L'usage est que les dames envoient de loin à loin savoir des nouvelles des seigneurs fort distingués. Cela s'appelle un *recao*[1]; et le même usage veut que le lendemain, au moins très-peu après, celui qui a reçu ce *recao* aille en remercier la dame. Cela m'est souvent arrivé, et souvent aussi je trouvois la dame seule. Je voyois souvent, indépendamment des *recao*, la comtesse de Lemos et la duchesse douairière d'Ossone : la première, sœur du duc de Medina-Sidonia, l'autre, fille du dernier connétable de Castille; toutes deux magnifiquement logées et superbement meublées. Cette dernière aimoit fort M. le duc d'Orléans qui l'avoit beaucoup vue à Madrid. Il me l'avoit fort recommandée, et m'avoit chargé

---

1. On dit ordinairement *recado*, mot qui signifie *compliment que l'on fait faire à quelqu'un*.

de lui faire ses compliments. Elle avoit chez elle une salle d'opéra complète, moins large, un peu moins longue, mais bien autrement belle que celle de Paris, et singulièrement commode pour les communications des loges de l'amphithéâtre et du parterre. Ces deux dames n'auroient point paru désagréables ici, parloient bien françois, et avoient, surtout la dernière, une conversation extrêmement agréable, et toutes deux l'air de très-grandes dames, ainsi qu'elles l'étoient en effet. Je voyois aussi plusieurs autres dames.

La première que je visitai en arrivant à Madrid fut la marquise de Grimaldo. On ne m'avoit point averti de la façon de recevoir en usage pour les dames. Je la trouvai au fond d'un cabinet en face de la porte, avec quelque compagnie d'hommes et de femmes, des deux côtés. Ells se leva dès qu'elle me vit entrer, mais sans démarrer d'un pas, et s'inclina, lorsque j'approchai, comme font les religieuses, qui est leur révérence. Quand je me retirai, elle en fit autant, sans avancer d'une ligne, ni aucune excuse de ce qu'elle n'en faisoit pas davantage : c'est l'usage du pays. Pour les hommes, ils viennent plus ou moins loin au-devant, et reconduisent de même suivant les conditions des gens, car tout est réglé et certain, et néanmoins n'ôte pas l'importunité des compliments. De part et d'autre on s'en fait bien plus qu'ici pour empêcher ou pour prolonger la conduite. Chacun des deux sait bien jusqu'où elle doit aller, que rien ne l'abrégera ni ne l'étendra, que tout ce qui se dit de part et d'autre est parfaitement inutile, que l'un seroit blâmé, l'autre justement offensé si la conduite ne s'accomplissoit pas en entier telle qu'elle doit être. Tout cela n'empêche point qu'on ne s'arrête à tout moment, et que ces compliments ne durent la moitié du temps de la visite; cela est insupportable (on parle ici des visites de cérémonie). Mais quand la familiarité est établie, on vit ensemble à peu près comme on fait ici. En aucun cas les femmes ne vont voir les hommes; mais elles vont chez eux lorsqu'elles en sont priées pour une musique ou un bal ou un feu d'artifice ou quelque chose de semblable. Et si alors, outre les rafraîchissements, il y a un souper, elles se mettent à table et mangent avec la compagnie.

Les gens employés sont tout à fait séquestrés du commerce, et dispensés de faire des visites, hors certains cas particuliers, ou de gens fort distingués. J'en excepte les visites de cérémonie, aux ambassadeurs, et autres telles personnes, par exemple cardinaux, voyageurs distingués que le roi fait recevoir par un de ses majordomes, un vice-roi ou un général d'armée de retour, ou celui qui revient d'une des premières ambassades. Mais ces visites ne se redoublent pas sans nécessité d'affaires, si l'amitié ou une considération supérieure n'y donne occasion. Aussi ne les va-t-on guère voir que pour affaires, ou occasions semblables, et leur rendre leurs visites, excepté leurs amis particuliers ou leurs familiers. Ces derniers les voient quelquefois chez eux, mais pas toujours, jamais les autres, quand ce sont des secrétaires d'État, parce qu'ils ne sont chez eux que pour le moment du dîner, et le soir pour celui du souper, après lequel ils se retirent avec leurs femmes et leurs enfants, jusqu'à ce qu'ils se couchent.

Leurs journées se passent chacun dans leur *cavachuela*, et c'est où on les va trouver. De la cour du palais on voit des portes à rez-de-chaussée. On y descend plusieurs marches, au bas desquelles on entre en des lieux spacieux, bas, voûtés, dont la plupart n'ont point de fenêtres. Ces lieux sont remplis de longues tables et d'autres petites, autour desquelles un grand nombre de commis écrivent et travaillent sans se dire un seul mot. Les petites sont pour les commis principaux qui chacun travaillent seuls sur leurs tables. Ces tables ont des lumières d'espace en espace assez pour éclairer dessus, mais qui laissent ces lieux fort obscurs. Au bout de ces espèces de caves est une manière de cabinet un peu orné, qui a des fenêtres sur le Mançanarez et sur la campagne, avec un bureau pour travailler, des armoires, quelques tables et quelques siéges. C'est la cavachuela particulière du secrétaire d'État, où il se tient toute la journée, et où on le trouve toujours.

Celle de Grimaldo étoit gaie par la vue de deux fenêtres, assez petite, et voûtée comme les autres, dont il n'étoit séparé que par la porte; en sorte qu'il n'avoit qu'à sonner, un commis entroit et il donnoit ses ordres sans attendre et sans interrompre son travail; et comme il étoit toujours dans sa cavachuela, les commis demeuroient aussi assidûment dans les leurs, sous les yeux des premiers commis, et n'en sortoient, pour dîner et le soir pour se retirer, qu'en même temps que le secrétaire d'État qui les voyoit, en passant, et les y retrouvoit en venant de dîner. Que le roi fût au palais ou hors de Madrid, même des temps considérables, c'étoit toujours la même assiduité dans les cavachuela. Grimaldo, qui suivoit toujours le roi, demeura à Madrid pendant un voyage de Balsaïm de huit ou dix jours. J'eus affaire à lui pendant cette absence; je dirai ailleurs de quoi il s'agissoit. Je le trouvai dans sa cavachuela, comme si le roi eût été dans le palais. Grimaldo ne laissoit pas de venir assez souvent chez moi, même sans aucune affaire et d'y venir dîner familièrement aussi, sans prier, amenant ou amené par le duc de Liria ou le prince de Masseran, ou le marquis de Lede, ou quelque autre de ses amis, quelquefois le duc del Arco, quelque dimanche que ce seigneur en avoit le temps. Si on proposoit de mener cette vie à nos secrétaires d'État, même à leurs commis, ils seroient bien étonnés, et je pense aussi bien indignés.

A l'égard de ceux qui étoient des différents conseils qui subsistoient, on les voyoit chez eux lorsqu'on y avoit affaire; ils y travailloient, et les cavachuela n'étoient que pour les secrétaires d'État et leurs commis. Il faut dire ici que rien n'égale la civilité, la politesse noble et la prévenance attentive des Espagnols, lorsqu'on le mérite par les manières qu'on a avec eux; comme il n'y a personne aussi nulle part qui se sente davantage, et qui le fasse mieux et plus dédaigneusement sentir, quand ils ont lieu de croire qu'on n'en use pas à leur égard comme on doit. Je dis quand ils ont lieu, car ils sont par grandeur éloignés de la pointille et de la vétille, et passent aisément mille choses aux étrangers qui ignorent et qui n'ont point l'air de gloire et de prétendre. C'est ce que Maulevrier et moi avons sans cesse expérimenté d'eux, depuis le plus grand seigneur jusqu'aux moindres personnes, mais en deux manières en tout extrêmement différentes.

Il est temps enfin de reprendre le fil que tant de descriptions et d'explications peu connues jusqu'à présent, mais curieuses, ont interrompu. On a vu en son ordre le motif qui m'avoit fait souhaiter l'ambassade d'Espagne : c'étoit la grandesse pour mon second fils et brancher ainsi ma maison. Ce qui ne m'eût jamais conduit en Espagne, mais concomitance que je ne voulois pas négliger sans en faire de principal, étoit une Toison d'or pour mon fils aîné, afin qu'il remportât de ce voyage un agrément qui, à son âge, étoit une décoration. J'étois parti de Paris en toute liberté de m'aider de tout ce que je pourrois à ces égards, et avec promesse de la demande expresse de la grandesse au roi d'Espagne par M. le duc d'Orléans, d'y interposer même le nom du roi, et des lettres les plus fortes du cardinal Dubois au marquis de Grimaldo et au P. Daubenton. J'en parlai à l'un et à l'autre une fois à Madrid, au milieu du tourbillon d'affaires, de cérémonial et des réjouissances, et j'en avois été reçu à souhait. Sur tout ce qui n'étoit point constitution les jésuites se louoient de moi, et ils en avoient très-bien informé le P. Daubenton. Ils avoient encore à compter avec moi pour longtemps, suivant toutes apparences. Au fond peu leur importoit d'un grand d'Espagne françois; mais il ne leur étoit pas indifférent que j'eusse lieu de croire qu'ils eussent contribué à me faire obtenir ce que je désirois.

Grimaldo étoit droit et vrai; il s'affectionna à moi de très-bonne foi; il m'en donna toutes sortes de preuves, dès ce premier séjour à Madrid, comme j'en ai rapporté quelques-unes. Il voyoit aussi une union des deux cours par des mariages qui pouvoient influer sur les ministres. Son seul point d'appui étoit le roi d'Espagne pour se maintenir dans le poste unique qu'il occupoit, si brillant et si envié. Il ne pouvoit pas faire de fondement solide sur la reine, comme on l'a vu ci-devant. Il vouloit donc s'appuyer de la France, tout au moins ne l'avoir pas contraire, et il connoissoit parfaitement la duplicité et les caprices du cardinal Dubois. La cour d'Espagne, de tout temps si attentive sur M. le duc d'Orléans, par tout ce qui s'étoit passé du temps de la princesse des Ursins, et depuis pendant la régence, n'ignoroit pas la confiance intime et non interrompue que de tout temps ce prince avoit en moi, ni ma façon d'être avec lui. Ces sortes d'objets se grossissent de loin plus que d'autres, et le choix qui avoit été fait de moi pour cette singulière ambassade y confirmoit encore. Grimaldo put donc penser à s'assurer de mon amitié et de mes services auprès de M. le duc d'Orléans dans les occasions fortuites; et je ne crois pas me tromper en lui prêtant cette politique pour me favoriser sur une grâce, au fond assez naturelle, qui, par l'occasion unique de me la faire, ne tiroit à nulle conséquence, et qui, à son égard particulier, n'avoit aucun inconvénient.

Je m'ouvris aussi à Sartine, que mes égards pour lui si opposés aux brutalités qu'il essuyoit souvent de Maulevrier, et les bons offices que je tâchois de lui rendre auprès de M. le duc d'Orléans et du cardinal Dubois, m'avoient entièrement dévoué. On a vu qu'il étoit ami particulier et familier de Grimaldo, et je me servis utilement de ce canal pour faire passer à ce ministre ce qu'il eût été moins convenable de lui dire moi-même. Je touchai encore un mot de cette grandesse et de la Toison au P. Daubenton, la veille qu'il partit pour Lerma, et fis pressentir en même temps Grimaldo sur la Toison par Sartine, et l'un et l'autre avec succès.

Je regardois l'instant de la célébration du mariage comme l'époque d'obtenir ce que je désirois, et je considérois que, étant passée sans avoir obtenu, tout se refroidiroit et deviendroit incertain et fort désagréable. Je n'avois rien oublié dans ce court et premier séjour à Madrid pour y plaire à tout le monde, et j'ose dire que j'y avois d'autant mieux réussi, que j'avois tâché de donner du poids et du mérite à ma politesse, en gardant tout le milieu possible aux degrés et aux mesures qu'elle devait avoir, à l'égard de chacun, sans prostitution et sans avarice, et c'est ce qui me fit hâter de connoître tout ce que je pus de la naissance, des dignités, des emplois, des alliances, de la réputation, pour y proportionner ma façon de me conduire avec tant de diverses personnes.

Mais il falloit le véhicule de la demande de M. le duc d'Orléans et des lettres du cardinal Dubois. Je ne doutois pas de la volonté du régent, mais beaucoup de celle de son ministre, et on a vu avec combien de raison. Ces lettres, qui devoient au plus tard arriver à Madrid en même temps que moi, se faisoient attendre inutilement d'ordinaire en ordinaire. Ce qui redoubloit mon impatience étoit que je les lisois d'avance, et que je voulois avoir le temps de réfléchir et de me tourner pour en tirer, malgré elles, tout le secours que je pourrois. Je comptois parfaitement sur toute l'écorce d'empressement du cardinal Dubois, qui, avec sa fausseté et sa mauvaise volonté, n'enfanteroit que des demi-choses, souvent plus nuisibles que rien du tout, et qui, ne pouvant empêcher M. le duc d'Orléans d'écrire au roi d'Espagne, se chargeroit de faire la lettre, et la feroit au plus foible et au plus mal, sans que M. le duc d'Orléans, livré à lui, sans appui contre lui, moi absent, osât y rien changer. Cette opinion que j'eus toujours de ces lettres fut ce qui me porta le plus à fortifier mes batteries en Espagne, tant auprès du ministre et du confesseur qu'auprès de Leurs Majestés Catholiques et de toute leur cour, pour me rendre assez agréable au roi et à la reine pour leur inspirer le penchant de me faire ces grâces; et à leur cour, sinon le désir, du moins une véritable approbation qui pût revenir à leurs oreilles, et fortifier ce penchant que je tâchois muettement de leur faire naître, d'autant qu'il étoit difficile qu'on ne pensât à la cour, et par conséquent qu'il ne s'y parlât, d'une grandesse pour moi dans une occasion si faite exprès, pour ainsi dire, et à toutes les bontés et toutes les distinctions que l'emploi dont j'étois honoré auprès de Leurs Majestés Catholiques attiroit sur moi de leur part.

Peu de jours avant d'aller à Lerma, je reçus des lettres du cardinal Dubois sur mon affaire. Rien de plus vif ni de plus empressé, jusqu'à me donner des conseils pour parvenir à mon but, et à me presser de l'aviser de tout ce en quoi il y pourroit contribuer, et m'assurant que les lettres de M. le duc d'Orléans et les siennes arriveroient à temps. A travers le parfum de tant de fleurs, l'odeur du faux perçoit par sa nature. J'y avois compté, j'avois fait tout ce que la sagesse et la mesure la plus honnête m'avoit permis pour y suppléer. Je pris pour bon toutes les merveilles que le cardinal m'écrivoit, et je partis pour Lerma bien résolu de cultiver de plus en plus mon affaire sans me reposer sur les lettres qu'on me promettoit, mais dans le dessein d'en tirer tout le parti que je pourrois.

En arrivant à mon quartier, près de Lerma, je tombai malade, comme on l'a vu ailleurs, et la petite vérole m'y retint quarante jours en exil. Le roi et la reine, non contents de m'avoir envoyé M. Hyghens, comme je l'ai dit ailleurs, pour ne me point quitter jour et nuit, voulurent être informés deux fois par jour de mes nouvelles, et quand je fus mieux, me firent témoigner sans cesse mille bontés, en quoi toute la cour les imita. Je rends d'autant plus librement hommage à des bontés si continuelles et si marquées, que je n'ai jamais pensé à les devoir qu'au personnage que j'avois l'honneur de représenter, et dans des moments si agréables. Pendant ce long intervalle, l'abbé de Saint-Simon entretint commerce avec le cardinal Dubois, d'autant plus aisément que je n'avois voulu me charger que de très-peu d'affaires, et d'aucunes qui eussent des queues capables de me retenir en Espagne plus que je n'aurois voulu. En même temps il n'oublia pas d'entretenir aussi commerce avec le marquis de Grimaldo et avec Sartine qui vint à Lerma, et de suivre mon affaire.

Ces lettres tant promises se firent attendre jusque vers la fin de ma quarantaine. A la fin elles arrivèrent, mais telles que je les avois prévues. Le cardinal Dubois ne s'expliquoit à Grimaldo que par contours et circonlocutions; et si une phrase témoignoit de l'empressement et du désir, la suivante la détruisoit par un air de respect et de ménagement, protestant de ne vouloir que ce que le roi d'Espagne voudroit lui-même, avec tous les assaisonnements nécessaires pour anéantir ses offices sous le voile de ne pas se proposer de le presser en rien, ni de l'importuner d'aucune chose. Il en disoit autant à Grimaldo pour lui, de sorte que ce bégaiement par écrit sentoit fort le galimatias d'un homme qui n'avoit nulle envie de me servir, mais qui, n'osant aussi manquer à sa promesse, mettoit tout son esprit à tortiller et à énerver le peu qu'il ne pouvoit s'empêcher de dire. Cette lettre n'étoit que pour Grimaldo, comme celle de M. le duc d'Orléans n'étoit que pour le roi d'Espagne. Celle-ci fut encore plus foible que l'autre. C'étoit comme un dessin au crayon que la pluie auroit presque effacé, et où il ne paroissoit plus d'ensemble. Elle osoit à peine mettre le doigt sur la lettre, et se confondoit aussitôt en respects, en retenue, en mesure, à ne vouloir et à ne se proposer là-dessus que ce qui seroit le plus du goût du roi d'Espagne; en un mot, qui se retiroit beaucoup plus qu'elle ne s'avançoit, et qui ne présentoit qu'une sorte de manière d'acquit, qui ne se pouvoit refuser, mais dont le succès étoit fort indifférent. Il est aisé de comprendre que ces lettres me déplurent beaucoup. Quoique j'y eusse prévu toute la malice du cardinal Dubois, je la trouvai au delà et bien plus à découvert que je ne l'avois imaginé.

Telles qu'elles fussent, si fallut-il s'en servir. L'abbé de Saint-Simon écrivit à Grimaldo et à Sartine, et les envoya à ce dernier pour remettre sa lettre et celles de la cour à Grimaldo, car je n'osois encore écrire moi-même dans le ménagement qu'il falloit garder pour le mauvais air. Sartine, à qui je n'avois pas fait confidence, encore moins à Grimaldo, de la foiblesse à laquelle je m'attendois de ces recommandations, tombèrent dans la dernière surprise à leur lecture. Ils raisonnèrent ensemble, ils s'indignèrent, ils cherchèrent des biais pour fortifier ce qui en avoit tant de besoin ; mais ces biais ne se trouvant point, ils se consultèrent, et Grimaldo prit un parti hardi qui m'étonna au dernier point, et qui aussi me mit fort en peine. Il conclut que ces lettres me nuiroient sûrement plus qu'elles ne me serviroient ; qu'il falloit les supprimer, n'en jamais parler au roi d'Espagne, le confirmer dans la pensée qu'il feroit, en m'accordant ces grâces, un plaisir d'autant plus grand à M. le duc d'Orléans qu'il voyoit jusqu'où alloit sa retenue de ne lui en point parler, et la mienne de ne point les lui faire demander par Son Altesse Royale, quoiqu'il y eût tout lieu de s'y attendre ; tirer de là toute la force qu'auroient eue les lettres, si leur style en avoit eu ; et qu'avec ce qu'il sauroit y mettre du sien, il me répondoit de la grandesse et de la Toison, sans faire mention aucune des lettres de M. le duc d'Orléans au roi d'Espagne, et du cardinal Dubois à lui. Sartine, par son ordre, le fit savoir à l'abbé de Saint-Simon, qui me le rendit ; et après en avoir raisonné ensemble avec Hyghens, qui connoissoit le terrain aussi bien qu'eux, et qui s'étoit vraiment livré à moi, je m'abandonnai aveuglément à la conduite et à l'amitié de Grimaldo, dont on verra bientôt le plein succès.

En racontant ici la façon très-singulière par laquelle mon affaire réussit, je suis bien éloigné d'en soustraire à M. le duc d'Orléans toute la reconnaissance. S'il ne m'avoit pas confié le double mariage, à l'insu de Dubois et malgré le secret qu'il lui avoit demandé précisément pour moi, et cela dès qu'ils furent conclus, je n'aurois pas été à portée de lui demander l'ambassade. Je la lui demandai sur-le-champ, en lui en déclarant le seul but, qui étoit la grandesse pour mon second fils, et sur-le-champ il me l'accorda, et me l'accorda pour ce but, et pour m'aider de sa recommandation à y parvenir, et sous le dernier secret, par rapport au dépit qu'en auroit Dubois, et se donner du temps pour se tourner avec lui et lui faire avaler la pilule. Si je n'avais pas eu l'ambassade de la sorte, elle m'auroit sûrement échappé, et alors tomboit de soi-même toute idée de grandesse, dont il n'y auroit plus eu, ni occasion, ni raison, ni moyen. L'amitié et la confiance de ce prince prévalut donc à l'ensorcellement que son misérable précepteur avoit jeté sur lui; et s'il céda depuis aux fourbes, aux manéges, aux folies que Dubois employa dans la suite de cette ambassade pour me perdre et me ruiner, et pour me faire manquer le seul objet qui m'avoit fait la désirer, il ne s'en faut prendre qu'à sa scélératesse, et à la déplorable foiblesse de M. le duc d'Orléans, qui m'ont causé bien de fâcheux embarras, et m'ont fait bien du mal, mais qui ont fait bien pis à l'État et au prince lui-même. C'est par cette triste, mais trop vraie réflexion que je finirai cette année 1721.

CHAPITRE V.

1722. — Échange des princesses (9 janvier). — Usurpation des Rohan. — Ruses, artifices, manéges du prince de Rohan, tous inutiles auprès du marquis de Santa-Cruz, qui le force à céder sur ses chimères dans l'acte espagnol, dont j'ai la copie authentique et légalisée. — Présents du roi aux Espagnols, pitoyables. — Grands d'Espagne, espagnols, n'en prennent point la qualité dans leurs titres, et pourquoi. — Avances singulières que le cardinal de Rohan me fait faire de Rome; leur motif. — Sottise énorme du cardinal de Rohan partant de Rome. — Échange des princesses dans l'île des Faisans. — Présents et prostitution de rang de la reine douairière d'Espagne, à qui je procure un payement sur ce qui lui étoit dû. — Je vais faire la révérence à Leurs Majestés Catholiques. — Matière de cette audience. — Conte singulièrement plaisant par où elle finit. — Le roi, la reine et le prince des Asturies vont, comme à la suite du duc del Arco, voir la princesse à Cogollos. — Je vais saluer la princesse à Cogollos, puis à Lerma, à son arrivée. — Chapelle. — J'y précède tranquillement le nonce, sans faire semblant de rien. — Rare et plaisante ignorance du cardinal Borgia, qui célèbre le mariage, dont la cérémonie extérieure est différente en Espagne. — Célébration du mariage, l'après-dîner du 20 janvier. — Je suis fait grand d'Espagne de la première classe, conjointement avec un de mes fils à mon choix, pour en jouir actuellement l'un et l'autre; et la Toison donnée à l'aîné, sans choix. — Je donne à l'instant la grandesse au cadet. — Remercîment. — Compliments de toute la cour. — Je me propose, sans en avoir aucun ordre et contre tout exemple en Espagne, de rendre public le coucher des noces du prince et de la princesse des Asturies; et je l'exécute, et je l'obtiens. — Bonté et distinction sans exemple du roi d'Espagne pour moi et pour mon fils aîné au bal, dont je m'excuse par ménagement pour les seigneurs espagnols. — Mesures que je prends pour éviter que le coucher public ne choque les Espagnols. — Vin et huile détestablement faits en Espagne, mais admirablement chez les seigneurs. — Jambons de cochons nourris de vipères, singulièrement excellents. —

Évêques debout au bal, en rochet et camail. — Cardinal Borgia n'y paroît point. — Vélation; ce que c'est. — J'y précède encore le nonce, sans faire semblant de rien. — Maulevrier n'y paroît point, parti furtivement dès le matin de son quartier pour Madrid, qui en est fort blâmé. — Conduite réciproque entre lui et moi pendant les jours du mariage. — Étrange conduite et prétentions de La Fare. — Ma conduite à cet égard.

L'année 1722 commença par l'échange des princesses, futures épouses du roi et du prince des Asturies, dans l'île des Faisans, de la petite rivière de Bidassoa qui sépare les deux royaumes, où on avoit construit une maison de bois à cet effet, mais toute simple en comparaison de celle qui, au même endroit, avoit servi en 1659 aux célèbres conférences du cardinal Mazarin avec don Louis de Haro, premiers ministres de France et d'Espagne, à la signature de la paix dite des Pyrénées, et depuis à l'entrevue du roi et de la reine sa mère avec le roi d'Espagne Philippe IV, frère de la reine-mère.

J'avois prévu toute la coupable complaisance du cardinal Dubois pour les folles chimères des Rohan, et que le prince de Rohan n'avoit voulu être chargé de l'échange de la part du roi que pour les fortifier de ce qu'il se proposoit d'y usurper. Le rang de la maison de Rohan, acquis ou arraché pièce à pièce, ne remontoit pas plus haut que le dernier règne. Il étoit sans titre et sans prétexte que la volonté du feu roi. Il n'y avoit eu jamais de reconnoissance de la qualité de prince; car on a vu en son lieu que le feu roi avoit mis ordre à ce que sa signature d'honneur, apposée aux contrats de mariage, n'autorisât en rien les titres que chacun y prenoit. Le temps n'étoit pas venu pour le cardinal Dubois de se moquer des promesses qu'il avoit faites au cardinal de Rohan en l'envoyant à Rome presser son chapeau, et bien auparavant pour se servir de lui à cet usage par son crédit et ses amis. Un homme de la condition et du caractère de Dubois fait aisément litière de ce qui ne lui coûte rien et de ce qui lui est même momentanément utile. Il dominoit en plein le régent, et ce prince aimoit à tout brouiller, et à favoriser les divisions et le désordre. Le cardinal Dubois, à mesure qu'il étoit monté, s'étoit défait des emplois subalternes qui lui avoient servi de degrés. Ainsi, dès qu'il fut secrétaire d'État, il produisit le médecin, son frère, et lui céda sa charge de secrétaire du cabinet du roi ayant la plume. Ce fut lui qui, en cette qualité, fut chargé de faire pour la France les actes nécessaires à l'échange, comme La Roche, secrétaire du cabinet du roi d'Espagne, ayant l'estampille, le fut pour l'Espagne. Je n'eus donc pas peine à comprendre que Dubois auroit ordre du cardinal son frère de faire en cette occasion tout ce qui plairoit au prince de Rohan, et ne pouvant parer l'usurpation que je prévoyois, je voulus du moins empêcher qu'elle ne fût complète.

Je prévins donc à Madrid le duc de Liria sur l'*Altesse* que le prince de Rohan ne manqueroit pas de se faire donner par Dubois dans l'acte de l'échange, et sûrement de s'en faire un titre pour le prétendre dans l'acte espagnol. Liria sentit comme moi toutes les raisons de l'empêcher, et de les bien expliquer et inculquer au marquis de Santa-Cruz, grand d'Espagne, et parfaitement espagnol, son ami particulier. A la première mention, Santa-Cruz monta aux nues. Je lui en parlai après, et il me promit bien de tenir le prince de Rohan si roide et si ferme qu'il ne lui laisseroit rien passer. Le duc de Liria fut chargé de porter les présents du roi d'Espagne à sa future belle-fille au lieu de l'échange. Je le sus avant le départ de Madrid, et je lui rafraîchis tout ce que je lui avois dit sur les prétentions que le prince de Rohan alloit produire; et, outre que le marquis de Santa-Cruz étoit bien résolu de ne les pas souffrir, le duc de Liria me promit de le tenir de près, et d'avoir, à cet égard, toute la vigilance possible.

Dès qu'on fut arrivé des deux côtés au lieu de l'échange, c'est-à-dire à la dernière couchée des deux royaumes pour n'avoir plus qu'à passer dans l'île pour la cérémonie; quand tout seroit convenu, il fut d'abord question de tout régler. L'acte en soi de l'échange, ni les qualités du prince de Rohan, et du marquis de Santa-Cruz ne firent point de difficulté, qualités dont je dirai un mot ensuite. Il n'y en eut point même de la part du marquis de Santa-Cruz sur ces mots de l'acte françois, signés par un secrétaire du cabinet du roi : *conduite par le très-excellent seigneur Son Altesse* le prince de Rohan; ce n'étoit pas à Santa-Cruz à régler l'acte françois. Mais quand de cet acte le prince de Rohan voulut se faire un titre pour avoir l'Altesse dans l'acte espagnol, le marquis de Santa-Cruz le rejeta avec tant de hauteur, et une fermeté si décidée, que le prince de Rohan eut recours à des *mezzo termine*, devenus malheureusement chez nous si à la mode. Il proposa de ne point prendre d'Altesse dans l'acte françois si Santa-Cruz se contentoit de ne point prendre d'Excellence dans l'acte espagnol, en sorte que tous deux éviteroient entièrement toute qualification. Cela fut rejeté avec la même hauteur. Déchu de cet expédient, Rohan fit dire à Santa-Cruz qu'en lui passant l'Altesse, il la lui passeroit aussi, s'il la vouloit prendre, et que de cette façon tout seroit accommodé avec un grand avantage pour Santa-Cruz. Santa-Cruz, avec son rire moqueur, répondit que Rohan et lui n'étoient pas princes, et qu'il seroit plaisant qu'ils imaginassent se faire princes l'un l'autre, de leur seule autorité, en se passant mutuellement l'Altesse, qui n'appartenoit ni à l'un ni à l'autre, et se moqua de la proposition avec beaucoup de mépris. Le prince de Rohan, qui avoit compté l'attraper en l'éblouissant de l'Altesse, se trouva extrêmement embarrassé et mortifié. Enfin, en sautant le bâton, il crut en retenir un bout par une proposition spécieuse qui revint à la première : c'étoit de se contenter respectivement de leurs noms et de celui de leurs emplois, sans nulle Altesse ni Excellence, ni Excellentissime Seigneur. Mais cela fut encore refusé et traité de réchauffé.

Enfin, à bout de voie, Rohan se réduisit à une dernière ressource, dont il espéra que le fond secret échapperoit à Santa-Cruz. Ce fut que le prince de Rohan ne prendroit ni Altesse, ni Excellence, ni Excellentissime Seigneur, et qu'il consentiroit que Santa-Cruz prît l'Excellence et l'Excellentissime Seigneur. Mais ce prince par les appas de sa mère avoit affaire à un homme trop avisé pour donner dans ce panneau. Santa-Cruz lui manda qu'il étoit las de tant de fantaisies, qui retardoient l'échange depuis deux jours et le voyage des princesses, et dont la plus longue durée, par des prétentions si déplacées, devenoit indécente par le retardement; qu'en deux paroles ils étoient tous deux grands de leur pays, et dans la même commission, chacun de la part de son maître, par conséquent égaux de tous points; par conséquent qu'il ne souffriroit pas la plus légère ombre de différence entre eux deux dans l'acte espagnol; qu'il lui déclaroit donc qu'il y prendroit l'Excellence et l'Excellentissime Seigneur, qui est le traitement de tout temps établi pour les grands d'Espagne; que les ducs de France ayant, depuis Philippe V, l'égalité avec eux, et les grands d'Espagne l'égalité avec les ducs de France, il prétendoit qu'il prît également comme lui l'Excellence et l'Excellentissime Seigneur dans l'acte espagnol; que c'étoit son dernier mot; qu'il n'écouteroit plus aucune sorte de proposition à cet égard; qu'il le prioit de lui envoyer sur-le-champ sa dernière résolution, sur laquelle il prépareroit tout pour achever la cérémonie de l'échange, ou il feroit partir, dès le lendemain matin, l'infante pour aller attendre, en lieu plus commode que celui où elle étoit, les ordres de Madrid, où il alloit dépêcher un courrier.

Cette réponse si précise accabla le prince Rohan. Il n'osa se commettre à l'éclat qui le menaçoit; il craignit la colère du roi et de la reine d'Espagne, et qu'il ne lui en coûtât l'Altesse dans l'acte françois. Il céda donc tout court, et se consola par ce titre escroqué pour la première fois dans un acte signé par un homme du roi. C'est de la sorte que se bâtissent les titres de princes de nos gentilshommes françois, pièce à pièce, suivant le temps et les occasions qu'ils épient et qu'ils saisissent aux cheveux.

L'échange se fit enfin le 9 janvier de cette année 1722; et après les compliments réciproques et les présents du roi aux Espagnols, chaque princesse et sa suite continua son voyage. Je passai une heure à Lerma chez Santa-Cruz, et le Liria en troisième, où ils me contèrent tout ce que je viens d'écrire, mais bien plus en détail, avec force gausseries de Santa-Cruz sur la *princerie*. Il se retint sur les présents. Mais il ne put s'empêcher de me montrer le sien en souriant, ni moi d'en hausser les épaules, sans nous parler d'un autre langage. En effet, ces pierreries en petit nombre étoient pitoyables. Sur celui du personnage principal de l'échange on peut juger de ce que furent les autres. Les Espagnols s'en moquoient tout haut, et j'en mourois de honte. Ce n'étoit pas l'occasion d'épargner cinquante mille écus qui répandus sur tous les présents, les auroient rendus dignes du monarque qui les faisoit. Mais la canaille en retient toujours quelque coin, dans quelque élévation que l'aveugle fortune la pousse.

Dès que nous fûmes de retour à Madrid, je priai La Roche de vouloir bien, pour ma curiosité, m'expédier une copie des deux actes, l'un françois, l'autre espagnol, de l'échange, et de les signer pour les certifier véritables. Il les expédia et signa, et me les envoya, et ils sont actuellement sous mes yeux, dans le second portefeuille de mon ambassade, à l'heure que j'écris. Je connois les mensonges et les assertions hardies des gens à prétentions, et j'ai voulu avoir et conserver un titre paré de l'Excellence, et non Altesse, du prince de Rohan, dans l'acte espagnol, et de son égalité en tout et partout avec le marquis de Santa-Cruz, malgré ses prétentions, ses diverses propositions, ses artifices et ses ruses.

J'ai réservé un mot à dire sur les autres titres, ou pour mieux dire qualités, qu'ils prirent et qui n'avoient point de difficulté. Les grands espagnols ne prennent jamais dans leurs titres la qualité de grands d'Espagne. S'il s'en trouve quelques-uns, ce n'est que bien peu, et depuis Philippe V, à l'exemple des François. La raison de ne la point prendre n'est qu'une rodomontade espagnole. Ils prétendent que leurs noms doivent être si connus que leur grandesse ne peut manquer de l'être en même temps qu'on entend leurs noms. Mais le fond est le même qui leur fait cacher leur ancienneté avec tant de soin. En prenant la qualité de grands d'Espagne, les actes d'eux ou de leurs pères feroient foi du temps qu'ils auroient commencé à la prendre, et mettroit en évidence ce qu'ils veulent soustraire à la connoissance, et c'est la vraie raison, cachée sous la rodomontade, qui leur fait omettre la qualité qui fait leur essence et leur rang, tandis qu'ils n'omettent aucune de leurs charges, de leurs emplois, même de leurs commanderies dans les ordres de Saint-Jacques de Calatrava, etc., qui sont communes à la plus petite noblesse et à leurs propres domestiques actuels avec eux. Le prince de Rohan, si désireux d'être duc et pair, malgré sa *princerie*, et dont l'habile mère disoit qu'il n'y avoit de solide que cette dignité, qui ne se pouvoit ôter comme les honneurs de prince, qui dépendoient toujours d'un trait de plume, et qu'elle ne seroit point contente qu'elle n'en vît son fils revêtu; le prince de Rohan, dis-je, ravi d'y être enfin parvenu, mais après la mort de sa mère, par la voie qu'on a vue ici alors, voulut, sûr du vrai et du solide, y faire surnager sa *princerie*, comme je l'ai expliqué alors. Voyant donc Santa-Cruz ne prendre point la qualité de grand d'Espagne, et prendre les autres qu'il avoit, [il] n'eut pas de peine à s'y conformer et à saisir ainsi un air de négligence pour une chose qu'il avoit si fortement passsionnée, et qu'il étoit si aise d'avoir mise dans sa maison et dans sa branche.

Puisque les Rohan se trouvent sous ma plume, encore un petit mot sur le cardinal, frère du prince de Rohan. Lui et son frère étoient les gens du monde avec qui, de tout temps, j'avois eu le moins de commerce. Sans division marquée, tout m'en avoit toujours éloigné. Nos sociétés avoient toujours été très-différentes du temps du feu roi, et toujours depuis, jusque-là même que le hasard ne nous faisoit point nous rencontrer. J'étois de la sorte avec eux lorsque le cardinal s'en alla à Rome. Il n'y fut pas plutôt arrivé que les lettres que je recevois toutes les semaines, comme je l'ai dit ailleurs, du cardinal Gualterio, ne furent remplies que des éloges que le cardinal de Rohan lui faisoit de moi, et du désir extrême qu'il avoit de pouvoir mériter quelque part en mon amitié.

On ne peut être plus étonné que je le fus d'avances si fortes, si continuelles, et auxquelles rien n'avoit donné lieu. Je connaissois assez le cardinal de Rohan pour être bien sûr que de pareilles démarches ne pouvoient être fondées que sur des vues qu'il pouvoit craindre que je ne traversasse; et par cette raison, mes réponses polies et froides ne furent pas faites de manière à entretenir ces compliments; mais ils persévérèrent toutes les semaines, s'échauffèrent de plus en plus, jusque-là que Gualterio s'entremit pour m'engager d'amitié avec le cardinal de Rohan. Gualterio étoit trop sage et trop mesuré pour se porter à cela de lui-même, et par les compliments directs qu'il ajoutoit du cardinal de Rohan pour moi, qui l'en chargeoit en même temps, je ne pus pas douter que ce ne fût lui qui faisoit agir notre ami commun. Plus les efforts redoubloient à découvert, plus ils m'étoient suspects. Mais, venus jusqu'à ce point, ils m'embarrassoient, parce que je ne voulois point de liaisons, encore moins d'engagements d'amitié avec un homme dont les intérêts, les engagements, la conduite, se trouvoient en opposition si entière avec les miens, et qu'il n'étoit pas possible de ne pas répondre à tant d'empressement d'une façon convenable à la naissance, à la dignité, et au personnage que faisoit le cardinal de Rohan. Je fis donc ce que je pus pour accorder toutes ces choses; mais comme je n'ai jamais pu trahir mes sentiments, je crois que j'en vins mal à bout, car après que cela eut duré pendant tout son séjour à Rome, tout tomba dès qu'il en fut parti, sans que jamais il en ait été mention depuis, et comme de chose non avenue. Le fait étoit que le cardinal Dubois lui avoit donné sa parole que, devenu cardinal par son secours, il le feroit entrer dans le conseil en arrivant de Rome, et incontinent après déclarer premier ministre. Le cardinal de Rohan, également dupe du fripon et de sa propre ambition, donna en plein dans ce panneau dont un enfant se seroit gardé, parce qu'il étoit plus qu'évident que si le cardinal Dubois se trouvoit en pouvoir de faire un premier ministre, il ne préféreroit personne à lui-même, et se le feroit aux dépens de quelque parole qu'il eût pu donner, dont, même sur les moindres choses, il n'étoit rien moins qu'esclave.

Cette réflexion si naturelle n'atteignit point le cardinal de Rohan. Persuadé, par son ambition, de la bonne foi d'un homme qui n'en eut jamais aucune, il ne pensa qu'à ranger les obstacles qu'il pourroit rencontrer. Il crut aisément qu'un premier ministre ne seroit pas de mon goût, bien moins encore un premier ministre cardinal, et qui se prétendoit prince. C'est ce qui l'engagea à toutes les avances, les flatteries, les fadeurs dont il me fit accabler pendant tout son séjour à Rome par le cardinal Gualterio, qu'il abandonna tout court quand il en fut parti, parce qu'il en sentit apparemment l'inutilité. C'est aussi ce qui précipita son retour le plus promptement qu'il lui fut possible, après l'élection du pape, pour me gagner de la main, tandis que j'étois encore en Espagne, et avant mon retour se faire bombarder premier ministre. Il fut même assez imprudent et assez entraîné par la certitude qu'il se figura là-dessus pour en faire part au pape, en prenant congé de lui, et le dire franchement à plusieurs cardinaux et à d'autres, en sorte qu'il en laissa le bruit répandu et tout commun à Rome. Porté sur les ailes d'une si ferme et si douce espérance, il arriva à Paris le 28 décembre 1721.

Tout enfin étant réglé et prêt pour l'échange, l'infante partit le 9 janvier d'Oyarson, et Mlle de Montpensier de Saint-Jean de Luz, avec chacune tout leur accompagnement; et [elles] se trouvèrent en même temps vis-à-vis l'île des Faisans, où elles entrèrent en même temps. Elles n'y demeurèrent que ce qu'il falloit pour les compliments réciproques et les choses nécessaires pour l'échange, et en sortirent en même temps : l'infante menée par le prince de Rohan, et Mlle de Montpensier par le marquis de Santa-Cruz. Elles couchèrent : l'une à Saint-Jean de Luz, l'autre à Oyarson; et poursuivirent le lendemain leur voyage. La pauvre reine douairière d'Espagne s'épuisa pour elles en présents magnifiques de pierreries et de bijoux, à leur passage à Bayonne; et par une prostitution de flatterie qu'elle apprenoit de ses extrêmes besoins elle voulut traiter Mlle de Montpensier en princesse des Asturies, et comme si elle eût déjà été mariée. Elle lui donna un fauteuil et la visita chez elle. Pendant la séance du fauteuil, les duchesses passèrent dans un autre endroit avec la camarera-mayor de la reine. Je me servis de tout ce que cette pauvre reine avoit fait pour toucher le roi et la reine d'Espagne pour lui procurer quelques secours sur ce qui lui étoit dû, qui étoit fort considérable et fort en arrière, et j'en obtins enfin un payement assez gros, mais ce fut tout, et je ne pus en obtenir depuis. Bayonne passé, le prince de Rohan, dont la magnificence avoit été sans table et momentanée, prit la poste et gagna Paris, où il rendit compte de ce qui s'étoit passé, et de ce qu'il avoit vu ou voulu voir de l'infante. Le marquis de Santa-Cruz dépêcha quelqu'un à Lerma, et ne vint qu'avec Mlle de Montpensier, qui se trouva seule entre les mains des Espagnols, sans aucune dame, ni femme ni domestique françois, dont aucun, sans exception, ne passa la Bidassoa, comme on en étoit sagement convenu. Pour l'infante, elle fut uniquement suivie de donna Maria de Nieves, sa gouvernante, qui, à cause de son petit âge, devoit passer quelques années en France auprès d'elle, et qui avoit toute la confiance de la reine sa mère. Ces gouvernantes d'infants et d'infantes, pour le dire en passant, n'approchent point de la volée des gouvernantes des enfants de France, et sont prises d'entre les señoras de honor, ou parmi des femmes de cet étage. Pour les infants cadets, leurs gouverneurs ne sont pas plus relevés, hors des circonstances de nécessité ou de faveur, comme il est arrivé dans la suite aux fils de la reine. Mais, à l'égard du prince aîné et successeur, leurs gouverneurs sont toujours des seigneurs fort distingués.

Tandis que Mlle de Montpensier continuoit son voyage, la quarantaine de mon exil s'avançoit aussi, et finit justement deux jours avant son arrivée à Lerma. Les bontés de Leurs Majestés Catholiques redoubloient pour moi, et les soins et les attentions obligeantes de toute leur cour, qui peu à peu s'étoit rendue fort nombreuse, et tellement que le roi, ne pouvant vivre à Lerma, aussi retiré qu'il avoit accoutumé d'être à Madrid et dans ses maisons de plaisance, où personne ne le suivoit au delà du pur nécessaire, voulut aller à Ventosilla, petit château et bourg à quelques lieues de Lerma, avec la reine et le plus court indispensable, d'où il ne revint à Lerma que le 15 janvier pour l'arrivée de la princesse. Ils avoient eu la bonté de me faire dire plusieurs fois qu'ils vouloient me voir dès le lendemain de ma quarantaine finie. Et moi, qui savois la crainte que le roi avoit de la petite vérole, je résistai jusqu'à un commandement absolu, auquel il fallut obéir, quoique fort rouge, à quoi le grand froid contribuoit beaucoup, quelques drogues qu'on m'eût fait employer pour me dérougir. J'allai donc pour la première fois à Lerma faire la révérence et tous mes remercîments à Leurs Majestés Catholiques, le matin du 19 janvier.

Après les compliments et les propos qui suivirent sur ma petite vérole, les soins et la capacité de M. Hyghens, etc., je parlai de la promotion que l'empereur s'avisoit de faire de chevaliers de la Toison d'or, au nombre de laquelle étoit le fils aîné du duc de Lorraine, qui préparoit une grande pompe pour en donner le collier à ce prince au nom de l'empereur. J'avois reçu un ordre exprès de traiter expressément cette matière dans ma première audience, que la petite vérole avoit retardée jusqu'alors ; de tâcher d'empêcher le roi d'Espagne de montrer trop de ressentiment de cette entreprise, pour ne pas troubler la négociation qui s'ouvroit au congrès de Cambrai, et où cette prétention sur la Toison devoit être discutée et réglée en faveur de l'Espagne, par les mesures que la France avoit prises là-dessus ; en même temps de faire sentir la partialité si publique du duc de Lorraine pour l'empereur, si promptement après avoir obtenu des réponses de la générosité de Leurs Majestés Catholiques pleines d'espérance sur la grâce qu'il lui avoit demandée de vouloir bien consentir à ce qu'il fût compris dans la paix générale, et que son accession y fût reçue ; et j'étois chargé de porter le roi d'Espagne à lui faire acheter désormais ce consentement par beaucoup de délais, et de fatiguer longuement l'inquiétude et la patience de ce prince là-dessus. Je m'acquittai donc de cette commission dans les termes qui m'étoient prescrits, et je n'eus pas grand'peine à réussir dans les deux points qu'elle renfermoit.

Le roi et la reine me parurent piqués de l'entreprise de l'empereur, qu'il ne pouvoit fonder que sur sa souveraineté des Pays-Bas, où les premières promotions de la Toison s'étoient faites. Mais Philippe le Bon avoit institué cet ordre comme duc de Bourgogne, et non comme seigneur des Pays-Bas. Il est vrai qu'à ce titre cet ordre auroit dû suivre le duché de Bourgogne, et le roi par conséquent en être devenu grand maître. Mais nos rois, ne s'en étant jamais souciés, ayant leurs propres ordres institués par eux, et n'ayant pas voulu embarrasser la cession du duché de Bourgogne, que Louis XI saisit et occupa à la mort de Charles, dernier duc de Bourgogne, sur son héritière, comme fief masculin et première pairie de France, réversible de droit par sa nature à la couronne, faute d'hoirs mâles, [nos rois] n'avoient jamais montré de prétention sur la grande maîtrise de l'ordre de la Toison qu'ils n'avoient point contestée. Les rois d'Espagne s'en étoient mis en possession comme issus de l'héritière du dernier duc de Bourgogne, auxquels Philippe V ayant succédé, il devoit, par conséquent, succéder aussi à la grande maîtrisse de cet ordre, à laquelle même personne ne lui avoit formé aucune difficulté là-dessus à la paix d'Utrecht, qui étoit prise pour base du traité à achever entre l'empereur et le roi d'Espagne, duquel, en attendant, il étoit tacitement reconnu pour tel. Néanmoins, Leurs Majestés Catholiques n'eurent pas de peine à vouloir bien mépriser extérieurement cette entreprise, pourvu que justice leur en fût faite à Cambrai et que la France s'engageât de plus en plus à leur y faire céder l'ordre de la Toison.

A l'égard du duc de Lorraine, ils me témoignèrent qu'ils n'avoient pas besoin de cette épreuve pour savoir à quoi s'en tenir sur l'attachement sans bornes du duc de Lorraine, à l'exemple de ses pères, pour la maison d'Autriche, et de sa préférence pour les intérêts et les volontés de l'empereur sur toute autre considération ; en même temps que, sans montrer faire plus de cas qu'il ne convenoit d'un si petit prince, il étoit bon de le faire languir incertainement et longuement sur l'agrément qu'il recherchoit d'être compris dans la paix générale, et de lui faire doucement sentir, aux occasions qui s'en pouvoient présenter, le peu de considération qu'il méritoit des deux couronnes. L'audience se tourna ensuite en conversation.

Ils me firent l'honneur de me parler du cardinal Borgia, arrivé de Rome à Lerma depuis peu de jours, et de ce qu'il leur avoit conté de ce pays-là. Dans le cours de cette conversation sur Rome, le roi se mit à rire, regarda la reine, et me dit qu'il leur avoit conté la plus plaisante chose du monde. Je souris, comme pour lui demander quoi, sans oser rien dire. Il regarda encore la reine et lui dit : « Cela n'est pas trop bien à dire; » puis : « Lui dirons-nous? — Pourquoi non, répondit la reine. — Mais, me dit le roi, c'est donc à condition que vous n'en parlerez à qui que ce soit, sans exception. » Je le promis, et j'ai tenu exactement parole. J'en parle ici pour la première fois, après la mort du roi d'Espagne, et de ceux que cela regardoit; et je le laisserai apprendre à qui lira ces Mémoires, si jamais après moi quelqu'un leur fait voir le jour. Alors il n'y auroit plus personne que cette histoire puisse intéresser par rapport à celui qu'elle regarde.

Le roi me fit donc l'honneur de me conter que le cardinal Borgia lui avoit dit que le cardinal de Rohan, avec toute sa magnificence et les agréments de ses manières flatteuses, remportoit peu de crédit et de réputation de Rome, où ses fatuités et le soin de sa beauté, quoique à son âge, avoit été jusqu'à se baigner souvent dans du lait pour se rendre la peau plus douce et plus belle; que, quelque secret qu'il y eût apporté, la chose avoit été sue avec certitude, et avoit indigné les dévôts, et attiré le mépris et les railleries des autres. Et là-dessus le roi et la reine à commenter, et eux et moi à rire de tout notre cœur, car le roi fit ce conte le mieux et le plus plaisamment du monde, et les commentaires aussi. Je les assurai que je n'en étois point scandalisé, parce que je connoissois depuis longtemps quel étoit ce Père de l'Église. Je n'en dis pas davantage, le terrain n'étoit pas propre à faire mention de la constitution que le P. Daubenton avoit fabriquée tête à tête avec le cardinal Fabroni, créature fidèle des jésuites et maître audacieux de Clément XI, et par eux affichée et publiée à son insu, et sans la lui avoir montrée, comme je l'ai raconté ici en son temps, et dont le cardinal de Rohan a su tirer tant de grands partis pour soi et pour les siens.

Cette audience se termina par toutes les bontés possibles de Leurs Majestés Catholiques. J'eus aussi tout lieu de me louer extrêmement de l'empressement de toute la cour, et de tout genre, à me témoigner la joie de me revoir en bonne santé après une si dangereuse maladie. J'allai après faire ma cour un moment au prince des Asturies, qui me reçut avec les mêmes bontés qu'avoient fait le roi et la reine, qui tous trois me parurent fort aises de l'arrivée de la princesse, et fort impatients de la voir. En effet, étant retourné dîner en mon quartier, j'appris que Leurs Majestés Catholiques, avec le prince des Asturies, étoient montés avec des habits communs, et sans aucune sorte d'accompagnement, dans un carrosse de suite du duc del Arco, qui alloit de leur part complimenter la princesse à Cogollos, lieu assez mauvais à quatre lieues de Lerma, qui en font huit comme celles de Paris à Versailles, où elle devoit arriver de bonne heure, ce même jour 29 janvier. Le duc del Arco la trouva arrivée. Il dit le mot à l'oreille au marquis de Santa-Cruz pour qu'il avertît la duchesse de Monteillano et les dames de se contenir; puis, introduit chez la princesse, il lui fit son compliment, qu'il allongea exprès pour donner à sa royale suite le temps de la bien considérer. Ensuite il lui demanda la permission de lui présenter une dame et deux cavaliers de sa suite qui avoient un grand empressement de lui rendre leurs respects. Une dame, venue avec deux hommes à la suite d'un troisième, gâta tout le mystère. La princesse se douta de la qualité de ces suivants, se jeta à leurs mains pour les baiser et en fut aussitôt embrassée. La visite se passa en beaucoup d'amitiés d'une part, de respects et de reconnoissance de l'autre; et au bout d'un quart d'heure Leurs Majestés remontèrent en carrosse et arrivèrent fort tard à Lerma.

J'étois convenu avec Maulevrier, qui, ce même jour étoit revenu avec moi, de Lerma, dîner chez moi, qu'il s'y rendroit le lendemain matin de son quartier, à une lieue du mien, entre six et sept heures du matin, pour partir ensemble avec tous mes carrosses et nos suites pour aller saluer la princesse à Cogollos. C'étoit huit lieues à faire, c'est-à-dire seize de ce pays-ci, aller et venir. Il falloit avoir le temps de manger un morceau chez moi au retour, et nous trouver à Lerma pour l'arrivée de la princesse. Nous partîmes donc ensemble à sept heures précises, et les mules nous menèrent grand train. Nous fûmes introduits chez la princesse, qui achevoit de s'habiller. Nous lui fûmes présentés, puis je lui présentai le comte de Céreste, mes enfants, le comte de Lorges et M. de Saint-Simon. La duchesse de Monteillano, les autres dames, Santa-Cruz aussi, firent tout ce qu'ils purent pour que la princesse nous dît quelque mot, sans avoir pu y parvenir. Ils y suppléèrent par toutes les civilités possibles. Nous n'avions pas de temps à perdre; moins d'un quart d'heure acheva ce devoir, et nous revînmes chez moi manger un morceau à la hâte, qui fut servi à l'instant, et nous nous en allâmes aussitôt après à Lerma, dont bien nous prit, car nous n'y attendîmes pas une demi-heure.

Dès que j'y fus arrivé, je montai chez le marquis de Grimaldo, quoique je l'eusse vu chez lui la veille. Sa chambre étoit au bout d'une très-grande salle où on avoit fait un retranchement pour servir de chapelle. J'avois affaire encore une fois au nonce. Je craignois qu'il ne se souvînt de ce qui s'étoit passé à la signature, et je ne voulois pas donner prise au cardinal Dubois. Je ne vis donc qu'imparfaitement la réception de la princesse, au-devant de laquelle le roi, la reine, qui logeoient en bas, et le prince, se précipitèrent, pour ainsi dire, presque jusqu'à la descente du carrosse, et je remontai vite à la chapelle, que j'avois déjà reconnue allant chez Grimaldo.

Le prie-Dieu du roi étoit placé vis-à-vis de l'autel, à peu de distance des marches, précisément comme le prie-Dieu du roi à Versailles, mais plus près de l'autel, avec deux carreaux à côté l'un de l'autre. La chapelle étoit vide de courtisans. Je me mis à côté du carreau du roi, à droite tout au bord en dehors du tapis, et je m'amusai là mieux que je ne m'y étois attendu. Le cardinal Borgia, pontificalement revêtu, étoit au coin de l'épître, le visage tourné à moi, apprenant sa leçon entre deux aumôniers en surplis, qui lui tenoient un grand livre ouvert devant lui. Le bon prélat n'y savoit lire; il s'efforçoit, lisoit tout haut et de travers. Les aumôniers le reprenoient, il se fâchoit et les grondoit, recommençoit, étoit repris de nouveau, et se courrouçoit de plus en plus, jusqu'à se tourner à eux et à leur secouer le surplis. Je riois tant que je pouvois, car il ne s'apercevoit de rien, tant il étoit occupé et empêtré de sa leçon. Les mariages en Espagne se font l'après-dînée, et commencent à la porte de l'église comme les baptêmes. Le roi, la reine, le prince et la princesse y arrivèrent avec toute la cour, et [le roi] fut annoncé tout haut. « Qu'ils attendent, s'écria le cardinal en colère, je ne suis pas prêt. » Ils s'arrêtèrent, en effet, et le cardinal continua sa leçon, plus rouge que sa calotte et toujours furibond. Enfin il s'en alla à la porte où cela dura assez longtemps. La curiosité m'auroit fait suivre, sans la raison de conserver mon poste. J'y perdis du divertissement, car je vis arriver le roi et la reine à leur prie-Dieu riant et se parlant, et toute la cour riant aussi. Le nonce arrivant à moi me marqua sa surprise par gestes, et répétant : « Signor, signor ! » et moi, qui avois résolu de n'y rien comprendre, je lui montrai le cardinal en riant, et lui reprochai de ne l'avoir pas mieux instruit pour l'honneur du sacré collége. Le nonce entendoit bien le françois et l'écorchoit fort mal. Cette plaisanterie et l'air ingénu dont je la faisois, sans faire semblant des démonstrations du nonce, fit si heureusement diversion qu'il ne fut plus question d'autre chose, d'autant plus que le cardinal y donna lieu de plus en plus en continuant la cérémonie, pendant laquelle il ne savoit ni où il en étoit, ni ce qu'il faisoit, repris et montré à tous moments par ses aumôniers, et lui bouffant contre eux, en sorte que le roi ni la reine ne purent se contenir, ni personne de ce qui en fut témoin. Je ne voyois que le dos du prince et de la princesse à genoux, sur chacun un carreau, entre le prie-Dieu et l'autel, et le cardinal en face qui faisoit des grimaces du dernier embarras. Heureusement je n'eus là affaire qu'au nonce, le majordome-major du roi s'étant placé à côté de son fils, capitaine des gardes en quartier, au bord de la queue du tapis du prie-Dieu. Les grands étoient en foule autour, et tout ce qu'il y avoit de gens considérables, et le reste remplissoit toute la chapelle à ne se pouvoir remuer.

Parmi ce divertissement que ce pauvre cardinal donnoit à tout ce qui le voyoit, je remarquai un contentement extrême dans le roi et la reine de voir accomplir ce mariage. La cérémonie finie, qui ne fut pas bien longue, pendant laquelle personne ne se mit à genoux que le roi et la reine, et où il le fallut, les deux mariés, Leurs Majestés Catholiques se levèrent et se retirèrent vers le coin gauche du bas de leur drap de pied, et se parlèrent bas peut-être l'espace d'un bon *credo*, après quoi la reine demeura où elle étoit, et le roi vint à moi qui étois à la place où j'avois toujours été pendant la cérémonie. Le roi arrivé à moi me fit l'honneur de me dire : « Monsieur, je suis si content de vous en toutes manières, et de celle en particulier dont vous vous êtes acquitté de votre ambassade auprès de moi, que je veux vous donner des marques de ma satisfaction, de mon estime et de mon amitié. Je vous fais grand d'Espagne de la première classe, vous et en même temps celui de vos deux fils que vous voudrez choisir pour être grand d'Espagne et en jouir en même temps que vous ; et je fais votre fils aîné chevalier de la Toison d'or. » Aussitôt je lui embrassai les genoux, et je tâchai de lui témoigner ma reconnoissance et mon désir extrême de me rendre digne des grâces qu'il daignoit répandre sur moi, par mon attachement, mes très-humbles services et mon plus profond respect. Puis je lui baisai la main, et me tournai pour faire appeler mes enfants, qui furent quelques moments à être avertis et à venir jusqu'à moi, [moments] que j'employai en remercîments redoublés. Dès qu'ils approchèrent, j'appelai le cadet, et lui dis d'embrasser les genoux du roi qui nous combloit de grâces, et qui le faisoit grand d'Espagne avec moi. Il baisa la main du roi, en se relevant, qui lui dit qu'il étoit fort aise de ce qu'il venoit de faire. Je lui présentai après l'aîné pour le remercier de la Toison, et qui se baissa fort bas seulement et lui baisa la main. Dès que cela fut fait, le roi alla vers la reine, où je le suivis avec mes enfants. Je me baissai fort bas devant la reine; je lui fis mon remercîment particulier, puis lui présentai mes enfants, le cadet le premier, l'aîné après. La reine nous reçut avec beaucoup de bonté et nous dit mille choses obligeantes, puis se mit en marche avec le roi, suivis du prince qui donnoit la main à la princesse, que nous saluâmes en passant, et [ils] retournèrent dans leur appartement. Je voulus les suivre, mais je fus comme enlevé par la foule qui s'empressa autour de moi à me faire des complimens. J'eus grande attention à répondre à chacun le plus convenablement, et à tous le plus poliment qu'il me fut possible; et quoique je ne m'attendisse à rien moins qu'à recevoir ces grâces dans ce moment, et que je n'eusse qu'une certitude vague par Grimaldo, et de lui-même et indéfinie pour le temps, il me parut depuis que toute cette nombreuse cour fut contente de moi.

J'affectai fort de témoigner aux grands d'Espagne que j'avois toute ma vie eu une si haute idée de leur dignité, qu'encore que j'eusse l'honneur d'être revêtu de la première du royaume de France, je me trouvois fort honoré de l'être de la leur. Je n'en dissimulai pas ma joie, ni combien j'étois sensible au bonheur de mon second fils, pour lequel je leur demandai leurs bontés. Je n'oubliai pas aussi de témoigner aux chevaliers de la Toison combien j'étois touché de l'honneur que mon fils aîné recevoit, et moi avec lui de sa promotion à ce noble et grand ordre, et je tâchai de n'oublier rien de tout ce qui pouvoit le plus leur marquer l'estime que je faisois des Espagnols, et des dignités et des honneurs de l'Espagne, et répondre le mieux à l'empressement, pour ne pas dire à l'accablement de leurs compliments à tous, ainsi que ma reconnoissance pour les bontés et les grâces que je recevois de Leurs Majestés Catholiques. Mes enfants que la foule qui fondoit sans cesse sur nous sépara bientôt de moi, firent de leur mieux de leur côté; et cela dura plus d'une heure dans sa force, et longtemps après de ceux de moindre qualité qui n'avoient pu nous approcher plus tôt; et je tâchai, suivant leurs degrés, de ne pas moins bien [les] recevoir et [leur] répondre que j'avois fait aux autres. Je ne me contentai pas d'avoir vu Grimaldo dans cette foule. Dès que je fus un peu débarrassé, je remontai chez lui et lui fis les remercîments que je lui devois avec grande effusion de cœur. J'étois, en effet, au comble de ma joie de me voir arrivé au seul but qui m'avoit fait désirer l'ambassade en Espagne, et je le lui devois presque entièrement.

Revenons maintenant un moment sur nos pas pour reprendre de suite ce que j'ai omis, pour ne le pas interrompre. La modestie et la gravité des Espagnols ne leur permet pas de voir coucher des mariés : le souper de noce fini, il se fait un peu de conversation, assez courte, et chacun se retire chez soi, même les plus proches parents, hommes et femmes de tout âge, après quoi les mariés se déshabillent chacun en son particulier, et se couchent sans témoins que le peu de gens nécessaires à les servir, tout comme s'ils étoient mariés depuis longtemps. Je n'ignorois pas cette coutume et je n'avois reçu aucun ordre là-dessus. Néanmoins, prévenu des nôtres, je ne pouvois regarder comme bien solide un mariage qui ne seroit point suivi de consommation au moins présumée.

On étoit convenu, à cause de l'âge et de la délicatesse du prince des Asturies, qu'il n'habiteroit avec la princesse que lorsque Leurs Majestés Catholiques le jugeroient à propos, et on comptoit que ce ne seroit d'un an, tout au moins. Je témoignai ma peine là-dessus au marquis de Grimaldo, à Lerma; je n'y gagnai rien; il étoit Espagnol, et il ne fit que tâcher de me rassurer sur une chose où il ne voyoit pas qu'il se pût rien changer. Outre que je n'eus que quelques moments avec lui, je crus ne devoir pas insister, et lui laisser, au contraire, croire que je me tenois pour battu, de peur que s'il apercevoit plus d'opiniâtreté, et que j'en voulusse parler au roi et à la reine, il ne me gagnât de la main à l'instant, et les prévînt à maintenir la coutume établie, et qui, jusqu'alors, n'avoit jamais été enfreinte; mais résolu à part moi de n'en pas demeurer là, puisque, au pis aller, je ne réussirois pas, et ma tentative demeureroit ignorée. Ainsi dans l'audience que j'eus à Lerma, et que j'ai racontée après avoir fini ce qui regardoit la Toison de l'empereur et le duc de Lorraine, je me mis à parler du mariage, et de l'un à l'autre, de la consommation, en approuvant fort le délai que demandoit l'âge et la délicatesse du prince. De là je vins à la joie que recevroit M. le duc d'Orléans d'en apprendre la célébration; et je me mis à les flatter sur l'extrême honneur qu'il recevroit de ce grand mariage, de sa sensibilité là-dessus, et plus, s'il se pouvoit encore, d'un gage si précieux et si certain du véritable retour de l'honneur des bonnes grâces de Leurs Majestés Catholiques, que j'étois témoin qu'il avoit toujours si passionnément désiré. Je fis là une pause pour voir l'effet de ce discours; et comme il me parut répondre au dessein qui me l'avoit fait tenir, je m'enhardis à ajouter que plus cet honneur étoit grand et si justement cher à M. le duc d'Orléans, plus il étoit envié de toute l'Europe et des François mal intentionnés pour le régent, et plus la solidité du mariage lui étoit importante : que je n'ignorois pas les usages sages et modestes de l'Espagne, mais que je n'en étois pas moins persuadé qu'ils se pouvoient enfreindre en faveur d'un objet aussi grand que l'étoit le dernier degré de solidité dans un cas aussi singulier, et que je regarderois comme le comble des grâces de Leurs Majestés pour M. le duc d'Orléans, et de la certitude de ce retour si précieux, si cher et si passionné pour lui, de l'honneur de leur amitié, en même temps la marque la plus éclatante de l'intime et indissoluble union des deux branches royales, et des deux couronnes à la face de toute l'Europe, si Leurs Majestés vouloient permettre qu'il en fût usé dans ce mariage, comme Sa Majesté avoit été elle-même témoin qu'il en avoit été usé au mariage de Mgr le duc de Bourgogne, qui ne fut que si longtemps après avec Mme la duchesse de Bourgogne.

Le roi et la reine me laissèrent tout dire sans m'interrompre. Je le pris à bon augure. Ils se regardèrent, puis le roi lui dit : « Qu'en dites-vous? — Mais vous-même, monsieur, » répondit-elle. Là-dessus, je repris la parole, et leur dis que je ne voulois point les tromper ; que je leur avouois que je n'avois aucun ordre là-dessus; que cette matière n'avoit été traitée avec moi, ni de bouche avant mon départ, ni par écrit dans mes instructions, ni depuis mon départ de Paris dans aucune dépêche; que ce que je prenois la liberté de leur représenter là-dessus, venoit uniquement de moi et de mes réflexions et qu'en cela je croyois ne parler pas moins avec l'attachement d'un vrai serviteur des deux couronnes, en vrai François, en bon Espagnol, qu'en serviteur de M. le duc d'Orléans, par l'effet qui en résulteroit dans les deux monarchies et dans toute l'Europe; qu'on y désespéreroit alors de pouvoir opérer des conjonctures qui pussent faire regarder de bon œil ce mariage comme possible à séparer, et par conséquent à travailler profondément et à tout ce qui pourroit y conduire; enfin que toute l'Europe conjurée pour rompre l'union des deux couronnes, dont la durée intime opéreroit nécessairement toute la grandeur et la puissance, telle que la même union des deux branches de la maison d'Autriche l'a opérée en sa faveur, abandonneroit enfin le dessein d'y attenter de nouveau, le regardant comme impossible, après avoir vu l'Espagne si attachée à ses usages, y contrevenir pour la première fois, uniquement pour donner à ce mariage le dernier degré d'indissolubilité, selon l'opinion de toutes les nations, encore que, selon la sienne, il ne lui en manquât aucune sans cette formalité.

Ces raisons emportèrent Leurs Majestés Catholiques; elles se regardèrent encore, se dirent quelques mots bas, puis le roi me dit : « Mais si nous consentions à ce que vous proposez, comment entendriez-vous faire? » Je répondis que rien n'étoit plus aisé et plus simple; que Sa Majesté en avoit vu le modèle au mariage de Mgr le duc de Bourgogne; mais qu'il étoit inutile de laisser entrevoir la résolution qui en seroit prise avant le temps de l'exécution, pour éviter les discours de gens ennemis de toute nouveauté, et qui n'en verroient pas d'abord les raisons si solides et si importantes; que supposé que Leurs Majestés voulussent bien embrasser un parti qui paroissoit si nécessaire, il sufiroit d'en faire doucement répandre la résolution dans le grand bal qui devoit précéder le coucher, où le spectacle d'un lieu si public arrêteroit les raisonnements, et où la chose seroit sue à temps de retenir les spectateurs après le bal, par le désir de faire leur cour, et par la cusiosité d'être témoins de chose pour eux si nouvelle; que pour l'exécution, Leurs Majestés seules, avec le pur nécessaire, assisteroient au déshabiller, les verroient mettre au lit, feroient placer aux deux côtés du chevet le duc de Popoli près du prince, la duchesse de Monteillano près de la princesse, et tous les rideaux entièrement ouverts des trois côtés du lit; feroient ouvrir les deux battants de la porte, et entrer toute la cour, et la foule s'approcher du lit, laisser bien remplir la chambre de tout ce qu'elle pourroit contenir; avoir la patience d'un quart d'heure pour satisfaire pleinement la vue de chacun ; puis faire fermer les rideaux en présence de la foule et la congédier, pendant quoi le duc de Popoli et la duchesse de Monteillano auroient soin de se glisser sous les rideaux, et de ne pas perdre un instant le prince et la princesse de vue, et la foule sortie des antichambres jusqu'au dernier, faire lever le prince et [le] conduire dans son appartement.

Le roi et la reine approuvèrent tout ce plan, et après quelque peu de conversation et de raisonnements là-dessus, me promirent de le faire exécuter de la sorte, et je leur en fis tous mes très-humbles remercîments. J'eus tout lieu de juger que mes raisons les avoient frappés, par la facilité avec laquelle ils s'y rendirent, et que la chose même, toute nouvelle et singulière qu'elle fût en Espagne, ne leur déplaisoit pas, parce que ce fut après tous ces propos, et m'avoir promis l'exécution, que Leurs Majestés se mirent sur le cardinal Borgia, sur Rome, et qu'elles finirent par me raconter cette ridicule histoire du cardinal de Rohan, qui les divertit tant et moi aussi, que j'ai déjà rapportée. Je sortis donc de l'audience fort content, et m'en retournai dîner à mon quartier sans retourner chez Grimaldo que j'avois vu auparavant, et qui m'auroit pu faire des difficultés que je voulois d'autant plus éviter que je savois qu'il ne verroit le roi ni la reine de toute cette journée, parce qu'ils alloient à la messe quand je sortis d'auprès de Leurs Majestés, dîner tout de suite et monter en carrosse pour suivre, comme je l'ai dit, le duc del Arco à Cogollos, d'où ils ne pouvoient revenir que fort tard, comme ils firent.

Le lendemain après le mariage, et que je fus un peu libre de foule et de compliments, je montai avec mes enfants chez Grimaldo. A moitié du degré, je fus atteint par un des trois domestiques intérieurs françois, qui me cherchoit et qui me dit que le roi lui avoit ordonné de me dire qu'il y auroit au bal une embrasure de fenêtre où je trouverois un tabouret pour le nonce, un pour moi, un autre pour Maulevrier, et un quatrième que Sa Majesté avoit expressément commandé pour mon fils aîné qui relevoit d'une seconde maladie qu'il avoit eue dans mon quartier pendant ma petite vérole. Je fus fort touché d'une attention du roi si pleine de bonté; mais j'en sentis en même temps toute la distinction de mon fils, ni duc, ni grand, assis où nul duc, ni grand ne s'assied point, que les trois par charges, que j'ai expliqués ailleurs, et traité comme les ambassadeurs. Je compris à l'instant combien cet honneur singulier pourroit faire de peine aux grands et blesser même les Espagnols. Je répondis donc avec tous les respects et les remercîments possibles, que je suppliois le roi de me permettre de renvoyer mon fils aîné avant le bal, parce que sa santé étoit encore si foible qu'il avoit besoin de ce repos, après la fatigue de toute cette journée, et j'évitai de la sorte un honneur qui auroit pu donner lieu à du mécontentement. J'achevai ensuite de monter l'escalier et d'aller chez le marquis de Grimaldo.

Mes remercîments faits, je renvoyai mes enfants, puis je dis à Grimaldo que n'ayant pas eu le temps de le voir depuis mon audience de la veille, je venois l'informer de ce qui s'y étoit passé, quoiqu'il le sût sans doute, si l'embarras de ces journées si remplies lui avoit laissé le loisir de voir Leurs Majestés. Je lui déduisis ce qui avoit regardé l'empereur, la Toison et le duc de Lorraine; puis j'ajoutai que mes réflexions sur l'importance du coucher public m'affectant toujours, nonobstant ce qu'il m'avoit répondu là-dessus, je n'avois pu me tenir d'en parler au roi et à la reine, et je lui dis toutes les mêmes choses que je leur avois représentées. Soit que ce ministre fît semblant d'ignorer ce qu'il savoit, soit qu'en effet l'embarras de ces journées si pleines eût empêché son travail avec Leurs Majestés, je vis se peindre une curiosité extrême dans ses yeux et dans sa physionomie; et [lui] m'interrompre plusieurs fois pour m'en demander le succès. Avant que de le satisfaire, je voulus lui déduire toutes mes raisons pour tâcher de le persuader au moins sur une chose accordée, et je finis par lui dire qu'elle l'étoit, et lui témoigner combien M. le duc d'Orléans y seroit sensible, et à quel point j'étois moi-même touché de la complaisance de Leurs Majestés. Grimaldo, en habile homme, peut-être y entra-t-il aussi de l'amitié pour moi, prit la chose de fort bonne grâce. Il me dit que ce qui abondoit ne nuisoit point; mais que la cour seroit bien surprise. Je l'avertis que cela ne se sauroit qu'au bal, et après un peu d'entretien, je le quittai. Je voulois éviter l'improbation des Espagnols, et je crus ne pouvoir mieux m'y prendre qu'en mettant de mon côté le marquis de Villena, Espagnol au dernier point, et qui, par son âge, sa charge de majordome-major, et plus encore par sa considération personnelle et le respect universel qu'on lui portoit, arrêteroit tout par son approbation, si je pouvois la tirer de lui.

Je l'avois toujours singulièrement cultivé dans le peu de temps que j'avois eu à le pouvoir faire, et il y avoit continuellement répondu avec toute sorte d'attention, même d'amitié, jusqu'à m'être venu voir à Villahalmanzo, avant que j'eusse pu aller à Lerma. J'allai donc chez lui au sortir de chez Grimaldo, et lui dis que je venois lui faire une confidence, bien fâché que les occupations de ces deux journées ne m'eussent pas permis de le consulter auparavant, comme je le voulois. De là je lui expliquai toutes mes raisons pour le coucher public, et ma peine de ce qui y pouvoit blesser les Espagnols. Je m'étendis flatteusement sur ce dernier point, et j'ajoutai qu'après le combat qui s'étoit passé en moi-même entre cette considération, et l'importance de donner le dernier degré de solidité au mariage, j'avois estimé que mon devoir et l'intérêt des deux couronnes devoit prévaloir. Il me laissa tout exposer, puis me répondit que ces raisons étoient, en effet, très-fortes; que les usages des différents pays n'étoient pas des lois qui ne dussent pas céder à des considérations aussi importantes; que pour lui, il n'y voyoit aucun inconvénient, et qu'il ne croyoit pas, non plus, que personne y en pût trouver, quand les raisons d'innover, pour cette fois, seroient connues et pesées. Cette réponse, faite de bonne grâce par un seigneur d'un si grand poids, me mit fort à mon aise. Je le lui témoignai, et après lui avoir fait entendre la manière de l'exécution convenue par Leurs Majestés, je le suppliai de vouloir bien s'expliquer au sortir du bal, un peu publiquement, de la même manière qu'il venoit de le faire avec moi, pour disposer le gros du monde à penser de même et l'entraîner par l'autorité de son suffrage. Je le flattai là-dessus, comme il le méritoit. Il me promit très-honnêtement de s'expliquer comme je le désirois. Il me tint exactement parole, et le succès en fut tel que personne n'osa se montrer scandalisé d'une nouveauté si grande et si peu attendue, qui alors, ni depuis, ne reçut aucun blâme de personne.

Content au dernier point de ces précautions, j'allai souper avec tous les François de marque chez le duc del Arco, qui nous avoit invités, où plusieurs des plus distingués de la cour se trouvèrent. Le souper fut à l'espagnole, mais une oille [1] excellente suppléa à d'autres mets auxquels nous étions peu accoutumés, avec d'excellent vin de la Manche. Le vin et l'huile que les seigneurs font faire chez eux, pour eux, sont admirables, et condamnent bien la paresse publique qui des mêmes crus en fait dont on ne peut pas seulement souffrir l'odeur. On y servit aussi de petits jambons vermeils, fort rares en Espagne même, qui ne se font que chez le duc d'Arcos [2] et deux autres seigneurs, de cochons renfermés dans des espèces de petits parcs, remplis de halliers où tout fourmille de vipères, dont ces cochons se nourrissent uniquement. Ces jambons ont un parfum admirable,

---

1. On appelle *oille*, une espèce de potage, où entrent des viandes et des légumes de diverses sortes. Ce mot vient de l'espagnol *olla*.
2. Saint-Simon a écrit le duc d'Arcos; mais il faut lire le duc del Arco.

et un goût si relevé et si vivifiant qu'on en est surpris, et qu'il est impossible de manger rien de si exquis. Le souper fut long, abondant, plein de joie et de politesse, bien et magnifiquement servi. En sortant de table nous passâmes tous dans les appartements du roi, où tout étoit déjà prêt pour le bal.

Toute la cour étoit en partie arrivée, le reste suivit incontinent. L'attente après fut courte. Leurs Majestés et Leurs Altesses parurent bientôt, et la reine ouvrit le bal avec le prince des Asturies. Ce bal fut disposé comme celui de Madrid, que j'ai décrit. Ainsi je me dispenserai de la répétition. Le nonce, Maulevrier et moi le vîmes de l'embrasure d'une fenêtre, de dessus nos tabourets. Mais je n'eus pas grand repos sur le mien, tant on me fit danser de menuets et de contredanses. J'avois un habit d'une extrême pesanteur, les mouvements continuels de cette journée et de la veille m'avoient extrêmement fatigué; mais c'étoit la fête du mariage, je venois d'obtenir au delà de ce que j'avois pu y désirer; par là, c'étoit aussi ma fête particulière, j'aurois eu mauvaise grâce de rien refuser. Ce bal fut fort gai sans déroger en rien à la majesté et à la dignité. Il dura jusque vers deux heures après minuit. Le nonce seul assis, avec Maulevrier et moi, car nul autre ambassadeur ne parut à Lerma; le duc d'Abrantès, évêque de Cuença debout, ainsi qu'un autre évêque voisin; deux évêques *in partibus* suffragants de Tolède; et le grand inquisiteur, qui avoient assisté sans fonctions au mariage, furent au bal tout du long en rochet et camail, leur bonnet à la main. L'évêque diocésain de Burgos, exilé pour son attachement fort marqué à l'archiduc et à la maison d'Autriche, ne put s'y montrer, et le cardinal Borgia n'y put être par ses prétentions. On sut au bal qu'il y auroit coucher public. Il ne m'en parut que de la surprise, mais nul mécontentement. Personne ne s'en alla après le bal : on attendit pour voir ce coucher.

Au sortir du bal, tout le monde suivit le roi et la reine

dans l'appartement de la princesse, et attendit dans les antichambres. Il n'entra dans la chambre que le service nécessaire. J'y fus appelé. La toilette fut courte; Leurs Majestés
et le prince extrêmement gais. Tout se passa comme j'ai
expliqué qu'il avoit été résolu, et je regagnai Villahalmanzo,
et mon lit dont j'avois un extrême besoin.

Ce ne fut pas pour y demeurer longtemps. Le lendemain,
21 janvier, il fallut me trouver de bonne heure à Lerma
pour la cérémonie de la Vélation. C'est qu'en Espagne où on
marie l'après-dînée ou le soir, la noce entend le lendemain
la messe du mariage qui n'a pu se dire la veille, pendant
laquelle se font les cérémonies extérieures, et où les mariés
sont mis sous le poêle. J'allai, en arrivant, chez le marquis
de Grimaldo, puis tout de suite prendre mon poste de la
veille, où bientôt après toute la cour arriva.

Le prie-Dieu du roi et les carreaux en avant pour le prince
et la princesse étoient disposés comme la veille, et le cardinal Borgia tout revêtu, étudiant encore sa leçon avec ses
aumôniers, n'avoit plus que sa chasuble à prendre, ce qu'il
fit, dès que le roi et la reine entrèrent, suivis du prince
qui donnoit la main à la princesse. Le nonce, qui vint en
même temps, me fit civilité, se mit auprès de moi, du côté
de l'autel, comme la veille, et m'y parut tout accoutumé.
Maulevrier, qui au mariage étoit un peu derrière moi, du
côté d'en bas, ne parut point, et nous sûmes après, car il ne
m'en avoit pas ouvert la bouche, qu'il étoit parti ce même
matin de son quartier pour retourner à Madrid. Le cardinal
dit la messe basse où il ne me parut guère plus habile
qu'aux cérémonies, et se barbouilla fort encore en celles qui
restoient à faire. La messe finie, j'accompagnai Leurs Majestés chez elles, qui s'amusèrent avec moi des embarras du
cardinal. Et comme elles rentroient, je leur demandai la
permission de prendre congé d'elles au sortir du dîner,
parce qu'elles partoient le lendemain pour Madrid. J'oublie
de marquer que le poêle fut tenu par deux aumôniers du roi

qu'on appelle en Espagne sommeliers de courtine. Je crois
que ce nom leur vient de ce que, jusqu'à Philippe V., tout
l'enfoncement où on place le prie-Dieu du roi, lorsqu'il
tient chapelle, et dont j'ai décrit la séance ailleurs, étoit
tout enfermé de rideaux, qu'on appelle en espagnol *cortinas*,
et que la fonction des aumôniers du roi étoit de relever un
peu le rideau, lorsque cela étoit nécessaire, pour recevoir
l'encens, baiser l'Évangile, etc.

J'allai avec nos François d'élite dîner chez le duc del
Arco, en grande et illustre compagnie, où nous étions invités, et où le repas fut magnifique comme la veille. Je ne m'y
oubliai pas encore à l'oille ni aux jambons de vipères. Les
Espagnols étoient toujours ravis de voir un François s'accommoder du safran, surtout d'en trouver toujours chez
moi en plusieurs mets, et de m'en voir manger avec plaisir.
Pour dans le pain et dans la salière, où ils en mettent volontiers, je ne pus pousser jusque-là mon goût ni ma complaisance. Le dîner fut long et gai.

La surprise de l'absence de Maulevrier fit à demi bas le
tour de la table, et fut d'autant plus blâmée qu'il n'étoit pas
aimé. Je fus sobre sur cet article, mais on n'en dit pas
moins. Je ne lui avois point parlé de mes réflexions sur le
coucher public. Je gardois avec lui l'extérieur le plus exact,
mais j'avois lieu de me dispenser des consultations et des
confidences. Je ne lui dis que vers le milieu du bal que toute
la cour seroit admise à voir les deux époux au lit, mais crû-
ment, comme une nouvelle, sans le plus léger détail. Il
m'en parut étonné à l'excès, puis tout réfrogné me demanda
comment une chose si étrange et si nouvelle en Espagne
avoit pu être résolue. Je lui répondis simplement que Leurs
Majestés l'avoient jugé à propos ainsi, et tout de suite je me
mis à parler sur le bal et sur la danse. Du reste du bal et
du soir, il ne me parla presque plus, et toujours d'un air
chagrin. Ce n'en fut qu'une dose ajoutée de plus. Ma grandesse et l'éclat des compliments et de l'applaudissement

public le hérissa tellement qu'il ne put se contenir, jusquelà que les courtisans se divertirent à lui en parler, quelques-uns même à lui en faire compliment comme d'une chose agréable à la France, pour l'embarrasser et s'en attirer des réponses sèches et brusques. Ils l'appeloient le chat fâché et se moquoient de lui; à moi-même il ne put s'empêcher de m'en faire un compliment sur ce même ton, et fort court, que je pris pour bon, avec tous les remercîments possibles. Il n'eut pas même la patience de les écouter jusqu'au bout, et s'en alla d'un autre côté. A mes enfants à peine leur dit-il un mot brusque en passant. Le coucher public, qu'il n'apprit que comme je viens de le rapporter, le courrouça apparemment encore. Il s'en dépita par s'en aller le lendemain sans m'en dire un mot ni à personne, et manquer ainsi de propos délibéré une fonction où le caractère dont il étoit honoré l'obligeoit d'être présent.

Un autre homme parut aussi fort mécontent, et me surprit au dernier point. Ce fut La Fare, à qui le roi d'Espagne donna la Toison, en même temps qu'à mon fils aîné. Qui eût dit à son père que ce fils auroit la Toison, jamais il n'auroit pu le croire. Toutefois me voyant fait grand d'Espagne, et conjointement avec mon second fils, cet homme si fort du monde, doux, poli, gai, en reçut les compliments avec un sec, un court, un air, un ton qu'il ne pouvoit avoir emprunté que de Maulevrier. Il se méconnut assez pour m'en faire ses plaintes. Quel qu'en fût mon étonnement, je ne crus pas devoir le lui témoigner, mais le traiter en malade, avec complaisance ; ainsi [je] tâchois là, comme depuis à Madrid, de le porter à des manières qui ne dégoûtassent ni le roi ni sa cour, et qui ne lui fermassent pas les voies de ce qu'il désiroit, mais que je savois bien qu'il étoit hors de portée d'obtenir. Il se servit tant qu'il put, et trèsmal à propos, du nom du régent et du cardinal Dubois, auprès de Grimaldo, et même avec d'autres seigneurs, familiers chez moi, qui après, rioient et haussoient les épaules, et m'exhortoient de tâcher à le faire rentrer en lui-même.

Cette ambition lui tourna tellement la tête, qu'il se mit à hasarder des propos comme s'il étoit ambassadeur de M. le duc d'Orléans, et à le prétendre. En me pressant sur sa grandesse, il me lâcha quelques traits de cette prétention que je ne pus lui passer comme le reste. La grandesse étoit une chimère personnelle, mais l'appuyer de cette prétention d'ambassade portoit sur M. le duc d'Orléans. Je lui remontrai donc que quelque grand prince que fût M. le duc d'Orléans, par sa naissance et par sa régence, il ne laissoit pas d'être sujet du roi, dont la qualité ne comportoit pas d'envoyer en son nom des ambassadeurs, pas même des envoyés ayant le caractère et les honneurs qu'ont les envoyés des souverains; qu'il n'avoit qu'à voir son instruction et son titre, où je m'assurois qu'il ne trouveroit rien qui pût favoriser cette idée; que de plus connoissant M. le duc d'Orléans autant qu'il le connoissoit, et le cardinal Dubois aussi, il devoit craindre que cette prétention leur revînt, qu'ils trouveroient sûrement extrêmement mauvaise, et qui donneroit lieu à ses ennemis d'en profiter dès à présent dans le public, et dans la suite auprès du roi, en accusant M. le duc d'Orléans de vouloir déjà trancher du souverain, dans l'impatience de le devenir en effet, par des malheurs qu'on ne pouvoit assez craindre; ce qui donneroit un nouveau cours aux horreurs tant débitées et si souvent renouvelées. Mais les vérités les plus palpables ne trouvent point d'entrée dans un esprit prévenu et que l'ambition aveugle.

La Fare se mit à pester contre la foiblesse de M. le duc d'Orléans, qui ne se soucioit point de sa grandeur, et me voulut persuader que mon attachement pour lui y devoit suppléer en cette occasion. Je me tus, car que répondre à une pareille folie? et ce silence lui persuada que je ne voulois pas qu'il fût ambassadeur ni grand d'Espagne comme je l'étois. Pour grand, j'en aurois été bien étonné. C'eût été donner à un gentilhomme chargé des remercîments de M. le duc d'Orléans ce qui se pouvoit donner de plus grand, et la même chose, pour ne parler ici que des caractères, qui étoit donnée à l'ambassadeur extraordinaire du roi venu pour faire la demande de l'infante et en signer le contrat de mariage. Mais quelque étrange que cela eût été, je me serois bien gardé de mettre le moindre obstacle à la fortune d'un gentilhomme, comme, par cette même raison, il n'avoit tenu qu'à moi d'empêcher Maulevrier d'être ambassadeur, et je n'avois pas voulu le faire, quoique je ne l'eusse jamais vu, et que je connusse la naissance des Andrault pour bien plus légère encore que celle de La Fare. Par cette même raison, j'aurois trouvé aussi fort bon que ce dernier fût ambassadeur de M. le duc d'Orléans, ou même en eût usurpé le traitement[1], si ce n'avoit pas été une folie, une chose impossible, et d'ailleurs une chimère que M. le duc d'Orléans auroit fort désapprouvée, et qui lui auroit été en effet très-préjudiciable.

Je n'oubliai pas à représenter à La Fare que feu Monsieur, fils, frère, gendre, beau-père et beau-frère de rois, n'avoit jamais eu d'envoyés nulle part, tels qu'ont les souverains, mais dépêché seulement en Espagne, en Angleterre, etc., des personnes distinguées de sa cour pour faire ses complimens aux rois et aux princes, aux occasions qui s'en sont présentées, comme lui-même l'étoit actuellement par M. le duc d'Orléans, son fils. Mais nulle raison ne put prendre sur La Fare. Il se persuada que mon intérêt m'empêchoit de le servir et de le faire réussir, de manière qu'il me bouda longtemps, et me vit assez peu. Cette folie d'ambassade, jusqu'à des plaintes de n'avoir pas été reçu et de n'être pas traité avec les honneurs qui lui étoient dus, commençoient à être fort sues[1], dont Grimaldo ne me cacha pas qu'il étoit fort

---

1. L'irrégularité de cette phrase s'explique, parce que Saint-Simon y fait accorder le verbe et le participe avec le mot *plaintes*.

scandalisé ; j'en craignis donc le contre-coup en France, et de recevoir des reproches de mon silence et de ma tolérance là-dessus. Pour la tolérance, je n'avois rien à y faire ; mais pour le silence, je le rompis. J'en écrivis donc un petit mot au cardinal Dubois, mais court et fort en douceur. Il ne m'y répondit pas de même sur La Fare, et lui écrivit de façon qu'il n'osa plus parler de caractère. Je crois que cette lettre ne m'accommoda pas avec lui.

Cette conduite avec moi, à qui il avoit toute l'obligation de cet agréable voyage, et de la Toison qu'il lui valoit, m'engagea à en écrire à Belle-Ile, à la prière duquel j'avois demandé La Fare à M. le duc d'Orléans pour aller de sa part en Espagne. Je lui parlai au long de sa chimère d'ambassade, et ce que j'avois tu au cardinal Dubois de la grandesse qu'il vouloit ; enfin de sa conduite avec moi. Belle-Ile avoit trop d'esprit et de sens pour ne pas voir et sentir tout ce que c'étoit que ce procédé et ces chimères, et me le manda franchement, et qu'il en écrivoit de même à La Fare sur tout ce qui me regardoit. Ce ne fut pourtant que tout à la fin de mon séjour en Espagne que La Fare reprit peu à peu ses véritables errements avec moi, et depuis notre retour en France nous avons été amis. Il a bien su depuis pousser sa fortune, et par de bien des sortes de chemins, toutefois pourtant sans intéresser son honneur. Il est étonnant combien l'ambition ouvre l'esprit le plus médiocre, et combien il est des gens à qui tout réussit, dont on ne se douteroit jamais. J'ai voulu raconter toute cette aventure de suite. Retournons chez le duc del Arco d'où nous sommes partis.

CHAPITRE VI.

Ma conduite en France sur les grâces reçues en Espagne. — Parrains de mes deux fils. — Princesse des Asturies fort incommodée. — Inquiétude du roi et de la reine, qui me commandent de la voir tous les jours, contre tout usage en Espagne. — Ils me confient les causes secrètes de leurs alarmes, sur lesquelles je les rassure. — Couverture de mon second fils. — Le cordon bleu donné au duc d'Ossone. — Je prouve à M. le duc d'Orléans qu'il pouvoit et qu'il devoit faire lui-même le duc d'Ossone chevalier de l'ordre, et lui propose sept ou huit colliers pour l'Espagne, lors de la grande promotion, dont un pour Grimaldo. — L'ordre offert au cardinal Albane et refusé par lui. — Office au cardinal Gualterio, à qui le feu roi l'avoit promis. — Chavigny en Espagne, mal reçu; son caractère. — Chavigny à Madrid. — Sa mission, et de qui. — Vision du duc de Parme la plus inepte sur Castro et Ronciglione. — Fausseté puante de Chavigny sur le duc de Parme. — Chavigny chargé par le duc de Parme de proposer le passage actuel de l'infant don Carlos à Parme avec six mille hommes, dont le duc de Parme auroit le commandement, les subsides, et l'administration du jeune prince. — Chavigny sans ordre ni aucune réponse du cardinal Dubois sur le passage de don Carlos en Italie; sans lettre de créance ni instruction du cardinal Dubois pour la cour d'Espagne. — Ordre de lui seulement d'y servir le duc de Parme, mais sans y entrer en trop de détails sur Castro et Ronciglione. — Tableau de la cour intérieure d'Espagne. — Chavigny se montre à Pecquet vouloir un établissement actuel à don Carlos en Italie. — Multiplicité à la fois des ministres de France à Madrid publiquement odieuse et suspecte à la cour d'Espagne. — Dangers et absurdité du passage actuel de don Carlos en Italie, sans aucun fruit à en pouvoir espérer. — Chimère ridicule de l'indult. — Mon embarras du silence opiniâtre du cardinal Dubois sur le projet du passage de don Carlos en Italie. — Mesures que je prends en France et en Espagne pour faire échouer la proposition du passage de don Carlos en Italie, qui réussissent. — Je mène Chavigny au marquis de Grimaldo, et le présente au roi et à la reine d'Espagne, desquels il est extrêmement mal reçu. — Il échoue sur les deux affaires qu'il me dit l'avoir amené à Madrid.

Après dîner et un peu de conversation, j'allai chez le roi et la reine qui m'avoient permis d'aller prendre congé d'eux. Je renouvelai mes remercîments sur le coucher public, que je leur dis, comme il étoit vrai, n'avoir été désapprouvé de personne, et les miens ensuite sur les grâces que je venois de recevoir, qui furent tous reçus avec beaucoup de bonté. Je pris congé jusqu'à Madrid. J'allai de là prendre congé du prince des Asturies et dire adieu au marquis de Villena, de chez qui je retournai en mon quartier faire mes dépêches et écrire quantité de lettres à famille et à amis, pour leur donner part des grâces que je venois de recevoir. J'en eus tant à faire que j'y donnai tout le lendemain 22 que la cour partoit de Lerma, et je ne partis avec tout ce qui étoit avec moi que le lendemain 23 janvier. L'embarras n'étoit pas médiocre de mander à M. le duc d'Orléans et au cardinal Dubois que je m'étois passé de leurs lettres, et que sans ce secours j'avois si promptement et si agréablement reçu toutes les grâces de Leurs Majestés Catholiques dont j'avois à rendre compte au régent et à son ministre. J'étois peu en peine de M. le duc d'Orléans dont la légèreté et l'incurie sur les petites choses, et trop souvent sur les grandes, me rassuroit sur le peu d'impression qu'il en recevroit. Mais il n'en étoit pas de même du cardinal Dubois, qui n'avoit fait les deux lettres de cette étrange foiblesse que dans l'espérance de me faire manquer le but qui m'avoit fait demander et obtenir à son insu l'ambassade d'Espagne, qui seroit d'autant plus piqué que j'y fusse arrivé malgré lui, et qui n'oublieroit rien pour aigrir s'il pouvoit M. le duc d'Orléans là-dessus. Je pris donc le parti d'écrire à ce prince une lettre désinvolte et courte là-dessus, suivant son goût, mais pleine de toute la reconnoissance que je devois à sa volonté, au cardinal Dubois un verbiage où je me répandis avec profusion en reconnoissance, et où je lui fis accroire que ce n'étoit qu'à ces deux lettres non présentées, mais toutefois lues par Grimaldo à Leurs Majestés Catholiques, que je devois les grâces que j'en avois reçues, dès le jour même qu'elles avoient été informées par cette lecture du désir de son Altesse Royale et des siens. L'affaire étoit faite; comme que ce fût, je lui en donnois l'honneur. Faute de pouvoir pis, il prit le tout en bonne part, me félicita, et se donna pour fort aise d'avoir si heureusement travaillé en ma faveur.

Pour l'y confirmer en même temps, je lui avois demandé des lettres de remercîments de ces grâces de M. le duc d'Orléans au roi d'Espagne, et de lui au marquis de Grimaldo et au P. Daubenton. Comme il ne s'agissoit plus de me les procurer, mais d'en remercier comme de l'accomplissement d'un ouvrage qu'il lui plaisoit de s'approprier, j'eus ces lettres en réponse des miennes, dont le style animé étoit bien différent de la langueur de celui des deux lettres de prétendue demande, qu'il m'avoit fait attendre si longtemps, et qui, de l'avis de Grimaldo, restèrent dans mes portefeuilles. Sa réponse à moi, glissant sur la retenue des deux lettres, fut le compliment de conjouissance le plus vif du succès de ce qu'il m'insinuoit doucement être son ouvrage; et la lettre qu'il fit de M. le duc d'Orléans se ressentit du même style. Je tenois mon affaire et j'en fus content.

Je rendis compte au cardinal, en lui mandant les grâces que je venois de recevoir, qu'il falloit un parrain pour la couverture de mon second fils, et pour la Toison de l'aîné, et des raisons qui me les avoient fait choisir. Au sortir de table à Lerma, de chez le duc del Arco, je le priai de vouloir faire cet honneur à mon second fils, et il l'accepta de façon à me persuader qu'il s'en trouvoit flatté, et en même temps je priai le duc de Liria de vouloir bien l'être de l'aîné pour la Toison : je ne pouvois moins pour lui. Il se réputoit François; il étoit fils aîné du duc de Berwick, que M. le duc d'Orléans aimoit et estimoit. Il étoit ami particulier de Grimaldo ; il m'avoit donné tous les siens, facilité une infinité de choses ; il n'y avoit sortes d'avances, de prévenances, d'amitiés, de services que je n'en eusse reçus. Pour le duc del Arco, M. le duc d'Orléans m'en avoit toujours paru content. Il étoit favori du roi, étoit grand d'Espagne de sa main, possédoit une des trois grandes charges, étoit aimé et estimé et dans la première considération. J'en avois d'ailleurs reçu toutes sortes de politesses, et il étoit de ceux qui venoient manger familièrement chez moi, sans prier[1], surtout le soir, quand il en avoit le temps. Je crus même que ce choix plaisoit au roi d'Espagne, et ne pourroit que me faire honneur. Ces deux parrains furent fort approuvés en Espagne et pareillement de M. le duc d'Orléans et du cardinal Dubois.

Enfin j'écrivis au roi une lettre à part, outre celle d'affaires, pour le remercier des grâces que sa protection venoit de me procurer, parce que, tout enfant qu'il fût encore, tout lui devoit être rapporté. Je dépêchai un officier de bon lieu du régiment de Saint-Simon infanterie pour porter avec ces lettres le compte que je rendois du détail du mariage, en considération duquel je demandois pour lui une croix de Saint-Louis, la commission de capitaine et une gratification. On verra plus bas que ce n'est pas sans raison que je rapporte ici ces bagatelles. Mon courrier partit quelques heures avant moi de mon quartier de Villahalmanzo et fit diligence. Je suivis la route que la cour avoit prise par des montagnes où jamais voiture n'avoit passé. Les Espagnols sont les premiers ouvriers du monde pour accommoder de pareils chemins ; mais c'est sans solidité, et bientôt après il n'y paroît plus. La cour fut cinq jours en chemin jusqu'à Madrid. J'y arrivai un jour avant elle.

La princesse des Asturies se trouva incommodée sur la fin

---

1. Sans que je les priasse.

du voyage. Il lui parut des rougeurs sur le visage qui se tournèrent en érésipèle, et il s'y joignit un peu de fièvre. J'allai au palais, dès que la cour fut arrivée, où je trouvai Leurs Majestés alarmées. Je tâchai de les rassurer sur ce que la princesse avoit eu la rougeole et la petite-vérole, et qu'il n'étoit pas surprenant qu'elle se ressentît de la fatigue d'un si long voyage et d'un changement de vie tel qu'il lui arrivoit. Mes raisons ne persuadèrent point, et le lendemain, je trouvai leur inquiétude augmentée. Ce contre-temps les contraria fort. Les fêtes préparées furent suspendues, et le grand bal déjà tout rangé dans le salon des grands demeura longtemps en cet état. La reine me demanda si j'avois vu la princesse; je répondis que j'avois été savoir de ses nouvelles à la porte de son appartement. Mais elle m'ordonna de la voir et le roi aussi.

Rien n'est plus opposé aux usages d'Espagne, où un homme, même très-proche parent, ne voit jamais une femme au lit. Des raisons essentielles m'avoient fait obtenir qu'on n'y eût point d'égard au coucher des noces, mais je n'en trouvois point ici pour les violer de nouveau, et d'une façon encore qui m'étoit personnelle, et dont la distinction choqueroit les Espagnols contre la vanité à laquelle ils l'attribueroient. Je m'en excusai donc le plus qu'il me fut possible, sans pouvoir faire changer Leurs Majestés là-dessus. Les trois jours suivants ils me demandèrent si j'avois vu la princesse. J'eus beau tergiverser, ils savoient que je ne l'avois pas vue, et que la duchesse de Monteillano, venue me parler à la porte de la chambre, n'avoit pu me persuader d'y entrer. Ils m'en grondèrent l'un et l'autre, et me dirent qu'ils vouloient que je visse en quel état elle étoit, les remèdes et les soins qu'on lui donnoit. Le roi y alloit une ou deux fois par jour, et la reine bien plus souvent, et ne dédaignoit pas de lui présenter elle-même ses bouillons et ce qu'elle avoit à prendre. Je les assurai l'un et l'autre que, si ce n'étoit que pour [que] je pusse rendre compte à M. le duc d'Orléans de leurs bontés et de leurs soins pour la princesse, j'en étois si bien informé et dans un si grand repos que je n'avois aucun besoin de la voir pour témoigner à M. le duc d'Orléans, et le persuader qu'elle étoit mieux entre leurs mains qu'entre les siennes. Enfin le troisième jour ils se fâchèrent tout de bon, me dirent que j'étois bien opiniâtre, qu'en un mot, ils vouloient être obéis, et qu'ils m'ordonnoient expressément et bien sérieusement de la voir tous les jours. Il ne me resta donc plus qu'à obéir.

J'entrai dès le lendemain chez la princesse, auprès du lit de laquelle je fus conduit par la duchesse de Monteillano. L'érésipèle me parut fort étendu et fort enflammé. Ces dames me dirent qu'il avoit gagné la gorge et le cou, et que la fièvre, quoique médiocre, subsistoit toujours. On me la fit regarder avec une bougie, quoi que je pusse dire pour l'empêcher, et on me dit le régime et les remèdes qu'on employoit. J'allai de là chez le roi et la reine qui me faisoient entrer tous les jours en tiers avec eux, depuis le retour de Lerma, pour me parler de la princesse, de chez laquelle je leur dis d'abord que j'en sortois. Cela leur fit prendre un air serein. Ils se hâtèrent de me demander comment je la trouvois. Après un peu de conversation sur le mal et les remèdes : « Vous ne savez pas tout, me dit le roi, il faut vous l'apprendre. Il y a deux glandes fort gonflées à la gorge, et voilà ce qui nous inquiète tant, car nous ne savons qu'en penser. » Dans l'instant je sentis ce que cela signifioit. Je lui répondis que je comprenois ce qu'il me faisoit l'honneur de me faire entendre, et assez pour pouvoir lui répondre que son inquiétude étoit sans fondement ; que je ne pouvois lui dissimuler que la vie de M. le duc d'Orléans n'eût été licencieuse, mais que je pouvois l'assurer très-fermement qu'elle avoit toujours été sans mauvaises suites ; que sa santé avoit toujours été constante et sans soupçon ; qu'il n'avoit jamais cessé un seul jour de paroître dans son état ordinaire ; que j'avois vécu sans cesse dans une si grande

privance avec lui qu'il eût été tout à fait impossible que la
plus légère mauvaise suite de ses plaisirs m'eût échappé, et
que néanmoins je pouvois jurer à Leurs Majestés que jamais
je ne m'étois aperçu d'aucune; qu'enfin Mme la duchesse
d'Orléans avoit toujours joui de la santé la plus égale et la
plus parfaite, rempli chaque jour chez le roi, chez elle, et
partout, les devoirs de son rang en public, et qu'aucun de
tous ses enfants n'avoit donné lieu par sa santé au plus léger
soupçon de cette nature.

Pendant ce discours, je remarquai dans le roi et la reine
une attention extraordinaire à me regarder, à m'écouter,
à me pénétrer, et sur la fin un air de contentement fort
marqué. Tous deux me dirent que je les soulageois beaucoup de leur donner de si fortes assurances, bien persuadés
que je ne les voudrois pas tromper. Après un peu de conversation là-dessus le roi me dit qu'à cette inquiétude, que je
calmois, en succédoit une autre qui faisoit d'autant plus
d'impression sur lui que le mal dont la feue reine son épouse
étoit morte avoit commencé par ces sortes de glandes, et
s'étoit, longtemps après, déclaré en écrouelles, dont aucun
remède n'avoit pu venir à bout. Je lui fis observer que,
suivant ce qui nous en avoit été rapporté en France, ces
glandes n'avoient paru qu'à la suite d'un goître qu'elle avoit
apporté de son pays, où le voisinage des Alpes les rend si
ordinaires, et dont Mme la duchesse de Bourgogne sa sœur,
n'étoit pas exempte; qu'en la princesse il n'y avoit rien de
pareil, ni dans pas un de ceux dont elle tiroit sa naissance;
qu'il y avoit donc tout lieu de croire que ces glandes ne
s'étoient engorgées que de l'humeur de l'érésipèle si voisine, et de ne pas douter qu'elles ne se guérissent avec la
cause qui les avoit fait enfler. La conversation, qui fut extrêmement longue, finit par m'ordonner de nouveau et bien
précisément de voir tous les jours la princesse, eux ensuite,
et me prier de rendre un compte exact à M. le duc d'Orléans
de leur inquiétude et de leurs soins, sans toutefois lui laisser

rien sentir des ouvertures que leur confiance en moi les avoit engagés à me faire sur les deux origines, qu'ils avoient appréhendées, du gonflement de ces glandes, qui devoient demeurer à moi tout seul.

Deux jours après néanmoins, ayant l'honneur d'être en tiers avec eux au sortir de chez la princesse, je m'aperçus que leur inquiétude subsistoit plus qu'ils ne vouloient me la montrer. Raisonnant avec moi sur cette maladie et sur ces glandes qui ne diminuoient point encore, et sur les remèdes qu'on y faisoit, ils me dirent qu'ils avoient commandé à Hyghens d'en écrire un détail fort circonstancié à Chirac, premier médecin de M. le duc d'Orléans, et de le consulter, comme ayant plus de connoissance du tempérament de la princesse, sur quoi ils souhaitoient beaucoup que Chirac, mettant à part les compliments et les lieux communs trop ordinaires entre médecins, mandât son avis de bonne foi et sans détour à Hyghens. Cela m'engagea à en écrire en conformité au cardinal Dubois, en rendant compte à M. le duc d'Orléans et à lui de l'inquiétude, des soins et des attentions infinies de Leurs Majestés Catholiques pour la princesse, sans toutefois leur en toucher le véritable motif, sinon à M. le duc d'Orléans, de ma main, et à lui seul. C'étoit l'affaire de Hyghens avec Chirac, s'il trouvoit à propos de toucher cette corde.

Tant que la princesse fut malade, je ne pus omettre d'y aller tous les jours, et chez Leurs Majestés ensuite, sans que jamais elle me dît un seul mot, quoique ses dames et le princes des Asturies que j'y trouvois souvent, fissent tout ce qu'ils pouvoient pour m'en attirer quelque parole. Quand les glandes commencèrent à se dissiper et l'érésipèle à diminuer, je me contentai d'attendre Leurs Majestés au retour de leur chasse, et de leur dire un mot en passant.

La couverture de mon second fils se fit le 1er février, jour pour jour, précisément quatre-vingt-sept ans depuis la réception de mon père au parlement, comme duc et pair de

France. Elle excita une légère altercation entre le duc del Arco qui, comme parrain, en prit le jour du roi et en fit avertir les grands, et le marquis de Villena, qui, comme majordome-major, prétendoit que c'étoit à lui à le faire. J'ai donné ailleurs la description de cette belle cérémonie pour chacune des trois classes. Je me contenterai donc de dire ici que le duc del Arco, qui n'alloit que dans les carrosses du roi comme grand écuyer, dans lesquels il ne pouvoit donner la main à personne, sans exception, eut la politesse de venir prendre le marquis de Ruffec et moi dans son propre carrosse, avec ses livrées, suivi de celui du duc d'Albe, oncle paternel de celui qui est mort ambassadeur d'Espagne à Paris, et son héritier, qu'il avoit prié de lui aider dans cette cérémonie, comme le parrain en prie toujours un grand. Quoique mon fils et moi pussions faire ou dire, il n'y eut jamais moyen de les faire monter en carrosse avant lui, ni de les empêcher de se mettre tous deux sur le devant du carrosse. On ne sauroit ajouter à la politesse et à l'attention avec laquelle ils s'acquittèrent de la fonction qu'ils avoient bien voulu accepter, soit pour convier à dîner chez moi, en attendant que le roi arrivât dans la pièce de l'audience où la cérémonie s'alloit faire, soit chez moi à y faire les honneurs, plus et mieux que moi. Je fus extrêmement flatté de voir un si grand nombre de grands d'Espagne et d'autres seigneurs à cette couverture, où on m'assura n'en avoir jamais tant vu en aucune, et au retour chez moi, nous nous trouvâmes quarante-cinq à table, ou grands, ou de ce qu'il y avoit d'ailleurs de plus distingué, avec d'autres tables qui se trouvèrent aussi, mais plus médiocrement remplies. J'allai et revins du palais avec le même cortége de suite, de livrées et de carrosses qu'à ma première audience de cérémonie pour la demande de l'infante, et je sus que cette parité de pompe fut sensible aux Espagnols.

Après la cérémonie il y eut chapelle, où j'eus le plaisir de voir mon second fils sur le banc des grands, de celui des ambassadeurs où j'étois : comme la grandesse étoit la même et commune entre mon second fils et moi, je crus devoir me contenter de sa couverture, et ne point faire la mienne. De quelque sotte brutalité qu'en eût usé Maulevrier en cette occasion de grandesse, je considérai assez le caractère dont il étoit revêtu pour l'emporter sur le mépris de sa personne. Je le priai au festin de la grandesse, car les ambassadeurs n'assistent point aux couvertures. Il s'en excusa fort grossièrement. Cela ne me rebuta point, et quoique accablé de visites à recevoir et à rendre, car il faut aller deux fois chez chaque grand, une pour le prier de se trouver à la couverture, une autre pour les inviter et leurs fils aînés au repas, j'allai avec mon second fils chez Maulevrier qui se résolut enfin d'y venir, et qui y fit d'autant plus triste et méchante figure, que tout ce qui s'y trouva voulut par un air de gaieté et de liberté peu ordinaire à la nation, me témoigner prendre part à ma satisfaction, et aussi à la chère, car il y fut bu et mangé plus qu'on ne fait ici en de pareils repas. Il me fallut après retourner chez tous les grands avec mon fils, et chez les autres personnes distinguées qui avoient dîné chez moi ce jour-là.

J'appris par une lettre du 27 janvier, du cardinal Dubois, le cordon bleu donné au duc d'Ossone, et la manière dont cela s'étoit fait, à laquelle je reviendrai tout à l'heure. J'allai aussitôt attendre le retour de la chasse, et je suivis Leurs Majestés dans leur appartement de retraite. Je leur rendis compte de ce qui venoit d'être fait pour M. le duc d'Ossone. Je leur en relevai la singularité, et je leur fis remarquer qu'on ne savoit ni qu'on ne pouvoit savoir alors à Paris les grâces dont il avoit plu à Leurs Majestés de me combler. Elles me parurent extrêmement sensibles à cette marque de considération qu'elles recevoient en la personne de leur ambassadeur, et me chargèrent de le témoigner à M. le duc d'Orléans. Le duc d'Ossone avoit pris auparavant son audience de congé; mais il demeuroit à Paris où il donnoit de belles fêtes en attendant l'arrivée de l'infante.

On s'étoit franchement moqué de M. le duc d'Orléans et de son cardinal ministre sur le cordon bleu du duc d'Ossone. Le maître méprisoit ces choses-là qu'il traitoit de bagatelles, et le valet n'étoit pas né, et n'avoit pas même vécu à en savoir là-dessus davantage. La vieille cour abattue par les découvertes sur elles, sur le duc et la duchesse du Maine, sur Cellamarre, et par le lit de justice des Tuileries, reprenoit peu à peu vigueur à mesure que le parlement relevoit la crête et que la majorité approchoit. D'espagnole passionnée qu'elle s'étoit montrée, elle étoit devenue ennemie de l'Espagne depuis la réconciliation de M. le duc d'Orléans, et n'avoit vu qu'avec désespoir le double mariage qui l'avoit immédiatement suivie. Étourdie du coup, elle ne pouvoit supporter le resserrement de ces liens par les bienfaits réciproquement répandus sur les ambassadeurs, sans de nouveaux dépits. Elle chercha donc à affoiblir ce que M. le duc d'Orléans se proposa pour le duc d'Ossone, et du même coup à l'arrêter tout court sur la promotion qui suit toujours le sacre, et lui persuada aisément que n'y ayant point de grand maître de l'ordre du Saint-Esprit, parce que le roi, qui n'avoit pu faire encore sa première communion, n'en avoit pas reçu le collier, et portoit l'ordre par le droit de sa naissance, sans en être chevalier, on ne pouvoit faire aucun chevalier de l'ordre. Cette raison, si elle avoit mérité ce nom, militoit pour l'exclusion de la promotion du lendemain du sacre, parce que le temps n'y auroit pas permis du jour au lendemain de nommer les chevaliers en chapitre, à eux de faire leurs preuves, à un second chapitre, de les recevoir, et d'être arrivés à Reims avec leurs habits tout faits, le tout en moins de douze heures, à compter de la fin du festin royal; et si le sacre se faisoit avant la majorité, nécessité de l'attendre, pour que le grand maître de l'ordre pût faire la promotion par lui-même.

Ces bluettes aveuglèrent le cardinal Dubois, et M. le duc d'Orléans eut plus tôt fait de s'en laisser éblouir que d'y faire la plus légère réflexion, de sorte que lui et le cardinal Dubois eurent recours à leurs *mezzo termine* si favoris, et crurent faire merveilles et un grand coup d'autorité d'envoyer le cordon bleu au duc d'Ossone, avec permission de porter dès lors les marques de l'ordre qu'il prit sur-le-champ, en attendant que le roi fût en état de l'en faire chevalier. Mais la réponse à ces deux prétendus obstacles étoit bien aisée. Henri IV au siége de Rouen, huguenot encore, par conséquent, tout roi qu'il étoit, incapable d'être chevalier du Saint-Esprit, et même de le porter, et d'en être *fonctionnellement* grand maître, expédia une commission au premier maréchal de Biron pour tenir le chapitre de l'ordre, et le donner au baron de Biron son fils, devenu depuis duc et pair et maréchal de France, et qui eut enfin la tête coupée, et d'y donner en même temps le cordon bleu à Renaud de Beaune, archevêque de Bourges, depuis de Sens, comme grand aumônier de France, dont Henri IV venoit de lui donner la charge, qu'il venoit d'ôter à Jacques Amyot, évêque d'Auxerre, passionné ligueur. Voilà qui est sans réplique pour faire des chevaliers de l'ordre sans qu'il y ait de grand maître, et la cérémonie s'en fit dans l'église paroissiale du faubourg Darnetal de Rouen[1] dont le roi étoit maître. A l'égard d'un roi, non-seulement point grand maître de l'ordre, mais de plus mineur, Louis XIII, né à Fontainebleau dans le cabinet de l'ovale, le jeudi 17 septembre 1601, sur les onze heures du soir, sacré à Reims le dimanche 17 octobre 1610, n'étoit ni grand maître de l'ordre ni majeur, et toutefois il fit le prince de Condé chevalier de l'ordre le lendemain de son sacre; tellement que de quatre rois immédiats prédécesseurs du roi, deux seulement, dont l'instituteur de l'ordre est le pre-

---

1. Darnetal n'est pas, à proprement parler, un faubourg de Rouen. C'est une petite ville située à trois ou quatre kilomètres de Rouen, et remarquable par ses établissements industriels.

mier, et l'autre est le feu roi, étoient majeurs et sacrés quand ils ont fait des chevaliers de l'ordre ; et deux autres, l'un huguenot, par conséquent ni sacré, ni grand maître, ni même portant l'ordre, l'autre sacré, mineur, ont fait des chevaliers de l'ordre, l'un par commission, étant hors d'état de les faire lui-même, l'autre le lendemain de son sacre et sous la régence de la reine sa mère. Qu'auroient pu répondre à cela ces messieurs de la vieille cour ? Mais quoique trivial et moderne, le cardinal n'en savoit pas tant, et le régent ne prenoit pas la peine d'y penser un moment, et de se rappeler ces exemples décisifs.

Quoique chose faite, je ne laissai pas de leur mander ce que j'en pensois, et qu'ils s'étoient laissé prendre grossièrement pour dupes. Mais je me gardai bien de dire à personne en Espagne que cela se pouvoit et devoit faire autrement, et que la régente sous Louis XIII nomma et fit faire M. le Prince chevalier de l'ordre. Cela est clair par conséquent que M. le duc d'Orléans régent avoit le même pouvoir. Je leur rendis compte du très-bon effet et de la joie que cette distinction accordée au duc d'Ossone avoit faits dans toute la cour d'Espagne, et j'en pris occasion de leur représenter combien il étoit du service de M. le duc d'Orléans [de réserver sept ou huit colliers, qui étoient presque tous vacants, quand il feroit la promotion entière, et de les envoyer sans destination au roi d'Espagne pour les donner à qui il lui plairoit, excepté le marquis de Grimaldo, dont les services et le constant attachement à l'union des deux couronnes méritoit la distinction d'être nommé par le roi uniquement, sur quoi je leur remis devant les yeux la conduite des rois d'Espagne de la maison d'Autriche, qui envoyoient aux empereurs toutes les Toisons qu'ils vouloient pour leur cour, et encore que cet ordre ne soit que de la moitié en nombre de celui du Saint-Esprit, et leur rappelai aussi le grand nombre de Toisons données à la France, auquel le petit nombre de colliers du Saint-Esprit accordés à l'Espagne ne pouvoit se comparer, infiniment moins aux grandesses françoises, qui ne peuvent recevoir d'équivalent. Cette épargne de colliers à l'Espagne pour les prostituer ici à des gens qui, sous le feu roi, auroient couru avec incertitude après un cordon rouge, et s'en seroient crus comblés, n'est pas une des moindres fautes, à tous égards, en laquelle on s'est si opiniâtrément affermi depuis. Je fis, en même temps, un reproche à M. le duc d'Orléans d'un dégoût [que] la sottise du cardinal Dubois, que je ne nommois point, venoit de lui faire essuyer.

A propos de la résolution prise de donner le cordon bleu au duc d'Ossone, ce prince, qui croyoit si peu avoir le pouvoir de faire des chevaliers de l'ordre, l'envoya au cardinal Albane. C'étoit une reconnoissance du cardinal Dubois pour son chapeau, auquel le cardinal Albane, entraîné par les lettres pressantes du cardinal de Rohan, s'étoit montré favorable, et une galanterie qu'il vouloit faire à tout le parti de la constitution. Il en fut comme des exemples d'Henri IV et de Louis XIII cités ci-dessus. Dubois, petit compagnon alors, ignoroit, et son maître avoit oublié, que le feu roi ayant voulu donner l'ordre au cardinal Ottobon, protecteur des affaires de France, et brouillé, et comme proscrit par la république de Venise pour avoir accepté cette protection, comme on l'a vu ici en son lieu, le refusa tout net, et répondit qu'encore qu'il eût pris un attachement déclaré pour la France par cette protection, elle n'étoit pas incompatible avec rien de ce qu'il étoit, mais que le cordon bleu, qui n'étoit presque jamais que pour les cardinaux françois, ne lui paroissoit pouvoir convenir avec sa charge de vice-chancelier de l'Église, ni avec ce qu'il étoit d'ailleurs dans le sacré collége : il vouloit dire son ancienneté qui touchoit au décanat, sa qualité de neveu d'Alexandre VIII, qui le mettoit à la tête des créatures de son oncle, enfin sa nation ; et le feu roi eut le dégoût d'en être refusé. Albane, Italien, camerlingue et chef des nombreuses créatures de Clément XI son oncle, eut les mêmes raisons. Il n'avoit pas été pressenti auparavant; Dubois, qui ne doutoit de rien, ne s'en étoit pas donné la peine, tellement que le refus tout plat fut public et l'ordre renvoyé.

Je ne faisois pas cette leçon; mais mon reproche fut que Son Altesse Royale ne pouvoit ignorer la promesse publique et réitérée du feu roi au cardinal Gualterio de la première place de cardinal qui vaqueroit dans l'ordre; que ses services et son attachement si marqué, et qui lui avoient coûté tant de dégoûts depuis son retour à Rome, méritoient à tant de titres, et non pas le dégoût nouveau, qu'il n'avoit jamais mérité de M. le duc d'Orléans le moins du monde, de se voir oublié et envoyer l'ordre à un autre cardinal si inférieur à lui, pour ne pas dire plus, en mérites à l'égard de la France. Mais Dubois gouvernoit seul et en plein. Les grandes et les petites choses dépendoient entièrement de lui, et M. le duc d'Orléans tranquillement le laissoit faire. J'en écrivis en même temps au cardinal Dubois, et je lui représentai que l'estime et l'amitié si marquée du cardinal de Rohan pour le cardinal Gualterio ne pourroit pas être insensible à une si grande mortification.

En arrivant de Lerma à Madrid, j'avois reçu une lettre du cardinal Dubois qui, après des raisonnements sur l'état incertain de la santé du grand-duc, et de ce qui pouvoit se passer en Italie en conséquence, me mandoit que Chavigny, envoyé du roi à Gênes, étoit si fort au fait de toutes ces affaires-là qu'il pourroit bien lui envoyer faire un tour en Espagne et me le recommandoit très-fortement.

Ce Chavigny étoit le même Chavignard, fils d'un procureur de Beaune, en Bourgogne, qui trompa feu de Soubise, et se fit présenter par lui au feu roi avec son frère, comme ses parents, et de la maison de Chauvigny-le-Roy, ancienne, illustre, éteinte depuis longtemps, obtint un guidon de gendarmerie aussitôt, et son frère une abbaye. Ils obtinrent aussi des gratifications et des distinctions par les jésuites qui étoient leurs dupes, ou qui feignoient de l'être, et par

M. de Soubise, à l'ombre duquel ils se fourrèrent partout où ils purent. Enfin reconnus pour ce qu'ils étoient et pour avoir changé leur nom de Chavignard en celui de Chauvigny, le roi les dépouilla de ses grâces et les chassa du royaume. Ils errèrent longtemps où ils purent, sous le nom de Chavigny, pour ne s'écarter que le moins qu'ils purent du beau nom qu'ils avoient usurpé ; et quoique si châtiés et si déshonorés, l'ambition et l'impudence leur étoient si naturelles que ni l'une ni l'autre ne put en être affoiblie, et qu'ils ne cessèrent, en cédant à la fortune, de chercher sans cesse à se raccrocher. J'en ai parlé ici, dans le temps de leur aventure ; mais j'ai cru en devoir rafraîchir la mémoire en cet endroit.

En courant le pays, ils se firent nouvellistes, espèce de gens dont les personnes en place ne manquent pas, tous aventuriers, gens de rien et la plupart fripons, dont il m'en est passé plusieurs par les mains. Chavigny avoit beaucoup d'esprit, d'art, de ruse, de manége, un esprit tout tourné à l'intrigue, à l'application, à l'instruction, avec tout ce qu'il falloit pour en tirer parti : une douceur, une flatterie fine, mais basse, un entregent merveilleux, et le tact très-fin pour reconnoître son monde, s'insinuer doucement, à pas comptés, et juger très-sainement de lâcher ou de retenir la bride, éloquent, bien disant, avec une surface de réserve et de modestie, maître absolu de ses paroles et de leur choix, et toujours examinant son homme jusqu'au fond de l'âme, tandis qu'il tenoit la sienne sous les enveloppes les plus épaisses, toutefois puant le faux de fort loin. Personne plus respectueux en apparence, plus doux, plus simple, en effet plus double, plus intéressé, plus effronté, plus insolent et hardi au dernier point, quand il croyoit pouvoir l'être. Ces talents rassemblés, qui font une espèce de scélérat très-méprisable, mais fort dangereux, font aussi un homme dont quelquefois on peut se servir utilement. Torcy en jugea ainsi. De bas nouvelliste, il s'en fit une manière de correspondant, et prétendit s'en être bien trouvé en Hollande et à Utrecht, où néanmoins il n'osoit fréquenter nos ambassadeurs, mais se fourroit chez les ministres des autres puissances, en subalterne tout à fait, mais dont il savoit tirer des lumières par leurs bureaux, où il se familiarisoit, en leur en laissant tirer de lui qu'il leur présentoit comme des hameçons.

Son frère n'en savoit pas moins que lui; mais son humeur naturellement haute et rustre le rendoit moins souple, moins ployant, moins propre à s'insinuer et à abuser longtemps de suite. Toutefois ils s'entendoient et s'aidoient merveilleusement. Ces manéges obscurs, hors de France et tout à fait à l'insu du feu roi, durèrent jusqu'à sa mort. Elle leur donna bientôt la hardiesse de revenir en France, où trouvant Torcy hors de place et seulement conservant les postes et une place dans le conseil de régence, ils continuèrent à lui faire leur cour pour s'en faire un patron dans le cabinet du régent, avec qui le secret des postes le tenoit dans un commerce important et intime, mais un patron qui ne pouvoit que les aider. Ils n'osoient pourtant se produire au grand jour, mais ils frappoient doucement à plusieurs portes pour essayer où ils pourroient entrer.

Comme ils avoient le nez bon, ils avisèrent bientôt que l'abbé Dubois seroit leur vrai fait, s'ils se pouvoient insinuer auprès de lui, et que, fait comme il étoit et comme étoit aussi M. le duc d'Orléans, il y auroit bien du malheur si l'espèce de disgrâce où il étoit lors ne se changeoit bientôt en une confiance qui le méneroit loin, et dont eux-mêmes pourroient profiter; ils cherchèrent donc par où l'approcher. La fréquentation qu'ils avoient eue en Hollande avec les Anglois les introduisit auprès de Stairs; ils y firent leur cour à Rémond qui n'en bougeoit. Il faut se souvenir de ce qui a été expliqué ici des premiers temps de la régence, des liaisons, des vues et des manéges de l'abbé Dubois pour se raccrocher auprès de son maître et s'ouvrir un chemin à ce qu'il devint depuis. Rémond, peu accoutumé aux applaudissements et aux respects, fut enchanté de ceux qu'il trouva dans les deux frères. A son tour, il fut charmé de leur esprit et de leurs lumières. Il les présenta à Canillac à qui ils prostituèrent tout leur encens. Lui et Rémond en parlèrent à l'abbé Dubois. Rémond fit que Stairs les lui vanta aussi ; il les voulut voir. Jamais deux hommes si faits exprès l'un pour l'autre que Dubois et Chavigny, si ce n'est que celui-ci en savoit bien plus que l'autre, avoit la tête froide et capable de plusieurs affaires à la fois. Dubois le reconnut bientôt pour un homme qui lui seroit utile, et dont la délicatesse ne s'effaroucheroit de rien. Il l'employa donc en de petites choses quand lui-même commença à poindre; en de plus grandes, à mesure qu'il avança; et en fit enfin son confident dans le soulagement dont il eut besoin dans ses négociations avec l'Angleterre. Parvenu au chapeau et à la toute-puissance, et n'ayant plus besoin de ce second à Londres ni à Hanovre, il l'envoya à Gênes rôder et découvrir en Italie, et enfin exécuter une commission secrète en Espagne.

Au premier mot que je dis de sa prochaine arrivée au marquis de Grimaldo, il fit un cri qui m'étonna, il rougit, se mit en colère : « Comment, monsieur, me dit-il, dans le moment de la réconciliation personnelle de M. le duc d'Orléans, dans le moment des deux mariages qui en sont le sceau, et de l'union la plus intime des deux couronnes et des deux branches royales, nous envoyer Chavigny, si publiquement déshonoré qu'il n'est personne en Europe qui ignore une telle aventure! Que veut dire votre cardinal Dubois par un tel négociateur? N'est-ce pas afficher qu'il veut nous tromper que de l'envoyer ici chargé de quelque chose? » Il en dit tant, et plus sur le cardinal, et se déboutonna pleinement sur l'opinion qu'il avoit de lui. Je le laissai tout dire, et je ne pus disconvenir avec lui que Chavigny ne portoit pas une réputation qui pût concilier la confiance. Mais enfin je lui dis que le cardinal en avoit fait son confident personnel, qu'il l'envoyoit sans m'en avoir rien mandé auparavant ; que tout ce qu'il m'en marquoit étoit qu'il l'avoit choisi comme étant parfaitement instruit de ce qui se passoit en Italie, en particulier à l'occasion de l'état incertain de la santé du grand-duc, et que je n'en savois pas davantage.

Grimaldo tout bouffant me répondit qu'ils en savoient autant que lui, et que si le cardinal l'en croyoit si instruit, il n'avoit qu'à lui en faire faire un mémoire et le leur envoyer, et non pas un fripon aussi connu que cet homme-là, auquel il n'y avoit pas même moyen de parler. Je le laissai encore s'exhaler tant qu'il voulut, puis, le ramenant doucement peu à peu, je lui dis que si falloit-il bien pourtant qu'il le vît, quand ce ne seroit que pour voir ce qu'il voudroit dire. Grimaldo me répliqua que quand il pourroit se résoudre à le voir, il m'assuroit bien que le roi ne permettroit pas qu'il se présentât devant lui. Je lui représentai qu'en convenant avec lui du mauvais air du choix, le régent auroit droit de se plaindre qu'on ne voulût pas entendre en Espagne celui qu'il y envoyoit ; et que le roi d'Espagne, dans la position si heureuse où la France et le régent se trouvoient avec Sa Majesté Catholique, elle en usât à l'égard de Chavigny comme on fait tout au plus au moment d'une rupture résolue. Grimaldo me répliqua avec dépit : « Et pourquoi nous envoyer un coquin décrié partout ? n'est-ce pas tout ce qu'ils pourroient faire dans une rupture ? que veulent-ils que nous pensions de ce beau choix et si unique à faire ? Quelle confiance prétendent-ils que nous lui donnions ? Il faut qu'ils nous croient stupides, et qu'ils aient pour nous le dernier mépris. Mais nous le leur rendrons bien aussi, et nous leur renverrons leur fripon tout comme il sera venu. Cela leur apprendra du moins à ne nous plus envoyer des fripons reconnus, déshonorés par tout le monde, et s'ils nous veulent tromper, du moins de ne l'afficher pas d'avance, et de nous envoyer des fripons qui aient du moins la figure de gens ordinaires ! » Comme je vis que je ne ferois que l'opiniâtrer davantage, je me retirai, en le priant du moins d'y penser.

Je retournai le voir le lendemain, et je lui demandai en riant de quelle humeur il étoit ce jour-là. Il me fit mille politesses et mille amitiés, sur lesquelles je pris thème de lui dire qu'il ne me pouvoit arriver rien de plus fâcheux que l'exécution de ce qu'il m'avoit dit la veille; qu'il connoissoit les fougues du cardinal Dubois; qu'il avoit vu, par le délai si affecté de m'envoyer la lettre du roi pour l'infante, qu'il avoit eu dessein de me jeter dans l'embarras dont j'avois été forcé de lui faire la confidence, et dont il avoit eu la bonté de me tirer; qu'il avoit vu encore par la foiblesse de sa lettre à lui, et de celle qu'il avoit faite de M. le duc d'Orléans pour le roi d'Espagne, le peu d'envie qu'il avoit que j'obtinsse les grâces de Leurs Majestés Catholiques auxquelles lui avoit eu toute la part, et avoit voulu supprimer ces lettres, qui l'étoient demeurées en effet, comme plus nuisibles qu'utiles; que j'en aurois bien d'autres à lui apprendre pour lui faire voir quel étoit le cardinal Dubois à mon égard; que si Chavigny n'étoit point écouté, si le roi d'Espagne lui faisoit l'affront de ne vouloir pas permettre que j'eusse l'honneur de le lui présenter, le cardinal, qui pouvoit tout sur M. le duc d'Orléans, feroit qu'il s'en prendroit à moi, l'imputeroit à la jalousie du secret de ce dont Chavigny étoit porteur, publieroit et persuaderoit que je sacrifioïs l'honneur du régent et de la France, l'union et la réconciliation si récente des deux cours à ma vanité personnelle, et que traité comme je l'étois en Espagne, on ne pouvoit douter que Chavigny n'y eût été très-bien reçu et très-bien traité si je l'avois voulu; que je ne serois pas dans le cabinet de M. le duc d'Orléans pour imposer au cardinal, comme il m'arrivoit souvent, ni pour me défendre; qu'enfin j'espérois de son amitié à lui, jointe aux autres considérations que je lui avois représentées la veille, qu'il ne voudroit pas me faire échouer au port.

Je lui parlai si bien, ou il avoit si bien réfléchi sur ce refus,

qu'enfin il me promit de voir Chavigny et de faire ce qu'il
pourroit pour que je le pusse présenter au roi d'Espagne,
sans toutefois me répondre de venir à bout de ce dernier
point. Ce fut tout en arrivant de Lerma que j'eus ces deux
conversations avec lui. Il étoit arrivé incommodé et en-
rhumé, la fièvre s'y joignit après, et il fut sept ou huit jours
sans voir personne, ni sortir de son logis.

Le 16 février Chavigny arriva et me vint voir le lendemain
matin. Après des propos généraux où il déploya toute sa
souplesse, ses respects et son bien-dire, il m'apprit qu'il
venoit avec une lettre de créance du duc de Parme, qui
comprenant bien l'impossibilité de retirer des mains du
pape le duché de Castro et la principauté de Ronciglione, et
toute la difficulté d'en retirer l'équivalent en terres, il se
restreignoit à lui en demander un qui seroit aisé, si l'Espagne vouloit bien y contribuer en se joignant à lui pour
demander au pape un indult[1] sur le clergé des Indes, dont
le duc de Parme toucheroit l'argent à la décharge du saint-
siége, jusqu'à parfait dédommagement. Avec sa manière
hésitante et volontairement enveloppée, il ne laissa pas de
me dire, quoique non clairement, que le cardinal Dubois
approuvoit fort cet expédient, et je sentis qu'il y entroit fort
pour sortir par là de l'engagement où il s'étoit mis avec ce
prince pour lui procurer cette restitution.

Ce qui me surprit fut l'aveu de Chavigny, vrai ou supposé,
de n'avoir point de lettres de créance du cardinal Dubois,
avec l'air d'un assez grand embarras, sur quoi je me divertis à lui dire que la confiance de ce ministre en lui étoit
si généralement connue qu'il n'avoit qu'à se présenter pour
obtenir la même des ministres avec qui il pourroit avoir à
traiter. Il se mit après sur les louanges du duc de Parme :
sagesse, capacité, considération dans toute l'Italie; sur tout,

---

1. Le mot *indult* désigne ici, comme on l'a déjà vu, un impôt spécial
levé sur le clergé avec l'autorisation du pape.

et plus que tout, il me vanta son attachement de tous les temps pour la France, qui l'avoit exposé à tous les mauvais traitements de l'empereur. Je lui demandai en bon ignorant comment il s'étoit comporté dans l'affaire du double mariage. Chavigny me répondit sans hésiter que tout avoit passé par lui, qu'il y avoit fait merveilles, qu'il y avoit eu la principale part. Je pris cela pour fort bon, et tout comme il me le donna, mais il ne se doutoit pas que j'en savois là-dessus autant ou plus que lui.

Lorsque M. le duc d'Orléans me confia pour la première fois les mariages, avant même que l'affaire fût entièrement achevée, il me dit en même temps que tout se faisoit à l'insu du duc de Parme; qu'un secret profond lui cacheroit cette affaire par les deux cours, jusqu'à ce qu'elle fût entièrement parachevée; que M. de Parme étoit le promoteur et le principal instrument des mariages des infants d'Espagne avec les archiduchesses dont il avoit toute la négociation. Lorsque les mariages furent faits, M. le duc d'Orléans me dit qu'ils étoient tombés sur la tête du duc de Parme comme une bombe; qu'il en étoit au désespoir. Et quand après le cardinal Dubois et moi fûmes, comme je l'ai raconté en son lieu, replâtrés, et que nous fûmes à portée de parler d'affaires et de mon ambassade prochaine, je lui parlai du duc de Parme, sans lui laisser rien sentir de ce que M. le duc d'Orléans m'en avoit dit, et il m'en rapporta les mêmes choses précisément que j'en avois apprises du régent. Ce souvenir, que je ne pouvois avoir que très-présent en Espagne, me confirma de plus en plus dans l'opinion que j'avois de Chavigny, et de me bien garder de lui en laisser flairer l'odeur la plus légère. De là, il me battit la campagne avec force bourre, à travers laquelle il s'étendit, mais fort en général, sur la nécessité de l'établissement de l'infant don Carlos en Italie, sur les bonnes choses qu'il y auroit à faire en cette partie de l'Europe, sur le respect où le double mariage y alloit retenir l'empereur à l'égard des deux couronnes, sur sa foiblesse par faute d'argent. Il finit par me dire qu'il avoit un plein pouvoir de M. de Parme si étendu qu'il lui soumettoit son ministre à Madrid, et lui permettoit même d'agir contre l'instruction qu'il lui avoit donnée, s'il le jugeoit à propos; enfin que ce prince comptoit tellement sur l'amitié et la protection du cardinal Dubois qu'il l'avoit chargé de suivre en tous les ordres de ce ministre sur ce qui le regardoit.

Le soir du même jour, tout tard, Pecquet me vint apprendre que Chavigny l'avoit vu et lui avoit dit qu'il arrivoit à Madrid pour une commission qui seroit fort agréable, qu'il s'agissoit de faire passer don Carlos actuellement en Italie, de le confier au duc de Parme, de l'accompagner de six mille hommes dont M. de Parme auroit le commandement, ainsi que l'administration du jeune prince.

Chavigny me revint voir le lendemain matin, et après la répétition de plusieurs choses de sa première conversation, et force bourre, pendant quoi j'étois fort attentif à ne lui pas laisser apercevoir que je susse la moindre chose sur don Carlos, il m'en parla lui-même avec ses enveloppes accoutumées. Il me dit que M. de Parme désiroit fort d'avoir dès à présent ce petit prince auprès de lui; qu'en ce cas il lui faudroit donner six mille hommes pour sa garde; que l'un et l'autre rendroient le duc de Parme fort considérable en Italie, et lui donneroient un maniement de subsides qui l'accommoderoit fort, et l'administration du jeune prince. Je lui fis quelques légères objections pour l'exciter à parler. Il me dit qu'il étoit vrai que ce passage n'étoit peut-être pas bien nécessaire à l'âge de l'infant, que néanmoins sa présence en Italie pourroit contenir les partis qui se formoient parmi les Florentins pour se remettre en république après la mort du grand prince de Toscane, et encourageroit ceux qui vouloient un souverain; mais qu'au fond ce passage actuel étoit sans aucun inconvénient. Il me dit cela d'un air simple, comme si en effet il s'agissoit d'une chose indifférente. Je lui répondis, avec la même apparente indifférence, que je n'en savois pas assez pour voir les avantages et les inconvénients de ce projet qu'il m'assura, en passant, être fort du goût de la cour d'Espagne. J'ajoutai que je croyois que par caractère, et par capacité également démontrée par le double mariage et par les affaires du nord, le cardinal Dubois devoit être la boussole sur laquelle uniquement on se devoit régler; qu'il avoit si profondément le système de l'Europe dans la tête, et l'art de combiner et d'en tirer les plus grands avantages, que c'étoit de lui et de ses lumières qu'on devoit attendre les ordres pour s'y conformer entièrement.

Là-dessus Chavigny me dit, avec un air d'ingénuité plaintive, que c'étoit là tout ce qui faisoit son embarras; qu'il y avoit dix mois que cette affaire de don Carlos se traitoit; qu'il en avoit souvent écrit au cardinal Dubois, sans en avoir jamais reçu là-dessus aucune réponse; qu'il s'étoit contenté de lui écrire sur l'affaire de Castro et de Ronciglione, de lui prescrire de se rendre à Madrid pour y donner un compte général des affaires d'Italie, sans entrer même en beaucoup de détails là-dessus avec la cour d'Espagne, et d'agir pour M. de Parme suivant qu'il lui ordonneroit touchant Castro et Ronciglione. Je me mis à sourire, et je lui dis que, si M. le cardinal ne s'expliquoit pas sur l'affaire du passage, j'en suspendrois aussi mon jugement, ce qui me seroit d'autant plus aisé que je n'avois plus que peu de jours à demeurer à Madrid. Il me répondit, en reprenant son air de plainte, qu'il n'avoit pas seulement d'instruction ni de lettres de créance du cardinal Dubois pour la cour d'Espagne; puis, reprenant un air plus satisfait, il ajouta tout de suite que cette façon étoit aussi plus simple entre deux cours aussi étroitement unies que l'étoient celles de France et d'Espagne. Il falloit que Chavigny me crût bien neuf pour tâter de cette sottise. Je ne pus m'empêcher de lui répondre, mais en riant en moi-même, que ce qui constituoit le ministre étoit moins sa lettre de créance que celle qu'on lui vouloit bien donner, et les affaires qu'on traitoit avec lui. Et comme le cardinal Dubois me l'avoit extrêmement recommandé, et que j'avois vaincu la répugnance du marquis de Grimaldo, je crus lui devoir offrir de le mener chez ce ministre dès qu'il seroit visible, et au roi d'Espagne, comme un homme de la confiance du cardinal Dubois avec lequel on pouvoit traiter, ce qu'il accepta avec beaucoup de satisfaction et de remercîments.

De ces deux conversations, avec ce que dans l'entre-deux j'avois appris de Pecquet, je compris aisément que la mission apparente de Chavigny, quoique effective, étoit l'affaire de Castro et de Ronciglione; mais que ce qui l'amenoit véritablement à Madrid étoit le passage actuel de don Carlos en Italie. Ce qui me confirma encore dans cette persuasion fut que j'appris deux jours après qu'on armoit six vaisseaux de guerre et quatre frégates à Barcelone, pour être prêts à la fin de mai, même avec beaucoup d'indiscrétion, c'est-à-dire à grands frais et avec beaucoup de bruit.

Avant que d'expliquer mon sentiment sur la mission de Chavigny, et ce que je crus devoir faire en conséquence, il faut expliquer l'état d'alors de la cour d'Espagne, des cabales de laquelle je n'ai donné qu'un simple crayon jusqu'à présent.

Le P. Daubenton avoit très-certainement été le seul confident avec le cardinal Albéroni de l'entreprise méditée sur Naples, et faite ensuite en Sicile. Ils se craignoient et se ménageoient réciproquement; et le jésuite, qui ne vouloit pas hasarder de perdre sa place une seconde fois, qui seule le pouvoit conduire au chapeau où il tendoit sourdement de toutes ses forces, trembloit intérieurement devant Albéroni, qui le sentoit et en profitoit pour s'en servir comme il lui convenoit, sans s'aimer le moins du monde : c'est ce qu'on a vu répandu en mille endroits de ce que j'ai donné de M. de Torcy sur les affaires étrangères. Tous deux haïssoient Grimaldo, pour lequel ils craignoient l'affection et le goût du roi. Quoiqu'ils l'eussent chassé des affaires et du palais, et quoi qu'on eût fait, depuis les changements de ministère, pour réunir le P. Daubenton et Grimaldo, jamais le confesseur ne put lui pardonner le mal qu'il lui avoit fait, en sorte qu'il n'y eut jamais entre eux que des apparences très-superficielles. Castellar, secrétaire d'État de la guerre, et très-capable de cet emploi, étoit au désespoir que les troupes ne fussent point payées, de les voir journellement se détruire, et les officiers qui étoient dans l'étendue de la couronne d'Aragon réduits à se faire nourrir par charité dans les monastères; que tous les projets qu'il avoit présentés pour y remédier fussent toujours remis à un examen qui ne se faisoit point; et tout cela je le savois de lui-même. Il accusoit Grimaldo de soutenir le marquis de Campoflorido, ministre en chef des finances, malade depuis deux ans, hors d'état de donner ordre à rien, et qui mourut avant mon départ de Madrid, à qui pourtant toutes les choses qui regardoient les finances étoient renvoyées, qui demeuroient toutes et tomboient dans la dernière confusion, sans que le roi d'Espagne y fît autre chose qu'attendre sa guérison, ni voulût, même par intérim, prendre aucun parti là-dessus.

Castellar, qui m'avoit fait ces mêmes plaintes, mais sans me parler de Grimaldo, avoit désiré d'être remis en union avec lui, qui s'étoit altérée entre eux. On y avoit travaillé utilement, et on fut surpris que, dans le temps que Grimaldo s'y prêtoit le plus, Castellar, de propos délibéré, se retira tout d'un coup, et mit les choses en beaucoup plus mauvais état qu'elles n'avoient été auparavant. L'époque de cette conduite bizarre de Castellar fut [celle] du voyage de Lerma; et la maladie qui, au retour, retint Grimaldo près de quinze jours au lit, sans sortir ni voir personne, fut attribuée par gens bien instruits à deux chagrins violents que ce ministre essuya en arrivant de ce voyage. Dans ce même temps, Castellar étoit souvent enfermé avec le

P. Daubenton, entroit chez lui par une porte de derrière, [et] en sortoit bien avant dans la nuit. Le confesseur étoit étroitement uni avec Miraval, gouverneur du conseil de Castille.

Le lien de cette union étoit qu'Aubenton faisoit, depuis quelque temps, renvoyer toutes les affaires par le roi d'Espagne aux consultes, c'est-à-dire aux conseils et aux tribunaux, en quoi le confesseur trouvoit parfaitement son compte, parce que tout étoit à la cour d'Espagne affaire de conscience, et que, sur le renvoi ou la réponse des différentes consultes que le roi lui renvoyoit toujours, la vraie décision en demeuroit au jésuite tout seul, qu'il montroit comme sienne à qui elle étoit favorable, et comme venant des conseils et des tribunaux à qui elle étoit contraire. D'un autre côté Miraval étoit dans la liaison la plus intime avec le duc de Popoli jusque-là que, contre la dignité de sa place de gouverneur du conseil de Castille, inviolablement conservée jusqu'alors, et dont Miraval étoit lui-même fort jaloux, il alloit souvent chez le duc de Popoli au palais, et demeuroit fort longtemps tête à tête avec lui dans sa chambre.

De tous les Italiens Popoli étoit le plus dangereux par son esprit et par sa haine pour la France. Il étoit l'âme de la cabale italienne qui se réunissoit toute à lui, laquelle détestoit la France et l'union. Cellamare, qui portoit le nom de duc de Giovenazzo depuis la mort de son père, étoit revenu deux jours avant mon arrivée de Galice, où il commandoit, sans apparence d'y retourner, ni qu'on y renvoyât personne en sa place, et faisoit sa charge de grand écuyer de la reine, avec qui il étoit fort bien. Le prince Pio étoit aussi de retour de Catalogne où il commandoit, et préféroit à ce bel emploi la charge, sans fonctions, de grand écuyer de la princesse des Asturies, qui n'avoit point d'écurie, servie par celles de Leurs Majestés. Tout cela montroit qu'on rassembloit à Madrid les principaux seigneurs italiens pour les consulter sur les affaires d'Italie, comme le duc de Popoli le fut sur l'entreprise de Naples dont il fournit tous les mémoires. Castellar ne pouvoit avoir si brusquement changé sur sa réconciliation avec Grimaldo sans avoir subitement pris d'autres vues et s'être assuré d'autres ressources, qui ne pouvoient être autres que le confesseur et les Italiens, et se mettre bien avec la reine en flattant son ignorance des affaires et son ambition sur le passage de don Carlos, qui d'ailleurs convenoit si bien à Castellar, parce que cela forçoit le roi d'Espagne à mettre enfin ordre à ses troupes et à ses finances, à quoi il buttoit pour sa caisse militaire. Et comme il étoit très-vrai que le désordre des finances ne venoit que par faute d'administration, parce que le fonds en étoit très-bon, et pour ainsi dire sans dettes, Castellar auroit vu avec plaisir quelque rupture en Italie, qui n'auroit pu qu'augmenter le crédit et l'autorité de sa charge. C'étoit là le désir suprême de la cabale italienne, tant pour se mêler d'affaires et acquérir de la considération et du crédit, que dans le désir et l'espérance toujours subsistante, pour raccrocher une partie de leurs biens d'Italie, d'essayer, contre toute raison, quelque restitution au roi d'Espagne de ce que l'empereur lui détenoit, dont, au pis aller, le mauvais succès ne pouvoit rendre à cet égard leur condition pire.

Cette vision, quelque insensée qu'elle fût, méritoit d'autant plus d'être considérée qu'il étoit arrivé à Chavigny de lâcher un grand mot à Pecquet, dans une seconde conversation qu'il eut avec lui, et dont Pecquet me rendit compte incontinent après. Raisonnant ensemble de ce passage actuel de don Carlos en Italie, Pecquet lui dit que c'étoit l'envoyer bien matin pour une succession si éloignée, à quoi Chavigny répondit avec sa tranquille et balbutiante douceur : « Il faudroit quelque chose de présent, quelque chose de présent. » Or ce quelque chose de présent ne pouvoit s'arracher que par la force, et je découvris en même temps que le duc de Popoli avoit été consulté, comme il l'avoit été sur l'entreprise de Naples. Outre cet objet de la cabale italienne qui vient d'être expliqué, elle avoit encore celui de brouiller les deux couronnes, ce qu'elle prévoyoit facile si elle pouvoit parvenir à faire attacher quelque chose en Italie, par la difficulté des secours militaires, et bien autant par l'impossibilité de satisfaire toutes les volontés de la reine, dont les Italiens se sauroient bien prévaloir pour faire naître des brouilleries continuelles avec notre cour, qui n'en feroit jamais assez à son gré, ni au leur, devenus maîtres de son esprit en flattant et entretenant son ambition. Le duc de Bournonville, déjà uni avec la cabale italienne, dès avant sa nomination à l'ambassade de France, de laquelle je parlerai ensuite, ne bougeoit plus d'avec les Italiens, particulièrement d'avec Popoli et Giovenazzo, au premier desquels il faisoit bassement sa cour. Ils furent tous deux embarrassés, jusqu'à en être déconcertés d'avoir été rencontrés par l'abbé de Saint-Simon à la promenade, tête à tête.

Le roi et la reine d'Espagne, leurs deux confesseurs, les deux secrétaires d'État principaux ne se cachoient point du dégoût et des soupçons qu'ils concevoient du nombre de ministres dont la France se servoit en leur cour, disoient hautement et nettement qu'ils ne savoient en qui se fier; que quand on vouloit agir de bonne foi, il ne falloit qu'un canal. Le P. Daubenton s'expliqua même que cette conduite de la France lui faisoit prendre le parti de se mettre à quartier de tout, et de ne se mêler de quoi que ce fût; et je m'aperçus très-bien qu'il s'étoit tenu parole avec moi-même. Je sus qu'il avoit conseillé la même conduite à d'autres, et à Castellar à diverses reprises. Quoique cette multiplicité si peu décente fût très-propre à produire cet effet, il put très-bien être aussi une suite de la liaison du confesseur avec Castellar et Miraval et avec les Italiens. Castellar, qui m'avoit infiniment recherché, et fort entretenu avant et depuis Lerma, s'en étoit retiré tout à coup, et ne me témoignoit plus que de la politesse quand nous nous rencontrions; je ne laissai pas de le prier deux fois à dîner chez moi dans ce temps-là, où il venoit auparavant fort librement de lui-même.

Enfin un dernier objet, mais vif, de cette cabale italienne, étoit de perdre radicalement Grimaldo et par haine personnelle et comme obstacle à leurs projets, desquels il étoit très-éloigné par principes d'État et encore par aversion d'eux comme de ses ennemis; par mêmes principes d'État très-favorables à la France, entièrement dévoué à l'union, seul vraiment au fait des affaires étrangères, fort Espagnol et tout à eux, et comme eux tous dans l'aversion active et passive des Italiens.

Après l'exposition fidèle de ce tableau de la cour d'Espagne alors, je viens à celle de ce que je conçus des deux points dont Chavigny m'avoit entretenu, comme du sujet de son arrivée à Madrid.

Je ne vis aucune sorte de bien à espérer du passage actuel de don Carlos en Italie. Ce n'étoit qu'un enfant dépaysé dont la présence ne pouvoit hâter la succession qu'on espéroit pour lui, qui dépendoit de la vie des possesseurs doubles dans chacun des États de Parme et de Toscane, et il me parut qu'un tel déplacement, sans aucun fruit qui en dût naturellement résulter, devoit pour le moins être mis au rang des choses inutiles, et par cela seul destitué de convenance et de sagesse, sans compter la dignité.

A l'égard des inconvénients, ils me parurent infinis. Hasarder pour rien la santé d'un enfant de cinq ou six ans; l'accompagner nécessairement de personnes qui voudroient considération et profit, qui par conséquent donneroient jalousie aux principaux du pays; et si on le livroit entre les mains des Parmesans, comme une fille qu'on marie en pays étrangers, ces Parmesans mêmes voudroient tirer considération et profit de leurs places auprès du petit prince, et donneroient aux autres Parmesans la même jalousie. L'enfant venant à croître, en seroit gouverné, excité par eux à vouloir se mêler des affaires pour y avoir part eux-mêmes.

Le prince, croissant toujours, s'ennuieroit de son état de pupille, et n'ayant pas un pouce de terre à lui, ne pourroit être autre chose, d'où résulteroient des cabales et des brouilleries qui feroient également repentir les possesseurs et leur futur héritier de se trouver ensemble, dont les suites ne pourroient être que très-fâcheuses, et peut-être devenir ruineuses à tous. Cette situation pourroit durer nombre d'années de la maturité du prince, parce que le frère et successeur direct du duc de Parme n'avoit lors que quarante-deux ans, et le grand prince de Toscane, successeur direct du grand-duc son père, n'en avoit que cinquante-trois; que si par l'événement le grand prince de Toscane ou le duc de Parme, beaucoup plus jeune que la duchesse de Parme, venoient à perdre leurs épouses, que l'amour si naturel de leur maison et d'avoir postérité les engageât à se remarier, ou seulement que le prince de Parme, qui n'étoit point marié, s'avisât de prendre une femme, quelle pourroit devenir alors la situation de don Carlos?

Je considérai que ce prince étoit de droit petit-fils de France, et par accident fils de France, en rang et en traitement, fils du roi d'Espagne, cousin germain du roi et son futur beau-frère. Nos simples princes du sang jouissent depuis longtemps par toute l'Europe d'un rang plus distingué que nulle autre maison régnante. MM. les princes de Conti trouvèrent des électeurs à Vienne et en Hongrie sur lesquels ils conservèrent toujours la supériorité, dans une sorte d'égalité qui ne les empêchoit pas de les précéder sans embarras ni difficulté. Néanmoins l'électeur de Bavière, qui en étoit un, sut, depuis son union avec la France, usurper d'abord, puis se faire donner des distinctions jusqu'alors inouïes et jamais prétendues sur les premiers sujets du roi et par ce [sur] les généraux en chef de ses armées, d'où il résulta que ce même électeur, qui s'étoit toujours contenté d'un tabouret devant le prince d'Orange, devenu roi d'Angleterre, assis dans un fauteuil, venu à Paris, obtint l'*inco-*

gnito de la complaisance du feu roi, d'en être reçu debout, sans aucun siége pour l'un ni pour l'autre, toutes les fois qu'il le vit, et que le roi souffrit l'énormité de sa prétention de la main chez Monseigneur, puisqu'il consentit qu'il ne le verroit que dans les jardins de Meudon, sans entrer dans le château, et qu'ils montassent tous deux dans la même calèche en même instant, chacun par sa portière, ce qui n'avoit jamais été prétendu par aucun souverain, même sans être incognito, quoique dans le même temps l'électeur de Cologne, son frère, mais plus raisonnable, incognito aussi, mais vêtu en évêque, ne prétendit rien de semblable, et vit debout le roi dans un fauteuil, après souper, avec sa famille, plus d'une fois, où véritablement Monseigneur et Mgrs ses fils étoient debout aussi, et les princesses sur des tabourets.

A l'égard de Monseigneur, il le vit à Meudon, y dîna avec lui, vis-à-vis de lui au bas bout, avec les dames et les courtisans, tous sur des siéges à dos, faits pour la table, comme à l'ordinaire, et suivit toujours Monseigneur, se reculant même aux portes, qui lui montra toute la maison, puis les jardins, où l'électeur ne fit aucune difficulté de monter dans la calèche de Monseigneur toujours après lui. De ces variations on pouvoit conclure quels seroient les embarras du cérémonial entre don Carlos, le duc de Parme lui-même, les autres princes d'Italie, les cardinaux et les autres principaux grands, desquels tous il faudroit continuellement encourir la haine pour des points de cérémonial, ou laisser flétrir en sa personne la dignité de sa naissance et celle des deux couronnes.

Rien ne m'avoit été plus recommandé en partant que d'écarter toutes les idées de la cour d'Espagne sur l'Italie, particulièrement sur tout ce qui pouvoit de près ou de loin tendre à quelque entreprise et à quelque rupture de ce côté-là. Rien n'y pouvoit pourtant conduire d'une façon plus directe que ce passage actuel de don Carlos avec des troupes. C'étoit réveiller toute l'Europe sur un projet dont elle s'embarrassoit peu, tandis qu'il paroissoit éloigné au point où il l'étoit par sa nature, mais qui auroit tout à coup changé de face dès qu'on auroit vu paroître don Carlos armé en Italie. Il auroit fallu payer et entretenir ces troupes, et ce n'eût pas été aux dépens du duc de Parme. Quand bien même ce prince eût pu consentir de soudoyer ces troupes de l'argent qui lui seroit accordé par le pape, et par le roi d'Espagne, de l'indult sur le clergé des Indes pour le payement de Castro et de Ronciglione, indult néanmoins qui étoit une chimère, on auroit dû s'attendre que l'Espagne, sur les sujets de laquelle ces sommes seroient tirées, nous auroit demandé de contribuer de notre part. L'empereur, qui ne verroit point cet événement sans une jalousie extrême, pourroit prétendre de s'y opposer par la voie des armes, comme à une chose qui, n'ayant point d'apparence par l'éloignement naturel de ces successions, le menaceroit d'une manière effective. Mais par impossible, prenant la chose avec plus de modération, il pourroit prendre une autre voie qui, à la fin, ne conduiroit pas moins à la rupture : il diroit que les États de Parme et de Toscane sont menacés d'invasion, tout au moins d'oppression ; qu'encore que le duc de Parme y consentît pour le sien, lui empereur n'étoit pas moins obligé de protéger ses feudataires. Il prétendroit garder les places de ces États ; il y trouveroit toute sorte de facilité pour celui de Toscane ; et pour six mille hommes que nous aurions en Italie, il y en auroit le nombre que bon lui sembleroit, avec toute la facilité que lui donnent les États qu'il possède en Italie, et que lui présente le passage par le Tyrol de ce qu'il y voudroit envoyer d'Allemagne. Le roi de Sardaigne, qui gardoit si étroitement ses frontières dans la crainte de la peste, auroit ce prétexte pour nous refuser tout passage, et les Suisses pareillement, qui n'auroient osé choquer l'empereur. Nous serions donc par là, et l'Espagne par sa situation naturelle, à ne pouvoir secourir don Carlos tant de recrues que de troupes d'augmentation, sinon par mer, dont les transports sont infiniment ruineux, et dont l'Espagne a peu de moyens, et de vaisseaux encore moins. Alors l'Angleterre avec ses flottes deviendroit maîtresse des secours. Quelque bien que nous fussions avec elle, il ne faudroit pas se flatter qu'un prince d'Allemagne, tel que de son estoc étoit le roi d'Angleterre, résistât aux mouvements de l'empereur dans le point le plus sensible, tel que lui étoit l'Italie. Il faudroit de plus compter que la jalousie de se conserver le port Mahon et Gibraltar, que les Anglois ont usurpé dans le sein de l'Espagne, lui feroit embrasser ardemment cette cause de l'empereur, dans la crainte que l'établissement d'une branche d'Espagne en Italie ne le forçât enfin à la restitution. Une entreprise si prématurée pour du présent en Italie à don Carlos, n'auroit pas manqué d'échauffer les esprits de toutes parts, jusqu'à produire une guerre où bientôt après la France n'auroit pu éviter d'entrer. Et comme il s'y agiroit de fiefs de l'Empire; que le roi de Pologne avoit marié le prince électoral de Saxe, son fils, à une archiduchesse; que l'électeur de Bavière recherchoit passionnément l'autre archiduchesse pour le sien, ces deux princes, les plus considérables de l'Empire, regarderoient d'un œil de propriété les États héréditaires de l'Empire, tellement qu'avec le concours certain du roi d'Angleterre, électeur d'Hanovre, cette guerre deviendroit aisément une guerre de l'Empire. Or, en quelque disette d'argent que pût être l'empereur, il n'est jamais si puissant ni si riche que lorsqu'il a une guerre de l'Empire. Ses prétentions sur nos bords du Rhin, même sur les trois évêchés[1], et qu'il n'abandonnera jamais, ses difficultés subsistantes avec lui pour les limites entre ses Pays-Bas et les nôtres, lui fourniroient bientôt des prétextes de porter

---

1. On appelait ainsi les évêchés de Toul, Metz et Verdun, réunis à la France sous Henri III.

la guerre sur ces deux frontières, et je ne voyois point que nous fussions en état de la bien soutenir par nous-mêmes ni par nos alliances. Je sentois le triste état de nos finances, et je voyois le désordre de celles d'Espagne. Notre épuisement d'hommes se présentoit à moi, et je le trouvois encore plus grand en Espagne. Notre peste, par surcroît de malheur, détruisoit encore les hommes, et les finances aussi par l'interruption du commerce. Nous touchions au congrès de Cambrai, que cette guerre auroit dissipé ou tourné contre nous; et, pour ne rien oublier, le roi, majeur dans un an, à qui on ne manqueroit pas de peindre cette entreprise avec les couleurs les plus noires.

Toutes ces raisons mises d'un côté, l'inutilité indécente du passage de don Carlos actuellement, même de bien longtemps, de l'autre, et avant l'ouverture de la première des deux successions, me fit conclure que si j'étois du conseil de l'empereur, je ne désirerois rien davantage qu'une telle entreprise si fort à contre-temps, qui ne pouvoit mériter que le nom d'une folle équipée, qui n'auroit pu que lui procurer une augmentation de grandeur en Italie et en Europe, une grande jalousie et l'épuisement aux deux couronnes, et tout au moins faire échouer l'établissement de don Carlos en Italie. Que si, au contraire, je m'étois trouvé à la tête du conseil du roi ou de l'Espagne, je n'aurois songé qu'à éteindre l'inquiétude causée par la nouvelle réunion des deux branches royales et des deux couronnes par la plus profonde apparence d'inaction, de prétentions, de désirs; qu'à éviter tout ce qui pourroit entraîner le plus petit engagement; qu'à terminer utilement le congrès de Cambrai pour nous procurer une situation stable, paisible, assurée avec tous nos voisins; entretenir une longue et profonde paix; éteindre toute crainte et tous soupçons, quelque légers qu'ils puissent être; étreindre soigneusement l'union des deux couronnes; profiter continuellement mais doucement et sans éclat des avantages de son commerce;

acquérir au roi la confiance, et, s'il étoit possible, la dictature de l'Europe, et se faire de plus en plus aimer et considérer, par assoupir les différends, étrangers à nous, des grandes et des petites puissances; n'oublier rien pendant ce grand repos pour réparer les finances; faire respirer les peuples, les laisser multiplier, croître, devenir robustes et féconds, par leur laisser les moyens de se nourrir, et de fournir utilement à l'agriculture et aux autres travaux; réparer soigneusement et augmenter doucement notre marine, ou, pour mieux dire, la créer peu à peu de nouveau; ne point perdre de vue le grand événement, quoique très-apparemment très-éloigné, de la mort de l'empereur, sans enfants mâles, ni la faute énorme de la guerre qui fut terminée par la paix de Ryswick, qui ligua toute l'Europe contre la France, et que cette paix faite depuis deux ans n'avoit pas encore assez séparée pour ne s'être pas incontinent rassemblée dès qu'elle vit la France résolue à profiter du testament de Charles II et du vœu unanime de tous les Espagnols, quoique si affaiblie d'hommes et d'argent, et n'avoit pas eu le temps de respirer depuis la fin de cette dernière guerre, qui avoit duré dix ans contre toute l'Europe; enfin se mettre en état, à force de sagesse au dehors et de soins continuels au dedans, de pouvoir bien profiter de l'ouverture des successions auxquelles don Carlos étoit appelé du consentement de toute l'Europe, en faire un grand prince en Italie, capable d'y tenir de court la puissance de la maison d'Autriche, et si elle venoit à s'éteindre tôt ou tard, se trouver en force et en moyens de profiter grandement de sa chute.

Pour l'affaire de Castro et de Ronciglione, elle étoit si chimérique qu'il suffira de raconter ici qu'ayant rencontré le P. Daubenton au palais, qui, d'un air instruit de tout, me demanda si Chavigny m'avoit dit le sujet de son voyage, je ne jugeai pas à propos de lui parler d'autre chose que de l'indult, sur quoi le bon père se prenant à rire me répondit qu'il étoit assez plaisant de payer et de retirer ses dettes sur le fonds d'autrui, et riant encore plus fort, ajouta qu'il ne savoit pas si cette voie accommoderoit fort le roi et ses sujets. Je me mis à rire aussi, et je l'assurai que je laisserois cette fusée à démêler à qui en étoit chargé. Il me demanda ensuite avec quelque empressement si je ne savois rien de plus. Quoiqu'il pût être que Chavigny lui eût confié qu'il m'en avoit parlé, j'aimai mieux me tenir fermé qu'entrer en affaire avec un homme dont les liaisons, ci-dessus expliquées, le jetoient très-vraisemblablement dans une opinion toute différente de celle que j'avois prise, et dont je ne le ferois pas revenir, parce que les meilleures raisons échouent toujours contre celle des intérêts personnels et des cabales, et que, de plus, j'ignorois les sentiments du cardinal Dubois là-dessus. J'en sortis donc par lui dire que les fêtes du carnaval et les fonctions des premiers jours de carême ne m'avoient permis d'entretenir Chavigny qu'à la hâte.

Cette ignorance où j'étois de ce que le cardinal Dubois pensoit sur ce passage de don Carlos en Italie, et sur cet étrange présent qu'il faudroit à ce prince que Chavigny avoit lâché à Pecquet, m'embarrassa beaucoup. Dubois et Chavigny étoient si faux, si doubles, si consommés fripons et si parfaitement connus pour l'être qu'il n'y avoit personne qui ajoutât la moindre foi en leurs discours ; par-dessus cela, si sordidement intéressés, si ambitieux, si étrangement personnels, si profonds en leurs vues et leurs allures, si fort méprisant tout autre intérêt que le leur particulier, si excellemment impudents, et si étroitement liés de confiance par leur commune scélératesse, à laquelle tous moyens étoient bons, quels qu'ils pussent être, et si accoutumés aux voies les plus tortueuses que les serpents ne pouvoient être d'un plus dangereux ni d'un plus difficile commerce. Je ne pouvois donc allier ces deux choses si opposées : l'une que Chavigny fût venu en Espagne sans lettres de créance du cardinal Dubois ; l'autre que, chargé de deux affaires par le duc de Parme, il n'eût d'ordre du cardinal que sur la première, et encore foible, et que sur l'autre, qui étoit si importante, non-seulement il n'en eût point, mais que depuis dix mois qu'elle se tramoit, et que Chavigny lui en écrivoit, il n'en eût pas reçu là-dessus un seul mot de réponse.

Cette affection[1] me sembloit étrange, encore plus l'aveu très-volontaire que Chavigny m'en faisoit ; et que, malgré un silence si opiniâtre, il osât mettre sur le tapis une affaire de cette conséquence, lui si mesuré, si froid, si circonspect, et si fort au fait de l'incomparable jalousie d'autorité du cardinal Dubois qui ne souffroit pas qu'une affaire de la plus petite bagatelle se traitât sans sa participation. Je soupçonnai donc là-dessus un jeu joué entre le maître et le valet : que celui-ci savoit bien ce qu'il faisoit, et que l'autre avoit ses raisons de le faire agir ainsi sans y vouloir paroître. Mais de pénétrer les raisons d'un homme qui n'agissoit que par intérêt personnel, auquel il rapportoit et soumettoit sans bornes les plus grands intérêts de l'État, très-souvent encore par fougue ou par caprice, c'étoit ce qu'il n'étoit pas possible de découvrir. Je n'osai donc hasarder de lui écrire de cette affaire. Il ne m'en avoit écrit en aucune sorte, et son confident Chavigny se plaignoit gratuitement à moi de n'en avoir pu tirer un seul mot de réponse là-dessus. Je n'avois donc aucun compte à rendre de ce dont je n'étois point chargé, et que je pouvois ignorer; mais la chose me parut tellement importante que je ne pus pour cela m'en tenir quitte.

J'avois laissé Belle-Ile, ami intime de Le Blanc, duquel le cardinal Dubois se servoit en toutes choses, en usage d'aller tous les soirs avec Le Blanc passer une heure chez le cardinal seuls avec lui, à parler de toutes sortes d'affaires. Mon fils aîné devoit s'en retourner incessamment à Paris. Par lui, je fis à Belle-Ile une ample dépêche de tout ce que je viens

---

1. Affectation.

d'expliquer et de raconter. Je le priai de la communiquer à Le Blanc, et de voir ensemble ce qu'ils pourroient faire pour empêcher l'exécution d'un projet, dont l'absurdité étoit la moins mauvaise partie. En même temps je fis prier Grimaldo par Sartine que je le pusse voir dès qu'il seroit en état d'entendre un peu parler d'affaire qui pressoit, et que ce fût même avant de recommencer d'aller travailler au palais. Il le fit en effet de très-bonne grâce, et c'est la seule fois que je l'aie vu dans sa maison à Madrid. Je lui appris tout ce que j'avois su de Chavigny, et il me parut que je lui faisois grand plaisir. Il admira autant que moi ce manége apparent de silence obstiné du cardinal avec Chavigny sur le passage de don Carlos, et l'apparente témérité de cet intime confident de la traiter à Madrid sans ordre, instruction, ni lettre de créance.

Grimaldo n'avoit pas besoin de cette touche pour former son opinion sur tous les deux. Nous continuâmes à nous déboutonner ensemble sur l'un et sur l'autre. De là je lui représentai au long tout ce que je viens d'expliquer de l'absurdité et des dangers de ce prématuré passage ; surtout je ne lui laissai pas ignorer le mot de Chavigny, échappé à Pecquet, d'établissement présent pour don Carlos et lui, et lui en exposai toutes les conséquences. Grimaldo ne feignit[1] point de s'ouvrir entièrement avec moi là-dessus et fut totalement de mon sentiment. Il me donna ensuite une plus grande marque de confiance, quoiqu'en me parlant plus obscurément de sa crainte d'un si funeste projet, mais qui pouvoit flatter et éblouir ; et comme j'étois au fait des intérêts, des liaisons, des cabales que j'ai ici rapportées, son discours, tout mesuré, tout enveloppé là-dessus, me fit sentir que j'étois parfaitement informé. Il me remercia de cette visite comme d'un service essentiel que je lui avois rendu pour le mettre au fait de ce que Chavigny lui proposeroit, et le mettre en

---

1. N'hésita pas.

état de prévenir, et s'il le pouvoit, de prémunir Leurs Majestés Catholiques là-dessus, et de les garantir du précipice. Il me rassura sur l'armement de Barcelone, qu'il me répondit être fait pour l'Amérique. Il fut encore quelques jours sans pouvoir aller au palais.

Pour achever cette matière de suite, Grimaldo me dit qu'il avoit heureusement prévenu le roi et la reine, leur avoit expliqué les embarras, puis les dangers où les jetteroit ce passage qui, au mieux aller, ne pouvoit apporter aucun fruit; et [qu'il avoit] si bien combattu les raisons, dont il pouvoit bien être que quelques gens se fussent déjà servis auprès d'eux, qu'il espéroit tout à fait les maintenir dans la négative; d'autant plus qu'il les avoit trouvés si choqués de l'arrivée de Chavigny, dont ils savoient les aventures et connoissoient la réputation, qu'il avoit eu toutes les peines du monde à gagner sur le roi et la reine de ne pas trouver mauvais que je le leur présentasse, parce que je ne pouvois m'en dispenser sans me faire une affaire fâcheuse avec le cardinal Dubois qui me l'avoit très-particulièrement recommandé.

Le lendemain de cette conversation, je menai Chavigny au marquis de Grimaldo qui le reçut fort civilement, mais fort froidement; et le soir, comme Leurs Majestés Catholiques revenoient de la chasse, je le leur présentai à la porte de leur appartement intérieur. En effet le roi passa sans s'arrêter et sans tourner la tête vers lui, ni par conséquent vers moi qui le présentois, et sans dire un seul mot. La reine me dit quelque chose, pour me parler seulement et sans aucun rapport à Chavigny qu'elle ne regarda pas non plus. Quoique j'eusse lieu de m'attendre à une assez mauvaise réception, celle-ci la fut tellement et si marquée que j'en demeurai confondu. Chavigny, avec toute sa douce et timide effronterie, ne laissa pas d'en être embarrassé. Comme cela se passa en public, la cour et la ville en discoururent. Chavigny se garda bien de m'en parler, et moi à lui; mais il m'en parut mortifié pendant plusieurs jours. Cette présentation faite, il marcha par lui-même et je ne m'en mêlai plus. Il mangeoit très-souvent chez moi; j'en fus quitte pour des civilités et pour prendre pour bon le peu qu'il s'avisoit quelquefois de me dire, ce qui n'alloit à rien, et sans m'entremettre de la moindre chose. Il ne trouva pas mieux son compte avec Grimaldo sur l'indult que sur le passage. Ce ministre se moqua bien avec moi de cette vision du duc de Parme, et n'en rit pas moins qu'avoit fait le P. Daubenton. Chavigny échoua donc sur l'affaire de l'indult et sur celle du passage de don Carlos en Italie. Il demeura néanmoins deux mois après moi à Madrid, soit que la cabale italienne l'y retînt dans l'espérance de faire enfin goûter ce projet à la reine, ou que le cardinal Dubois l'eût chargé de choses qui passoient Maulevrier, et qui ne sont point venues à ma connoissance, mais dont il n'a résulté aucun effet qui ait été aperçu.

CHAPITRE VII.

Le duc de Bournonville, nommé à l'ambassade de France, en est exclus. — Je tente en vain d'obtenir la restitution de l'honneur des bonnes grâces de Leurs Majestés Catholiques au duc de Berwick. — Je tente en vain d'obtenir la grandesse pour le duc de Saint-Aignan. — Conduite étrange de la princesse des Asturies à l'égard de Leurs Majestés Catholiques. — Bal de l'intérieur du palais. — La *Pérégrine*, perle incomparable. — Illuminations; feux d'artifice admirables. — Leurs Majestés Catholiques en cérémonie à l'Atoche. — Raison qui me fait abstenir d'y aller. — Fête de la course des flambeaux. — Fête d'un combat naval.

Une autre affaire m'occupoit en même temps. On avoit su avant mon départ de Paris que le duc de Bournonville briguoit fort à Madrid l'ambassade de France, dont Laullez avoit

fini son temps; et le cardinal Dubois qui ne vouloit point
absolument du duc de Bournonville, m'avoit fort recommandé de n'oublier rien pour l'y traverser. J'eus si peu de
temps entre mon arrivée à Madrid et le départ pour Lerma,
et ce temps si occupé d'affaires, de fêtes, de cérémonial, de
fonctions et de visites infinies que je n'eus pas celui d'entamer rien sur cette ambassade, dont je comptai avoir tout
loisir à Lerma. Mais en arrivant au quartier que je devois
occuper, je tombai malade le jour même, et la petite vérole,
qui se déclara, me mit pour quarante jours hors de moyen
de sortir de mon village. Pendant ce temps-là le duc de
Bournonville bien averti de Paris, et qui me craignoit fort
pour son ambassade, intrigua si bien, qu'il se la fit donner
et déclarer. Je reçus à Villahalmanzo une lettre du cardinal
Dubois, dès qu'il eut appris cette nouvelle, pleine de regrets
sur la lacune de ma petite vérole et de ma séparation de la
cour, qui eût, à ce qu'il me disoit, paré ce choix. De là,
s'étendant sur le caractère du duc de Bournonville, sur ses
liaisons intimes avec le duc de Noailles, et c'étoit là le principal point du cardinal, car la maréchale de Noailles et lui
étoient enfants des deux frères, le cardinal se lamentoit des
inconvénients qui résulteroient sûrement de cette ambassade, et pour les cabales de la cour, et contre l'union si nécessaire des deux couronnes, que le duc de Bournonville et
le duc de Noailles sacrifioient à leurs vues et à leurs intérêts
particuliers. Enfin il m'avançoit que l'usage constant entre
les grandes couronnes étoit de faire pressentir celle où il
falloit un ambassadeur sur la personne qu'on pensoit à y envoyer, afin de ne lui pas donner un ministre désagréable; à
plus forte raison l'Espagne devoit ce ménagement à la France,
dans la position actuelle où les deux couronnes se trouvoient
si heureusement ensemble. Il m'exhortoit à faire valoir cette
raison et de tâcher à faire révoquer une disposition si peu
propre à entretenir l'amitié et l'union si désirable entre les
deux branches royales et entre les deux cours. Il étoit vrai

que la maréchale de Noailles, qui aimoit fort sa maison, et en général à obliger, avoit pris soin, tant qu'elle avoit pu, de ce cousin germain qui étoit un arrière-cadet sans bien, et que le duc de Noailles l'ayant trouvé fort homogène à lui, ils s'étoient intimement liés depuis fort longtemps. Depuis que le duc de Noailles avoit perdu l'administration des finances, quoique comblé en même temps des plus grandes grâces pour lui en adoucir l'amertume, il n'avoit pu digérer la perte de ce grand emploi. Il s'étoit éloigné de ceux à qui il s'en prenoit et de ceux qui lui avoient succédé. Dubois et d'Argenson étoient dans la plus grande liaison et ne s'éloignèrent pas moins du duc de Noailles. Ils ne songèrent qu'à le rendre suspect et à l'écarter de M. le duc d'Orléans, dont la confiance pour lui, tant qu'il avoit eu les finances, leur étoit fâcheuse, dans la crainte des retours, tellement que cette liaison si étroite, formée à l'entrée de la régence, entre l'abbé Dubois, le duc de Noailles, Canillac et Stairs, formée avec tant d'art et de soin par Dubois pour s'ouvrir un chemin à la fortune, de délaissé qu'il étoit alors de M. le duc d'Orléans, et la liaison particulière du duc de Noailles avec lui pour s'en servir contre moi, et pour lui-même, lorsque Dubois, à leur aide, seroit revenu sur l'eau; cette union se refroidit à mesure que Dubois sentit fortifier ses ailes et se changea en éloignement, quoique caché, depuis la perte de l'administration des finances. Outre ces raisons et celles du caractère du duc de Bournonville, que je crois avoir suffisamment expliquées ici en plus d'un endroit, le cardinal en avoit une autre plus secrète et plus personnelle qu'il n'est pas temps de développer et qui m'étoit encore inconnue. Ce n'étoit pas une petite affaire que d'empêcher que l'ambassade de Bournonville eût lieu. Sa déclaration étoit pour le roi d'Espagne un engagement public : la rétracter étoit un affront à un homme qui, à la vérité, ne fut jamais à ces choses-là près, mais qui par sa dignité, sa naissance, sa charge, et la Toison qu'il portoit, méritoit plus d'égards.

Je ne laissai pas de l'entreprendre, tant pour ne pas déplaire
au cardinal Dubois, en choses qui m'étoient aussi indifférentes, que parce qu'en effet je ne pouvois que tout craindre
pour l'union des deux cours d'un homme du caractère de
Bournonville, asservi à Popoli, à Miraval, à toute la cabale
italienne si ennemie de la France et de l'union, conduit par
le duc de Noailles de même caractère que lui, et à qui tout
seroit bon pour rentrer en danse; enfin d'un homme haï et
craint par le cardinal Dubois qui ne pourroit traiter qu'avec
lui. Je représentai donc ce dernier inconvénient à Grimaldo.
Je lui demandai quel choix on pouvoit faire entre se servir
d'un canal qui devoit être plus que suspect en Espagne à
tout ce qui en aimoit les vrais intérêts, la grandeur et l'union
avec la France, odieux à celui avec qui il auroit uniquement
à traiter, et qui étoit le maître de toutes les affaires, ou faire
une peine à un seigneur à qui on pouvoit trouver d'autres
emplois capables de le dédommager de celui où il étoit personnellement impossible qu'il pût réussir. Je lui parlois
plus librement par l'amitié et la confiance qui s'étoit établie
entre lui et moi, et plus hardiment par la connoissance que
j'avois des cabales de cette cour, et que Grimaldo n'ignoroit
pas combien Bournonville étoit engagé avec ses ennemis. Je
lui expliquai la situation où le cardinal Dubois étoit avec le
duc de Noailles, et les intimes et anciennes liaisons de parenté, d'amitié, d'homogénéité qui étoient entre les ducs de
Noailles et de Bournonville, et ce que la maréchale de
Noailles étoit et dans sa famille et dans le monde; en un
mot, que s'il vouloit humeurs, caprices, brouilleries, dégoûts réciproques entre les deux cours, leur désunion certaine, il seroit servi par un tel ambassadeur, avec lequel
tout cela seroit infaillible, tandis que les deux cours ne recevroient que satisfaction réciproque, intelligence, union de
plus en plus resserrée dans le désir qu'elles en avoient l'une
et l'autre en envoyant ambassadeur quel que ce fût, pourvu
que ce fût un homme d'honneur, droit, de nulle cabale,

uniquement attaché aux intérêts de l'Espagne, et à bien servir dans son emploi. Grimaldo goûta mes raisons, mais l'embarras fut d'en persuader assez Leurs Majestés Catholiques pour entraîner la reine, qui méprisoit Bournonville comme faisoient tous ceux qui le connoissoient, mais qui avoit les plus fortes protections auprès d'elles, à l'abandonner à cet affront. Je répondis que si Bournonville avoit un grain de sens, il seroit le premier à demander d'être déchargé d'une ambassade où il ne pourroit jamais réussir, à voir que le cardinal Dubois mettroit toute son industrie à faire retomber sur lui par l'Espagne même tous les fâcheux succès de ses négociations, à sentir que ce qui réussiroit en toutes autres mains romproit entre les siennes, et qu'en prétextant santé, dépense, affaires, il pouvoit remettre l'ambassade sans affront. Je donnai courage à Grimaldo ; je lui dis qu'il n'y avoit qu'à continuer Laullez qui servoit l'Espagne à son gré, et qui étoit extrêmement agréable à notre cour, prétexter qu'il avoit entamé des affaires qu'il n'étoit pas à propos de changer de mains, et se donner ainsi tout le temps nécessaire de lui choisir un successeur qui lui ressemblât, et qui marchât sur ses mêmes errements. Enfin Grimaldo, convaincu de mes raisons, peut-être des siennes personnelles qui se trouvoient couvertes par les miennes, me promit merveilles et me les tint. Bournonville, qui m'accabloit de souplesses et de bassesses, ne fut pas assez sage pour refuser. Il insista toujours, comptant sur la publicité de sa déclaration et sur le crédit de sa cabale. Il en fut la dupe, et ses Italiens avec lui, qui en furent outrés de dépit. Pour lui, il sentit le coup, et parut comme un condamné, mais il ne m'en fit que mieux, et me conjura sans cesse de détruire à mon retour les préventions qu'on avoit prises contre lui, et d'obtenir la permission du régent et du cardinal Dubois d'aller en France se justifier auprès d'eux. Il me faisoit parler par tous ses amis, me raccrochoit partout et me désoloit en plaidoyers qui ne finissoient point. Cela dura jusqu'à la veille de mon départ, que je le trouvai tout tard qui m'attendoit à mon carrosse, dans la cour du Retiro, où il me demanda une dernière audience, et quoi que je pusse faire m'y promena près de deux heures.

Si j'eus le bonheur de réussir en ces deux affaires, j'eus le malheur d'échouer en deux autres, dont la seconde surtout ne me tenoit pas moins au cœur qu'avoit fait la grandesse de mon second fils, seule cause de mon voyage en Espagne, et d'en avoir désiré et obtenu l'ambassade.

Sur la première il faut se souvenir que lorsque le cardinal Dubois embarqua M. le duc d'Orléans à faire si follement la guerre à l'Espagne pour faire sa cour aux Anglois, et obtenir son chapeau, le duc de Berwick accepta sans balancer le commandement de l'armée de Guipuscoa, prit des places et brûla la marine d'Espagne au Ferrol, qui étoit le grand objet des Anglois, ce que le roi d'Espagne, qui l'avoit comblé lui et son fils aîné de bienfaits, ne put jamais lui pardonner. C'étoit ce pardon que le cardinal Dubois avoit extraordinairement à cœur pour la même raison, qui m'étoit lors cachée, dont j'ai parlé de même sur autre chose, il n'y a pas longtemps. Par conséquent M. le duc d'Orléans, qui n'y entendoit pas finesse, désiroit aussi ce pardon, et l'un et l'autre me l'avoient très-particulièrement recommandé, et m'en avoient écrit en Espagne depuis le plus fortement du monde. Le duc de Liria, qui le souhaitoit ardemment avec grande raison, me pressoit aussi là-dessus, tellement que j'en parlai à Grimaldo. Ce ministre me dit que je ne pouvois parler de cette affaire à personne qui l'eût plus à cœur que lui, par son ancien et véritable attachement pour le duc de Berwick, et pour la fidèle amitié qui étoit entre le duc de Liria et lui, mais que je ne devois point me tromper sur cet article; que le roi et la reine n'avoient encore rien rabattu de leur première indignation; qu'il leur en échappoit de temps en temps des marques fort vives et telles que lui, qui les connoissoit, se garderoit bien de toucher cette corde au-

près d'eux; qu'à mon égard, après cet avis, il n'avoit rien
à me dire, mais que je pouvois me régler là-dessus. Ce dé-
but me parut fâcheux. J'avois espéré de l'amitié de Grimaldo
pour le père et le fils qu'il me frayeroit un chemin que je
n'aurois qu'à suivre. Son refus me le fit voir bien plus difficile que je ne m'y étois attendu. Je me tournai vers le P. Daubenton sans lui parler de ma tentative. Mais j'eus beau lui
parler conscience et son caractère de confesseur, il me fit
toutes les protestations possibles pour le duc de Berwick et
même pour le duc de Liria, me dit que c'étoit une affaire
en quelque sorte d'État dans laquelle il ne devoit point entrer de lui-même; m'en laissa entendre toute la difficulté,
et me renvoya à Grimaldo, à qui aussi je me gardai bien de
dire que j'en eusse parlé au confesseur, et que j'en avois été
éconduit. Je lui dis seulement que réflexion faite je ne pouvois manquer à des ordres si précis; que je ne pouvois
m'imaginer que Leurs Majestés Catholiques me pussent savoir mauvais gré de les exécuter; que je m'en acquitterois
avec tout le respect, les mesures et l'attention à ne les point
blesser que j'y pourrois mettre, qu'au pis aller, si je ne
réussissois pas, j'aurois fait ce que je devois, et évité de me
faire une affaire de l'inexécution d'ordres si précis et réitérés. Dans cet esprit, je demandai une audience. Je dis à
Leurs Majestés Catholiques que j'avois à m'acquitter auprès d'elles d'un ordre de bouche avant mon départ, et réi-
téré très-fortement depuis; que ce dont il s'agissoit étoit
une grâce que le roi et M. le duc d'Orléans avoient extrêmement à cœur d'obtenir de Leurs Majestés; qu'ils la leur demandoient avec toute la confiance qu'ils devoient prendre
non-seulement en leur générosité, mais encore en leur
piété; que néanmoins Sa Majesté et Son Atesse Royale en
prenoient encore une nouvelle de ce moment de réunion
aussi parfaite et aussi intime de Leurs Majestés avec elles;
et que Leurs Majestés se pouvoient assurer d'une reconnoissance parfaite si elles en obtenoient ce dont Sa Majesté et

Son Altesse Royale étoient si véritablement touchées et qu'elles désiroient avec tant de passion. Ils me laissèrent tout dire, puis le roi me demanda ce que c'étoit donc que le roi et M. le duc d'Orléans lui demandoient. Je répondis : le retour de l'honneur de leurs bonnes grâces pour le duc de Berwick, qui ne se consoloit point d'avoir eu le malheur de les perdre. A ce nom le roi rougit, m'interrompit, et me dit d'un air allumé et d'un ton ferme : « Monsieur, Dieu veut qu'on pardonne, mais il ne faut pas m'en demander davantage. » Je baissai la tête, puis regardant la reine comme pour lui demander assistance, je dis en rebaissant la tête : « Votre Majesté me ferme la bouche; et le respect m'empêchera de la rouvrir là-dessus, sans néanmoins éteindre les espérances que je mettrai toujours en la générosité et la piété de Votre Majesté. » Je me tus ensuite, comprenant bien à leur contenance qu'insister davantage seroit sans autre fruit que les opiniâtrer et les aigrir. Après quelque silence, la reine parla d'autre chose, mais de simple conversation qui dura quelque peu, et l'audience finit de la sorte. Grimaldo, à qui je rendis ce qui s'étoit passé, n'en fut pas surpris : il me l'avoit bien prédit. Le duc de Liria en fut très-affligé, quoique toujours personnellement bien traités. L'un et l'autre, qui furent les deux seuls qui surent cet office, ne jugèrent pas à propos que j'en reparlasse davantage. J'en pensois comme eux, et les choses en demeurèrent là.

La seconde affaire, la cour n'y avoit nulle part et n'en avoit pas même de connoissance. La duchesse de Beauvilliers qui par le mariage de sa fille au duc de Mortemart, dont elle étoit dans le repentir depuis longtemps, avoit fait passer presque toute la fortune du duc de Beauvilliers sur ce gendre, étoit touchée après coup de voir Sa Grandesse sortie de sa maison. Elle m'en témoigna sa peine avant mon départ, et me pria de voir si je ne pourrois point obtenir une grandesse pour le duc de Saint-Aignan qui avoit peu de biens et beaucoup d'enfants. J'aimois et je respectois extrêmement la duchesse de Beauvilliers, et M. de Beauvilliers étoit vivant et agissant dans mon cœur dans la dernière vivacité du sentiment le plus tendre et le plus rempli de vénération. Quoique le duc de Saint-Aignan ne m'eût jamais cultivé que suivant la mesure de son besoin, et que sa futilité me fût désagréable, il m'étoit cher, parce qu'il étoit frère du duc de Beauvilliers, et par cette raison, lui et tout ce qui porta son nom, me l'a été toute ma vie, sans nul égard à rien de tout ce qui auroit dû émousser les pointes de ce vif attachement. Je partis donc bien résolu de ne rien oublier pour le succès d'une chose que je désirois assez passionnément pour ne savoir de bonne foi ce que j'aurois choisi, si on m'eût donné en Espagne l'option de cette grandesse ou de la mienne. Les services et la reconnoissance pour de tels morts, et desquels ni des leurs on ne peut rien attendre, sont d'une suavité si douce, et jettent dans l'âme quelque chose de si vif, de si délicieux, de si exquis que nulle sorte de plaisir n'y est comparable et dure toujours, et je l'éprouve encore sur la charge de premier gentilhomme de la chambre que le duc de Mortemart avoit eue du duc de Beauvilliers, sur laquelle j'ai raconté en son temps ce qui se passa. Plein de ce désir, j'en fis la confidence à Grimaldo, à qui, en peu de mots, j'en expliquai la cause pour qu'il ne crût pas cet office que je voulois rendre du nombre de ceux dont on se soucie peu, pourvu qu'on s'en soit acquitté, et qu'il sentît au contraire à quel point le succès m'en tenoit au cœur. Sa réponse m'affligea. Après la préface de politesse et d'amitié, il m'avertit que je trouverois dans Leurs Majestés Catholiques un grand éloignement, parce que, outre que le duc de Saint-Aignan y avoit donné lieu lui-même par force futilités, et petites choses pendant son ambassade à Madrid, où le soin tardif de sa parure avoit souvent impatienté Leurs Majestés Catholiques, en attendant souvent fort longtemps qu'il fût arrivé pour ses audiences, le cardinal Albéroni, qui ne l'aimoit pas, avoit jeté dans leur esprit des impressions fâcheuses qui y étoient toujours restées, qui paroissoient toutes les fois que le hasard leur rappeloit le nom de duc de Saint-Aignan, et qui formeroient un obstacle que j'aurois bien de la peine à surmonter, ce qu'il ne pouvoit me cacher qu'il n'espéroit pas. Je le pressai vainement d'en jeter quelques propos à Leurs Majestés Catholiques. Il m'assura que, bien loin de me préparer la voie, cela nuiroit et les arrêteroit au refus; au lieu que, s'il y avoit un moyen de réussir, c'étoit la surprise et l'embarras de me refuser en face; que s'ils ne me refusoient ni n'accordoient, alors il m'offroit de venir de son côté à l'appui, et de m'y rendre tout le service qu'il lui seroit possible. C'étoit parler raison; il fallut bien s'en contenter. Je cherchai à prendre un temps de satisfaction et de bonne humeur de Leurs Majestés Catholiques; un temps où la conduite de la princesse des Asturies, dont je parlerai bientôt, m'attiroit leur confidence et de fréquents particuliers; un temps enfin où j'avois lieu de me flatter que je leur étois personnellement fort agréable. L'extrême désir me faisoit espérer sur ce que la duchesse de Beauvilliers avoit été l'unique personne, en femmes et en hommes, dont le roi d'Espagne, la maison royale à part, m'eût demandé des nouvelles. Je pris donc des moments de pure conversation en tiers avec eux pour la jeter sur la jeunesse du roi d'Espagne, et par là sur le duc et la duchesse de Beauvilliers. J'excitai, tant que je pus, les souvenirs d'estime et d'amitié; puis me mettant sur la morale du renversement des fortunes les plus sagement et les mieux établies, je parlai de la perte des deux fils du duc de Beauvilliers, qui avoit jeté toute sa fortune sur son gendre, dont les enfants privoient le duc de Saint-Aignan de la décoration que que Sa Majesté avoit donnée à sa maison. Je me tus quelques moments pour voir si le roi prendroit à ce discours; mais, son silence continuant, j'ajoutai que ce seroit une grâce de sa générosité, et digne de son ancienne amitié pour le duc et la duchesse de Beauvilliers, de remettre la gran-

desse à sa destination première, et de l'accorder au duc de
Saint-Aignan; et je dirois, si je l'osois, qu'un tel souvenir
si dignement placé feroit un honneur infini à la gloire de Sa
Majesté; que comblé comme je l'étois de ses bienfaits, j'o-
serois encore moins hasarder ma très-humble et très-in-
stante intercession, mais que l'extrême désir que j'en avois
me forçoit d'avouer que ce seroit pour moi la plus grande
satisfaction de ma vie, égale, pour le moins, à celle que je
ressentois des grâces qu'elle avoit daigné de répandre sur
moi. Pendant cette reprise j'aperçus le roi piétiner, comme
il faisoit toujours quand il vouloit finir l'audience; et
quand j'eus achevé, au lieu de me répondre, il se mit
à tirer la robe de la reine, qui étoit le signal de me
congédier, ce qu'elle fit fort poliment quelques moments
après. Je sortis pénétré de douleur d'un silence et d'une
fin d'audience de si mauvais augure. Je descendis tout
de suite dans la cavachuela du marquis de Grimaldo,
à qui je fis le récit de ce qui venoit de se passer. Il
n'en fut point surpris, et me répéta les mêmes choses
qu'il m'avoit dites du peu de disposition qu'il avoit prévu
que je trouverois. Au lieu de me plaindre du peu de digne
souvenir que j'avois trouvé dans le roi d'Espagne de son
gouverneur et de sa famille, au lieu de prier Grimaldo de
faire quelque effort, je crus plus efficace et moins embar-
rassant pour lui de me contenter de lui exposer amèrement
les motifs de mon désir, et de l'affliction où me jetoit le
mauvais succès qu'il avoit eu, parce que je ne pouvois inter-
préter un silence si opiniâtre, suivi incontinent de l'impatience de finir l'audience, que comme un refus tacite. Je me
répandis là-dessus si pathétiquement avec Grimaldo, sans
lui faire même aucune sorte d'insinuation, qu'il me dit enfin
de la meilleure grâce du monde qu'il ne manqueroit pas de
prendre son temps de parler à Leurs Majestés de la douleur
où il m'avoit vu au sortir de cette audience, et de faire tout
ce qui lui seroit possible pour le duc de Saint-Aignan. Je lui

répondis que je n'aurois osé lui demander rien là-dessus ; mais que cette offre si obligeante me combloit, et je l'embrassai de tout mon cœur. Mais ce ministre ne réussit pas plus que moi. Il en parla deux fois, il fut refusé, et à la dernière, le roi d'Espagne lui dit qu'après tout ce qu'il avoit fait pour moi je devois être content. De sorte que Grimaldo me conseilla et me pria même par l'amitié qu'il avoit pour moi de ne pas tenter l'impossible, et de ne me pas rendre désagréable à Leurs Majestés Catholiques en les pressant de nouveau de ce que très-certainement elles ne feroient pas. Je le sentis bien moi-même, et je n'osai plus rien dire ni rien faire sur une chose que j'avois si ardemment désirée. Revenons maintenant à la princesse des Asturies.

Sa convalescence avançoit, et son humeur se manifestoit en même temps. Je sus par l'intérieur qu'elle résistoit avec opiniâtreté à aller chez la reine, après tous les soins et les marques extraordinaires de bonté, les visites continuelles qu'elle en avoit reçues pendant sa maladie et qu'elle en recevoit encore tous les jours. Elle ne vouloit point sortir de sa chambre ; elle s'amusoit à sa fenêtre où elle se montroit en bonne santé.

Son appartement de plain-pied à celui de la reine n'en étoit séparé que par cette petite galerie intérieure dont j'ai souvent parlé, car elle étoit dans l'appartement qu'avoit l'infante. Elle ne vouloit plus écouter sur rien les médecins sur sa santé, ni ses dames sur sa conduite, et répondoit même à la reine fort sèchement lorsqu'elle essayoit à la ramener par les insinuations les plus douces. La reine même m'en parla et m'ordonna de la voir et de lui aider à la rendre plus traitable. Je répondis que je n'étois que trop informé de ce que j'étois très-peiné qui fût ; que je ne devois pas me flatter de pouvoir plus que Sa Majesté sur l'esprit de la princesse ; et après un peu de conversation sur ce qu'elle croyoit m'en apprendre, et que j'y eus ajouté ce que je savois de plus, qu'elle ne me nia pas, je pris la liberté de lui dire qu'il y avoit aussi trop de bonté et de ménagement; que Sa Majesté gâtoit la princesse; qu'il falloit la ployer sans retardement à ses devoirs, et que si dans l'excès de la patience de la reine, la considération de M. le duc d'Orléans y entroit pour quelque chose, non-seulement je me chargeois de tout auprès de lui, mais que je répondois à Sa Majesté que non-seulement il trouveroit bon tout ce qu'il plairoit à Sa Majesté de dire à la princesse, et de faire, mais que lui en seroit aussi extrêmement obligé, parce que personne ne connoissoit mieux que moi ses sentiments pour Leurs Majestés, combien il se sentoit aise du retour de leurs bonnes grâces et désireux de les conserver, combien aussi il se sentoit honoré du mariage de sa fille, combien, par conséquent, il désiroit qu'elle sentît son bonheur et sa grandeur, et qu'elle s'en rendît digne par sa reconnoissance, son obéissance, ses respects pour Leurs Majestés et par une application continuelle non-seulement à leur plaire et à répondre à leurs bontés, mais à deviner même tout ce qui pourroit la leur rendre plus agréable et à s'y porter continuellement; qu'outre que M. le duc d'Orléans regardoit cette conduite comme le devoir de Mme sa fille le plus juste et le plus pressant, il le considéroit aussi comme le seul fondement solide du bonheur de la princesse et comme ce qui pouvoit le plus contribuer au sien, par savoir que sa fille ne fît rien qu'à leur gré, et par se pouvoir flatter de leur avoir fait un présent dont l'agrément pouvoit contribuer à la continuation de leurs bontés pour lui-même et au resserrement de plus en plus de cette heureuse union qu'il avoit toujours si passionnément désirée.

Ce discours fut fort bien reçu. La conversation s'étendit sur de pareils détails à ceux qui l'avoient commencée, et finit par des ordres fort exprès du roi et de la reine de voir souvent la princesse et de lui parler. La duchesse de Monteillano et les autres dames m'en pressoient continuellement. J'avois déjà vu la princesse bien des fois, même au lit; il n'y avoit donc rien de nouveau à m'y voir retourner. D'ailleurs cette opiniâtreté à demeurer dans sa chambre perçoit au dehors, parce qu'elle suspendoit les fêtes qui étoient préparées, et que chacun attendoit avec impatience. J'allai donc chez la princesse deux ou trois fois sans en avoir eu aucune parole que *oui* et *non* sur ce que je lui demandois de sa santé, et encore pas toujours. Je pris le tour de dire à ses dames devant elle ce que je lui aurois dit à elle-même; ses dames y applaudissoient, et y ajoutoient leur mot. La conversation se faisoit ainsi devant la princesse, en sorte qu'elle lui étoit une véritable leçon, mais elle n'y entroit en aucune façon. Néanmoins elle alla pourtant une fois ou deux chez la reine, mais en déshabillé et d'assez mauvaise grâce.

Le grand bal demeuroit toujours préparé et tout rangé dans le salon des grands et n'attendoit que la princesse qui n'y vouloit point aller. Le roi et la reine aimoient le bal, comme je l'ai dit ailleurs. Ils se faisoient un plaisir de celui-là, le prince des Asturies aussi, et la cour l'attendoit avec impatience. La conduite de la princesse transpiroit au dehors, et faisoit le plus fâcheux effet du monde. Je fus averti du dedans que le roi et la reine en étoient très-impatientés, et pressé par les dames de la princesse de lui en parler, j'allai chez elle et fis avec ses dames la conversation sur la santé de la princesse, qui apparemment ne retarderoit plus les plaisirs qui l'attendoient. Je mis le bal sur le tapis; j'en vantai l'ordre, le spectacle, la magnificence, je dis que ce plaisir étoit particulièrement celui de l'âge de la princesse; que le roi et la reine l'aimoient fort, et qu'ils attendoient avec impatience qu'elle pût y aller. Tout à coup elle prit la parole que je ne lui adressois point, et s'écria comme ces enfants qui se chêment[1] : « Moi, y aller ! je n'irai point. — Bon, madame, répondis-je, vous n'irez point, vous en se-

---

1. Mot ancien et familier; il se disait des enfants qui éprouvaient un dégoût ou un mal dont la cause était inconnue.

riez bien fâchée, vous vous priveriez d'un plaisir où toute la cour s'attend à vous voir, et vous avez trop de raisons et de désir de plaire au roi et à la reine pour en manquer aucune occasion. »

Elle étoit assise et ne me regardoit pas. Mais aussitôt après ces paroles, elle tourna la tête sur moi, et d'un ton le plus décidé que je n'en ouïs jamais : « Non, monsieur, me dit-elle, je le répète, je n'irai point au bal; le roi et la reine y iront s'ils veulent. Ils aiment le bal, je ne l'aime point; ils aiment à se lever et à se coucher tard, moi à me coucher de bonne heure. Ils feront ce qui est de leur goût, et je suivrai le mien. » Je me mis à rire, et lui dis qu'elle vouloit se divertir à m'inquiéter, mais que je n'étois pas si facile à prendre sérieusement ce badinage; qu'à son âge on ne se privoit pas si volontiers d'un bal, et qu'elle avoit trop d'esprit pour priver toute la cour et le public de cette attente, encore moins à montrer un goût si peu conforme à celui du roi et de la reine, et qui paroîtroit si étrange à son âge et à son arrivée; mais qu'après cette plaisanterie le mieux étoit de ne prolonger pas plus longtemps une attente, dont le délai d'un bal, tout rangé et tout prêt depuis si longtemps, devenoit indécent. Les dames m'appuyèrent, et la conversation entre elles et moi continua de la sorte sans que la princesse fît seulement contenance de nous entendre.

En sortant, la duchesse de Monteillano me suivit avec la duchesse de Liria et Mme de Riscaldalgre. Elles m'entourèrent hors de la porte de la chambre, et me témoignèrent leur effroi d'une volonté si arrêtée dans une personne de cet âge contre devoir et plaisir, et dans un pays où elle ne faisoit que d'arriver, et toute seule parmi tous gens inconnus. J'en étois plus épouvanté qu'elles; j'en voyois des conséquences capables d'apporter de grandes suites. Mais j'essayai de les rassurer sur un reste de maladie et d'humeurs en mouvement qui pouvoient causer ce méchant effet, mais qui cesseroit avec le retour de la pleine santé. Toutefois j'étois

bien éloigné de m'en flatter. Je me gardai bien néanmoins
de faire ce récit au roi et à la reine; mais comme ils me
parlèrent du bal, et le roi surtout avec amertume sur la
fantaisie de la princesse, je pris la liberté de lui dire que je
n'imaginois pas qu'il se voulût gêner pour le caprice d'une
enfant qui venoit sûrement de sa maladie, ni priver sa cour
et tout le public d'une fête aussi agréable et aussi superbe
qu'étoit le premier bal que j'avois vu au palais, et que
j'avouois qu'en mon particulier j'en serois affligé, parce que
je m'en étois fait un fort grand plaisir. « Oh! cela ne se peut
pas, reprit le roi, sans la princesse. — Et pourquoi donc,
sire? lui répliquai-je. C'est une fête que Votre Majesté donne
à sa joie et à la joie publique. Ce n'est pas à la princesse,
quoique à son occasion, à régler les plaisirs de Votre Majesté, et ceux qu'elle veut bien donner à sa cour qui s'y attend
et les désire. Si la princesse croit que sa santé lui permette,
elle y viendra, sinon la fête se passera sans elle. »

Tandis que je parlois, la reine me faisoit signe des yeux
et de la tête de presser le roi, tellement que j'ajoutai que
tout ce qui se faisoit et se passoit n'étoit et ne pouvoit être
que pour Leurs Majestés; qu'elles en étoient le seul objet
et la décoration unique; que quelque grands princes que
fussent les infants, ils n'y étoient que comme les premiers
courtisans et pour illustrer l'assemblée, mais jamais l'objet;
que la confiance dont Sa Majesté daignoit m'honorer sur
ce qui regardoit la princesse m'engageoit par devoir à sup-
plier Leurs Majestés de considérer qu'il ne falloit pas accoutumer la princesse à croire que tout se fît pour elle, et que
rien ne se pouvoit faire sans elle; que plus la fête étoit
digne de la présence de Leurs Majestés, plus cette leçon de
la faire sans elle lui feroit impression; que je ne pouvois
m'empêcher de regarder cela comme appartenant très-
essentiellement à une éducation si importante, et dont le
bonheur de la princesse dépendoit, en lui faisant sentir dès
la première [occasion] qu'elle n'étoit rien, et qu'on se pas-

soit très-aisément d'elle. La reine appuya fort ce discours; mais le roi ne répondant rien, elle tourna doucement la conversation ailleurs. En finissant l'audience, elle prit l'instant que le roi se retournoit après ma révérence pour me faire signe de la tête et des yeux que j'avois bien parlé, et me montrant le roi du doigt et comme le poussant sur lui, elle me fit entendre de ne me pas rebuter. Cela fit que je me hâtai de dîner pour me trouver à leur sortie pour la chasse, et je demandai tout haut à la reine pour quel jour enfin seroit le bal, dont j'avouois que je mourois d'envie. Elle me répondit avec action qu'il falloit le demander au roi, et lui demanda s'il m'avoit entendu. Il lui répondit : *Mais nous verrons.* Ce court dialogue les conduisit au haut du petit degré qui étoit tout proche par où ils descendoient et remontoient toujours, et je demeurai au haut, parce qu'à peine y pouvoit-on passer deux de front.

Le lendemain je trouvai moyen de leur parler en particulier sur quelque bagatelle, puis je remis le bal sur le tapis. La reine me dit en riant qu'il étoit vrai que j'en avois bien envie, et elle aussi, et se mit doucement à presser le roi. Comme il sourioit sans répondre, je pris la liberté de leur dire que je les suppliois de se souvenir que j'avois pris celle de leur représenter que Leurs Majestés gâtoient la princesse; qu'aujourd'hui j'osois ajouter qu'elles s'en repentiroient; qu'elles y voudroient remédier quand il n'en seroit plus temps; que M. le duc d'Orléans en seroit au désespoir, et que s'il pouvoit avoir le même honneur que j'avois d'être en leur présence, il leur parleroit là-dessus en même sens que moi, mais bien plus fortement, comme il lui convenoit. Ce propos tourna par eux-mêmes la conversation sur de nouvelles bagatelles fort maussades d'opiniâtreté, de fantaisie, d'inconsidération pour ses dames, qui échappoient à la princesse, de la brèveté[1] de ses visites chez Leurs Ma-

---

1. On a déjà vu que Saint-Simon écrivait *brèveté* pour *brièveté.*

jestés, de la sécheresse de ses manières avec elles, sur quoi je les suppliai de me pardonner si je leur disois que c'étoit la faute de Leurs Majestés plus que d'une enfant qui ne savoit ce qu'elle faisoit, et qu'au lieu de l'accoutumer par leur trop de bonté à ne se refuser aucun caprice, rien n'étoit plus pressé ni plus important que de les réprimer, de lui imposer, de lui faire sentir tout ce qu'elle montroit ignorer à leur égard, et même à l'égard de ses dames; enfin l'accoutumer au respect et à la crainte qu'elle leur devoit, à lire dans leurs yeux et jusque dans leur maintien leurs volontés, pour s'y conformer à l'instant et avec un air comme si c'étoit la sienne par l'empressement à leur obéir et à leur plaire. Tout cela fut encore poussé de ma part et raisonné de la leur assez longtemps, après quoi je me retirai. Je n'allois plus chez la princesse, et je le dis à Leurs Majestés, parce que j'en voyois l'inutilité. Je ne reparlai plus de bal à leur retour de la chasse, au passage de leur appartetement dans la crainte de rebuter le roi. Le surlendemain je me trouvai à leur passage pour la chasse. Au sortir de l'appartement, la reine me dit qu'il n'y auroit point de bal; que l'ordre étoit donné d'ôter le préparatif qui étoit rangé depuis si longtemps, en me faisant des signes d'en parler encore au roi. Je lui dis donc que j'en serois désolé par le plaisir que je m'en étois fait, et que si j'osois je lui demanderois ce bal comme une grâce.

Ce dialogue conduisit à ce petit degré qui étoit tout contre. A l'entrée, la reine me fit signe de suivre. Je me fourrai donc à côté de celui qui lui portoit la queue, lui parlant haut de ce bal pour que le roi, qui marchoit devant elle, pût entendre. Un moment après elle se tourna à moi avec un air que je dirois *penaud* si on pouvoit hasarder ce terme, et me fit signe de ne plus rien dire. Apparemment que le roi lui en avoit fait quelqu'un là-dessus, car cette rampe étoit obscure, et je ne pus l'apercevoir. Au repos du degré, qui étoit assez long, la reine s'approcha du roi. Je demeurai où j'étois sans m'avancer. Ils se parlèrent bas, puis la reine m'appela, et quand je fus près d'elle : « Voilà qui est fait, me dit-elle, il n'y aura point de bal; mais pour s'en dépiquer, ce fut son terme, le roi en aura un petit ce soir, après souper, dans notre particulier, où il n'y aura que du palais, et le roi veut que vous y veniez. » Je leur fis une profonde révérence et mon remercîment, tout cela, arrêtés sur ce repos du degré. La reine me répéta : « Mais vous y viendrez donc? » Je répondis à cet honneur comme je devois. Le roi me dit : « Au moins, il n'y aura que nous. » Et la reine continua : « Et nous danserons tout à notre aise et en liberté; » et tout de suite [ils] achevèrent de descendre, et je les vis monter en carrosse.

Le bal fut dans la petite galerie intérieure. Il n'y eut que les seigneurs en charge, le premier écuyer, les majordomes de semaine, la camarera-mayor, les dames du palais, les jeunes señoras de honor et caméristes. Le roi, la reine, le prince des Asturies s'y divertirent fort; tout le monde y dansa force menuets, encore plus de contredanses, jusque sur les trois heures après minuit que Leurs Majestés se retirèrent et le prince des Asturies. Ce fut là où je vis et touchai à mon aise la fameuse *Pérégrine*, que le roi avoit ce soir-là au retroussis de son chapeau, pendant d'une belle agrafe de diamants. Cette perle, de la plus belle eau qu'on ait jamais vue, est précisément faite et évasée comme ces petites poires qui sont musquées, et qu'on appelle de *sept-en-gueule* et qui paraissent dans leur maturité vers la fin des fraises. Leur nom marque leur grosseur, quoiqu'il n'y ait point de bouche qui en pût contenir quatre à la fois sans péril de s'étouffer. La perle est grosse et longue comme les moins grosses de cette espèce, et sans comparaison plus qu'aucune autre perle que ce soit. Aussi est-elle unique. On la dit la pareille et l'autre pendant d'oreilles de celle qu'on prétend que la folie de magnificence et d'amour fit dissoudre par Marc-Antoine dans du vinaigre, qu'il fit avaler à Cléopatre. Quoique l'appartement de la princesse des Asturies fût à l'un des bouts de cette galerie intérieure, elle ne parut pas un instant. Je ne prédis que trop vrai à Leurs Majestés Catholiques. La princesse en fit de toutes les façons les plus étranges, excepté la galanterie; et à son retour ici on eut le temps de voir quelle elle étoit, dans le peu d'années qu'elle a vécu veuve et sans enfants. J'ai rapporté ce bal tout de suite de ce qui regarde la princesse; il faut parler maintenant des autres fêtes qui furent données à l'occasion des doubles mariages.

Elles commencèrent le 15 février par une illumination et un feu d'artifice dans la place qui est devant le palais. J'ai déjà parlé ici de la surprenante beauté des illuminations d'Espagne. Les feux d'artifice ne leur y cèdent point. Ils durent plus d'une heure et ordinairement davantage dans toute leur plénitude, et dans une variation perpétuelle de paysages, de chasses, de morceaux d'architecture admirables, de places et de châteaux. Les fusées merveilleuses, innombrables à la fois, continuelles, les fleuves et les cascades de feu, en un mot, tout ce qui peut remplir et orner le spectacle et le rendre toujours surprenant ne cesse, ne diminue, ne s'affoiblit pas un moment, en sorte qu'on n'a pas assez d'yeux pour voir le tout ensemble. Nos plus beaux feux d'artifice ne sont rien en comparaison.

Le lendemain, Leurs Majestés Catholiques allèrent en cérémonie à Notre-Dame d'Atocha, telle qu' [elle] a été ici décrite ailleurs. Mais en celle-ci elles étoient dans un carrosse tout de bronze doré et de glaces, avec le prince et la princesse des Asturies sur le devant, et suivies de trente carrosses remplis de grands et de toute la cour. Je n'y fus point ni Maulevrier, comme nous n'y avions point été la première fois, sur l'avis du marquis de Montalègre, sommelier du corps, à qui je le demandai, mais qui ne m'en dit point la raison. J'appris, à l'occasion de celle-ci, que c'étoit parce que les grands étoient avertis de se trouver à ces cérémonies, et y avoient leurs places et non les ambassadeurs. J'aurois pu m'y trouver comme grand, ainsi que je faisois en d'autres fonctions où les ambassadeurs ne se trouvent pas ; mais celle-ci étoit si solennelle et si marquée sur le double mariage que, n'y pouvant assister comme ambassadeur, je crus m'en devoir abstenir quoique grand. Au retour de l'Atoche, le roi passa par la place Major, tout illuminée, et s'y arrêta quelque temps. J'y étois à une fenêtre. Il trouva, en arrivant au palais, la place qui est devant, illuminée. J'avois eu l'honneur d'être admis sur le balcon de Leurs Majestés Catholiques et près d'elles au feu d'artifice dont j'ai parlé ; mais je me retirai peu à peu à une autre fenêtre gardée pour mes enfants et ma compagnie, et je ne retournai au balcon du roi que pour en voir sortir Leurs Majestés et les accompagner à leur appartement.

On eut un autre jour, dans la place Major illuminée, un divertissement fort galant. La maison où j'étois étoit vis-à-vis de celle du roi, et de l'une à l'autre une lice entre deux barrières. Rien ne pouvoit être plus brillant, plus rempli ni avec un plus grand ordre. Le duc de Medina-Cœli, le duc del Arco et le corrégidor de Madrid avoient chacun leur quadrille de deux cent cinquante bourgeois ou artisans de Madrid, toutes trois diversement masquées, c'est-à-dire magnifiquement parées en mascarades diverses, mais à visage découvert, tous montés sur les plus beaux chevaux d'Espagne avec de superbes harnois. Les deux ducs, couverts des plus belles pierreries, ainsi que les harnois de leurs admirables chevaux, étoient, ainsi que le corrégidor, en habits ordinaires, mais extrêmement magnifiques. Les trois quadrilles, leur chef à la tête, suivies de force gentilshommes, pages et laquais, entrèrent l'une après l'autre dans la place, dont elles firent le tour, et toutes leurs comparses, dans un très-bel ordre et sans la moindre confusion, au bruit de leurs fanfares, celle de Medina-Cœli la première, celle del Arco après, puis celle de la ville. Les chefs, l'un après l'autre, se rendirent après les comparses sous le balcon de Leurs Majestés Catholiques, où étoient le prince et la princesse, les infants et leurs plus grands officiers, tandis que la brigade arrivoit vis-à-vis, sous le balcon où j'étois. De cet endroit ils partirent deux à la fois, prenant chacun à l'entrée de la lice un grand et long flambeau de cire blanche, bien allumé, qui leur étoit présenté de chaque côté en même temps, d'où prenant d'abord le petit galop quelques pas, ils poussoient leurs chevaux à toute bride tout du long de la lice, et les arrêtoient tout à coup sur cul sous le balcon du roi. L'adresse de cet exercice, où pas un ne manqua, est de courir de front sans se dépasser d'une ligne ni rester d'une autre plus en arrière, tête contre tête et croupe contre croupe, tenant d'une main le flambeau droit et ferme, sans pencher d'aucun côté et parfaitement vis-à-vis l'un de l'autre, et le corps ferme et droit. La quadrille del Arco suivit dans le même ordre ; puis celle de la ville. Chaque couple de cavaliers n'entroit en lice qu'après que l'autre étoit arrivée, mais partoit au même instant, et à mesure qu'ils arrivoient ils prenoient leur rang en commençant sous le balcon du roi, et quand chacune avoit achevé de courir, force fanfares en attendant que l'autre commençât. Les courses de toutes trois finies, leurs chefs en reprirent chacun la tête de la sienne, et dans le même ordre, mais alors se suivant toutes trois, firent leurs comparses et le tour de la place au bruit de leurs fanfares, sortirent après de la place et se retirèrent comme elles étoient venues. L'exécution en fut également magnifique, galante et parfaite, et dans un ordre et un silence qui en releva beaucoup la grâce, l'adresse et l'éclat.

On eut une autre fête dans la même place, avec la même illumination, que la cour vit de la même maison dans la place, et moi vis-à-vis dans celle d'où j'avois vu la course des flambeaux avec le nonce, Maulevrier et tout ce qui étoit de chez moi. J'ai expliqué ailleurs les places des grands, et comment les balcons des cinq étages de la place tout autour sont remplis et les toits chargés de peuple, ainsi que le fond de la place en foule, mais sans faire au spectacle le plus petit embarras. Ce fut un combat sur mer d'un vaisseau turc contre une galère de Malte, qui eut la victoire après deux heures de combat, le désempara et le brûla. L'eau étoit si parfaitement représentée, et les mouvements des deux bâtiments si aisés, leur manœuvre si vive et si multipliée, les événements des approches et du combat si vifs, si justes, si variés, si souvent douteux pour la victoire, qu'on ne se doutoit plus que ce fût un jeu qui se passoit à terre. Le spectacle dura plus de deux heures et fut toujours également intéressant. Les agrès, les habillements, les armes, rien d'oublié, et tout représentoit si naïvement un vaisseau turc et une galère maltoise, les services et les mouvements des combattants et des manœuvres des gens de mer, qu'on ne pouvoit se rappeler que tout cela fût factice. Jusqu'au vent favorisa la fête en dissipant la fumée de la mousqueterie et des bordées de canon. La mêlée de l'abordage fut surtout merveilleusement exécutée, repoussée et reprise à diverses fois. Enfin ce combat parut tellement effectif et sérieux que l'événement seul déclara la victoire.

Enfin il y eut encore un autre feu d'artifice, dans la place du palais, tout différent, mais tout aussi beau que le premier, où Leurs Majestés Catholiques me firent l'honneur de me retenir fort longtemps près d'elles sur leurs balcons.

CHAPITRE VIII.

Buen-Retiro. — Morale et pratique commode des jésuites sur le jeûne en Espagne. — Je veux voir la prison de François Ier. — Délicate politesse de don Gaspard Giron. — Expédient de Philippe III contre l'orgueil des cardinaux. — Prison de François Ier. — Je vais voir Tolède. — Causes particulières de ma curiosité. — Contes et sorte de forfait des cordeliers de Tolède. — Différence de notre prononciation latine d'avec celle de toutes les autres nations. — Le carême fort fâcheux dans les Castilles. — Vesugo, excellent poisson de mer. — Église métropolitaine de Tolède. — Humble sépulture du cardinal Portocarrero. — Beauté admirable des stalles du chœur. — Chapelle et messe mosarabique. — Évêques mêlés avec les chanoines sans aucune distinction. — Drapeau blanc au clocher de l'église de Tolède pour chaque archevêque ou chanoine devenu cardinal, qui n'en est ôté qu'à sa mort. — Députation du chapitre de Tolède pour me complimenter. — Ville et palais de Tolède. — Aranjuez. — Amusement de sangliers. — Haras de buffles et de chameaux. — Lait de buffle exquis.

Le carême mit fin aux fêtes, et Leurs Majestés Catholiques quittèrent le palais et allèrent habiter celui de Buen-Retiro. Ce fut aussi le temps de l'anniversaire de la feue reine dite la *Savoyana*, dans l'église de l'Incarnation, qui est grande et belle, quoique ce soit un couvent de religieuses. Les grands y furent invités à l'ordinaire, par conséquent mon second fils et moi, et non les ambassadeurs. Le banc des grands et le siége ployant du majordome-major du roi y étoient disposés comme en chapelle, mais sans prie-Dieu du roi, sans siége de cardinaux et sans banc d'ambassadeurs. Mais les majordomes du roi s'y trouvèrent debout à leurs places comme en chapelle, et le clergé, comme en chapelle, assis vis-à-vis des grands, et tous autres debout. Le duc d'Abrantès, évêque de Cuença, y fit pontificalement l'office dans une chaire à l'antique, dont j'ai fait la description, et donné la figure ici avec le plan de la séance du roi tenant chapelle. Il y eut la veille des premières vêpres; j'y allai avec le duc de Liria. Il n'y avoit encore personne en place. Nous entrâmes dans la sacristie, où nous trouvâmes deux ou trois grands. Il s'y en amassa bientôt davantage, et quand nous fûmes une quinzaine, quelqu'un proposa d'aller prendre place et d'envoyer prier le prélat de commencer. Quand ce fut pour sortir de la sacristie, aucun ne voulut passer devant moi, et par conséquent [ils] me vouloient céder la première place sur le banc. Après quelques compliments, je leur dis que je leur parlerois comme me faisant un grand honneur d'être leur confrère; que j'avois en même temps ceux d'être ambassadeur et grand d'Espagne; que si j'acceptois ce qu'ils avoient la bonté de m'offrir, cela feroit un exemple et fort aisément une règle pour d'autres cérémonies et pour d'autres ambassadeurs; que quelque estime que je fisse d'un si grand caractère, il n'étoit que passager; que je faisois bien plus de cas de la dignité solide, permanente, héréditaire de grand d'Espagne; et que par ces raisons je leur conseillois et les suppliois de passer cinq ou six devant moi pour entrer dans l'église et se placer sur le banc; que de cette façon il n'y auroit rien à dire, et qu'ils éviteroient un exemple qui pourroit leur devenir désagréable. Ils me remercièrent avec beaucoup de reconnoissance, et me crurent. Le duc de Medina-Cœli passa le premier, quatre ou cinq autres le suivirent, moi ensuite, puis les autres, et nous nous rangeâmes de même sur le banc. Aussitôt la musique du roi commença les vêpres, le prélat étant arrivé tout revêtu à son siége comme nous nous placions. Une vingtaine de grands arrivèrent ensuite les uns après les autres.

Le lendemain nous nous trouvâmes en bien plus grand nombre à la messe chantée par la musique du roi et célébrée par le même prélat. Ma politesse fit un grand effet à la cour; tous les grands m'en surent un gré infini, et beaucoup d'entre eux me le témoignèrent. Je n'étois point là comme ambassadeur, et je me crus en liberté et en raison d'en user de la sorte.

Le Retiro, dont je ne ferai point la description, parce que celles d'Espagne en sont remplies, est, à mon gré, un palais aussi magnifique que le palais de Madrid, plus grand et beaucoup plus agréable. Il a des cours, dont une est réservée, comme ici pour ce qui s'y appelle les honneurs du Louvre, où entrent les carrosses des cardinaux, des ambassadeurs et des grands seulement, et un parc admirable si les arbres y venoient mieux, et que l'eau des fontaines et des magnifiques pièces d'eau fût plus abondante. Rien ne ressemble tant, de tout point, à son parterre en face du palais, que celui de Luxembourg, à Paris : mêmes formes, mêmes terrasses, même contour et même tour de fontaines et de jets d'eau. Le mail y est admirable et d'une prodigieuse grandeur. J'ai observé qu'en cette saison, qui est toujours belle en Espagne, le mail succède tous les jours à la chasse, où le roi n'alloit plus qu'un peu après Pâques; et j'ai aussi expliqué comment se passoit ce jeu de mail et cette promenade, où j'allois presque tous les jours faire ma cour. Un jour que je vis la reine y prendre plusieurs fois du tabac, je dis que c'étoit une chose assez extraordinaire de voir un roi d'Espagne qui ne prenoit ni tabac ni chocolat. Le roi me répondit qu'il étoit vrai qu'il ne prenoit point de tabac; sur quoi la reine fit comme des excuses d'en prendre, et dit qu'elle avoit fait tout ce qu'elle avoit pu, à cause du roi, pour s'en défaire, mais qu'elle n'en avoit pu venir à bout, dont elle étoit bien fâchée. Le roi ajouta que pour du chocolat il en prenoit avec la reine les matins, mais que ce n'étoit que les jours de jeûne. « Comment, sire, repris-je de vivacité, du chocolat les jours de jeûne! — Mais fort bien, ajouta le roi gravement, le chocolat ne le rompt pas. — Mais, sire, lui dis-je, c'est prendre quelque chose, et quelque chose qui est fort bon, qui soutient, et même qui nourrit. — Et moi je vous assure, répliqua le roi avec émotion et rougissant un peu, qu'il ne rompt pas le jeûne, car les jésuites, qui me l'ont dit, en prennent tous les jours de jeûne, à la vérité sans pain ces jours-là, qu'ils y trempent les autres jours. » Je me tus tout court, car je n'étois pas là pour instruire sur le jeûne; mais j'admirai en moi-même la morale des bons pères et les bonnes instructions qu'ils donnent, l'aveuglement avec lequel ils sont écoutés et crus privativement à qui que ce soit, du petit des observances au grand des maximes de l'Évangile et des connoissances de la religion. Dans quelles ténèbres épaisses et tranquilles vivent les rois qu'ils conduisent!

Pendant le séjour de la cour au Retiro, le palais de Madrid étoit vide et je le voulus voir en détail. Je m'adressai pour cela à don Gaspard Giron, qui voulut bien se donner la peine de me promener partout. C'est encore une description que je laisse aux voyageurs et à ceux qui ont traité localement de l'Espagne; mais j'en donnerai un morceau que je n'ai rencontré nulle part.

En nous promenant, je dis à don Gaspard que je craignois sa politesse et qu'elle ne me privât de ce que je désirois voir principalement. Le bon homme m'entendit bien, car il étoit spirituel et fin; mais la galanterie espagnole lui fit faire le sourd. Il m'assura toujours qu'il ne me cacheroit rien. « Je parie que si, señor don Gaspard, lui dis-je : la prison de François I*er*? — Eh! fi! fi! *señor duque*, de quoi parlez-vous là? » Et [il] changea tout de suite de propos en me montrant des choses. Je l'y ramenai, et à force de compliments et de propos, je le forçai de m'accorder ma demande; mais ce fut avec des façons si polies, si honteuses, si ménagées qu'il ne se pouvoit marquer plus d'esprit et de délicatesse. Il voulut que je me défisse de ce qui étoit avec moi, excepté M. de Céreste et ma famille; puis me mena dans une salle très-vaste par où nous avions passé, qui est entre la salle des gardes et l'entrée du grand appartement du roi. En attendant que les clefs fussent venues, qu'il avoit envoyé chercher, il me montra deux enfoncements faits après coup, vis-à-vis l'un de l'autre, dans l'épaisseur de la muraille, qui avoient chacun un siége de pierre, tous deux égaux, dans l'enfoncement d'une fenêtre. Cette pièce avoit quatre fenêtres de chaque côté sur la cour et sur le Mançanarez, et la muraille du côté du Mançanarez est si épaisse qu'elle fait de chaque fenêtre de ce côté-là comme un vrai cabinet enfoncé, tout ouvert. Après m'avoir fait remarquer et bien considérer ces deux siéges de pierre, il me demanda ce qu'il m'en sembloit. Je lui dis que cette curiosité me paroissoit fort médiocre et ne pas mériter la peine de la remarquer. « Vous allez voir que si, me répliqua-t-il, et vous en conviendrez tout à l'heure. » Il me conta alors que Philippe III, fatigué de l'orgueil de cardinaux qui prenoient un fauteuil devant lui dans leurs audiences, se mit à ne leur en plus donner que debout dans cette salle, en s'y promenant, et que, lassé ensuite d'être debout ou de se promener quand les audiences s'allongeoient, il fit creuser ces deux enfoncements avec ces siéges de pierre pour s'y asseoir d'un côté, le cardinal de l'autre, et de cette façon éviter le fauteuil. Et voilà où conduisent l'usurpation, d'une part, et la foiblesse, de l'autre. Il me dit ensuite, toujours en attendant les clefs, que François Ier avoit d'abord été logé dans la maison, alors bien plus petite, où le duc del Arco demeuroit actuellement, qu'on avoit accommodée en prison, et qui est au centre de Madrid ; mais qu'au bout de quelques mois, on ne l'y avoit pas cru assez en sûreté ; et que, le trouvant trop ferme sur les propositions qu'on lui faisoit, on avoit voulu le resserrer pour tâcher de l'ébranler, et qu'on l'avoit mis dans le lieu qu'il m'alloit montrer, puisque je m'obstinois si opiniâtrément à le voir.

Les clefs à la fin arrivées, et tout étant prêt à entrer, don Gaspard nous mena, tout au bas bout de cette salle, dans l'enfoncement de la dernière fenêtre sur le Mançanarez. Arrivé là, je regardai de côté et d'autre, et n'y aperçus point d'issue. Don Gaspard rioit cependant et me laissoit chercher ce que je ne trouvois point; puis il poussa une porte dans l'épaisseur du mur, du côté d'en bas de l'espèce de cabinet, dans l'épaisseur de la longue muraille, où étoit cette fenêtre, si artistement prise, et sa serrure tellement cachée qu'il n'étoit pas possible de s'en apercevoir. La porte étoit basse et étroite, et me présenta un escalier entre deux murs, qui ne l'étoit pas moins. C'étoit une espèce d'échelle de pierre, d'une soixantaine de marches fort hautes, ayant pourtant assez de giron, au haut desquelles, sans tournant ni repos, on trouvoit un petit palier qui, du côté du Mançanarez, avoit une fort petite fenêtre bien grillée et vitrée, de l'autre côté une petite porte à hauteur d'homme et une pièce assez petite avec une cheminée, qui pouvoit contenir quelque peu de coffres et de chaises, une table et un lit, qui ne tiroit de jour que, la porte ouverte, par la petite fenêtre vis-à-vis du palier. Continuant tout droit, on trouvoit au bout de ce palier, c'est-à-dire quatre ou cinq pieds après la dernière marche, quatre ou cinq autres marches aussi de pierre, et une double porte très-forte avec un passage étroit entre deux, long de l'épaisseur du mur d'une fort grosse tour. La seconde porte donnoit dans la chambre de François Ier, qui n'avoit point d'autre entrée ni sortie. Cette chambre n'étoit pas grande, mais accrue par un enfoncement sur la droite en entrant, vis-à-vis de la fenêtre, assez grande pour donner du jour suffisamment, vitrée, qui pouvoit s'ouvrir pour avoir de l'air, mais à double grille de fer, bien forte et bien ferme, scellée dans la muraille des quatre côtés. Elle étoit fort haute du côté de la chambre, donnoit sur le Mançanarez et sur la campagne au delà. Il y avoit de quoi mettre des siéges, des coffres, quelque table et un lit. A côté de la cheminée, qui étoit en face de la porte, il y avoit un recoin profond, médiocrement large, sans jour que de la chambre, qui pouvoit servir de garde-robe. De la fenêtre de cette chambre au pied de la tour, au bord du Mançanarez, il y a plus de cent pieds, et tant que François Ier y fut, deux bataillons furent jour et nuit en garde sous les armes, au pied de cette tour, au bord du Mançanarez, qui coule tout le long et fort proche. Telle est la demeure où François Ier fut si longtemps enfermé, où il tomba si malade, où la reine sa sœur l'alla consoler, et contribua tant et si généreusement à sa guérison et à disposer sa sortie, et où Charles-Quint, craignant enfin de le perdre, et avec lui tous les avantages qu'il se promettoit de tenir un tel prisonnier, l'alla enfin visiter, et commença à le traiter d'une manière plus humaine.

Je considérai cette horrible cage de tous mes yeux et de toute ma plus vive attention, malgré les soins de don Gaspard Giron à m'en distraire et à me presser d'en sortir. Souvent je ne l'entendois pas, tant j'étois appliqué à ce que j'examinois ; souvent aussi en l'entendant je ne répondois point. Ils n'avouèrent ni ne désavouèrent que l'escalier ne fût gardé en dedans, et que cette chambre obscure sur le palier fût un corps de garde d'officiers. Enfin il ne manquoit rien aux précautions les plus recherchées pour que François Ier ne pût se sauver.

Je pris ensuite cinq ou six jours pour un voyage que, dès en allant en Espagne, j'avois bien résolu de faire. Je voulus voir Tolède où plusieurs raisons de curiosité m'attiroient. Je voulois voir cette superbe église si renommée par son étendue et sa magnificence, tout ce qu'elle renferme de richesses, et ce clocher superbe, dont le revenu est de cinq millions. Je voulois voir le lieu où s'étoient tenus ces célèbres conciles de Tolède, d'où toute l'Église a adopté plusieurs canons, et si augustes par la science et la sainteté de presque tous les Pères qui les composèrent. Enfin je voulois voir et entendre le rit et la messe connus sous le nom de Mosarabiques qui ne sont plus conservés qu'à Tolède, où le grand cardinal Ximénès les a fondés pour toujours dans une chapelle de la cathédrale et dans les sept paroisses de la ville où on n'en célèbre point d'autres.

Cette liturgie, qui est latine, et qui, pour l'offertoire et le canon de la messe est, pour tout l'essentiel, [en] tout semblable à la messe d'aujourd'hui, c'est-à-dire à l'oblation, aux espèces, au *memento* des vivants et des morts, aux paroles et à la forme de la consécration, à l'ostension et à l'adoration de l'eucharistie et du calice consacré, à la communion et au même sens des différentes prières qui précèdent et qui suivent, même à la lecture de l'épître et de l'évangile, est un grand et précieux monument. C'est la messe qui se disoit avant le sixième[1] siècle, puisqu'elle est antérieure à la conquête d'une partie de l'Espagne par les Arabes, ou, comme on dit communément, par les Maures, dans les premières années du sixième siècle, excités et introduits par le comte Julien, outré de ce que Roderic, ou comme on le nomme plus communément, Rodrigue, roi d'Espagne, avoit violé sa fille. Je pris donc mes mesures avec l'archevêque de Tolède, avec qui on a vu ici que j'étois en commerce fort particulier, et je fis ce petit voyage.

Quoiqu'il y ait près de vingt lieues, des environs de Paris, de Madrid à Tolède, des relais bien disposés m'y firent arriver en un jour, et de fort bonne heure. Le chemin est beau, ouvert, uni; mais Tolède est au pied et dans la montagne. En arrivant dans le faubourg qui est en bas, au pied d'un haut rocher, sur lequel est le reste de l'ancien château, on me fit tourner le dos à l'entrée de la ville, et aller aux Cordeliers, dont le couvent fut le lieu de l'assemblée de ces fameux conciles de Tolède. A peine eus-je mis pied à terre que les notables du couvent s'empressèrent autour de moi,

---

1. Il y a dans le manuscrit *sixième siècle* et non *huitième siècle*, comme on l'a imprimé dans les précédentes éditions pour rectifier une erreur de date. La conquête de l'Espagne par les Arabes n'eut lieu, en effet, qu'après la bataille de Xérès livrée en 711.

et me firent d'abord remarquer une vieille fenêtre grillée du château, d'où ils me dirent que le roi Rodrigue avoit vu la fille du comte Julien, qui demeuroit dans l'emplacement d'un côté de leur maison, et que c'étoit là que ce prince s'étoit embrasé d'un amour qui avoit été si funeste à lui et à toutes les Espagnes. Cette tradition sur cette fenêtre ne me fit pas grande impression, d'autant que la fenêtre et ses appartenances me parurent fort éloignées de plus de mille ans d'antiquité.

Ces moines me conduisirent dans leur église, qui, non plus que son portail, assez neuf, ne me semblèrent que fort communs. A peine y fus-je entré qu'ils m'arrêtèrent et me demandèrent si je n'apercevois pas quelque chose de fort extraordinaire. Je vis un crucifix de grandeur naturelle, de relief, au lieu de tableau du grand autel, en caleçon et en perruque, comme ils sont presque tous en Espagne, qui ne me surprit point, parce que j'en avois vu beaucoup d'autres pareils. Comme je ne répondois point, cherchant des yeux ce qu'ils vouloient me faire remarquer : « Eh! les bras! » me dirent-ils. En effet, j'en vis un attaché à l'ordinaire, et l'autre pendant le long du corps. A mon tour, je leur demandai ce que cela signifioit. Un gand miracle toujours existant, à ce qu'ils m'assurèrent d'un ton grave et dévot. Et aussitôt me contèrent, en supprimant toute date, ce qu'étoit alors cette église; qu'un riche bourgeois, ayant fait un enfant à une fille, sous promesse verbale de l'épouser, il l'avoit nié et s'étoit moqué d'elle; mais qu'elle et ses parents, qui n'avoient point de preuve, l'engagèrent à s'en rapporter à ce crucifix, tellement qu'étant tous venus à l'église, suivis d'une foule de peuple, la fille et le garçon ne s'étoient pas plutôt présentés devant le crucifix que son bras gauche s'étoit détaché de la croix de soi-même, et doucement baissé et placé tel qu'il étoit demeuré depuis et que nous le voyons, sur quoi on s'étoit écrié au miracle, et le garçon avoit épousé la fille.

Quoique à l'abri de l'inquisition par mon caractère d'ambassadeur, il falloit éviter de donner du scandale dans un pays aussi dominé par la superstition : j'avalai donc le plus doucement que je pus ce pieux conte que ces moines exaltoient et me pressoient d'admirer. Ils me menèrent faire un moment d'adoration au pied du grand autel, puis me firent faire le tour des chapelles de l'église, dont chacune avoit ses miracles particuliers qu'il me fallut essuyer. D'une chapelle à l'autre je les priai de me mener à la salle des conciles, ou à ce qui en restoit, qui étoit uniquement ce qui m'amenoit chez eux. Ils me répondirent : « Tout à l'heure, mais encore cette chapelle-ci, car elle est bien remarquable. » Et il falloit y aller et entendre les miracles auxquels je me refroidissois beaucoup. Enfin, quand tout fut épuisé et qu'il fut question d'aller à la salle des conciles, ils me dirent qu'il n'en restoit rien, et que depuis cinq ou six mois, ils en avoient abattu les restes pour y bâtir leur cuisine. Je fus saisi d'un si violent dépit que j'eus besoin de me faire la dernière violence pour ne les pas frapper de toute ma force. Je leur tournai le dos en leur reprochant cette espèce de sacrilége en termes fort amers. Je gagnai mon carrosse sans vouloir mettre le pied dans leur maison, et y montai sans leur faire la moindre civilité. Voilà ce que deviennent les monuments les plus précieux de l'antiquité, par l'ignorance, l'avarice ou la convenance, sans que la police ni que personne se mette en peine de les revendiquer et de les faire conserver. J'eus à celui-ci un regret extrême.

L'archevêque de Tolède m'avoit engagé à loger chez lui, où j'allai descendre. Céreste, le comte de Lorges, mes enfants, l'abbé de Saint-Simon et son frère, l'abbé de Mathan, et deux officiers principaux de nos régiments étoient avec moi, et furent logés dans l'archevêché ou dans les maisons joignantes. J'y fus reçu par les deux neveux de l'archevêque, et servi par ses officiers qu'il y avoit envoyés exprès. Les neveux étoient chanoines, et le cadet montroit de l'esprit et de la politesse; nous nous parlions latin. L'aîné, quoique inquisiteur, croyant que je lui parlois une autre langue qu'il n'entendoit pas, me pria de me servir avec lui de la latine. C'est que nous autres, François, prononçons le latin tout autrement que les Espagnols, les Italiens et les Allemands. A la fin pourtant il m'entendit. Ils ne manquèrent à rien de la plus grande civilité, sans se rendre le moins du monde incommodes. Le palais archiépiscopal n'est pas grand; toutes petites pièces assez obscures et vilaines, fort simplement meublées. Il est sur une petite place, latéralement au portail de la métropole. On nous servit un grand nombre de plats et trois services, rien du tout de gras; et nous fûmes servis de la sorte toujours soir et matin, mais le soir de toutes choses de collation.

Le carême est fort fâcheux dans les Castilles. La paresse et l'éloignement de la mer font que la marée est inconnue. Les plus grosses rivières n'ont point de poisson, les petites encore moins, parce qu'elles ne sont que des torrents. Peu ou point de légumes, si ce n'est de l'ail, des oignons, des cardons, quelques herbes. Ni lait ni beurre. Du poisson mariné, qui seroit bon si l'huile en étoit bonne; mais elle est si généralement mauvaise qu'on en est infecté jusque dans les rues de Madrid, en carême, car presque tout le monde le fait, jeunes et vieux, hommes et femmes, seigneurs, bourgeois et peuple. Ainsi on est réduit aux œufs de toutes les façons et au chocolat, qui est leur grande ressource. Le *vesugo* est l'unique poisson de mer qui se mange à Madrid. Il vient de Bilbao vers Noël, et tout le monde se félicite lorsqu'il commence à paroître. De figure et de goût il tient du maquereau et de l'alose, et a la délicatesse et la fermeté des deux. Il est excellent. On en mange les jours gras comme les maigres sans s'en lasser. Mais il commence à piquer dès le commencement du carême, et bientôt après on n'en peut plus manger. La chère que nous fîmes à Tolède n'étoit donc pas friande, à l'espagnole et fort grande, mais il étoit impossible de mieux.

Dès le matin, j'allai voir l'église ou plutôt les églises, car il s'en détache deux chapelles à angle égal, grandes comme des églises, qui s'appellent, l'une des anciens rois, l'autre des nouveaux rois, qui ont de magnifiques tombeaux, et chacune un grand et beau chœur de plain-pied devant le grand autel, et chacune un riche et nombreux chapitre, où l'office se fait comme dans la grande église, sans s'interrompre ni s'entendre réciproquement, toutes trois. La sacristie, pleine de richesses immenses, est vaste et pourroit passer pour une quatrième église. J'y vis la chape impériale de Charles-Quint, de toile d'or fort ample et à queue d'un pied, semée près à près d'aigles noires éployées, à double tête, le chaperon et les orfrois d'une étoffe qui paraît avoir été magnifique et surbrodée, avec une large attache de même étoffe et des agrafes d'or. On m'y ouvrit une armoire, entre bien d'autres, remplie des raretés les plus précieuses, au fond matelassé de laquelle étoit attachée la belle croix du Saint-Esprit de diamants, que le feu roi avoit envoyée au cardinal Portocarrero, environnée d'un grand tour d'admirables diamants, d'où pendoit la Toison d'or que portoit Charles II d'ordinaire et qu'il donna peu avant sa mort à cette église : deux présents fort inutiles, comme ils sont.

Je ne m'arrêterai point ici à une description de structure ni de richesses, qui est un des plus curieux et des plus satisfaisants morceaux des relations et des voyages d'Espagne, et qui, seule et exacte, feroit plus d'un volume ; je me bornerai à de simples remarques et en fort petit nombre. La tombe plate du cardinal Portocarrero est sans nul ornement dans le passage entre le chœur métropolitain et la chapelle des nouveaux rois, en sorte qu'elle est foulée aux pieds de tout le monde, avec cette seule inscription et sans armes : *Hic jacet cinis, pulvis, et nihil,* suivant qu'il l'ordonna expressément; mais on a mis vis-à-vis sur la muraille une magnifique épitaphe en son honneur. L'église métropolitaine n'a point le défaut de presque toutes les églises d'Espagne. Le chœur y est de plain-pied, c'est-à-dire relevé de trois ou quatre marches plus que la nef, entre la nef et le grand autel, et fermé à peu près comme est celui de Notre-Dame, à Paris, mais le chœur et la nef presque le double plus longue et plus large, et haute à proportion. Le chœur a tout autour trois rangs de stalles, tous trois plus élevés l'un que l'autre, ce qui en fait un nombre prodigieux. Elles sont commodes, et tant les stalles que la boiserie entière, qui est fort élevée et richement travaillée, sont de bois précieux. Pas une stalle de trois rangs ne ressemble à une autre pour le travail. Le dossier, les côtés, les dessus des séparations, le devant de chaque stalle relevée, est d'une ciselure en bois plus finement travaillée et plus exactement recherchée que les plus belles tabatières d'or. Les sujets en sont pris de la vie de Ferdinand le Catholique et d'Isabelle, sa première femme, qui, par leur mariage, réunirent les couronnes d'Aragon et de Castille et leurs dépendances, et dont les conquêtes éteignirent la domination des Maures en Espagne; et comme rien n'y est oublié en aucun genre, jusques aux plus petites choses, les événements depuis leur naissance jusqu'à leur mort ont pu fournir à toutes ces stalles sans aucun vide. Il n'y en a aucune qui ne méritât plusieurs heures d'application à la considérer, et dont la rare beauté ne fît trouver ces heures courtes.

L'archevêque avoit ordonné que, encore qu'on fût en carême, la messe mozarabique fût chantée et célébrée devant moi aussi solennellement que le jour de Pâques. Cette chapelle de la cathédrale, où cet office est fondé, a son chœur particulier et est vers le bas de la nef. On mit un prie-Dieu avec un tapis et quatre carreaux, deux en bas pour les genoux, deux en haut pour les coudes, pour mon second fils et pour moi, qui est le traitement des cardinaux, des ambassadeurs et des grands, dans toutes les églises d'Espagne. Cela étoit préparé du côté de l'évangile, tout près de l'autel, en sorte qu'étant à genoux je voyois pleinement dessus. Mon second fils et moi fûmes conduits sur ce prie-Dieu, et on donna seulement un carreau au comte de Lorges, à Céreste, à mon fils aîné, à l'abbé de Saint-Simon et à son frère.

Je vis et j'entendis cette messe avec une grande curiosité et un extrême plaisir. Je ne la décrirai point ici, parce que je la vis telle que je l'ai lue décrite et expliquée dans le cardinal Bona[1] et dans d'autres livres liturgiques. Elle se dit en latin, avec les ornements ordinaires, tant des célébrants que de l'autel. Il y a seulement toujours deux livres aux deux côtés sur l'autel : l'un est pour tout ce qui est de la messe, l'autre pour les collectes pour le peuple, qui sont fort multipliées, ainsi que les *amen* du chœur. Cela et la séparation de l'Eucharistie en quinze parties en croix sur la patène, en prononçant un nom de mystère sur chaque particule en la séparant et la posant, et dans la suite en prenant pour se communier chaque particule l'une après l'autre, en prononçant le même nom de mystère, rend la messe un peu plus longue que les nôtres; mais cela est peu perceptible à une grand'messe par le chant du chœur, qui allonge toujours.

De là je fus conduit au chœur, dont je voulus voir l'office, où je fus placé au bout le plus près de l'autel, et sur le devant de ma stalle et de celle de mon second fils, il y avoit un tapis et des carreaux comme dans la chapelle mosarabe; les autres eurent chacun leur stalle et un carreau. Je remarquai avec surprise deux évêques en rochet et camail violet, avec leur croix au cou, dans les stalles parmi les chanoines, sans aucune distinction ni distance, et des chanoines

---

1. Le cardinal Bona a laissé un grand nombre de traités. Il s'agit probablement ici de son traité *De rebus liturgicis*, où l'on trouve des recherches sur les cérémonies et les prières de la messe.

également au-dessous et au-dessus d'eux. Il y avoit des bancs disposés en travers dans le milieu, dans le large espace entre les stalles de chaque côté, où les chanoines se vinrent asseoir pour entendre le sermon d'un jacobin après l'évangile. Ces deux évêques s'y placèrent parmi les chanoines en leur rang d'ancienneté, comme ils étoient dans les stalles, sans distance, sans distinction, joignant les chanoines au-dessus et au-dessous d'eux. C'étoient deux évêques *in partibus* suffragants pour soulager l'archevêque dans ses fonctions épiscopales, comme confirmations, ordinations, consécrations des saintes huiles, etc. Ce qui me parut singulier fut une espèce de drapeau blanc arboré et flottant au plus haut du superbe clocher de cette église, qui est prodigieusement élevé, et d'une riche et admirable structure. Je crus qu'on étoit dans l'octave de la dédicace de l'église, mais on me détrompa bientôt en m'apprenant que ce drapeau étoit là pour le cardinal Borgia. C'est qu'aussitôt qu'un chanoine de Tolède, ou l'archevêque, devient cardinal, on met ce drapeau au clocher; et s'il arrive qu'il se trouve plusieurs chanoines cardinaux, on met un drapeau pour chacun d'eux, et le drapeau de chacun n'est ôté qu'à sa mort.

Au retour de l'église, et avant le dîner, on m'annonça deux chanoines qui venoient me complimenter au nom du chapitre. En même temps, je fus averti que l'un étoit un Pimentel, archidiacre de l'église de Tolède, par conséquent d'une des plus grandes maisons d'Espagne, et de la même que le comte de Benavente; que ce chanoine avoit quatre-vingt mille livres de rentes de sa prébende, et qu'il avoit refusé les archevêchés de Séville et de Saragosse; qu'il étoit aussi chef de l'inquisition du diocèse, et qu'il étoit accompagné d'un autre chanoine de qualité dont la prébende lui valoit soixante mille livres de rente. C'étoient là des chanoines tant soit peu renforcés en comparaison des nôtres. Tout ce qui étoit avec moi, et beaucoup d'autres gens de la ville, dont le corps m'étoit venu saluer, les neveux et les principaux officiers de l'archevêque remplissoient la pièce où j'étois, où nous étions tous debout. Je fis quelques pas au-devant des deux chanoines ; je leur fis donner deux siéges à côté l'un de l'autre, et j'en pris un vis-à-vis d'eux. Je les priai par signes de se couvrir, et nous nous couvrîmes tous trois, tout le reste debout, faute de siéges et de place. Les chanoines étoient en habit long avec un chapeau. Dès que je fus couvert, je me découvris et ouvris la bouche pour les remercier ; à l'instant, le Pimentel, le chapeau à la main, se leva, s'inclina, me dit *domine* sans m'avoir donné l'instant d'articuler un seul mot, se rassit, se couvrit, et me fit une très-belle harangue en fort beau latin, qui dura plus d'un gros quart d'heure. Je ne puis exprimer ma surprise ni quel fut mon embarras de répondre en françois à un homme qui ne l'entendoit pas. Quel moyen ! en latin, comment faire ? Toutefois, je pris mon parti ; j'écoutai de toutes mes oreilles, et tandis qu'il parla, je bâtis ma réponse pour dire quelque chose sur chaque point, et finir par ce que j'imaginai de plus convenable pour le chapitre et pour les députés, en particulier pour celui qui parloit. Il finit par la même révérence qui avoit commencé son discours, et je voyois en même temps toute cette jeunesse qui me regardoit et riochoit de l'embarras où elle n'avoit pas tort de me croire.

Le Pimentel rassis, j'ôtai mon chapeau, je me levai, je dis *domine*. En me rasseyant et me couvrant, je jetai un coup d'œil à cette jeunesse, qui me parut stupéfaite de mon effronterie, à laquelle elle ne s'attendoit pas. Je dérouillai mon latin comme je pus, où il y eut sans doute bien de la cuisine et maints solécismes, mais j'allai toujours, répondant point par point ; puis, appuyant sur mes remercîments, avec merveilles pour le chapitre, pour les députés et pour le Pimentel, à qui j'en glissai sur sa naissance, son humilité, son mépris des grandeurs, et son refus de deux si grands et si riches archevêchés. Cette fin leur fit passer mon mauvais latin, et les contenta extrêmement, à ce que j'appris. Je ne parlai pas moins longtemps que le Pimentel avoit fait. En finissant par la même révérence, je jetai un autre coup d'œil sur la jeunesse, qui me parut tout éplapourdie[1] de ce que je m'en étois tiré si bien. Il est vrai qu'elle n'admira pas mon latin, mais ma hardiesse et ma suite, parce que j'avois répondu à tout, et que je les avois après largement complimentés. Après quelques moments de silence, ils se levèrent pour s'en aller, et je les conduisis jusque vers le bout de la pièce suivante. Les neveux et l'assistance me félicitèrent sur mon bien-dire en latin. Ce n'étoit pas, je pense, qu'ils le crussent, ni moi non plus, mais enfin j'en étois sorti et quitte.

Nous dînâmes bientôt après. Le maître d'hôtel, les porteurs de plats, ceux qui nous donnoient à boire et des assiettes, ceux qui étoient au buffet, tous me sembloient des jésuites, à qui je n'osois demander mes besoins. J'ai déjà remarqué que tous les domestiques de l'archevêque de Tolède, même tous ses laquais, cochers et postillons, étoient tous vêtus en ecclésiastiques, sans aucune différence des prêtres, et que l'habit ecclésiastique est demeuré en Espagne précisément le même que celui que portent les jésuites, qui étoit l'habit de tous les ecclésiastiques du temps de saint Ignace, leur instituteur. L'après-dînée, j'allai visiter les deux chanoines qui m'étoient venus complimenter, qui, par politesse, firent dire qu'ils étoient sortis. De là je fus voir le palais de Tolède que Charles-Quint avoit comme bâti de nouveau. Les troupes de l'archiduc y mirent le feu la dernière fois qu'elles abandonnèrent cette ville et les Castilles, et par le peu qui en est resté, on voit que ç'a été le plus grand dommage du monde, et la plus insigne brutalité. Je retournai ensuite à l'église que j'eus loisir de voir bien plus

---

1. Vieux mot qui ne se trouve pas dans les lexiques ordinaires. Il a le même sens que *abasourdi*.

à mon aise que je n'avois pu faire le matin. On m'y arracha de chaque endroit pour m'en faire admirer d'autres. On y passeroit bien du temps à satisfaire sa curiosité. On ne m'indiqua rien d'ailleurs à voir à Tolède : la ville est collée à une haute chaîne de montagnes; elle est toute bâtie sur un penchant fort roide, les rues étroites et obscures, en sorte que les voitures n'y peuvent presque aller. Elle est assez grande, impose par un air d'antiquité, et, quoique vilaine et sans aucune maison d'une certaine apparence, paroît beaucoup par la roideur de l'amphithéâtre qu'elle occupe, et qui la montre tout entière. Je n'y séjournai qu'un jour entier.

De Tolède, j'allai à Aranjuez, environ comme de Paris à Meaux. On me fit descendre et loger chez le gouverneur qui étoit absent, dans un grand et beau corps de logis, tout près du château, à droite en arrivant. C'est le seul endroit des Castilles où il y ait de beaux arbres, et ils y sont en quantité. De quelque côté qu'on y arrive, c'est par une avenue d'une lieue ou de trois quarts de lieue, dont plusieurs ont double rang d'arbres, c'est-à-dire une contre-allée de chaque côté de l'avenue. Il y en a douze ou treize qui arrivent de toutes parts à Aranjuez, où leur jonction forme une place immense, et la plupart percent au delà à perte de vue. Ces avenues sont souvent coupées par d'autres transversales, avec des places dans leurs coupures, et par leur grand nombre forment de vastes cloîtres de verdure ou de champs semés, et se vont perdre à une lieue de tous côtés dans les campagnes.

Le château est grand; les appartements en sont vastes et beaux, au-dessus desquels les principaux de la cour sont logés. Le Tage environne le jardin, qui a une petite terrasse tout autour, sur la rivière, qui est là étroite et ne porte point bateau. Le jardin est grand, avec un beau parterre et quelques belles allées. Le reste est coupé de bosquets, de berceaux bas et étroits, et plein de fontaines de belle eau, d'oiseaux et d'animaux, de quelques statues qui inondent les curieux qui s'amusent à les considérer. Il sort de l'eau de dessous leurs pieds : il leur en tombe de ces oiseaux factices, perchés sur les arbres, une pluie abondante, et une autre qui se croise en sortant de la gueule des animaux et des statues, en sorte qu'on est noyé en un instant, sans savoir où se sauver. Tout ce jardin est dans l'ancien goût flamand, fait par des Flamands que Charles-Quint fit venir exprès. Il ordonna que ce jardin seroit toujours entretenu par des jardiniers flamands sous un directeur de la même nation, qui auroit seul le droit d'en ordonner, et cela s'est toujours observé fidèlement depuis. Accoutumés depuis au bon goût de nos jardins amenés par Le Nôtre, qui en a eu tout l'honneur, par les jardins qu'il a faits et qui sont devenus des modèles, on ne peut s'empêcher de trouver bien du petit et du colifichet à Aranjuez. Mais le tout fait quelque chose de charmant et de surprenant en Castille par l'épaisseur de l'ombre et la fraîcheur des eaux. J'y fus fort choqué d'un moulin sur le Tage, à moins de cent pas du château, qui coupe la rivière et dont le bruit retentit partout. Derrière le logement du gouverneur sont de vastes basses-cours, et joignant un village fort bien bâti. Derrière tout cela est un parc fort rempli de cerfs, de daims et de sangliers, où on est conduit par ces belles avenues; et ce parc est un massif de bois étendu, pressé, touffu pour ces animaux. Une avenue fort courte nous conduisit à pied sous une manière de porte fermée d'un fort grillage de bois qui donnoit sur une petite place de pelouse environnée du bois. Un valet monta assez haut à côté de cette porte, et se mit à siffler avec je ne sais quel instrument. Aussitôt cette petite place se remplit de sangliers et de marcassins de toutes grandeurs, dont il y en avoit plusieurs de grandeur et de grosseur extraordinaires. Ce valet leur jeta beaucoup de grain à diverses reprises, que ces animaux mangèrent avec grande voracité, venant jusque tout près de la grille, et souvent se grondant;

et les plus forts se faisant céder la place par les autres, et les marcassins et les plus jeunes sangliers, retirés sur les bords, n'osant s'approcher ni manger que les plus gros ne fussent rassasiés. Ce petit spectacle nous amusa fort, près d'une heure.

On nous mena de là en calèche découverte, par les mêmes belles avenues, à ce qu'ils appellent la Montagne et la Mer. C'est une très-petite hauteur isolée, peu étendue, qui découvre toute la campagne et cette immense quantité d'avenues et de cloîtres formés par leurs croisières, ce qui fait une vue très-agréable. Presque tout le *planitre*[1] de cette hauteur est occupé par une grande et magnifique pièce d'eau, qui est là une merveille et qui n'auroit rien d'extraordinaire dans tout autre pays. Elle est revêtue de pierre, et porte quelques petits bâtiments en forme de galères et de gondoles sur lesquelles Leurs Majestés Catholiques se promènent quelquefois et prennent aussi le plaisir de la pêche, cette pièce étant assez fournie pour cela du poisson qu'on a soin d'y entretenir. D'un autre côté, il y a une vaste ménagerie, mais rustique, où on entretient un haras de chameaux et un autre de buffles.

Des officiers du roi d'Espagne m'amenèrent le matin, comme je sortois, un grand et beau chameau, bien ajusté et bien chargé, qui se mit à genoux devant moi, pour y être déchargé d'une grande quantité de légumes, d'herbages, d'œufs, et de plusieurs barbeaux, dont quelques-uns avoient trois pieds de long, et tous les autres fort grands et gros, mais que je n'en trouvai pas meilleurs que ceux d'ici, c'est-à-dire mous, fades et pleins d'une infinité de petites arêtes. Je fus traité aux dépens du roi, et je séjournai un jour entier. Ce lieu me parut charmant pour le printemps et délicieux pour l'été; mais l'été personne n'y demeure, pas même le peuple du village, qui se retire ailleurs et

---

1. Terrain plat, plateau (*planities*).

ferme ses maisons sitôt que les chaleurs se font sentir dans cette vallée, qui causent des fièvres très-dangereuses et qui tiennent ceux qui en réchappent sept ou huit mois dans une langueur qui est une vraie maladie. Ainsi la cour n'y passe guère que six semaines ou deux mois du printemps, et rarement y retourne en automne. D'Aranjuez à Madrid le chemin est assez beau, à peu près de la distance de Madrid à l'Escurial. Mais, pour aller de l'une de ces maisons à l'autre, il faut passer par Madrid.

A mon retour, le roi et la reine me demandèrent comment j'avois trouvé Aranjuez. Je le louai fort, autant qu'il le méritoit, et dans le récit de tout ce que j'y avois vu, je parlai du moulin, et que je m'étonnois comment il étoit souffert si proche du château, où sa vue, qui interrompoit celle du Tage, et plus encore son bruit, étoient si désagréables, qu'un particulier ne le souffriroit pas chez lui. Cette franchise déplut au roi, qui répondit qu'il avoit toujours été là, et qu'il n'y faisoit point de mal. Je me jetai promptement sur d'autres choses agréables d'Aranjuez, et cette conversation dura assez longtemps. J'y mangeai du lait de buffle, qui est le plus excellent de tous et de bien loin. Il est doux, sucré, et avec cela relevé, plus épais que la meilleure crème, et sans aucun goût de bête, de fromage ni de beurre. Je me suis étonné souvent qu'ils n'en aient [pas] quelques-uns à la *Casa del Campo*, pour faire usage à Madrid d'un si délicieux laitage.

CHAPITRE IX.

Réception de mon fils aîné dans l'ordre de la Toison d'or. — Indécence du défaut des habits de la Toison, et de la manière confuse des chevaliers d'accompagner le roi les jours de collier, qui sont fréquents. — Manière dont le roi prend toujours son collier. — Sa Majesté et tous ceux qui ont la Toison et le Saint-Esprit ne portent jamais un collier sans l'autre. — Nulle marque de l'ordre dans ses grands officiers, quoique d'ailleurs pareils en tout à ceux du Saint-Esprit. — Rang dans l'ordre; d'où se prend. — Le prince des Asturies est le premier infant qui ait obtenu la préséance. — Les chevaliers, grands ou non, couverts au chapitre. — Les grands officiers découverts. — Différence très-marquée de leur séance d'avec celle des chevaliers. — Préliminaires immédiats à la réception. — Réception. — Épée du grand capitaine devenue celle de l'État. — Son usage aux réceptions des chevaliers de la Toison. — Singuliers respects rendus à cette épée. — Courte digression sur le grand capitaine. — Accolade. — Imposition du collier. — Révérences et embrassades. — Visites et repas. — Cause du si petit nombre de chevaliers de la Toison espagnols. — Expédient qui rend enfin les ordres anciens et lucratifs d'Espagne compatibles avec ceux de la Toison, du Saint-Esprit, etc. — Fâcheux dégoût donné sur la Toison à Maulevrier, qui rejaillit sans dessein sur La Fare. — Mon fils aîné s'en retourne à Paris; voit l'Escurial. — Sottise des moines.

La santé de mon fils aîné qui ne se rétablissoit point, et son impatience de quitter un pays où il avoit toujours été malade, me pressoit de le renvoyer. Sa santé et celle de la princesse des Asturies, qui voulut voir la cérémonie de la réception d'un chevalier de l'ordre de la Toison d'or, avoit retardé la sienne. Rien ne s'y opposant plus, je pris ce temps de la faire faire, et voici quelle elle fut.

SÉANCE DU CHAPITRE DE L'ORDRE DE LA TOISON D'OR
POUR LE CONFÉRER A UN NOUVEAU CHEVALIER.

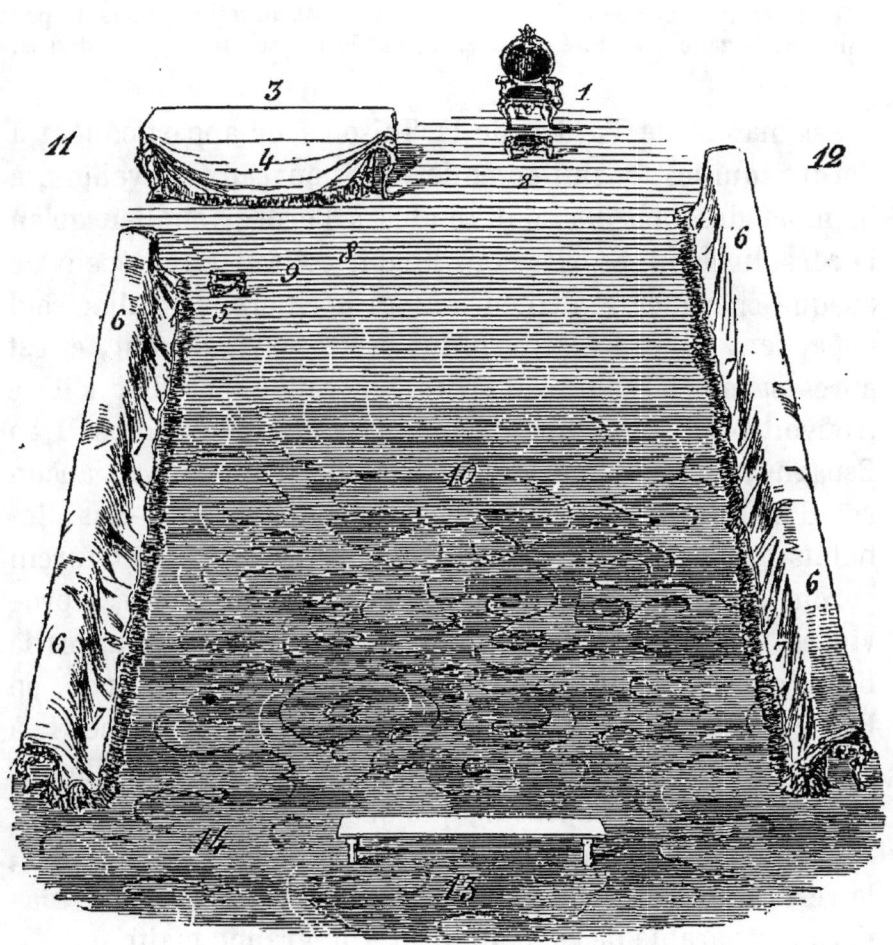

1. Fauteuil du roi.
2. Carreaux à ses pieds.
3. Table ornée.
4. Son tapis.
5. Carreau aux pieds du prince des Asturies.
6. Banc des chevaliers.
7. Tapis dont ces bancs sont couverts.
8. 9. Lieu où le grand écuyer et le premier écuyer viennent se mettre à genoux.
10. Tapis dont le parterre est couvert.

11. Lieu d'où la reine et la princesse des Asturies, etc., virent la cérémonie debout.
12. Lieu d'où je la vis avec beaucoup de seigneurs.
13. Banc nu et sans tapis pour le chancelier et les autres grands officiers de l'ordre.
14. Par où le parrain sort, rentre et amène le chevalier à recevoir.

Il faut remarquer que le fauteuil du roi n'est pas au milieu, mais un peu retiré sur la gauche à cause de la table, par le respect de ce qui est dessus.

Les habits de l'ordre de la Toison d'or appartiennent à l'ordre, qui les fournit en entier aux nouveaux chevaliers, à la mort desquels ils sont rendus à l'ordre, au lieu qu'en l'ordre du Saint-Esprit, dont l'habit est fait aux dépens de chaque chevalier et demeure à ses héritiers, le collier seul appartient à l'ordre, qui le lui prête sa vie durant, et est après sa mort rendu à l'ordre, ou mille écus d'or s'il se trouvoit perdu. Quoique depuis le retour de Philippe II en Espagne, après la mort de Charles-Quint, ni lui ni aucun roi d'Espagne ne soit jamais retourné aux Pays-Bas, les habits de la Toison y étoient toujours demeurés, et furent perdus pour l'Espagne avec les Pays-Bas lorsque ces provinces tombèrent entre les mains des Impériaux après la bataille de Ramillies. On s'en soucia peu, mal à propos, en Espagne, parce qu'on y étoit accoutumé, dès Philippe II, à y faire des promotions de la Toison sans habits. D'ailleurs, la prétention de l'empereur, quelque mal fondée qu'elle fût, ayant toujours persisté sur la grande maîtrise de cet ordre, la restitution des habits auroit été nécessairement une matière inséparable de celle du droit à la grande maîtrise.

Ce défaut d'habits, qui eût pu être réparé si aisément en Espagne, en en faisant faire comme on y a fait des colliers, ne l'a point été, et on ne peut nier qu'il ne gâte extrêmement les cérémonies. Au moins ici, où, depuis 1662, qui est la dernière promotion faite aux Grands-Augustins suivant les statuts, au moins pour les habits, les chevaliers du Saint-Esprit ne paroissent en aucune cérémonie qu'en rabat et en manteau court, avec le collier par-dessus, ce qui fait au moins une cérémonie uniforme et dans un habit qui ne se porte qu'en ces occasions, si on s'est affranchi du grand habit de cérémonie qui, excepté des occasions fort rares depuis cette époque, n'est plus porté que par les chevaliers novices le jour de leur réception.

En Espagne, rien de plus indécent, où les chevaliers de la Toison d'or portent le collier de l'ordre toutes les fêtes d'apôtres, quelques autres grandes fêtes encore, aux chapitres de l'ordre, aux grandes occasions de cérémonies de la cour, par exemple à mon audience de la demande de l'infante. Chaque chevalier a son habit ordinaire, qui est l'habit entièrement françois. L'un a un justaucorps brun, un autre noir, un autre rouge, un autre bleu. Celui-ci a de l'or, celui-là de l'argent. On est en velours ou en drap, en un mot à son gré et à sa manière, avec une perruque nouée, et une cravate, et le collier autour des épaules par-dessus le justaucorps. Ils se rendent ainsi chez le roi les uns après les autres, et l'attendent. Quand le roi sort de l'appartement intérieur, il s'arrête sur le pas de la porte. Les deux plus anciens chevaliers de la Toison se mettent à ses côtés, y reçoivent d'un valet intérieur, qui est derrière le roi, ses colliers de la Toison et du Saint-Esprit, qui se tiennent par de courtes chaînettes d'espace en espace, les lui mettent autour des épaules et les lui attachent. Et soit que le roi aille à la messe, à une audience de cérémonie d'ambassadeur, ou au chapitre, ils marchent en confusion comme tout autre jour qu'ils ne sont point en collier, et le remènent de même après en son appartement. S'il y a chapelle, les chevaliers qui ne sont point grands vont jusqu'à la porte et n'y entrent guère, parce qu'ils n'y sont point assis, et qu'ils n'y ont point de place. Ceux qui sont grands se mettent sur le banc des grands parmi les autres grands, tout à l'ordinaire, comme ils se trouvent et comme s'ils n'avoient point de collier. Tous les jours de collier, les chevaliers de la Toison, qui le sont aussi du Saint-Esprit, portent les deux colliers.

Le chancelier de l'ordre de la Toison, qui étoit lors le marquis de Grimaldo, et qui dans la suite fut chevalier de la Toison, et les autres grands officiers de l'ordre, dont pourtant je n'ai vu aucun, et qui sont aussi considérables et aussi respectés par leurs places de secrétaire d'État et de ministres que le sont les nôtres, ne portent aucune marque de l'ordre, ni sur eux, pas même aux chapitres, ni aux réceptions de chevaliers, ni à leurs armes. Nulle naissance, nulle dignité ne donne de préséance dans l'ordre de la Toison. Elle n'est affectée qu'à l'ancienneté dans l'ordre, et entre nouveaux chevaliers reçus en même promotion, par leur âge. Le prince des Asturies est le premier de sa naissance qui ait précédé les chevaliers plus anciens que lui. Le roi son père demanda même au chapitre de [le] lui accorder comme une grâce, et le chapitre opina et l'accorda; mais il ne fut que le premier à droite sur le même banc des chevaliers, coude à coude avec le chevalier son voisin, sans tapis autre que le tapis du banc sur lequel tous les chevaliers sont assis comme lui. La seule distinction que je lui vis est un carreau à ses pieds, plus petit et avec moins de dorure que celui qui étoit aux pieds du roi, mais vis-à-vis précisément du premier chevalier assis sur le banc de la gauche, car ils se rangent à droite et à gauche par ancienneté, en sorte que les plus anciens sont le plus près du roi, et ainsi de suite jusqu'aux deux derniers qui ferment le banc, où, dès qu'ils sont tous assis, le roi se couvre et tous les chevaliers en même temps, grands ou non, et demeurent couverts pendant toute la cérémonie. Le chancelier et les autres grands officiers de l'ordre s'asseyent aussi en même temps sur un banc de bois nu et sans tapis, placé vis-à-vis du roi, au bas bout à la fin des bancs des chevaliers, et ne se couvrent point pendant toute la cérémonie. C'est ainsi que j'y vis toujours le marquis de Grimaldo. La reine, la princesse des Asturies, leurs dames et leurs grands officiers, excepté le prince Pio, chevalier de la Toison, virent la cérémonie debout, en voyeuses, et arrivèrent en même temps que le roi. Je la vis de même avec beaucoup de seigneurs vis-à-vis d'elle, fort proches, et la vîmes très-bien. Elle est assez longue, je vais tâcher de l'expliquer. L'heure fut donnée pour le....[1].

Le duc de Liria, accompagné du prince de Masseran, aussi chevalier de la Toison, vint me prendre avec mon fils aîné dans son carrosse, attelé de quatre parfaitement beaux chevaux de Naples, et se mirent tous deux sur le devant, quoi que mon fils et moi pûmes faire. Mais ces beaux napolitains, qui sont extrêmement fantasques, ne voulurent point démarrer. Coups de fouets redoublés, cabrioles, ruades, fureurs, prêts à tous moments à se renverser. Cependant l'heure se passoit, et je priai le duc de Liria que nous nous missions dans mon carrosse pour ne pas faire attendre le roi et tout le monde. J'eus beau lui dire que cela ne pouvoit nuire à sa fonction de parrain, puisque nous étions dans son carrosse, et que ce n'étoit que par la force de la nécessité que nous en prendrions un des miens, il ne voulut jamais y entendre. Ce manége dura une demi-heure entière, au bout de laquelle les chevaux consentirent enfin à partir.

Tout mon cortége nous accompagnoit et suivoit, comme à ma première audience et comme à la couverture de mon second fils. Je voulois toujours faire voir aux Espagnols le cas que je faisois des grâces du roi d'Espagne et des honneurs de leur cour. Au milieu du chemin la fantaisie reprit aux chevaux de s'arrêter et de recommencer leur manége; moi à insister de nouveau à changer de carrosse, et le duc de Liria à n'en point vouloir ouïr parler. Cette pause néanmoins fut bien moins longue; mais comme nous partions vint un message du roi dire qu'il nous attendoit. Enfin, nous arrivâmes, et dès que le roi en fut averti, il sortit, prit ses colliers de la manière que j'ai expliquée, traversa une pièce, entra dans une autre fort grande, où le chapitre étoit dis-

---

1. L'heure est laissée en blanc dans le manuscrit.

posé. Il alla droit se mettre dans son fauteuil, et en même temps les chevaliers sur leurs bancs, en leur rang, comme je l'ai expliqué, et Grimaldo sur le sien, seul des grands officiers et pas un des petits, ainsi je n'ai point vu où ni comment ils se placent.

Pendant qu'ils se plaçoient, la reine, la princesse des Asturies, les infants et leur suite s'allèrent mettre debout où le chiffre le marque, et moi avec tout ce qui m'avoit suivi, où le chiffre le marque, avec une vingtaine de seigneurs, et quelque peu de voyeurs se tinrent éloignés dans le bas de la salle par où nous étions entrés.

Tout ce que je viens de dire arrivé et rangé, la porte vis-à-vis du roi, par laquelle nous étions tous entrés, fut fermée, et mon fils aîné demeuré dehors avec beaucoup de gens de la cour. Alors le roi se couvrit et tous les chevaliers en même temps, sans qu'il le leur dît ni leur en fît signe, et en cet état le silence dura un peu plus d'un *pater*. Ensuite le roi proposa le vidame de Chartres pour être reçu dans l'ordre, mais en deux mots. Tous les chevaliers se découvrirent, s'inclinèrent sans se lever, et se couvrirent. Tout ce qui étoit spectateur, et la reine même, qui n'avoit point de siége près d'elle, n'étoient là que comme n'y étant pas, parce que le chapitre doit être secret, et n'y avoir personne que les chevaliers. Ainsi je ne fis aucune révérence qu'à la reine, qui eut la bonté de me faire des signes de compliments et de satisfaction. Après ce silence, le roi appela le duc de Liria, qui se découvrit et s'approcha du roi avec une révérence, qui lui dit sans se découvrir : *Allez voir si le vidame de Chartres ne seroit point ici quelque part.* Le duc de Liria fit une révérence au roi sans en faire aux chevaliers, quoique découverts en même temps que lui, sortit et la porte fut refermée, et les chevaliers couverts. Il sera souvent parlé de révérences ; mais il faut entendre toutes celles-ci, ainsi que les deux que le duc de Liria venoit de faire, des mêmes révérences qui se font ici aux réceptions des chevaliers du Saint-Esprit et en toutes les grandes cérémonies.

Le duc de Liria demeura près d'un demi-quart d'heure dehors, parce qu'il est censé que le nouveau chevalier ignore la proposition qui se fait de lui, et que ce n'est que par un pur hasard qu'on le trouve quelque part dans le palais, ce qui ne se peut faire si promptement. Si on avoit des habits de la Toison en Espagne, ce chapitre ne seroit que préliminaire, et il y en auroit un second, au bout de quelque temps, à la porte duquel le chevalier admis se trouveroit et seroit introduit par son parrain aussitôt que le chapitre seroit assis en place. Le duc de Liria rentra et aussitôt la porte fut refermée, et de la même façon qu'il s'étoit approché du roi, il lui dit que le vidame de Chartres étoit dans l'autre pièce.

Le roi lui ordonna d'aller demander au vidame s'il vouloit accepter l'ordre de la Toison d'or et y être reçu, et pour cela s'engager à en observer les statuts, les devoirs, les cérémonies, en prêter les serments et se soumettre à tous les engagements que promettent tous ceux qui y sont reçus, et les promettre; enfin de se comporter en tout comme un bon, loyal, brave et vertueux chevalier. Le duc de Liria se retira et sortit comme il avoit fait la première fois. La porte se ferma. Il fut un peu moins dehors, puis rentra. La porte se referma, et il se rapprocha du roi comme les autres fois, et lui apporta le consentement et le remercîment du vidame. *Hé bien!* répondit le roi, *allez le chercher et l'amenez.* Le duc de Liria se retira comme les autres fois, sortit et aussitôt rentra, ayant mon fils à sa gauche. La porte ouverte, le demeura et entra qui voulut, et se jeta où il put pour voir la cérémonie.

Le duc de Liria entra au chapitre, suivi de mon fils, par l'endroit du chiffre marqué, et le conduisit aux pieds du roi, puis alla s'asseoir à sa place. Mon fils s'étoit doucement incliné à droite et à gauche, entrant dans le parterre, aux chevaliers; et après avoir fait au milieu du parterre une inclination profonde, s'alla mettre à genoux devant le roi, sans quitter son épée, ayant son chapeau sous le bras et sans gants. Les chevaliers, qui s'étoient tous découverts à l'entrée du duc de Liria, se couvrirent lorsqu'il s'assit, et le prince des Asturies aussi, qui se découvrit et se couvrit toujours comme eux. Le roi répéta à mon fils les mêmes choses un peu plus étendues qu'il lui avoit fait dire par le duc de Liria, et reçut sa promesse sur chacune, l'une après l'autre. Ensuite un sommelier de courtine, qui étoit debout, en rochet, derrière la table, présenta au roi, par derrière, entre la table et sa chaise, un grand livre ouvert, où étoit un long serment que mon fils prêta au roi, qui avoit le livre ouvert sur ses genoux, et le serment sur d'autres papiers en français, sur le livre. Cela fut assez long. Ensuite mon fils baisa la main du roi, qui le fit lever et passer devant la table directement sans révérence, au milieu de laquelle il se mit à genoux, le dos au prince des Asturies, vis-à-vis le sommelier de courtine, qui lui montra la table entre deux, ce que et comment il falloit faire. Il se mit à genoux. Il y avoit sur cette table un grand crucifix de vermeil sur un pied, un missel ouvert à l'endroit du canon, un évangile de saint Jean, et des papiers de promesses et d'autres de serments à faire et à lire en françois, mettant la main tantôt sur le canon, tantôt sur l'évangile. Cela fut encore long; puis, sans détour ni révérence, il revint se mettre à genoux devant le roi.

Alors le duc del Arco, grand écuyer, et Valouse, premier écuyer, qui n'eurent la Toison que depuis, et qui étoient auprès de moi, partirent, le duc le premier, Valouse derrière lui, portant sur ses deux mains, avec un grand air d'attention et de respect, l'épée du grand capitaine, qui est don Gonzalve de Cordoue, qu'on n'appelle point autrement. Ils firent à pas comptés le tour par derrière le banc des chevaliers de la droite, tournèrent par derrière celui du marquis de Grimaldo, entrèrent dans le chapitre par où le duc de Liria était entré avec mon fils, coulèrent en dedans le long du banc des chevaliers à gauche, sans révérence, mais le duc s'inclinant, et Valouse sans aucune inclination, à cause du respect de l'épée; mais les grands ne s'inclinèrent point. Le duc, en arrivant entre le prince des Asturies et le roi, se mit à genoux, et Valouse derrière lui. Quelques moments après, le roi leur fit signe, Valouse tira l'épée du fourreau, le mit sous son bras, prit l'épée nue par la lame vers le milieu, en baisa la garde et la présenta au duc del Arco, toujours tous deux à genoux. Le duc la prit un peu au-dessus de ses mains, baisa la garde, la présenta au roi, qui, sans se découvrir, en baisa le pommeau, prit la garde des deux mains, la tint quelques moments droite; puis d'une main, mais presque aussitôt des deux, en frappa trois fois alternativement chaque épaule de mon fils, en lui disant : *Par saint Georges et saint André, je vous fais chevalier.* Et les coups tomboient assez pesamment par le grand poids de l'épée. Pendant que le roi en frappoit, le grand et le premier écuyer étoient toujours à genoux en la même place. Elle fut rendue comme elle avoit été présentée et baisée de même. Valouse la remit dans le fourreau, après quoi le grand écuyer et lui se levèrent, et s'en allèrent comme ils étoient venus.

Cette épée, avec sa poignée, avoit plus de quatre pieds, la lame large en haut de quatre gros doigts, épaisse à proportion, diminuant de largeur et d'épaisseur insensiblement jusqu'à la pointe, qui étoit fort fine. La poignée me parut d'un vieux vermeil travaillé, longue et fort grosse, ainsi que le pommeau; la croisière longue et les deux bouts larges, plats, travaillés, point de branche. Je l'examinai fort, et je ne la pus lever en l'air d'une main, encore moins la manier avec les deux que fort difficilement. On prétend que c'est l'épée dont se servoit le grand capitaine, avec laquelle il avoit tant remporté de victoires.

J'admirai la force des hommes de ces temps, à quoi l'habitude de jeunesse faisoit, je crois, beaucoup. Je fus touché d'un si grand honneur fait à sa mémoire, que son épée fût devenue l'épée de l'État, et que, jusque par le roi même, il lui fût porté un si grand respect. Je répétai plus d'une fois que si j'étois le duc de Sesse, qui en descend directement par femme, car il n'y en a plus de mâles, il n'y a rien que je ne fisse pour obtenir la Toison, afin d'avoir l'honneur et le plaisir sensible d'être frappé de cette épée, et avec un si grand respect pour mon ancêtre. Tout grand capitaine qu'il fût, il ne chassa les François du royaume de Naples que par la perfidie la plus insigne et la plus sacrilége; et quand son maître, plus perfide que lui encore, n'en eut plus besoin, il le retira en Espagne, où, en arrivant, jaloux et soupçonneux de l'honneur si singulier, on peut dire si étrange, après ce qu'il avoit fait aux François, que Louis XII lui fit de le faire manger à sa table au dîner qu'il donna à Ferdinand le Catholique et à Germaine de Foix, que Ferdinand venoit d'épouser en secondes noces, à l'entrevue de Savone, ce prince ingrat, en arrivant en Espagne, l'accabla de tant de dégoûts qu'il le força de se retirer loin de sa cour, où il mourut bientôt après de chagrin. Mais revenons à la cérémonie après cette petite digression qui m'a si naturellement échappé.

L'accolade donnée par le roi après les coups d'épée, nouveaux serments prêtés à ses pieds, puis devant la table, comme la première fois, et ce dernier encore plus long, après quoi mon fils revint se mettre à genoux devant le roi, mais sans plus rien dire. Alors Grimaldo se leva, et sans révérence sortit du chapitre par sa gauche, coula par derrière le banc droit des chevaliers, prit le collier de la Toison, qui étoit étendu au bout de la table. En ce moment le roi dit à mon fils de se lever et de demeurer debout en la même place. En même temps le prince des Asturies et le marquis de Villena se levèrent aussi et s'approchèrent de mon fils, tous deux couverts, et tous les autres chevaliers demeurant assis et couverts. Alors Grimaldo, passant entre la table et le siége vide du prince des Asturies, présenta debout le collier au roi, qui le prit à deux mains, et cependant Grimaldo, passant par derrière le prince des Asturies, s'alla mettre derrière mon fils. Dès qu'il y fut, le roi dit à mon fils de s'incliner fort bas sans se mettre à genoux, et dans ce moment le roi s'allongeant sans se lever, lui passa le collier et le fit se redresser aussitôt, et prit le collier par devant, tenant seulement le mouton. En même temps le collier lui fut attaché sur l'épaule gauche par le prince des Asturies, sur l'épaule droite par le marquis de Villena, par derrière par Grimaldo, le roi tenant toujours le mouton.

Quand le collier fut attaché, le prince des Asturies, le marquis de Villena et Grimaldo, sans faire de révérence, ni qu'aucun chevalier se découvrît, allèrent se rasseoir en leurs places, et dans le même moment mon fils se mit à genoux devant le roi et lui baisa la main. Alors le duc de Liria, sans révérence, découvert, sans qu'aucun chevalier se découvrît, vint se mettre devant le roi, à la gauche, à côté de mon fils, et tous deux firent la révérence au roi; se tournèrent devant le prince des Asturies, lui firent la révérence, qui se leva en pied, et fit l'honneur à mon fils de l'embrasser, et dès qu'il fut rassis lui firent la révérence, puis se tournèrent devant le roi, lui firent la révérence; après devant le marquis de Villena, lui firent la révérence, qui se leva et embrassa mon fils, et se rassit, et ils lui firent la révérence, de là se tournèrent devant le roi, à qui ils firent la révérence; puis devant le chevalier à côté du prince des Asturies, lui firent la révérence, qui se leva et embrassa mon fils et se rassit, lui firent la révérence, puis se tournèrent devant le roi, lui firent la révérence; allèrent devant le chevalier à côté du marquis de Villena, lui firent la révérence, qui se leva et embrassa mon fils et se rassit, lui firent la révérence, et ainsi à droite et à gauche alternativement, les mêmes cérémonies jusqu'au dernier chevalier, après quoi mon fils s'assit à côté, joignant et après le dernier chevalier, et se couvrit, et le duc de Liria retourna à sa place.

Pendant cette cérémonie des révérences si étourdissante pour ceux qui la font, le chevalier qui la reçoit et qui embrasse se découvre dès qu'ils sont devant lui, ne se lève que leur révérence faite, n'en fait point et reçoit assis la seconde révérence, après quoi il se couvre ; tous les autres chevaliers ne se découvrent point. Le prince des Asturies observe ce qui vient d'être remarqué, tout comme les autres chevaliers. Mon fils, assis, couvert et en place dans le chapitre, le roi demeura plus d'un bon *credo* dans son fauteuil, puis se leva, se découvrit, et se retira dans son appartement comme il étoit venu. J'avois averti mon fils de se presser d'arriver devant le roi à la porte de son appartement intérieur. Il s'y trouva à temps et moi aussi, pour lui baiser la main et lui faire nos remercîments, qui furent fort bien reçus. La reine y arriva, qui nous combla de bontés. Il faut remarquer que la cérémonie de l'épée et de l'accolade ne se fait point à ceux qui, ayant déjà un autre ordre, l'ont ou sont censés l'avoir reçue, comme sont les chevaliers du Saint-Esprit et de Saint-Michel, et les chevaliers de Saint-Louis.

Leurs Majestés Catholiques retirées, nous nous retirâmes aussi chez moi, où il y eut un fort grand dîner. L'usage est, avant la réception, de visiter tous les chevaliers de la Toison, et lorsque le jour en est pris, de retourner chez tous les convier à dîner pour le jour de la cérémonie, où le parrain se trouve avec l'autre chevalier dont il s'est accompagné, les invite encore au palais avant d'entrer au chapitre, et aide au nouveau reçu à faire les honneurs du repas. J'avois mené mon fils faire toutes ces visites. Presque tous les chevaliers vinrent dîner chez moi, et beaucoup d'autres seigneurs. Le duc d'Albuquerque, que je voyois assez souvent, et qui s'étoit excusé du repas de la couverture de mon fils, sur ce qu'il s'étoit ruiné l'estomac aux Indes, me dit qu'il ne pouvoit me refuser deux fois, à condition que je lui permettrois de ne manger que du potage, parce que les viandes étoient trop solides pour lui. Il vint donc et en mangea de six et assez raisonnablement de presque tous. Il se fit après des apprêtes de son pain, qu'il trempoit légèrement dans tout ce qu'on servit de ragoûts à sa portée, desquelles il ne mangeoit que l'extrémité, et trouvoit tout cela fort bon. Il ne buvoit que peu de vin avec de l'eau. Le dîner fut gai malgré le grand nombre. J'ai déjà remarqué que les Espagnols, si sobres, mangeoient autant et plus que nous chez moi, et avec goût, choix et plaisir ; mais sur la boisson, fort modestes. Voici les noms de ceux qui, en tous pays, étoient alors chevaliers de la Toison d'or d'Espagne.

CHEVALIERS DE L'ORDRE DE LA TOISON D'OR D'ESPAGNE EXISTANTS EN 1722.

DE CHARLES II.

Le prince Jacques Sobieski.
* Le duc de Bejar[1].
Le duc de Lorraine.
* Le marquis de Villena.
L'électeur de Bavière.
* Le comte de Lemos.

Le prince de Chimay.*
Le marquis de Conflans. Ce dernier étoit du comté de Bourgogne ; son nom est Vatteville.

8

DE PHILIPPE V.

Le prince des Asturies.
M. le duc d'Orléans.
Le duc de Noailles.*
Le comte de Toulouse.
Le maréchal duc de Berwick.*

Le comte Töring,
* Le duc d'Albuquerque.
* Le duc de Popoli.
Le marquis de Lede.*
Le prince Ragotzi.

1. Le signe * mis avant le nom marque ceux qui étoient grands d'Espagne avant d'avoir la Toison ; après le nom, les chevaliers de la Toison qui, depuis, ont été faits grands d'Espagne. (*Note de Saint-Simon.*)

Le marquis, depuis maréchal de Brancas.*
Le prince de Masseran.*
Le marquis de Béthune, depuis duc de Sully.
* Le duc d'Atri.
M. d'Asfeld, depuis maréchal de France.
* Le prince Pio.
Le prince de Robecque.
Le marquis de Beauffremont.
Le marquis d'Arpajon.

Le prince Fr. de Nassau.
Le maréchal de Villars.*
Le duc de Bournonville.*
* Le comte de Montijo.
M. de Caylus.
* Le duc de Liria.
D. Lelio Caraffa.
Le marquis Mari.
Le duc de Ruffec, lors vidame de Chartres.
28

Nommés et non reçus.

MM. de Maulevrier et de La Fare, tous deux depuis maréchaux de France.

Trente-six chevaliers, et les deux nommés trente-huit, et [douze] colliers vacants.

Sur lesquels quatre Espagnols, outre le prince des Asturies;

Quatre Flamands et un Franc-Comtois, et six Italiens des pays autrefois possédés par l'Espagne;

Treize François ou comptés pour tels, dont deux au service d'Espagne; et six Allemands ou réputés tels, dont deux souverains[1].

Il y a lieu de s'étonner que, l'ordre de la Toison étant de cinquante chevaliers, le grand maître non compris, ni les grands officiers de l'ordre, et n'y pouvant y avoir aucun prélat, il y eût tant de colliers vacants. Mais ce qui l'est bien plus, est le si petit nombre d'Espagnols naturels, et le si grand nombre d'étrangers, surtout de François.

Revenons à la raison de ces choses. Les ordres anciens d'Espagne, Saint-Jacques, etc., sont fort riches. Les plus grands seigneurs d'Espagne les ont toujours pris pour en

1. On ne retrouve pas ici exactement le nombre de chevaliers indiqués plus haut par Saint-Simon.

obtenir les meilleures commanderies. La moindre noblesse et les domestiques principaux des grands seigneurs y sont admis comme eux, la plupart pour s'honorer, et dans l'espérance aussi des petites commanderies. Ces ordres étoient incompatibles avec la Toison et avec tous les autres ordres. Les grands seigneurs Espagnols préféroient presque tous l'utilité des commanderies à l'honneur de porter la Toison, et les rois d'Espagne en étoient bien aises et les entretenoient dans cet esprit pour avoir presque toutes les Toisons à répandre dans leurs États d'Italie et des Pays-Bas, et en donner aux empereurs de leur maison, tant qu'ils en vouloient, pour leur cour et pour les princes d'Allemagne. Ces deux raisons cessèrent avec la vie de Charles II, et par la guerre qui la suivit, qui fit perdre à Philippe V[1] l'Italie et les Pays-Bas, qui étoient demeurés à l'Espagne.

Le premier engouement de l'avénement de Philippe V à la couronne d'Espagne donna aux plus grands seigneurs de l'émulation pour l'ordre du Saint-Esprit, pour signaler leur attachement à la maison nouvellement régnante, et porter une distinction qui montroit la considération et la faveur qu'ils en avoient acquises. Bientôt la difficulté de parvenir à l'ordre du Saint-Esprit, par la rareté des colliers accordés à l'Espagne, donna du goût aux grands seigneurs, qui, de toute nation, étoient attachés à la cour ou au service de Philippe V, pour la Toison, dont ce prince disposoit par lui-même, et dont le retranchement des États de Flandre et d'Italie le rendoit moins avare pour sa cour. Mais l'intérêt des commanderies des ordres anciens d'Espagne les gênoit par la nécessité d'opter entre le profit et l'honneur. Ce fâcheux détroit les engagea à chercher des moyens de réunir l'un à l'autre; et comme les papes se sont peu à peu emparés en Espagne de ce qui est le moins de leur dépendance, entre autres de l'ordre de la Toison, par la con-

1. Il y a dans le manuscrit Philippe II; mais c'est une erreur évidente.

firmation qu'ils se sont arrogés d'en faire, et que les rois d'Espagne ont bien voulu souffrir, cette union de l'honneur et du profit d'ordres incompatibles parut enfin possible à ceux qui la désiroient, en s'adressant à une cour qui avoit su jeter le grappin sur les uns et sur les autres, et où rien n'étoit impossible pour de l'argent. La négociation en fut donc entreprise à Rome, qui, par ses politiques lenteurs, en fit acheter le succès au prix qu'il lui plut d'y metre. Il y fut donc réglé qu'elle ne refuseroit aucune dispense, à ceux qui avoient les anciens ordres d'Espagne et qui en possédoient des commanderies, d'accepter tous les autres grands ordres auxquels ils pourroient être nommés, en payant une annate[1] à Rome lorsqu'ils recevroient ces autres ordres et tous les cinq ans une autre annate; moyennant quoi les anciens ordres d'Espagne ni leurs commanderies n'étant plus un obstacle pour la Toison et pour le Saint-Esprit, ces deux ordres devinrent l'objet du désir et de l'espérance de tout ce qui, à la cour ou dans le service d'Espagne, se flatta d'y pouvoir parvenir. Et comme cette grande affaire ne venoit que d'être consommée à Rome lorsque j'arrivai en Espagne, je ne trouvai aussi que ce peu de chevaliers espagnols et ce grand nombre de colliers vacants, qui peu à peu furent presque tous bientôt remplis.

Cette autorité qu'on avoit laissé prendre aux papes sur l'ordre de la Toison fournit aux Espagnols une occasion de mortifier Maulevrier, qu'ils haïssoient avec raison, et qu'ils ne ménageoient pas plus qu'ils n'en étoient ménagés, d'autant plus désagréable que ce fut contre tout exemple. Il fut nommé chevalier de la Toison dès que les mariages furent déclarés et avant que je partisse de Paris. Il étoit commandeur de l'ordre de Saint-Louis. Ce fut là-dessus que les Espagnols l'arrêtèrent tout court. Ils prétendirent cet ordre incompatible avec celui de la Toison, et qu'il ne la pouvoit

---

1. Impôt qui consistait dans le revenu d'une année.

recevoir que par une dispense du pape. Maulevrier, avare, qui vit que cette dispense lui coûteroit de l'argent et du temps, se récria contre cette chicane. Il allégua le grand nombre de chevaliers du Saint-Esprit, et qui étoient aussi chevaliers de Saint-Louis, à quoi on n'avoit point objecté cette difficulté pour recevoir la Toison. Il leur présenta même, dans la propre espèce dans laquelle il se trouvoit, l'exemple de MM. de Brancas et d'Asfeld, commandeurs de l'ordre de Saint-Louis, comme il l'étoit, à qui on n'avoit point proposé cette chicane. L'exemple étoit existant et péremptoire. Les Espagnols dirent que, si on s'étoit trompé à leur égard, ce n'étoit pas une raison de continuer cette erreur, et ne se cachèrent pas en même temps que ce n'étoit qu'une invention pour lui faire de la peine. Il se plaignit, il cria, il s'adressa au roi d'Espagne, il n'en fut autre chose malgré ses raisons sans réplique. Il lui fallut recourir à Rome, y payer, en essuyer les lenteurs, qui depuis six mois duroient encore, et que les Espagnols prenoient plaisir à allonger. Cette niche et quelque chose de plus ne le raccommoda pas avec eux ni eux avec lui, mais le contre-coup en tomba sur La Fare, qui n'y avoit rien de commun, et à qui les Espagnols ne se seroient pas avisés de faire cette malice. Mais il étoit chevalier de Saint-Louis, et la difficulté qui accrochoit la réception de Maulevrier dans l'ordre de la Toison d'or ne permit pas que La Fare, dans le même cas que lui, y fût reçu sans dispense, tellement qu'il s'en retourna près d'un mois avant moi à Paris, où il ne put recevoir la Toison que quelques mois après, des mains de M. le duc d'Orléans, par commission du roi d'Espagne.

Deux jours après que mon fils aîné eut reçu la Toison, il prit congé de Leurs Majestés Catholiques, etc., et partit pour Paris avec l'abbé de Mathan, qui voulut bien nous faire l'amitié de s'en aller avec lui. Ils passèrent par l'Escurial, qu'ils n'avoient point vu, chargés des lettres du roi d'Espagne, du nonce, de Grimaldo, pour le prieur du monastère, afin qu'ils fussent bien reçus et qu'on leur fît tout voir. Cela fut en effet très-bien exécuté; mais l'appartement où Philippe II mourut leur demeura, comme à moi, inaccessible; et pour le pourrissoir, ils ne purent jamais obtenir qu'il leur fût ouvert. Les moines étoient encore fâchés des remarques que j'y avois faites sur le malheureux don Carlos, et crurent s'en venger par là.

CHAPITRE X.

Honneurs prodigués à l'infante, et fêtes à son arrivée à Paris. — J'obtiens une expédition en forme de la célébration du mariage du prince et de la princesse des Asturies, dont il n'y avoit rien par écrit. — Baptême de l'infant don Philippe. — L'infant don Philippe reçoit le sacrement de confirmation et l'ordre de Saint-Jacques. — Voyage très-solitaire de quatre jours, à Balsaïm, de Leurs Majestés Catholiques. — Je reçois un courrier sur l'entrée des cardinaux de Rohan et Dubois au conseil de régence, et sur la sortie des ducs, du chancelier et des maréchaux de France du conseil de régence. — Manége du cardinal Dubois. — Il présente au régent un périlleux fantôme de cabale. — Lettre curieuse du cardinal Dubois à moi sur l'affaire du conseil de régence. — Néant évident de la prétendue cabale. — Dubois, par une lettre à part, veut que sur-le-champ j'en fasse part à Leurs Majestés Catholiques, en quelque lieu qu'elles fussent. — Second usage du fantôme de cabale pour isoler totalement M. le duc d'Orléans. — Artifices de la lettre du cardinal Dubois à moi. — Sa crainte de mon retour. — Moyens qu'il tente de me retenir en Espagne. — Autres pareils artifices du cardinal Dubois, qui me fait écrire avec plus d'étendue et de force par Belle-Ile. — Remarques sur la lettre de Belle-Ile à moi. — Je prends le parti de taire la prétendue cabale, de ne dire que le fait existant, et d'aller à Balsaïm. — Conversation avec Grimaldo.

Je ne m'étendrai point sur les honneurs prodigués à l'infante pendant son voyage et à son arrivée à Paris, encore moins aux fêtes dont elle fut suivie. J'étois trop loin pour les voir et pour m'en occuper. Je dis prodigués, parce qu'elle fut en tout et partout traitée comme reine, qu'elle fut même nommée et appelée l'infante reine, et qu'il ne lui manqua que le traitement de Majesté. Je ne compris rien à l'engouement auquel on s'abandonna là-dessus. M. le duc d'Orléans, glorieux sans la moindre dignité, refusoit tout en ce genre, ou en faisoit litière : les mesures et les bornes n'étoient jamais des choses auxquelles il voulut donner le plus court moment de penser et de régler. D'ailleurs, tout étoit abandonné au cardinal Dubois, de naissance et d'expérience fort éloigné d'avoir les plus légères notions du cérémonial, si ce n'étoit pour ce qui regardoit les cardinaux. Il eut donc plutôt fait de se laisser aller à ces profusions d'honneur que d'y donner la moindre réflexion. Il crut faire sa cour en Espagne, et s'y porta avec d'autant plus d'impétuosité que ce fut en chose où l'Angleterrre ne pouvoit prendre aucun intérêt.

Le roi et la reine d'Espagne furent en effet très-satisfaits, ainsi que toute leur cour, de tout ce qui se passa en France en cette occasion, c'est-à-dire de toutes les fêtes dont je leur rendis compte, qui marquoit la joie et l'empressement, car, pour les honneurs, ils furent regardés comme dus et comme des choses qui ne pouvoient ne se pas faire. L'infante étoit fille de France comme fille du roi d'Espagne, et cousine germaine du roi, enfants des deux frères, et destinée à l'épouser. Ces titres emportoient assez d'honneur pour s'y tenir, sans y ajouter encore presque tous ceux des reines, qu'elle ne devoit pas avoir, et qui étoient contre tout exemple et toute règle. Si on les avoit outrepassés en faveur de la dernière dauphine, avant son mariage, le cas étoit bien différent. Qui, dans un temps où une foible ombre d'ordre se laissoit encore apercevoir, eût pu s'accommoder des prétentions d'une fille de Savoie, dont le père n'étoit pas roi et cédoit aux électeurs? Qui, des princesses du sang, auroit osé lui céder? Qu'eût-elle pu obtenir chez Madame, et même chez Mme la duchesse d'Orléans, toute petite-fille qu'elle étoit de Monsieur, et destinée à épouser Mgr le duc de Bourgogne?

Ce fut pour trancher toutes ces difficultés que le rang entier de duchesse de Bourgogne lui fut avancé avant son mariage. Mais l'infante n'avoit besoin de rien; elle étoit fille de France et fille d'un grand roi : par son rang personnel, elle précédoit Madame. Elle n'avoit donc besoin ni de supposition ni de secours, et elle étoit trop grande pour qu'ils pussent être à son usage. Les plus légers principes formoient ce raisonnement; mais les principes et leurs conséquences n'étoient pas du ressort du cardinal Dubois, ni familiers à la dissipation et à la paresse d'esprit de son maître sur ce qu'il lui plaisoit de mépriser comme de petites choses, parmi lesquelles il en enveloppoit trop souvent de grandes.

Par cette raison, je m'avisai d'une chose à laquelle ils n'avoient pas pris la peine de penser. Nous n'avions point de preuves par écrit de la célébration du mariage de la princesse des Asturies, parce qu'en Espagne les partis ne signent point avec leurs parents et leurs témoins sur le registre du curé, comme on fait en France, et le roi même et les personnes royales. En partant pour Tolède, j'en parlai au marquis de Grimaldo. Il m'expliqua là-dessus l'usage d'Espagne, et néanmoins il me promit de m'en donner une expédition en forme; je la reçus de lui à mon retour de Tolède, et je l'envoyai au cardinal Dubois. Je crus devoir cette précaution pour consolider de plus en plus un mariage qui ne devoit pas être consommé sitôt; quoiqu'il parût l'être, puisque le soir du mariage du prince et de la princesse des Asturies, tout le monde avoit été admis à les voir au lit ensemble, contre tous les usages d'Espagne, comme je l'ai rapporté en son lieu.

Je trouvai, en arrivant de Tolède, la grandesse fort intriguée sur le baptême de l'infant don Philippe. Premièrement il y eut beaucoup de jalousie sur le choix des représentants, qui furent le marquis de Santa-Cruz pour l'électeur de Bavière, parrain, et la duchesse de La Mirandole pour la duchesse de Parme, marraine, et ensuite du dépit sur la fonction de porter les honneurs. La reine, dont c'étoit le fils, et le roi, par complaisance pour elle, voulut charger des grands de cette fonction, et les grands prétendirent qu'elle devoit être donnée aux majordomes de semaine, parce que l'infant n'étoit pas l'aîné et l'héritier présomptif de la couronne. Ils s'assemblèrent plusieurs fois chez le marquis de Villena, majordome-major du roi, qui lui porta deux fois leurs représentations. Il fut mal reçu : les grands s'obstinèrent, le roi menaça, nomma les grands des honneurs, qui cédèrent enfin et les portèrent, mais d'une façon qui marquoit leur dépit; et les autres grands sans fonction, qui se trouvèrent à la cérémonie, parce que les grands et les ambassadeurs de chapelle y furent invités, n'y laissèrent guère moins apercevoir leur chagrin.

Le matin, les fonts sur lesquels saint Dominique fut baptisé, furent apportés de chez les Dominicains, qui me parurent d'un beau granit, avec des ornements de bronze doré, et un très-lourd fardeau à transporter. C'est l'usage de s'en servir pour les infants par respect et par dévotion pour saint Dominique, qui étoit Espagnol, et de la maison de Guzman. Les ambassadeurs étoient fort près de Leurs Majestés Catholiques du côté de l'épître, qui arrivèrent après tout le monde sur les quatre heures après midi. Le cardinal Borgia répétoit alors sa leçon avec ses aumôniers, entre la place de Leurs Majestés Catholiques et celle des ambassadeurs, vêtu pontificalement avec la mitre. Il n'y parut ni plus expert ni plus endurant qu'au mariage et à la vélation du prince des Asturies : il cherchoit, ânonnoit, grondoit ses aumôniers. Néanmoins il fallut commencer la cérémonie, et il alla se placer de l'autre côté des fonts, vis-à-vis de nous, suivi de deux aumôniers et des quatre majordomes du roi, de semaine, et assisté des deux évêques *in partibus* suffragants de Tolède, résidant à Madrid, en rochet et en camail. La duchesse de La Mirandole étoit fort parée et beaucoup de pierreries; le marquis de Santa-Cruz portoit le petit prince. Les marquis d'Astorga et de Laconit, les ducs de Lezera ou de Licera, del Arco, de Giovenazzo et le prince Pio portèrent les honneurs. Le cardinal Borgia perdit tellement la tramontane qu'il ne savoit ce qu'il faisoit ni où il en étoit; il fallut à tous moments le redresser malgré ses impatiences : il brusqua tout haut, non-seulement ses aumôniers, mais les deux évêques qui voulurent venir au secours, et les majordomes qui, pour les cérémonies extérieures, s'en mêlèrent aussi, et qu'il prit tout haut à partie. Cette scène devint si ridicule que personne n'y put tenir : tout le monde rioit, et bientôt tout haut, et les épaules en alloient au roi et à la reine qui en étoit aux larmes. Cela acheva d'outrer et de désorienter le cardinal, qui, à tout moment, passoit des yeux de fureur sur toute l'assistance, qui n'en rioit que plus scandaleusement. Je n'ai rien vu de si étrange ni de plus plaisant; heureusement pour chacun que tous furent également coupables, Leurs Majestés Catholiques pour le moins autant qu'aucun, et que la colère du cardinal ne put s'en prendre à personne en particulier. Elle alla jusqu'à *gourfouler*[1] les majordomes avec son poing, qui eurent grand'peine, en riant, d'en contenir les éclats. Pour le prince et la princesse des Asturies, ils ne s'en contraignirent pas.

Le 7 mars, le même prince reçut le sacrement de confirmation du même cardinal Borgia, ayant le prince des Asturies pour parrain. Cela se fit sans cérémonie. Il s'en falloit huit jours qu'il eût deux ans accomplis. Cette confirmation me sembla bien prématurée. Le lendemain 8 mars, il fut fait chevalier de l'ordre de Saint-Jacques et commandeur de

1. Ce mot, qui a le sens de *maltraiter*, ne se trouve que dans les anciens lexiques. Voy. du Cange, V° AFFOLARE.

la riche commanderie d'Aledo, de la manière suivante. Le marquis de Bedmar, président du conseil des ordres, chevalier de Saint-Jacques et de l'ordre du Saint-Esprit, se plaça dans un fauteuil de velours à frange d'or, loin, mais vis-à-vis de l'autel, ayant une table à sa droite, ornée et parée, sur laquelle étoient un crucifix, l'évangile, etc. Une vingtaine des plus considérables chevaliers de Saint-Jacques, avertis, grands et autres, étoient assis des deux côtés, vis-à-vis les uns des autres sur deux bancs couverts de tapis, en rang d'ancienneté dans l'ordre, les plus anciens étant des deux côtés les plus proches du marquis de Bedmar, et tous, ainsi que ceux qu'on va voir en fonctions, vêtus de leurs habits ordinaires, ayant par-dessus un grand manteau jusqu'aux talons, de laine blanche, avec l'épée de Saint-Jacques, bordé en rouge, sur le côté gauche. Ce manteau étoit ouvert par devant comme une chape de moine, et attaché autour de leur cou par de gros cordons ronds, de soie blanche, ajustés en sorte qu'ils faisoient quelques godrons[1] en tombant tous deux sur le côté gauche, plus bas que la broderie de l'ordre, terminés par deux grosses houppes de soie blanche, telles pour leur forme qu'on en voit en vert aux armes des évêques, à leurs chapeaux. Tous les chevaliers étoient couverts, et derrière eux force spectateurs debout. Le roi, la reine, le prince, la princesse des Asturies et leur accompagnement étoient dans une tribune, et moi dans une autre au-dessus de la leur, avec ce qui étoit de chez moi.

Le marquis de Santa-Cruz, portant le petit prince, vint de la sacristie par le côté de l'épître, longeant par derrière le banc des chevaliers, du même côté, avec assez de suite, mais d'aucuns chevaliers, et se tint quelques moments debout entre la tête du banc et la table, où le marquis de Bedmar, sans se découvrir, me parut se tourner et dire quelque

1. Plis.

chose, et Santa-Cruz répondre. Il vint après, toujours découvert, se mettre à genoux devant Bedmar, qui demeura couvert, ainsi que les deux bancs. Cela dura peu. De là Santa-Cruz, toujours portant le petit prince, s'alla mettre devant la table, apparemment pour d'autres serments, où il fut plus longtemps. Il revint après devant le marquis de Bedmar, où il se tint debout. Comme j'étois par derrière, je ne vis pas, et ne pus entendre si Bedmar parloit. Je le crus, parce que cela dura un peu; mais Santa-Cruz, que je voyois en face, ne dit rien. Ensuite Santa-Cruz tourna entre ses bras le petit prince, de façon qu'il présentoit le dos à Bedmar, à qui en même temps deux personnes de la suite de l'infant présentèrent un petit manteau pareil au sien et à celui de tous les autres chevaliers. Le marquis de Bedmar le prit à deux mains et le mit sur le petit prince, et le reçut aussitôt après sur ses genoux, où le marquis de Santa-Cruz le plaça, et se retira quelque peu. Alors le marquis de Montalègre, sommelier du corps, et le duc del Arco, grand écuyer, se levèrent de dessus leurs bancs, et vinrent gravement, à côté l'un de l'autre, au marquis de Bedmar, suivis du marquis de Grimaldo, aussi chevalier, qui portoit les éperons dorés. Ils étoient tous trois découverts. Grimaldo, arrivé devant le marquis de [Bedmar], fit avec les deux autres la révérence, que le marquis de Santa-Cruz n'avoit point du tout faite, à cause de l'embarras de porter le prince, et présenta à Montalègre l'éperon pour le pied droit, et au duc del Arco l'éperon pour le pied gauche, que ces deux seigneurs chaussèrent ou attachèrent comme ils purent, et que peu de moments ensuite ils lui ôtèrent, après quoi le marquis de Santa-Cruz se rapprocha et prit le petit prince entre ses bras, et s'en retourna comme il étoit venu. Quand le marquis de Bedmar l'eut à peu près vu près de rentrer dans la sacristie, il se découvrit, se leva, s'inclina aux chevaliers, qui se découvrirent et se levèrent en même temps que lui, et chacun s'en alla sans cérémonie.

Ce qui me surprit au dernier point fut la paix et la tranquillité d'un enfant de ce petit âge, qui, accoutumé à ses femmes, se trouva là sans pas une au milieu de tous visages à lui inconnus et bizarrement vêtus, se laisser porter, mettre sur les genoux, se laisser affubler d'un manteau, manier les pieds ou au moins leur voisinage, puis remporter sans jeter un cri ni une larme, et regarder tout ce monde inconnu sans frayeur et sans impatience.

Le lendemain 9, le roi et la reine seuls s'en allèrent pour quatre jours en relais à Balsaïm, uniquement accompagnés du duc del Arco, du marquis de Santa-Cruz, du comte de San-Estevan de Gormaz, capitaine des gardes en quartier; de Valouse, de la princesse de Robecque, dame du palais; de la nourrice de la reine, et d'une seule camériste. Je les vis partir assez matin, et fort peu après dîner je me mis en marche par la ville, pour commencer mes adieux, comptant prendre congé de Leurs Majestés Catholiques fort peu de jours après leur retour de Balsaïm.

Dans la première que je fis, par laquelle on savoit chez moi que je devois commencer, on vint m'avertir de l'arrivée d'un courrier qui m'étoit annoncé depuis longtemps et toujours différé parce qu'il devoit m'apporter des réponses et des ordres sur plusieurs choses auxquelles le cardinal Dubois n'avoit jamais le temps de travailler. Je m'en revins donc chez moi tout court. Je trouvai d'abord une lettre du cardinal Dubois, qui m'envoyoit une relation de tout ce qui s'étoit fait à Paris à l'arrivée de l'infante, et des fêtes qui l'avoient suivie, pour la présenter et la faire valoir au roi et à la reine d'Espagne; une boîte de lettres de toute la maison d'Orléans sur le mariage de la princesse des Asturies, qui étoient bien tardives; et ce que j'attendois avec impatience, la lettre de remercîment de M. le duc d'Orléans au roi d'Espagne, sur les grâces que j'en avois reçues, et celles du cardinal Dubois sur le même sujet au P. Daubenton et au marquis de Grimaldo. Il y en avoit des mêmes aux mêmes à part sur la Toison de La Fare. Rien dans ce paquet, ni dans un autre, dont je vais parler, de tout ce qui me devoit être envoyé sur les affaires que le cardinal m'annonçoit, et du délai de quoi il s'excusoit tous les ordinaires.

L'autre paquet étoit celui qui avoit fait dépêcher le courrier. Le cardinal Dubois entretenoit toujours le cardinal de Rohan de l'espérance de le faire bientôt déclarer premier ministre, comme il lui en avoit donné parole, à laquelle, comme on l'a vu ici en son temps, le cardinal de Rohan avoit eu la sottise d'ajouter une telle foi qu'il en avoit donné part au pape et à plusieurs cardinaux en partant de Rome, où la chose étoit devenue publique, et où on ne s'étoit pas trouvé si crédule que lui. Dubois, quoique secrétaire d'État des affaires étrangères, et déjà le maître de toutes, s'étoit modestement abstenu d'entrer dans le conseil de régence depuis son cardinalat, quoiqu'il y entrât toujours auparavant. Il ne se sentoit pas assez fort tout seul pour hasarder le combat de préséance. C'étoit un poulet trop nouvellement éclos, qui traînoit encore sa coque. Il fit donc entendre au cardinal de Rohan qu'il falloit commencer par être ministre avant d'être premier ministre, et qu'il étoit temps qu'il demandât au régent d'entrer au conseil de régence, qui, en arrivant de Rome, où il avoit, disoit-il, si grandement servi, n'oseroit l'en refuser, en l'assurant, de plus, qu'il feroit réussir la chose. Rohan étoit le pont dont Dubois se vouloit servir pour y entrer lui-même, peu en peine après de s'en défaire quand il le voudroit. Ainsi, mettant Rohan en gabion devant lui, il n'avoit plus à craindre les mépris personnels, les comparaisons odieuses, les brocards de ceux qui se trouveroient indignés de lui céder. La dispute s'adresseroit en commun, et le cardinal de Rohan étant son ancien, tout le personnel disparoissoit nécessairement, dont rien n'étoit applicable au cardinal de Rohan, duquel il feroit le plastron de la querelle, et lui, modestement derrière lui, n'auroit qu'à profiter du triomphe qu'il procureroit au cardinalat. C'est en effet ce qui arriva.

Comme j'étois, Dieu merci, à trois cents lieues de cette scène, je ne rapporterai point ce qui se passa. Les ducs furent tondus à leur ordinaire; mais ceux qui étoient du conseil de régence cessèrent d'y entrer ainsi que le chancelier. Ce qu'il y eut de plaisant, fut que les maréchaux de France qui en étoient en sortirent aussi, dont pas un jusqu'alors n'avoit imaginé de disputer rien aux cardinaux. C'est ce dont Dubois fut ravi. Il prit cette fausse démarche aux cheveux pour persuader au régent que cette prétention commune contre les cardinaux étoit uniquement prétexte, et réellement cabale contre lui et contre son gouvernement. Ce courrier me fut donc dépêché pour m'instruire de cet événement, et la lettre que le cardinal Dubois m'écrivit là-dessus ne peut s'extraire et mérite d'être rapportée ici tout entière, pour y remarquer tout l'art de ce venimeux serpent.

« Paris, 2 mars 1722.

« On vous aura rendu compte, sans doute, monsieur, des mouvements qu'il y a eus dans le conseil de régence à l'occasion de la place que Mgr le duc d'Orléans a permis à M. le cardinal de Rohan d'y prendre. » (Dubois l'y prit en même temps, mais il n'en dit rien par modestie.) « S'il ne s'étoit agi que de la préséance entre les cardinaux et les ducs et pairs, je n'aurois pas été fâché que vous eussiez été absent pendant cette contestation. Mais comme cette difficulté, dans cette occasion, n'a été qu'un prétexte qu'on n'a pas même dissimulé longtemps, et que c'est une cabale formée et ménagée par un homme (le duc de Noailles) qui n'a pas su se conserver votre estime, et qui ne paroît pas avoir de bonnes intentions pour Son Altesse Royale, et qu'elle tend à troubler son gouvernement et à renverser ses ouvrages (lui Dubois), je n'ai jamais regretté plus sincèrement votre absence, ni souhaité avec plus de passion le secours de votre indignation et de votre courage. Je vous conjure, monsieur, de vous en tenir à cette idée jusqu'à ce que vous puissiez voir les choses par vous-même, et que vous soyez à portée de signaler votre zèle pour ce que vous croirez le mériter davantage pour le bien de l'État, l'union des deux couronnes, le soutien de la dernière liaison qui a été faite, et le maintien de Mgr le duc d'Orléans. » (C'est ce qu'il entendoit ci-dessus par détruire son ouvrage, mais qu'il sentoit bien plus véritablement de lui-même.) « Je puis y ajouter et pour votre propre défense; car je vous assure que, si on venoit à bout de ce que l'on trame, je suis persuadé que, si vous n'étiez pas la première victime, vous seriez la seconde. Ces orages me conduisent bien naturellement à penser à votre retour. Tout me persuade que votre présence seroit nécessaire encore pendant quelque temps à Madrid. Le seul moyen de vous laisser sur cela la liberté que vous souhaiterez, seroit que vous pussiez y accréditer un peu M. de Chavigny, ce que l'on me dit n'être pas facile par les mauvaises impressions qu'on a voulu donner à Madrid contre lui. Cependant il ne les mérite pas, et jusqu'à ce que Son Altesse Royale envoie en Espagne un ambassadeur, il n'y a que lui qui puisse exécuter les ordres que vous laisserez en partant. Tâchez, monsieur, de le mettre en état d'être écouté et d'avoir les accès nécessaires, et disposez après cet arrangement du temps de votre retour à votre gré. Je suis également combattu entre les grands services que vous pouvez rendre à Madrid et les secours que vous pouvez donner ici à Son Altesse Royale, et, si j'ose me mettre en ligne de compte, j'ajouterai entre l'impatience que j'ai de cultiver les nouvelles bontés que vous m'avez marquées, et vous donner, s'il m'est possible, de nouvelles preuves, monsieur, de mon respect et de mon attachement. »

Les fausses lueurs de cette lettre y éclatent de toutes parts.

Un groupe de tant de seigneurs à abattre sous ses pieds fit peur au cardinal Dubois, malgré le bouclier du cardinal de Rohan dont il avoit su se couvrir. Il connoissoit la foiblesse de son maître, sa légèreté sur les rangs, qu'il s'y moquoit de la justice des raisons, qu'il ne se décidoit que par le besoin et le nombre qui lui faisoit toujours peur; que douze ou quinze des premiers seigneurs, par le caractère des uns et les établissements des autres, pèseroient dans sa balance plus que deux cardinaux, dont l'un ne pouvoit rien, et l'autre n'étoit que ce qu'il l'avoit fait. Le poids du chancelier l'embarrassoit encore. Il fallut donc étouffer dans M. le duc d'Orléans la crainte d'offenser tant de gens à la fois, presque tous si considérables, par une frayeur plus grande d'une cabale formée contre lui pour renverser son gouvernement.

Il avoit appris en Angleterre l'art de faire paroître une conjuration prête à éclater, pour tirer du parlement plus de subsides, et l'entretien de plus de troupes qu'il n'étoit disposé d'en accorder. Dubois érigea de même en cabale pour renverser le gouvernement du régent et le régent lui-même, la chose du monde la plus simple, la plus naturelle, qui tenoit le moins par aucun soin aux affaires et au gouvernement, et qu'il n'avoit tenu qu'à Dubois d'empêcher de naître, en s'abstenant d'introduire dans le conseil de régence l'inutile et dangereuse chimère du cardinalat. Mais cette exclusion entraînoit nécessairement celle de sa personne. Quoique le conseil de régence fût devenu un néant, il y vouloit primer et dominer, et il ne put avoir la patience d'attendre le peu de mois qui restoient jusqu'à la majorité, qui dissolvoit à l'instant le conseil de régence par elle-même, pour en composer de pareils à ceux du feu roi, où il n'auroit mis que des gens à son choix et d'état à n'avoir rien à lui disputer, comme il fit en effet dans la suite. Mais il fut si impatient qu'il fallut tout forcer, et après si effrayé du nombre et de l'unanimité des résistances à lui céder qu'il fallut inventer la cabale, le danger du prince, le péril de l'État, les revêtir de toutes les couleurs qu'il imagina de leur donner; ne laisser approcher du régent, pendant ce court mouvement de simple préséance, que des gens bien instruits à augmenter sa frayeur.

Ce fut pour la porter au dernier degré qu'il y ajouta le dessein formé de cette prétendue formidable cabale de renvoyer l'infante, de rompre la nouvelle union formée avec l'Espagne, et, pour en persuader mieux le régent, me dépêcher un courrier là-dessus pour m'en informer, et me charger d'en rendre compte au roi et à la reine d'Espagne, et de n'oublier rien pour les rassurer là-dessus. C'est ce qui me fut si expressément ordonné de faire par une autre lettre en deux mots du cardinal Dubois, qu'il m'écrivit à part de celle que je viens de copier, et de faire sur-le-champ, dans l'instant que j'aurois lu les lettres que ce courrier m'apportoit, en quelque lieu que Leurs Majestés Catholiques pussent être, sans différer d'un instant.

Un peu de réflexion dans M. le duc d'Orléans eût fait disparoître ce fantôme aussitôt que présenté. Quel besoin avoit cette cabale prétendue d'une dispute de préséance pour éclater, et d'une dispute qu'elle ne pouvoit prévoir, puisque le cardinal de Rohan voyoit depuis si longtemps un conseil de régence, sans qu'il eût été question pour lui d'y entrer, et que Dubois, qui en étoit et de nécessité par ses emplois, avoit cessé d'y entrer depuis le moment qu'il avoit reçu des mains du roi la calotte rouge? Quelle puissance avoit acquise cette cabale depuis que celle du duc et de la duchesse du Maine, où tant de gens étoient entrés et à Paris et dans les provinces, appuyées de l'argent, du nom, de la protection d'Espagne, des menées de son ambassadeur, homme de beaucoup d'esprit et de sens, et de toute la passion du cardinal Albéroni, maître alors de l'Espagne, depuis, dis-je, l'avortement de ces complots si promptement et si facilement détruits? S'élevant de nouveau contre le régent et en même temps contre l'Espagne, son plus fort appui l'autre fois par les droits de la naissance de Philippe V, de quelle puissance étrangère auroit-elle pu s'appuyer? Ce ne pouvoit être de la seule à portée de la secourir. L'Angleterre étoit trop intimement liée alors avec la France, et trouvoit trop son intérêt au gouvernement de M. le duc d'Orléans et au crédit démesuré du cardinal Dubois, son pensionnaire et son esclave, pour ne les pas soutenir de toute sa puissance, bien loin d'aider à la troubler. Qui est l'homme ayant les moindres notions, qui pût se flatter que la Hollande, et par elle-même et par sa dépendance de l'Angleterre, y eût voulu contribuer d'un seul florin ni d'un seul soldat? Enfin, la cabale auroit-elle mis son espérance dans le roi de Sardaigne, si connu pour n'y pouvoir compter qu'en lui livrant les provinces de sa bienséance, et encore avec plus que la juste crainte d'en être abandonnée dès qu'il s'en seroit saisi de manière à les conserver? Et de plus, comment la cabale s'y seroit-elle pu prendre pour parvenir à les lui livrer? tous les autres princes [étant] trop foibles ou trop éloignés pour y pouvoir penser. Enfin par les seuls François? Le temps étoit passé de la puissance des seigneurs et des gouverneurs des provinces, des unions et des partis. La Bretagne en étoit un exemple récent, et que tout ce qui s'étoit passé à la découverte des complots du duc et de la duchesse du Maine, de Cellamare et de leurs adhérents, dont les promptes et faciles suites étoient des leçons qui ne pouvoient pas être si promptement effacées.

Cette chimère auroit donc pu à peine faire impression sur un enfant. Mais tout étoit sûr à l'impétuosité d'un fourbe qui avoit su infatuer son maître au point de pouvoir tout entreprendre, d'être seul redouté, de l'avoir enfermé sans accès à tout ce qui n'étoit pas vendu à ses volontés et à son langage, et qui, appuyé sur la paresse de penser et de réfléchir de son maître, qui avoit plus tôt fait de l'en croire sur tout que d'y songer un moment [dans] le tourbillon qui emportoit ses journées, le rendoit aussi hardi et aussi heureux à entraîner un prince de tant d'esprit et de lumières que s'il en eût été entièrement dépourvu.

Ce fantôme d'une cabale si dangereuse, outre l'usage présent qu'en fit le cardinal Dubois, en renfermoit un autre plus éloigné. Je l'ai tacitement annoncé ici en deux endroits, dont le dernier a été la tentative de remettre le duc de Berwick dans les bonnes grâces de Leurs Majestés Catholiques. Il est temps de le déclarer, simplement pour l'intelligence, sans avancer le récit du succès, éloigné encore de quelques mois. Dubois, toujours en défiance de la facilité de son maître, qu'il ne vouloit que pour soi, méditoit de s'affranchir de toute crainte, et d'éloigner de lui, comme que ce fût, quiconque avoit eu part à sa familiarité en affaires et à sa confiance, et qu'il craignoit qu'ils n'en reprissent avec lui, soit par ancien goût, amitié, habitude, soit par poids ou par hardiesse. Plusieurs de ceux-là, il les faisoit entrer dans la prétendue cabale, et subsidiairement tous ceux qu'il lui convenoit d'écarter. Il craignoit sur tous le duc de Noailles par son esprit, sa souplesse, le goût et la familiarité que M. le duc d'Orléans avoit eus pour lui, et dont il avoit encore des restes; le poids du chancelier, sur qui Noailles avoit tout pouvoir; celui du maréchal de Villeroy, même du maréchal d'Huxelles, qui imposoient au régent, quoique sans goût ni amitié, mais qui avoit le même effet; les divers tenants de ceux-là, tels que Canillac, Nocé et d'autres. C'étoit de ceux-là dont il vouloit s'affranchir en les ruinant dans l'esprit de M. le duc d'Orléans, et préparer leur perte, pour y procéder au premier moment qu'il y verroit jour. Le Blanc, tout son homme qu'il fût, étoit trop avant dans la confiance et les choses les plus secrètes de M. le duc d'Orléans, et Belle-Ile, son compersonnier[1], tous deux ses favoris en apparence et ses consulteurs de tous les soirs, étoient secrète-

---

1. Mot employé souvent par Saint-Simon dans le sens d'*associé*.

ment sur la liste de ses proscriptions. Le duc de Berwick et moi n'y étions pas moins. L'Anglois avoit trop acquis sur le régent par le sacrifice si plein et si prompt qu'il lui avoit fait de tout ce qu'il devoit au roi d'Espagne ; et, pour ce qui me regardoit, mes anciennes, intimes et continuelles liaisons d'affaire et d'amitié dans les temps les plus critiques, du plus entier abandon, et les plus éloignées de toute apparence d'utilité pour moi, même de plus qu'apparences les plus contraires, me rendoient d'autant plus odieux à ce solipse[1], que M. le duc d'Orléans ne pouvoit oublier que mes conseils ne lui avoient pas été inutiles dans toutes les différentes situations de sa vie, et que Dubois avoit souvent éprouvé ma hardiesse et ma liberté. D'essayer de faire peur de Berwick et de moi à M. le duc d'Orléans, il le sentoit impraticable.

Pour se défaire de Berwick, il lui destinoit l'ambassade d'Espagne. C'étoit pour cela que j'avois reçu des ordres si précis et si réitérés de ne rien oublier pour lui réconcilier Leurs Majestés Catholiques. On verra que le mauvais succès que j'y eus ne le rebuta pas. Pour moi, j'ignore comment il avoit projeté de s'y prendre. On verra aussi comment je le servis sur les deux toits, en voyant avec indignation le

---

1. Le mot *solipse* désignait des ambitieux et des égoïstes. L'esprit de parti a appliqué le nom de *solipses* aux jésuites. Ant. Arnauld indique nettement le sens de ce mot dans sa *Morale pratique* (t. III, p. 86) : « On sait que c'est votre caractère (il parle aux jésuites) de vous porter avec ardeur à faire le bien, pourvu que vous le fassiez seuls ; et, si vous voulez être sincères, vous avouerez que l'un de vos pères, auteur du livre intitulé *Monarchia solipsorum*, vous connoissoit bien. » L'auteur de ce livre est, selon quelques critiques, le P. Gasp. Schopp (Scioppius), ou, selon d'autres, le P. Inchoffer. Bayle, à l'article *Inchoffer* (remarque C), lui attribue positivement cet ouvrage. Il ajoute qu'il courut une prétendue lettre d'Innocent XII à l'empereur, l'an 1696, dans laquelle le pape nomme la société des jésuites *monarchiam Monopantorum*. Sur quoi le P. Papebroch a fait cette réflexion : « Forsitan quasi μόνοι πάντα (soli omnia) « velint esse et æstimari jesuitæ, scilicet alludendo ad scomma satirici « cujusdam commenti, quo scripsit anonymus aliquis *Monarchiam solipso-* « *rum*, veluti innuere volens quod societas soli sibi arrogare nitatur omnia. »

règne absolu de la bête, et mon inutilité auprès de M. le duc d'Orléans. Tel étoit le plan du cardinal Dubois, que nous lui verrons effectuer dans la suite. Revenons maintenant à sa lettre à moi qu'on vient de voir, et aux artifices dont il tâcha de me circonvenir par lui-même, et par une autre lettre plus étendue que la sienne, qui m'arriva par le même courrier.

Le cardinal Dubois commence sa lettre par une vérité pour donner plus de créance à ce qui la devoit suivre; mais vérité à qui il donne une étendue qu'elle n'avoit pas. Il fut bien aise, en effet, de mon absence, lors de l'exécution d'un dessein contre lequel il ne se dissimuloit pas que je ne me fusse roidi de toutes mes forces, qui l'eussent sûrement au moins embarrassé. Mais quoi qu'il en puisse dire, mon absence le soulagea encore plus dans la création et la présentation hardie de ce fantôme de cabale si dangereuse dont il osa effrayer le régent. J'étois le seul des intéressés qu'il n'auroit pu en rendre suspect, et à qui il n'eût pu fermer l'oreille de son maître. Il ne pouvoit douter de l'usage que j'en aurois fait; et j'ose dire que j'ai lieu de douter qu'il eût osé produire ce fantôme en ma présence. Après avoir légèrement glissé là-dessus en commençant, il essaye de détourner mes yeux de son odieuse préséance, sur laquelle il ne fait qu'un saut léger, sans y appuyer le moins du monde, et compte m'infatuer de la prétendue cabale, à la faveur de ma haine ouverte et sans aucun ménagement pour celui qu'il lui convient d'en faire le chef.

Noailles s'étoit si indignement conduit dans l'affaire du bonnet, et avec tant de perfidie, qu'il étoit tout naturel de penser qu'il n'étoit touché de la préséance des cardinaux que par prétexte. C'en fut un en effet, qui, dans lui et dans quelques autres peu touchés de leur dignité, mais beaucoup de ce qu'ils jugeoient être leur fortune, et à quelque prix que ce fût, ne regardoit en rien ni le régent ni son gouvernement, mais la personne unique du cardinal Dubois, puisque après sa mort et l'élévation de Fréjus[1] à l'autorité et à la pourpre, les mêmes ducs et maréchaux, si blessés en apparence de la préséance des cardinaux, n'oublièrent rien pour être admis dans le conseil du roi où le cardinal de Fleury avoit la première place. Dubois n'oublia donc rien pour surprendre ma haine, et par elle me persuader de ce qu'il se proposoit que je crusse de la cabale que Noailles avoit formée contre l'État et le régent, me persuader que de son succès dépendoit ma perte personnelle, me piquer par le dessein de renvoyer l'infante, que je venois pour ainsi dire d'envoyer en France, et rompre l'union que mon ambassade venoit d'achever de consolider; enfin [pour] m'éblouir, [pour] m'entraîner par le concours de ces différentes passions qu'il tâchoit d'exciter ou d'augmenter en moi; [pour] me faire oublier la préséance, et [pour] me précipiter à agir selon ce qu'il se proposoit. Pour y mieux réussir, il se contenta d'un récit dont l'artifice emprunta tant qu'il put l'air simple et modeste, la brèveté de s'en tenir au nécessaire et de passer tout de suite à autre matière, mais qui ne lui tenoit pas moins au cœur. Parmi les louanges et les désirs de ma présence qu'il sut mêler à son récit pour me capter et m'aveugler par tous les endroits possibles, il mouroit de peur de mon retour. Que ne craignent pas les tyrans, et plus encore ceux qui ne sont pas couronnés? Pour allier ses prétendus souhaits de mon retour et les raisons dont il tâchoit de les rendre vraisemblables avec son véritable désir de me tenir éloigné, il se jette sur les services importants que je puis rendre en Espagne; il les balance avec ceux que le régent devoit attendre uniquement de moi auprès de lui, se joue avec cet artifice, et met mon retour à un prix qu'il étoit si persuadé que je ne pourrois atteindre, que la vérité perce malgré lui, et le force de l'avouer en convenant de toute la difficulté que je rencontrerois à établir Chavigny, déshonoré

---

1. Fleury, évêque de Fréjus.

en Espagne comme partout, dans la confiance nécessaire à y servir utilement pendant qu'il n'y auroit point d'ambassadeur. Cet artifice étoit pitoyable, mais les fripons se trompent eux-mêmes à force de vouloir tromper les autres.

Tout étoit fait en Espagne; réconciliations, traités, mariages, et tout s'étoit fait indépendamment du ministère de Laullez et de Maulevrier. Il n'y avoit plus rien à faire qu'à suivre et entretenir les traités et l'union; et pouvoit-il me croire assez stupide pour ignorer sur les lieux qu'il y eût d'autres négociations à ménager, et que ce qui restoit à faire, qui étoit uniquement cet entretien d'union et de traités, étoit uniquement dans la main des deux seuls ministres des deux couronnes, et tout à fait hors de la sphère de leurs ambassadeurs? Et Dubois savoit de plus combien Grimaldo y étoit porté et l'avoit toujours été d'inclination et de maxime; et quand bien même, ce qui n'étoit pas, un ambassadeur y eût été nécessaire, l'homme à y envoyer existoit, sur quiconque le choix pût tomber, et devoit se faire incontinent, si ma présence auprès du régent étoit aussi nécessaire et aussi désirée par Dubois qu'il vouloit me le faire accroire. Ces panneaux se trouvèrent aussi trop légers pour arrêter mes pieds; mais comme il n'avoit osé leur donner toute l'étendue qu'il vouloit, pour les mieux cacher, voici le supplément qu'il imagina.

On a vu ci-dessus, il n'y a pas longtemps, que Le Blanc, secrétaire d'État de la guerre, étoit devenu l'homme à tout faire du cardinal Dubois, et par lui Belle-Ile, son ami intime, et que tous les soirs le cardinal Dubois finissoit sa journée chez lui entre eux deux seuls. Ce sont deux hommes que j'aurai lieu d'expliquer dans la suite, et qui méritent bien de l'être. On a vu aussi que Belle-Ile étoit de mes amis, et tout à fait à portée de tout avec moi. Je trouvai dans les paquets que le courrier m'apporta une longue lettre de lui, qui étoit la paraphrase de celle du cardinal Dubois dont je viens de parler. Mais Belle-Ile, qui ne vouloit pas apparemment que je m'y méprisse, la commença par me dire qu'il m'avoit écrit le matin même, dans le paquet de Mme de Saint-Simon, sans détail, pour ne pas confier des choses si importantes à la poste; mais que la conversation qu'il avoit eue le soir avec le cardinal Dubois et Le Blanc, où il avoit été résolu de m'envoyer un courrier exprès, l'engageoit à m'écrire celle qu'il m'envoyoit par cette voie sûre; et de là entre dans le détail de ce qui s'est passé sur la préséance des cardinaux et la sortie du conseil de ceux qui s'en tinrent blessés; de là entre dans celui de la cabale qui veut culbuter M. le duc d'Orléans et son gouvernement; l'arrange, l'organise, nomme le duc de Noailles et Canillac comme les vrais chefs, et le maréchal de Villeroy, qui se persuade l'être; l'entraînement du chancelier par Noailles; distingue ceux qui, de bonne foi, ne pensent pas plus loin que la préséance, d'avec ceux qui de tout temps, effectivement plus que suspects, ont pris feu sur une apparence de rang qui ne les touche guère, mais qui, ennemis de tout temps du régent, ou dépités de se voir si reculés de toutes parts au gouvernement, n'ont de vues, de desseins et de projets que de le renverser. Il appelle leur absence du conseil lever le masque, et un attentat authentique à l'autorité du roi; dit que le régent en est extrêmement piqué, et résolu à une fermeté inébranlable. Il prête toutes sortes de discours qui marquent les desseins pour la majorité. Il vient après à me dire qu'il comprend l'embarras où je me serois trouvé, dans cette cause commune, avec mon attachement pour M. le duc d'Orléans; à la joie de mon absence dans cette conjoncture; et à me conjurer d'être en garde sur tout ce qui me sera mandé; de ne pas douter de la réalité et du danger de la cabale, et de ne pas prendre un périlleux change là-dessus. Il se jette ensuite sur des arrangements pris avec le parlement pour éloigner à la majorité M. le duc d'Orléans du gouvernement et pour renvoyer l'infante, et sur des discours imprudents qui ne le cachent pas; enfin, qu'on saura bien faire entendre au roi d'Espagne combien la continuation de son union personnelle avec M. le duc d'Orléans, brouillé sans retour avec tous les grands et tous les personnages du royaume, lui seroit nuisible, et combien il lui importe de se détacher de l'un et de s'attacher les autres.

De là Belle-Ile vient à l'importance de prévenir incontinent le roi d'Espagne là-dessus, à quoi je ne saurois marquer trop de zèle et employer trop de dextérité; surtout lui bien peindre les chefs de la cabale et ses acteurs principaux, les lui nommer en confiance, surtout les plus opposés à tout ce qui s'est fait pour l'infante, et les plus capables de faire jouer toutes sortes de ressorts pour rompre son mariage et pour la renvoyer; enfin, lui vanter la fermeté de M. le duc d'Orléans en cette occasion; lui persuader qu'il est plus en état que jamais d'être utile à Leurs Majestés Catholiques et d'exécuter tout ce qu'[elles] pourront désirer. Il m'exhorte avec louange d'employer tout mon bien-dire et tout mon savoir-faire pour cimenter et affermir de plus en plus l'union et le crédit de M. le duc d'Orléans avec le roi et la reine d'Espagne, et me dit franchement que c'est après mûre délibération que le cardinal me dépêche ce courrier. Belle-Ile ajoute ensuite que le chef de cette cabale est le chef des jansénistes, duquel l'objet est également la destruction de la religion, de M. le duc d'Orléans, de ses serviteurs, dont je suis l'un des plus intimes; qu'ainsi tout doit m'engager à concourir dans les vues du cardinal Dubois pour faire avorter leurs desseins, et pour éloigner à jamais du gouvernement gens qui me sont personnellement opposés. Il me dit ensuite que son attachement pour moi, et la part qu'il a eue à me raccommoder avec le cardinal Dubois en dernier lieu, l'engagent à me parler comme il fait, lequel, malgré toute l'opposition qu'il sait que j'ai pour la préséance des cardinaux, m'avoit extrêmement désiré présent dans cette occa-

sion importante, parce qu'il s'y agit de toute l'autorité de
M. le duc d'Orléans, à laquelle j'ai, dit-il, plus de part que
personne. Belle-Ile me pique d'honneur sur le soin et le
plaisir que je prendrai à prévenir le roi d'Espagne sur ce
venin qu'on voudroit répandre dans son esprit contre M. le
duc d'Orléans, et me dit qu'après un service si important à
Son Altesse Royale et à moi-même, et après que j'aurai accrédité et mis au fait Chavigny, rien ne sera plus pressé que
mon retour. Il finit par m'assurer qu'il est convaincu que
lorsque j'aurai vu les choses de près je n'y prendrai jamais
de part et serai ravi d'avoir été absent; enfin des compliments.

On n'a qu'à jeter les yeux sur la lettre que j'ai transcrite
ici du cardinal Dubois et sur celle de Belle-Ile, pour ne pas
douter que toutes deux sont de la même main. Ils n'ont pas
même l'art de le cacher, et l'avouent de plus, comme la lettre de Belle-Ile étant le fruit de sa conférence avec le cardinal Dubois et Le Blanc, où il fut résolu de me dépêcher un
courrier. La seconde ne fait qu'étendre la première, essayer
plus à découvert de piquer davantage ma haine et mon intérêt personnel en si grand péril, selon eux, m'exciter à ne
rien épargner auprès du roi d'Espagne, selon leurs vues,
c'est-à-dire de perdre à fond auprès de Leurs Majestés Catholiques ces prétendus entrepreneurs de renvoyer l'infante,
pour leur ôter à jamais toute ressource de ce côté-là, et me
bien infatuer de cette cabale aussi dangereuse pour moi que
pour M. le duc d'Orléans; pour m'ôter par cette muraille
toute impression et tout sentiment sur la préséance, et me
livrer en aveugle au cardinal Dubois.

La lettre de Belle-Ile est si grossièrement la même du
cardinal Dubois, mais plus expliquée, plus étendue, plus
appuyant sur la cabale, et appuyant plus librement le poin-
çon pour m'irriter, m'effrayer, et me fournir de quoi piquer
le roi et la reine d'Espagne, que ce n'est plus la peine d'en
faire l'analyse après avoir fait celle du cardinal Dubois. Deux

articles suppléés à celle de Dubois méritent seulement qu'on s'y arrête. Tous deux passent, comme chat sur braise, sur la préséance et sur l'entrée des cardinaux dans le conseil de régence. Ils sentoient l'inutilité de cette entrée et celle de tenter de me la faire trouver bonne et leur préséance supportable. Mais ce qui me parut admirable fut la qualification de Belle-Ile, dictée par Dubois, à la sortie du conseil de régence de ceux qui s'en trouvèrent blessés, qu'il traite de levée de masque et d'attentat authentique à l'autorité du roi. Mais que peuvent faire de plus respectueux les plus grands et les premiers d'un royaume que de se retirer dans une pareille occasion, et d'accommoder par cette modeste soumission ce qu'ils se doivent à eux-mêmes avec le respect qu'ils rendent même à l'injustice qu'on leur fait?

Les maîtres des requêtes ne s'asseyent point au conseil des parties, où le roi n'est jamais, où son fauteuil est vide, où le chancelier, les conseillers d'État et les simples intendants des finances sont assis dans des fauteuils ; beaucoup moins le sont-ils au conseil des finances ou au conseil de dépêches [1], quand quelque affaire extraordinaire en amène quelqu'un rapporter devant le roi, où le maître des requêtes rapporteur est seul debout. Ils furent pourtant un an sans que pas un d'eux voulût venir rapporter au conseil de régence, où le fauteuil du roi étoit vide, et où M. le duc d'Orléans présidoit assis comme nous tous sur un siége ployant, parce que ces messieurs y vouloient rapporter assis, ou bien que ceux du conseil qui n'étoient pas officiers de la couronne ou conseillers d'État se tinssent debout comme eux. L'impertinence étoit évidente. Elle fut pourtant soufferte plus d'un an sans que personne se soit avisé de la traiter d'attentat ni de complot contre l'autorité du roi. C'est qu'ils n'étoient pas ducs, mais seulement maîtres des requêtes. Et

---

1. On a indiqué la signification de ces mots *conseil des parties, conseil des finances, conseil de dépêches*, dans une note ajoutée au t. Ier des *Mémoires de Saint-Simon*, p. 445.

M. le duc d'Orléans leur fut bien obligé quand, à l'instigation de M. d'Aguesseau, devenu chancelier, ils voulurent bien y venir rapporter debout, sans plus prétendre y faire lever personne.

Un autre endroit que je trouvai risible est celui où Belle-Ile, après avoir déployé son éloquence sur les mouvements, les discours, les moyens et les desseins prétendus de la cabale, en produit le chef comme l'étant aussi des jansénistes, qui vouloient également renverser la religion et l'État. Mais à qui le cardinal et son secrétaire, car Belle-Ile l'étoit en cette occasion, à qui contoient-ils ces fagots? Ce chef étoit, selon eux, le duc de Noailles, et en apparence le maréchal de Villeroy, lequel, en bas et ignorant courtisan qu'il fut toute sa vie, avoit épousé la haine du feu roi et de Mme de Maintenon contre tout ce qu'il avoit plu aux jésuites, etc., de faire passer pour jansénistes, et pour tout ce qui n'adoroit pas la constitution *Unigenitus*, et qui, depuis la mort du roi, se signaloit sans cesse contre tout ce qui étoit soupçonné, bien ou mal à propos, de n'être pas moliniste ou constitutionnaire.

A l'égard du duc de Noailles, il y avoit longtemps qu'il s'étoit fait un mérite de sacrifier son oncle à ses ennemis. Les Rohan, les Bissy, les autres chefs n'avoient point de client plus rampant et plus souple, ni les jésuites de serviteur plus empressé et plus respectueux. Ce n'étoit pas un homme qui pût être retenu par aucun sentiment autre que ses vues de fortune, quoique la sienne fût assez complète. Mais l'ambitieux cesse-t-il jamais d'y travailler? Je ne pouvois oublier qu'il avoit empêché les appels de tous les corps et de tous les tribunaux, tout prêts à suivre les écoles, les chapitres et les congrégations qui venoient d'appeler. Et on a vu en son lieu que je l'appris de M. le duc d'Orléans, même que l'avis de ce neveu du cardinal de Noailles avoit arrêté le consentement qu'il étoit prêt d'y donner. Je ne pus donc voir sur quoi pouvoit porter cette imputation, ni ce que le jansénisme pouvoit avoir de commun avec la respectueuse et toute simple retraite de gens qui ne pouvoient moins, dont aucun ne passoit pour janséniste ni pour opposé à la constitution, et dont quelques-uns avoient épousé le molinisme et la constitution jusqu'au fanatisme. Cette sottise étoit bonne tout au plus à mander au P. Daubenton, digne fabricateur de la constitution, comme on l'a vu ici en son lieu, et jésuite prêt à s'évanouir au nom de jansénisme, pour faire, par son canal, valoir cette calomnie, destituée de toute sorte de plus légère apparence, auprès du roi d'Espagne, qu'il avoit si bien monté sur ces deux points. Enfin Belle-Ile finissoit, comme Dubois, par faire dépendre mon retour de l'accréditement et de la confiance que je procurerois à Chavigny pour gérer les affaires en attendant un ambassadeur, ce qu'ils sentoient bien qui me seroit impossible.

Je lus et relus bien mes lettres. J'y fis tout seul mes réflexions, et je pris mon parti aussitôt. Ce fut de n'être pas la dupe du cardinal Dubois, et de ne pas hasarder la réputation que j'ose dire que j'avois acquise à la cour d'Espagne, en y donnant un fantôme de cabale pour une réalité, dont le faux et le néant ne tarderoit pas à me démentir, et qui n'étoit fabriquée que pour coiffer le seul régent et le persuader du sérieux de la chose par les ordres qu'on se hâtoit de me donner là-dessus. En même temps, je ne voulus pas m'exposer à manquer dans cette conjoncture à l'extérieur des ordres si exprès du cardinal Dubois, et je résolus de lui complaire en forçant les barricades de Balsaïm, où il ne seroit pas derrière moi pour écouter ce que je dirois.

J'allai donc d'abord trouver Grimaldo, qui travailloit dans sa cavachuela. Je lui expliquai fort simplement ce qui s'étoit passé au conseil de régence, sans lui dire un seul mot de cabale; mais seulement qu'on craignoit que cette désertion de tant de gens considérables ne fît plus d'impression qu'elle ne devoit sur l'esprit de Leurs Majestés Catholiques ; que c'étoit pour y obvier que j'avois reçu cette nouvelle par un courrier qu'on m'avoit dépêché aussitôt; qu'il venoit d'arriver, et qu'il m'apportoit un ordre fort précis d'en aller rendre compte à Leurs Majestés Catholiques, dans le moment que j'aurois lu mes lettres, en quelque lieu qu'elles pussent être. Grimaldo se mit à rire de cet empressement. Il me dit que cette affaire seroit fort indifférente à Leurs Majestés Catholiques, et qu'elles n'avoient aucune intention de se mêler de l'intérieur de la cour de France, ni des disputes qui pouvoient y arriver; qu'ainsi son avis étoit que je remisse à en parler à Leurs Majestés Catholiques à leur retour, qui seroit dans quatre jours ; qu'elles n'étoient parties que de ce matin avec la très-courte suite que je savois ; que la défense d'aller à Balsaïm étoit sans aucune exception, et que sûrement le roi seroit fâché et embarrassé de m'y voir. Je répondis à Grimaldo que je pensois tout comme lui, mais qu'il connoissoit l'homme à qui j'avois affaire, qui, de plus, m'en feroit une de mon retardement, et l'imputeroit au mécontentement qu'il ne pouvoit douter que je n'eusse de cette préséance; et là-dessus je lui donnai à lire la lettre particulière qui ne contenoit que l'ordre exprès de rendre compte à Leurs Majestés Catholiques, quelque part qu'elles fussent, dans le moment de l'arrivée du courrier.

Grimaldo lut et relut cette courte lettre. Il me dit, en me la rendant, qu'il sentoit tout mon embarras et ne savoit que me dire. Je m'espaçai quelques moments sur le cardinal Dubois avec lui, et je le priai de faire en sorte que le roi voulût bien entrer avec bonté pour moi dans la situation où je me trouvois. Je le priai de lui écrire en ce sens pour le disposer à me recevoir, parce que, comme que ce fût, j'étois résolu d'aller le lendemain à Balsaïm ; et je lui avouai que j'aimois mieux risquer à déplaire au roi d'Espagne pour un moment, et sur chose sans conséquence, que de me perdre dans ma cour, où le cardinal Dubois me guettoit sans cesse pour y parvenir, à qui il ne falloit pas fournir le plus petit prétexte. Grimaldo, haussant les épaules, convint que j'avois raison, et me dit qu'il avoit heureusement à dépêcher tout présentement un courrier au roi d'Espagne, par lequel il l'avertiroit de mon voyage, de sa cause, de mes raisons personnelles, et n'oublieroit rien pour le disposer à me recevoir sans chagrin. Je remerciai beaucoup Grimaldo et revins chez moi disposer mon voyage, envoyer sur-le-champ des relais et des mules de selle, à quoi Sartine, qui connoissoit le chemin, m'aida fort.

Je partis donc le lendemain avant six heures du matin, et je fus bien étonné de trouver la porte de Madrid fermée, le côté de la clef en dehors, et celui qui la gardoit à cent pas hors cette porte, en sorte qu'il fallut faire escalader la muraille, heureusement assez basse, par un laquais, qui eut encore grand'peine à se faire ouvrir par le portier, qui vint enfin nous faire sortir de la ville. Le comte de Lorges, mon second fils, l'abbé de Saint-Simon, son frère, et le major de son régiment vinrent avec moi. Cette corvée ne tenta point le comte de Céreste.

CHAPITRE XI.

Voyage à Balsaïm. — Fraîche réception tôt réchauffée. — Audience à Balsaïm. — Je couche à Ségovie. — Ségovie. — Cordelier de M. de Chalais. — Je dîne à Balsaïm, et suis Leurs Majestés Catholiques à la Granja. — Comment la Granja devenue Saint-Ildephonse. — Saint-Ildephonse. — Superbe et riche chartreuse. — Manufactures de Ségovie fort tombées. — Je réponds aux lettres du cardinal Dubois et de Belle-Ile. — Bruit ridicule que fait courir mon voyage de Balsaïm. — Hardiesse étrange de Leurs Majestés Catholiques allant et venant de Balsaïm. — Autres lettres curieuses du cardinal

Dubois à moi. — Vif sentiment du duc d'Arcos sur la préséance des cardinaux au conseil de régence. — Cardinaux, chanoines de Tolède, mêlés avec les autres chanoines en leur rang d'ancienneté entre eux.

Nous arrivâmes sur le midi au vrai pied de la Guadarama, après avoir déjà assez longtemps monté et fait à peu près comme de Paris à Senlis. Nos voitures y demeurèrent, et nous montâmes nos mules. Je ne vis jamais un si beau chemin ni si effrayant en voiture. On affronte un mur de roc d'une effroyable hauteur par un chemin uni, mais étroit, qui va en zigzag, assez droit, avec peu de roideur, en sorte qu'en parlant un peu haut on peut causer un peu avec des gens au-dessous et au-dessus de soi, qui sont à près d'une lieue les uns des autres. La montagne et le chemin étoient couverts de neige fort épaisse; tout étoit rempli d'arbres entre les rochers, dont les branches, toutes chargées de frimas, n'étoient que les plus belles grappes et les plus brillantes. Toute cette singularité faisoit dans son affreux quelque chose de charmant. On parvient ainsi à la cime, à force de contours. Le terre-plein n'en est pas long, et la descente de l'autre côté est bien plus aisée et plus courte, à la moitié de laquelle on découvre Balsaïm, dans une vallée étroite, placé à une distance assez grande du pied de la montagne. Balsaïm, bâti par les Maures, et brûlé par malice sous Charles II, qui y alloit trop souvent, et point réparé depuis, est le reste d'un grand et beau château. Ce reste est fort petit, avec un jardin médiocre et rien autour qui s'aperçoive. Nous fûmes mettre pied à terre à un reste de bâtiment bas, qui étoit du château, tout contre, mais sans communication à couvert.

On nous fit entrer dans l'office du duc del Arco, où ses sommeliers travailloient, qui nous quittèrent civilement la place, après nous avoir présenté des chaises de paille auprès du feu, dont nous avions grand besoin, et nous avoir offert de nous rafraîchir, dont nous les remerciâmes. Il n'étoit guère que quatre heures après midi, et nous y attendîmes une heure et demie le retour de Leurs Majestés de la Granja, qui est devenu Saint-Ildephonse. La cuisine du duc del Arco étoit à côté. Au-dessus, il y avoit quatre petites cellules pour les trois seigneurs qui étoient du voyage et pour Valouse, et, en bas, près de la cuisine, une espèce de petite salle longue et étroite, où le duc del Arco tenoit sa table. Avertis de l'arrivée de Leurs Majestés, nous allâmes les voir descendre de carrosse. Grimaldo les avoit averties ; elles s'attendoient à me trouver. La réception du roi fut froide, pour ne pas dire rechignée, sans dire une parole ; celle de la reine, embarrassée mais plus humaine. Elle me dit quelques mots, mais leur suite me fit la meilleure réception du monde. Le roi et la reine montèrent un degré de bois, entre deux bâtons pour garde-fous, où on ne pouvoit aller qu'un à un. Il étoit en dehors appuyé contre le pignon, et en l'air comme la montée d'un paysan dans son village. Au haut il y avoit un petit carré à tenir cinq ou six personnes pressées, d'où on entroit directement dans la chambre du roi et de la reine, sans rien de plus qu'une garde-robe au delà, et vis-à-vis la porte de la chambre de Leurs Majestés, en repassant le petit carré, une autre chambre toute seule. C'est là tout le logement avec quelques trous au-dessus ; et dessous, au rez-de-chaussée, la cuisine et l'office de Leurs Majestés.

Arrivé dans ce carré où Leurs Majestés s'étoient arrêtées pour m'attendre, je leur demandai la permission de les suivre et d'avoir l'honneur de leur dire un mot. Toute la suite demeura dans ce carré et dans la chambre joignante, et je me trouvai en tiers avec Leurs Majestés Catholiques, qui me menèrent dans la fenêtre, parce que le jour baissoit fort. « Qu'y a-t-il, monsieur, donc de si pressé ? » me dit le roi sèchement. Je commençai par des excuses d'être venu sans permission sur les ordres les plus exprès que j'en avois reçus pour leur rendre compte de ce qui s'étoit passé au conseil de régence, que je leur expliquai fort simplement, sans dire un mot de cabale et seulement pour les informer de la raison qui avoit fait sortir les ducs, le chancelier et les maréchaux de France du conseil, qui n'étoit autre que la préséance des cardinaux et qui étoit chose toute simple et sans nulle sorte de conséquence pour la tranquillité et pour les affaires, mais dont l'attention de M. le duc d'Orléans à les informer des moindres événements avoit voulu que je fusse le premier à le leur apprendre tout tel qu'il étoit de la part du roi et de la sienne, par son respect et son attachement pour Leurs Majestés. Le roi, toujours sec, me répondit que cela ne valoit pas la peine d'être venu, que cela eût été aussi bon à Madrid. Je regardai la reine, et, m'adressant à elle, je lui dis qu'on étoit bien empêché quand on avoit affaire au cardinal Dubois, et sur un fait encore où le moindre retardement m'eût fait une affaire, parce qu'il étoit persuadé, sans doute avec raison, que je ne serois pas plus content de ce qui s'étoit passé que ceux qui en avoient quitté le conseil. La reine se mit à rire, me dit qu'elle le comprenoit bien, et, s'adressant au roi, ajouta qu'il n'y avoit pas grand mal, sinon ma peine, et tout de suite me fit quelques questions sur ce qui s'étoit passé, mais courtes et simples. Le roi se radoucit et me dit qu'il ne se soucioit point de ces choses-là, qu'il ne vouloit point se mêler de l'intérieur de la cour de France, encore moins des disputes et des querelles. Je finis ce propos par leur présenter la relation que j'avois reçue de tout ce qui s'étoit passé à l'arrivée de l'infante, et des fêtes qui l'avoient suivie, ce qui plut fort au roi et le remit de belle humeur. Je leur en dis les principaux articles. Ils furent fort sensibles à l'appareil de la réception, et surtout de ce que le roi étoit sorti assez loin de Paris au-devant d'elle.

Après quelques propos là-dessus qui achevèrent de les égayer, la reine proposa au roi de faire entrer ce qui étoit dehors pour leur donner part de ces nouvelles, et me dit de les appeler. Tous entrèrent. La reine leur répéta ce que je venois de lui en dire, et ajouta qu'il falloit lire la relation. Puis, s'interrompant, elle eut la bonté de se mettre en peine de mon gîte et de ce qui m'accompagnoit. Le duc del Arco m'offrit un lit et à souper, mais en peine de lits et de chambres pour ce que j'avois amené. Tout cela causa force compliments et de la meilleure grâce du monde de la part du duc del Arco, même du marquis de Santa-Cruz, où le roi entra un peu et la reine avec vivacité. Je ne voulois incommoder personne, et, pour ce qui étoit avec moi, il n'y avoit nul moyen de les gîter. Je proposai donc qu'il nous fût permis d'aller coucher à Ségovie, et cela finit par là. Le duc del Arco vouloit nous donner à souper, mais je fis si bien que je m'en exemptai. Il me fit donner une berline à quatre personnes pour nous y mener. La reine, pendant cette conclusion, avoit parlé bas au roi, et me dit après qu'ils ne me laissoient aller qu'à condition de revenir tous le lendemain dîner chez le duc del Arco, et de les suivre après dîner à la Granja, où le roi me vouloit montrer les bâtiments et les jardins qu'il y faisoit faire. Le roi ajouta quelque chose du sien avec un air content et ouvert, et la reine les plus gracieuses bontés. Valouse nous vouloit donner son lit et sa chambre, et le comte de San-Estevan de Gormaz fit aussi très-bien. Mais il n'y eut rien d'égal à la politesse et à l'empressement du duc del Arco. Nous prîmes congé et nous partîmes pour Ségovie, distant de Balsaïm comme de la place de l'ancienne porte de la Conférence[1] à Sèvres, par une plaine fort unie qu'on gagne après avoir un peu monté fort doucement. On nous fournit aussi des gens à cheval avec des flambeaux.

Ceux qui, venus avec moi, y allèrent à cheval, précédèrent l'arrivée de la berline. Nous les trouvâmes dans la rue,

---

1. La porte de la Conférence se trouvoit à l'extrémité occidentale de la terrasse du jardin des Tuileries qui longe les quais. Elle avoit reçu ce nom parce qu'il y avait eu, dans ce lieu, des conférences entre les députés de Henri IV et ceux de la ville de Paris en 1592. Elle fut détruite en 1739.

n'ayant pu se faire ouvrir aucune maison. On les renvoyoit par les fenêtres comme des bandits dont on avoit peur. Malgré l'équipage nous eûmes le même sort partout où nous frappâmes, en sorte que pendant près d'une heure nous eûmes toute la peur de coucher sur ce pavé sans souper. Enfin nous fîmes tant de bruit à la porte d'une grande maison, qu'après avoir longtemps prié et menacé par la fenêtre, bravé par notre nombre et par la livrée du roi qui nous menoit, ces gens comprirent enfin que nous disions vrai et que nous n'étions pas des bandits. Ce fut un grand contentement que de voir ouvrir cette porte. On nous fit monter et montrer des chambres et des lits. C'étoit déjà beaucoup. Mais quand on parla de souper, point de pain ni de viande, ni de tout l'accompagnement. Le repas en chemin avoit été fort léger, et nous n'avions pas compté d'avoir rien à porter pour le soir. Il fallut bien du temps et de l'industrie pour surmonter la mauvaise humeur de gens qui nous avoient reçus malgré eux, qui trouvoient fort mauvais que nous troublassions leur repos, et pour ramasser de quoi souper et l'apprêter à l'heure qu'il étoit, et dans un pays où les cabarets et les hôtelleries sont inconnus. Néanmoins avec de la patience nous soupâmes et nous couchâmes pas trop mal.

La curiosité m'éveilla le lendemain de bonne heure. Mes fenêtres me présentèrent tout près ce superbe aqueduc construit par les Romains, qui paraît d'une seule pierre, et qui, sans s'être encore démenti, porte l'eau de la montagne voisine par toute la ville, qui est grande, bien bâtie, avec des places, de belles églises, et des rues moins étroites, moins obscures, moins tortues que je ne les ai vues dans les autres villes d'Espagne, excepté Madrid et Valladolid. En approchant tout contre l'aqueduc, qui est d'une grande hauteur, et plus que les plus hauts qu'on voit autour de Versailles et de Marly, et sans arcades que quelques portes pour la communication nécessaire, on est surpris de l'énormité des pierres dont il est bâti et de la presque *imperceptibilité* de leurs séparations, où il ne paroît pas trace d'aucune espèce de liaison. Je ne pouvois me lasser de considérer ce merveilleux édifice que tant de siècles ont respecté.

La ville est au fond d'une plaine de quatre ou cinq lieues, belle, unie, fertile et appuyée à la montagne, qui est là fort haute et fort escarpée. A l'autre bout, du côté de la plaine, est le château de Ségovie qui, comme Vincennes, est un palais, mais vaste et beau, embelli et presque tout rebâti par Charles-Quint, et une prison de criminels d'État. Il a, chose rare en Espagne, une belle et vaste cour, et les appartements des rois sont admirables par leur plain-pied, leur étendue, leur structure et les ornements sages, magnifiques et très-bien exécutés, dont ils sont enrichis. Leur dorure épaisse, foncée, brillante comme si elle venoit d'être faite, les plafonds avec leurs peintures exquises, et l'ordonnance des ornements, tant des murailles, des portes, des fenêtres et des plafonds, me rappela tout à fait ceux de Fontainebleau, ne balançant pas toutefois à préférer ceux de Ségovie. La principale vue donne sur une petite rivière qui serpente tout proche, et sur toute cette magnifique plaine bordée de montagnes inégales et de quelques hauteurs.

Au plus haut du donjon, qui a sept étages, et qui est tout contre le château, dans la même cour, étoit ce cordelier fameux que M. de Chalais amena à Paris avec tant de précaution et de mystère, dont il a été ici parlé en son temps, et qu'il ramena bien escorté à Ségovie, d'où il n'étoit pas sorti depuis. J'appris de celui qui avoit soin des prisonniers, car il y en avoit dans ce donjon plusieurs autres, que ce cordelier étoit insatiable de romans, et guère moins de vin et de viande; qu'il juroit et blasphémoit sans cesse, et qu'il passoit sa vie à hurler de fureur ou à chanter pour se divertir. Il crioit à l'injustice contre la cour d'Espagne, mais sans jamais rien laisser entendre de la cause de sa prison; qu'il avoit tenté bien des fois de se sauver, ce qui l'avoit fait mettre au plus haut étage; qu'il ne s'accoutumoit point à sa prison, et qu'il étoit comme désespéré. Ce concierge me parut excédé d'un tel hôte, dont l'impiété et le goût de la débauche lui faisoit horreur, et qu'il lui donnoit plus de soin et de peine que tous les autres prisonniers ensemble. Je fis ce que je pus pour le lorgner à sa fenêtre, mais je ne pus l'y apercevoir. Il y avoit du moins une belle vue, et on lui donnoit les livres qu'il demandoit, et tant de vin et de nourriture qu'il vouloit; mais on ne lui laissoit voir personne ni rien de quoi il pût s'aider pour écrire. La matinée se passa en ces curiosités, et nous partîmes pour Balsaïm par les mêmes voitures qui nous avoient amenés la veille.

Nous descendîmes chez le duc del Arco vers une heure après midi, et bientôt après on y servit un fort splendide dîner et fort bon, quoique presque tout à l'espagnole. Le marquis de Santa-Cruz, le comte de San-Estevan de Gormaz et Valouse dînèrent avec nous, et le duc del Arco en fit les honneurs le plus noblement et le plus poliment du monde. On fut longtemps à table, de fort bons vins, de très-bon café, bon appétit, bons propos. Ces seigneurs espagnols étoient ravis de me voir donner sur leurs mets de bonne grâce. Peu de moments après dîner, ils nous menèrent au bas de ce petit escalier de bois, sur lequel, tôt après, nous vîmes paroître le roi et la reine et monter en carrosse, dont je fus fort accueilli. Le roi me parut tout accoutumé à me voir à Balsaïm, et lui et la reine se faire un plaisir de me faire voir leurs ouvrages à la Granja Ce mot espagnol veut dire une grange. C'en étoit une en effet, et tout esseulée, qui appartenoit aux moines de l'Escurial, à une lieue, de celles d'autour de Paris, de Balsaïm. De cette maison, le roi y avoit été faire des chasses. La solitude lui en avoit plu; la facilité d'y avoir de l'eau en abondance et beaucoup de chasse l'avoit déterminé à acheter de ces moines ce qu'ils y avoient, et à y bâtir la retraite dans laquelle il méditoit de se jeter dès que le prince des Asturies commenceroit à pouvoir porter la couronne, qu'il lui vouloit remettre, comme il l'exécuta depuis. Mais ce dessein, alors ni de longtemps après, ne fut connu que de la reine et du P. Daubenton, qui tous deux en mouroient de peur, et n'oublioient aucune adresse pour l'en détourner doucement.

Le duc del Arco et le marquis de Santa-Cruz se partagèrent pour nous mener. Le chemin couloit le long de la vallée, traversant souvent de beaux ruisseaux et des ravins, et se rapprochant du pied de la chaîne de ces hautes montagnes que nous avions traversées en venant de Madrid. Plus on approche de la Granja, plus la vallée s'étrécit. Tout y étoit ouvert comme en plein champ, et nous arrivâmes par le côté. La cage de la maison étoit faite, distribuée, couverte; on en étoit aux dedans, mais encore en maçons; et la plupart des jardins étoient faits, mais grossièrement encore. La chapelle, qui est au flanc par où nous arrivâmes, étoit à peine sortie de terre, comme une fort grande église, qui devoit être accompagnée de logements pour le chapitre et les gens de la chapelle, qui n'étoient pas commencés. Cette chapelle étoit déjà fondée pour une riche collégiale[1]. Son titre étoit destiné de Saint-Ildephonse, sous l'invocation duquel elle devoit être consacrée; et c'est ce qui a donné le nom à ce vaste palais. Avant d'aller plus loin, il faut donner l'idée de ce lieu, que la retraite de Philippe V, pendant sa courte abdication, a rendu célèbre.

Il seroit difficile de trouver une situation plus ingrate, ni d'avoir mieux réussi à la rendre triste, pour ne pas dire affreuse, par le choix de l'emplacement du château. Ce château est un long et vaste bâtiment qui est double, presque au bas d'une pente fort douce et fort unie partout, qui, en s'élevant peu à peu, arrive jusqu'au bord de la plaine de Ségovie, que cette hauteur presque insensible dérobe au château, qui

1. Les collégiales étaient des chapitres de clercs réguliers ou séculiers, réunis dans une église sans siége épiscopal. Le chapitre de Sainte-Geneviève, rétabli en 1853, est une véritable collégiale.

l'auroit vue en plein, avec la ville de Ségovie, son aqueduc et le couronnement de ses montagnes, s'il avoit été placé vingt ou vingt-cinq toises plus haut, ce qui auroit formé à ses pieds une terrasse telle qu'on auroit voulu, dominant sur les jardins, mais avec une douceur très-agréable, et qui n'auroit que plus invité à y descendre, au lieu que l'emplacement où il est ne lui laisse que la vue et le plain-pied de la vallée, et masque entièrement la vue de tous les étages du double par cette hauteur qui s'élève si doucement jusqu'à la plaine, et qu'on semble toucher des fenêtres avec la main. Le rez-de-chaussée me parut destiné en salle des gardes, pièces à tenir des tables, et quelques logements. Tout le premier étage pour les appartements de Leurs Majestés Catholiques, distribués en belles pièces, de belles mais de diverses grandeurs, dont le double aveuglé, comme je viens de l'expliquer, en commodités et en garde-robes, logements de caméristes et de petits domestiques du roi les plus nécessaires, avec, au bout du flanc, des tribunes percées sur la chapelle, mais point encore faites. Nous ne vîmes pas l'étage de dessus. La cage de l'escalier vaste et agréable dans sa forme, au milieu du bâtiment, et à droite et à gauche de jolis escaliers dérobés par lesquels nous passâmes.

A l'autre flanc opposé à la chapelle étoit un bâtiment double, qui ne débordoit pas le château en avant, placé en potence à l'égard du château, qui s'étendoit assez loin en le débordant par derrière, avec des cours et de grands bâtiments intérieurs. Il étoit bâti pour servir de commun pour les équipages, les cuisines et les offices, et pour loger les seigneurs et toute la suite de la cour. Du flanc du château à ce bâtiment, il n'y avoit au plus que trois toises. J'en témoignai ma surprise à la reine, qui me répondit qu'ils vouloient entendre du bruit et voir aller et venir. L'intention secrète, que je ne pouvois comprendre alors, étoit de désennuyer leur retraite par entendre et voir du monde auprès d'eux. Les jardins alloient jusqu'au pied de la montagne, dont l'espace étoit court, et sur la fin montoient un peu dans la racine de la montagne; mais, à droite et à gauche, ils s'étendoient déjà fort loin, et ils ont été depuis fort allongés de part et d'autre, remplissant toujours toute la largeur de la vallée.

Ces jardins assez unis pour donner de vastes plains-pieds, et point assez pour manquer des agréments qu'on tire des terrains inégaux. Beaucoup d'allées d'arbres plantés tous grands, comme le feu roi faisoit à Marly, des terrasses peu élevées, revêtues et bordées de gazons, des bosquets sortant encore peu de terre, des bassins, des canaux, des pièces d'eau sans nombre, de toutes les formes, des cascades, des nappes, des effets d'eau de toutes les sortes, de la plus belle eau et de la meilleure à boire, et dans la plus prodigieuse abondance, et des jets d'eau partout en gerbe et de toutes les formes, dont plusieurs, qui étoient seuls, jetoient gros comme la cuisse, le double de la hauteur de ce beau jet d'eau de Saint-Cloud, qui faisoit la jalousie du feu roi, et que tout le monde admire avec raison. Les plus fâcheux inconvénients ont quelquefois leur utilité : cette longue chaîne de montagnes qui bornoit les jardins, qui s'élevoit presque jusqu'aux nues, toute de rochers parsemés d'arbres mal semés, couverte de neige presque toute l'année, dont la cime ne fondoit jamais, dont la hideuse beauté faisoit tout l'aspect du château, et dont un mulet rapportoit de la glace et de la neige en moins de deux heures, aller et venir, cette chaîne de montagnes fourmilloit des plus grosses sources, à toutes hauteurs, et fournissoit sans cesse toutes les eaux des jardins, en telle quantité qu'on vouloit, et pour telle hauteur où on désiroit les faire jaillir. Ces jardins avoient déjà quantité d'orangers, et ils étoient aussi ornés de vases de métal et de tous les plus précieux marbres, et les plus ornés d'excellents bas-reliefs et des plus belles statues de bronze et de divers marbres que le sont les jardins de Versailles et de Marly, avec des ateliers dans les jardins mêmes, où travailloient sans cesse les meilleurs maîtres de France et d'Italie qu'on avoit pu attirer. Mais ces jardins, véritablement charmants par la variété et le bon goût, l'agrément, la fraîcheur, la facilité, l'étendue des promenades, avoient un inconvénient bien fâcheux; c'est que tout le terrain de ces jardins n'étoit que roche vive et dure, avec une légère croûte de terre par dessus, de manière qu'il avoit fallu employer le pic et très-ordinairement le secours de la poudre pour écaver tous les bassins et pièces d'eau, les trous de tous les arbres, les tranchées des palissades, et tous les terrains des massifs, en emporter les pièces à dos de mulet et rapporter de même la bonne terre de loin pour en remplir toutes les excavations où on avoit planté, et qu'il en falloit user de même pour toutes les nouvelles plantations et pièces d'eau qu'on y voudroit ajouter dans la suite en allongeant les jardins [aux] deux extrémités. Voilà pour la cherté qui ne pouvoit être que fort grande; mais le pis est que quelque profondeur qu'on eût pu donner aux endroits destinés à planter, les racines des arbres, dont leur vie et leur beauté dépend, s'étendent toujours tout autour d'elles, et il y en a qui percent à pic. Dès qu'elles se trouveront arrêtées par le roc, ce qui y touchera séchera bientôt, la terre rapportée se consumera et ne pourra plus fournir autant de sucs qu'il en faudra pour la nourriture des racines et des arbres, qui dépériront et mourront en peu d'années.

Je ne vis aucun projet de cour ni d'entrée. Ils me dirent que les deux extrémités du jardin et le bas de cette petite hauteur, qui monte à la plaine de Ségovie, se fermeroient le long des jardins avec un pavillon pour porte à chacun des deux bouts; qu'on entreroit toujours par où nous étions venus, et qu'un pavé étroit en rue feroit toute la séparation entre le château et les jardins. La plus proche maison d'autour du château étoit une méchante maison de garde-chasse, qui en étoit à une demi-lieue, et nulle autre que beaucoup plus loin, ce qui charmoit le roi d'Espagne en effet, dont la reine faisoit aussi le semblant. J'eus l'honneur, et ce qui étoit venu avec moi, de suivre Leurs Majestés Catholiques partout, qui se promenèrent d'abord dans la maison, et après dans les jardins toute la journée sans se reposer, qu'elles prirent plaisir à me faire voir, et moi à leur faire ma cour en admirant tant de beautés et tant de miracles d'eaux, qui en effet sont uniques. La conversation se soutint pendant toute la promenade, où ces seigneurs espagnols et Valouse entroient fort aussi, [et] où la reine étoit toujours charmante, Le roi s'y mêla quelquefois. Ils firent l'honneur de parler aussi à ceux qui étoient avec moi, et s'amusèrent fort à donner leurs ordres et à se faire rendre compte par ceux qui avoient le principal soin des bâtiments, jardins, etc., sous la direction du duc del Arco, gouverneur du lieu, par lequel tout passoit.

Dans cette promenade, le courrier qui m'étoit arrivé se présenta sur leur passage. Je l'avois amené pour l'expédier de Ségovie, qui est presque sur le chemin de Madrid à Bayonne. C'étoit Bannière, si fort en réputation par le nombre et la promptitude de ses courses, et qui étoit fort connu du roi et de la reine par toutes celles qu'il avoit faites à l'occasion des deux mariages, tellement que Leurs Majestés l'appelèrent et lui parlèrent assez longtemps. J'appris qu'au revers de cette chaîne de montagnes, et presque vis-à-vis des jardins qu'elle bornoit, étoit une superbe et vaste chartreuse, de plus de cent mille écus de rentes, dont le principal revenu étoit des laines fines de leurs immenses troupeaux. Leurs Majestés Catholiques y alloient quelquefois sans y coucher que rarement. Elles et leur suite y étoient parfaitement défrayées. Mais la chère ne pouvoit être bonne dans un pays sans poisson et presque sans légumes. A l'égard de leurs laines, j'en vis les manufactures à Ségovie, qui me parurent peu de chose et fort tombées de leur ancienne réputation. La fin du jour approchant termina le voyage.

En arrivant à Balsaïm, le roi m'ordonna de monter et de

le suivre dans sa chambre. Là, en tiers avec lui et la reine, ils me demandèrent si j'étois pressé de renvoyer Bannière, et que, si je pouvois attendre des paquets dont ils avoient envie de le charger, je leur ferois plaisir. Je répondis qu'il n'y avoit rien de pressé, mais que, quand je le serois, leur ordre me suffiroit pour différer aussi longtemps qu'il leur plairoit. Je pris congé d'eux, et fis après mes remercîments à ces seigneurs, surtout au duc del Arco, dont les soins, les prévenances, la politesse n'avoient rien oublié. Il me fournit la même voiture et des montures de la veille pour aller coucher à Ségovie, qui le lendemain nous menèrent au pied de la montagne, où nous trouvâmes nos mules pour la passer, et nos voitures où nous les avions laissées, dans lesquelles nous arrivâmes le même soir à Madrid. Le lendemain j'allai conter à Grimaldo ce qui s'étoit passé en mon voyage, et je n'oubliai pas de lui dire combien j'étois charmé de toutes les merveilles que j'avois vues, mais combien aussi j'étois étonné de la situation et de la position. Il me répondit qu'il s'étoit bien douté que tout s'y passeroit comme je venois de lui raconter, et qu'il étoit fort aise que le roi, malgré le froid de l'abord et l'indifférence sur ce qui m'amenoit, eût voulu me faire voir ses ouvrages, et que la promenade l'eût remis dans son état ordinaire avec moi. Grimaldo ne me dissimula point ce qu'il pensoit du choix du lieu et de sa disposition, et nous causâmes longtemps ensemble,

Il fallut après rendre compte de mon voyage au cardinal Dubois, et répondre à sa lettre. Je lui mandai nettement que j'étois d'autant plus aise de mon éloignement de Paris, que, s'y j'y avois été, rien ne m'auroit empêché de sortir du conseil; qu'à l'égard de la cabale et de ses desseins, je me flattois qu'ils ne feroient ni peur ni mal à M. le duc d'Orléans ni à son gouvernement; que, dans le compte que j'avois rendu à Leurs Majestés Catholiques, elles m'avoient paru ne faire aucun cas de cet événement et y être fort indifférentes; qu'il ne devoit avoir aucune inquiétude des impressions que Leurs Majestés Catholiques en pourroient prendre, non plus que M. de Grimaldo. Pour allonger une réponse si courte, je me jetai sur la hardiesse que j'avois prise de forcer les barricades de Balsaïm, sur les beautés et les singularités de Saint-Ildephonse et sur le retardement du renvoi de Bannière, que le roi d'Espagne m'avoit demandé, ce qui faisoit que je ne lui écrivois que par l'ordinaire. Enfin je finissois par des compliments sur ses lumières à prévenir, et sa sagesse et son habileté à détruire tous les complots dont il m'avoit écrit. Je tâchai d'ajuster cette fin, en sorte qu'il ne crût pas que je me moquois de lui, comme néanmoins je faisois en effet. J'écrivis à Belle-Ile en même sens, parce que je prévis bien qu'il ne seroit pas le maître de cacher sa réponse. J'y ajoutai ce que je n'avois pas voulu dire si directement au cardinal sur Chavigny, qu'il n'y avoit que lui-même qui pût, par une conduite suivie, faire revenir les esprits en sa faveur, et que cette entreprise seroit pour moi de trop longue haleine, à laquelle Maulevrier, après mon départ, pourroit le servir. C'étoit encore me moquer d'eux et leur faire comprendre que je ne serois pas la dupe de leurs prétextes de me retenir en Espagne. Je crus bien que ces réponses ne plairoient pas au cardinal Dubois ; mais il n'étoit pas en moi de ployer misérablement sous sa préséance, ni de me ruiner sans ressource pour me stabilier[1] en Espagne à son gré.

Le 13 mars, Leurs Majestés Catholiques revinrent de Balsaïm au Retiro. Le voyage si brusque que j'y avois fait sur l'arrivée d'un courrier, et malgré les défenses si précises à qui que ce fût, sans exception, d'y aller, et la journée que j'avois passée tout entière auprès d'elles à Saint-Ildephonse, joint à la façon pleine de grâces et de bontés constantes et si distinguées, avec lesquelles j'étois toujours traité depuis que j'étois en Espagne, firent courir le bruit le plus ridicule,

---

1. Établir d'une manière fixe et définitive.

qui prit assez de créance subite pour me surprendre beaucoup. Il se répandit donc que je quittois le caractère d'ambassadeur de France, et que j'allois être déclaré premier ministre d'Espagne. Le peuple, à qui ma dépense apparemment avoit plu, et à qui personne de chez moi n'avoit donné aucun sujet de plainte, se mit à crier après moi dans les rues, à me le dire, à témoigner sa joie et jusque du dedans des boutiques. Il s'en assembla même autour de ma maison avec les mêmes témoignages que je dissipai le plus civilement et le plus promptement que je pus, en les assurant qu'il n'en étoit rien, et que je partois incessamment pour retourner en France.

Je ne puis pas dire que je fusse insensible à ces marques d'estime et d'affection ; mais ce qui me toucha véritablement fut ce qui m'arriva avec le marquis de Montalègre, sommelier du corps. Je le rencontrai à l'entrée des appartements du Retiro. Il accourut à moi, m'embrassa et me dit qu'il étoit transporté de joie de ce que je leur demeurois et de ce que j'allois être premier ministre. Je le remerciai de cette marque si grande de l'honneur de son estime et de son amitié, et je l'assurai en même temps qu'il n'en étoit rien, et que je partirois dans fort peu de jours pour retourner en France. J'eus à peine achevé, que Montalègre, jetant sur moi des yeux de dépit et de colère, tourna tout court, et me quitta sans révérence et sans me répondre un seul mot. Beaucoup de seigneurs m'en firent des compliments, à qui je répondis de même.

Je réparerai ici, quoiqu'en lieu déplacé, l'oubli d'une bagatelle, mais singulière, sur le chemin dans la montagne, pour aller à Balsaïm : c'est que le roi et la reine d'Espagne faisoient toujours ces voyages dans un grand carrosse de la reine à sept glaces, en sorte qu'en passant la montagne par le même chemin que je fis, et qui étoit l'unique, il n'y avoit pas deux doigts de marge entre leurs roues et le précipice, presque tout le long du chemin, et qu'en plusieurs endroits les roues portoient à faux et en l'air, tantôt cent, tantôt deux cents pas, quelquefois davantage. Des paysans en grand nombre étoient commandés pour tenir le carrosse par de longues et fréquentes courroies, qui se relayoient en marchant à travers les rochers avec toutes les peines et les périls qui se peuvent imaginer pour la voiture et pour eux-mêmes. On n'avoit rien fait à ce chemin pour le rendre plus praticable, et le roi et la reine n'en avoient pas la moindre peur. Les femmes qui la suivoient en mouroient, quoique dans des voitures exprès fort étroites. Pour les hommes de la suite, ils passoient sur des mules. Je n'ajouterai point de réflexions à un usage si surprenant.

Les lettres que le courrier Bannière m'avoit apportées étoient du 2 mars. Un courrier, dépêché par le duc d'Ossone, qui étoit encore à Paris, m'en apporta une du cardinal Dubois, du 8 mars, dont le singulier entortillement me divertit et me confirma dans le parti que j'avois pris. J'avois reçu, il y avoit déjà quelque temps, mes lettres de récréance[1] et tout ce qu'il falloit pour prendre congé. Le cardinal, qui mouroit de peur que je ne m'en servisse, n'en avoit pas moins de me la laisser apercevoir. Sa lettre fut donc un tissu de *oui* et de *non*, de l'importance des services à rendre en Espagne pour consolider l'union, du désir de mon retour pour des raisons non moins pressantes pour le service de l'État et de M. le duc d'Orléans, toujours la condition de ne partir point sans avoir accrédité Chavigny jusqu'à la confiance, toutefois ne vouloir point entreprendre sur ma liberté, et de tout laisser à ma prudence. Je compris par le tissu de cette lettre que, pour peu que j'en attendisse d'autres, elles se trouveroient d'un style décisif, qui se trouveroient appuyées de celles de M. le duc d'Orléans, que le cardinal Dubois faisoit telles que bon lui sembloit. Je pris donc mon

---

1. Les lettres de récréance étaient celles qu'un souverain envoyait à son ambassadeur pour les remettre au prince dont il prenait congé.

parti sur cette lettre de n'en point attendre d'autres, et, dès le lendemain que je l'eus reçue, je pris jour pour mon audience de congé.

Depuis que je parlois de partir, il n'y avoit rien que la reine et même le roi ne fissent pour me retenir, ni amitiés et regrets que toute leur cour ne me fît la grâce de me témoigner. J'avouerai même, que ce ne fut pas sans peine que je quittai un pays où je n'avois trouvé que des fleurs et des fruits, et auquel je tenois et je tiendrai toujours par l'estime et la reconnoissance. Je pressai une infinité de visites pour mes adieux, afin de ne manquer à personne. Dans celle que je fis au duc et à la duchesse d'Arcos, desquels j'avois reçu les politesses les plus marquées, et que je voyois assez souvent, le duc d'Arcos me conjura de ne rentrer point au conseil de régence et de ne céder point aux cardinaux. Je le suppliai de n'avoir pas assez mauvaise opinion de moi pour en être en peine, et qu'il pouvoit être sûr que je ne mollirois pas là-dessus. Quelque rang que les cardinaux eussent peu à peu usurpé en Espagne, on ne l'y supportoit qu'avec dépit; et depuis que l'affaire du conseil de régence fut devenue publique, je ne vis, ni grands surtout, ni même gens de qualité qui n'en fussent indignés, et qui ne s'en expliquassent très-fortement, nonobstant le silence et l'entière réserve que je m'étois imposée là-dessus.

Mais à propos de cardinaux et de tout leur grand rang en Espagne, que j'y laissai plus supposé qu'usité, je ne dois pas oublier de rapporter une curiosité que j'eus sur eux. Le cardinal Borgia étoit, comme je l'ai dit, chanoine de Tolède. Il prit le temps du voyage de Balsaïm pour y aller passer quelques jours. La singularité d'y avoir vu deux évêques portant les marques de leur dignité, confondus avec les chanoines sans la moindre distinction d'avec eux, m'inspira le désir d'être précisément informé de ce qui s'y passeroit avec un cardinal. Je priai donc Pecquet d'aller à Tolède le même jour que je me rendis à Balsaïm, d'y demeurer autant que le cardinal Borgia, et d'avoir la patience de le suivre pas à pas. Il l'exécuta dans toute l'exactitude, et il me rapporta que le cardinal Borgia s'étoit trouvé assidûment au chœur, en rochet et camail violet, à cause du carême, en calotte et bonnet rouge, ayant des chanoines au-dessous et au-dessus de lui, sans chaire vide entre eux et lui, mais ayant devant lui un tapis de la largeur de sa stalle, jeté sur l'appui régnant le long des stalles, faisant le dossier des stalles d'au-dessous, et sur ce tapis un carreau pour s'appuyer dessus, à ses pieds un carreau pour s'y mettre à genoux, le tout de velours rouge avec un peu d'or, qui est le traitement qu'ont les grands d'Espagne dans les églises, et qu'on a vu ci-dessus que mon second fils et moi eûmes aussi, mais à la tête du chœur. Le cardinal Borgia se découvrit et se couvrit toujours comme les autres chanoines, en même temps qu'eux. Pendant qu'il y fut, il y eut une procession du chapitre, que Pecquet ne manqua pas de voir et d'observer. Il y vit le cardinal Borgia marcher en son rang d'ancienneté de chanoine, qui alloient en file, deux à deux, comme dans toutes les processions, un chanoine marchant à côté de lui, comme chacun des autres, et des chanoines devant et derrière lui sans aucune distance que la même gardée entre eux, sans que la queue du cardinal Borgia fût portée par personne, qui n'étoit pas plus longue que celles des autres chanoines, et sans avoir près de lui ni écuyer ni aumônier. Voilà de ces choses qu'il faut avoir vues pour les croire, avec la superbe cardinalesque et les immenses usurpations de ces prétendus égaux des rois.

CHAPITRE XII.

Mon audience de congé. — Singularité unique de celle de la princesse des Asturies. — Maulevrier reçoit enfin le collier de l'ordre de la Toison d'or, mais avec un dégoût insigne. — Je pars de Madrid. — Alcala de Henarez. — Guadalajara. — Agreda. — Pampelune. — Roncevaux. — Bayonne. — Réponse curieuse du cardinal Dubois et de Belle-Ile. — Trois courriers me sont dépêchés. — Je me détourne pour passer à Marmande, où le duc de Berwick étoit venu m'attendre de Montauban, où il commandoit en Guyenne. — Bordeaux. — Blaye. — Loches. — Chastres. — Belle-Ile vient à Chastres me proposer, de la part du cardinal Dubois, le dépouillement du duc de Noailles et me presser d'y entrer, auquel je m'oppose. — Je vais au Palais-Royal. — Long entretien entre le régent, le cardinal Dubois et moi. — Friponnerie sur la restitution aux jésuites du confessionnal du roi. — Je me démets de ma pairie à mon fils aîné, et lui fais présent des pierreries du portrait du roi d'Espagne. — Je visite pendant la tenue du premier conseil de régence tous ceux qui en étoient sortis, et vais à Fresnes voir le chancelier exilé.

Je pris le 21 [mars] mon audience de congé, en cérémonie, du roi et de la reine séparément. Je fus de nouveau surpris de la dignité, de la justesse et du ménagement des expressions du roi, comme je l'avois été en ma première audience, où je lui fis la demande de l'infante, et les remercîments de M. le duc d'Orléans sur le mariage de madame sa fille. Je reçus aussi beaucoup de marques de bonté personnelles et de regrets de mon départ de Sa Majesté Catholique, et surtout de la reine ; beaucoup aussi du prince des Asturies. Mais voici, dans un genre bien différent, quelque chose d'aussi surprenant que l'exacte parité qu'on vient de voir des cardinaux-chanoines de Tolède avec les autres chanoines de cette église, et que je ne puis m'empêcher d'écrire, quelque ridicule que cela soit. Arrivé avec tout ce qui étoit avec moi, à l'audience de la princesse des Asturies, qui étoit sous un dais, debout, les dames d'un côté, les grands de l'autre, je fis mes trois révérences puis mon compliment. Je me tus ensuite, mais vainement, car elle ne me répondit pas un seul mot. Après quelques moments de silence, je voulus lui fournir de quoi répondre, et je lui demandai ses ordres pour le roi, pour l'infante et pour Madame, M. [le duc] et Mme la duchesse d'Orléans. Elle me regarda et me lâcha un rot à faire retentir la chambre. Ma surprise fut telle que je demeurai confondu. Un second partit aussi bruyant que le premier. J'en perdis contenance et tout moyen de m'empêcher de rire; et jetant les yeux à droite et à gauche, je les vis tous, leurs mains sur leur bouche, et leurs épaules qui alloient. Enfin un troisième, plus fort encore que les deux premiers, mit tous les assistants en désarroi et moi en fuite avec tout ce qui m'accompagnoit, avec des éclats de rire d'autant plus grands qu'ils forcèrent les barrières que chacun avoit tâché d'y mettre. Toute la gravité espagnole fut déconcertée, tout fut dérangé; nulle révérence, chacun pâmant de rire se sauva comme il put, sans que la princesse en perdît son sérieux, qui ne s'expliqua point avec moi d'autre façon. On s'arrêta dans la pièce suivante pour rire tout à son aise, et s'étonner après plus librement.

Le roi et la reine ne tardèrent pas à être informés du succès de cette audience, et m'en parlèrent l'après-dînée au Mail. Ils en rirent les premiers pour en laisser la liberté aux autres, qui la prirent fort largement sans s'en faire prier. Je reçus et je rendis des visites sans nombre; et comme on se flatte aisément, je crus pouvoir me flatter que j'étois regretté. Je comptois partir le 23, mais les bulles de dispense étant arrivées depuis quelques jours à Maulevrier pour l'ordre de la Toison d'or, et la cérémonie de sa réception étant fixée à ce même jour, je crus devoir déférer à ses instances et ne pas affecter de partir ce même jour, après tout ce qui s'étoit passé. J'assistai donc en voyeux à sa réception, comme j'avois fait à celle de mon fils aîné, et je fus témoin de l'insigne dégoût qu'il y essuya.

Quand ce fut à le revêtir du collier, le marquis de Villena s'approcha de lui pour le lui attacher sur l'épaule droite, mais le prince des Asturies ne branla pas de sa place, en sorte que le marquis de Grimaldo, après avoir attaché le collier par derrière, l'attacha aussi sur l'épaule gauche. Je remarquai la surprise du chapitre et de tous les assistants, mais elle augmenta bien davantage aux révérences. Lorsque Maulevrier la fit au prince des Asturies, ce prince, au lieu de se découvrir, se lever et l'embrasser, demeura assis sans se découvrir ni en faire aucun semblant, et dans cette posture lui présenta sa main à baiser comme avoit fait le roi, et il la baisa. Il me parut à l'instant que ce procédé fut extrêmement senti, qui ne pouvoit être que de concert avec le roi. Maulevrier n'en parut point du tout embarrassé. Il avoit choisi le marquis de Santa-Cruz pour son parrain, qui ne l'aimoit point, et qui se moquoit souvent de lui et en face. Aussi fit-il sa fonction avec un air de dédain qui n'échappa à personne. Il vint pourtant dîner chez lui après la cérémonie, où nous nous trouvâmes douze ou quinze au plus. Avant de se mettre à table, je vis le peu de chevaliers de la Toison qui étoient là se pelotonner, dont quelques-uns ne me cachèrent pas leur scandale, et leur crainte que le mépris public qui venoit d'être fait de Maulevrier par le prince des Asturies, conséquemment par le roi son père, sans l'aveu duquel il n'eût pas osé contrevenir à ce qui s'étoit toujours pratiqué en toutes les réceptions jusqu'alors, ne devînt un exemple qui seroit suivi désormais, et je les laissai dans le mouvement de se concerter pour faire là-dessus leurs représentations au roi. Comme je partis le lendemain 24, je n'ai point su ce qui en est arrivé. J'eus l'honneur de faire encore ma cour à Leurs Majestés Catholiques toute cette après-dînée, au Mail, qui me comblèrent de bontés, et de prendre un dernier congé d'elles en rentrant dans leur appartement.

J'avois donné la plupart de ces derniers jours à ce qu'un aussi court séjour qu'un séjour de près de six mois avait pu me faire regarder comme des amis particuliers, surtout à Grimaldo. Quelque sensible joie et quelque empressement que je sentisse d'aller retrouver Mme de Saint-Simon et mes amis, je ne pus quitter l'Espagne sans avoir le cœur serré, [sans] regretter des personnes dont j'avois reçu tant de marques personnelles de s'accommoder de moi, et dont tout ce que j'avois vu dans le gros de la nation m'avoit fait concevoir de l'estime jusqu'au respect, et une si juste reconnoissance pour tant de seigneurs et de dames en particulier. J'ai conservé longtemps quelque commerce de lettres avec quelques-uns, mais avec Grimaldo tant qu'il a vécu, et après sa disgrâce et sa chute, qui n'arriva que longtemps après, avec plus de soin et d'attention qu'auparavant. L'attachement plein de respect et de reconnoissance pour le roi et la reine d'Espagne m'engagea à me donner l'honneur de leur écrire en toutes occasions, surtout à répandre mon extrême douleur à leurs pieds au renvoi de l'infante [1]. Je consultai là-dessus l'évêque de Fréjus, déjà plus maître que M. le Duc, qui me manda que je pouvois écrire, résolu, s'il m'eût refusé, de le dire à Laullez et de le prier de le mander à Leurs Majestés Catholiques. Elles me firent souvent l'honneur de me répondre avec toutes sortes de bontés, et de charger toujours leurs nouveaux ministres en France, et les personnes considérables qui y venoient se promener avec leur permission, de me renouveler expressément les mêmes bontés de leur part.

Je partis donc, enfin, de Madrid le 24 mars, prenant ma

1. Ce fut le 5 avril 1725 que le duc de Bourbon, alors premier ministre, fit renvoyer la jeune infante, que l'on élevait à Paris depuis 1722.

route par Pampelune. Une de mes premières dînées fut à Alcala. C'est une petite ville fort bien bâtie, dont douze ou quinze colléges font tout l'honneur, tous bâtis très-bien, et encore plus splendidement fondés par le cardinal Ximénès, qui n'est connu en Espagne que sous le nom du cardinal Cisneros, et respecté presque autant que l'a mérité ce grand homme. J'allai voir quelques-uns de ces colléges. Il est enterré dans la chapelle du principal, qui feroit ici une jolie église. Son tombeau de marbre est beau, environné d'une grille à hauteur d'homme, dans le chœur, devant le grand autel. Il étoit assez gâté faute de soin et de réparation, ce qui excita tellement mon indignation que je n'épargnai pas les pricipaux de ce collége en reproches de leur négligence et de leur ingratitude. Je couchai une nuit à Guadalajara, où arriva la catastrophe de la princesse des Ursins, et où je vis le panthéon du duc del Infantado, dont j'ai parlé ailleurs.

Une autre dînée fut à Agreda, assez gros bourg où est un monastère de filles, où la fameuse Marie d'Agreda a vécu et est morte, que la gent quiétiste a fait enfin canoniser depuis, à toute peine, à l'appui de la constitution *Unigenitus*. J'allai à ce couvent, dont on m'ouvrit l'église, qui n'a rien que de très-simple et commun. On me montra à côté du portail, qui est aussi plus que médiocre, comme un grand soupirail de cave ouvert sur la rue, où on me dit que reposoit son corps. Je n'en voulois pas davantage, et j'avois déjà fait quelques pas pour aller trouver mon dîner, lorsque les religieuses, informées que j'étois là, m'envoyèrent prier de les aller voir. Je ne pus honnêtement refuser cette demande, plus curieuse sûrement encore que civile. Je fus conduit dans une grande cour, à une grande porte, qui étoit assez loin à gauche, ce qui ne me laissa pas douter que le dessein ne fût de me faire entrer dans le monastère. Aussitôt que j'en fus tout proche, la porte s'ouvrit tout entière, qui se trouva bordée de religieuses, touchant le seuil, mais en dedans. La supérieure me fit un compliment en assez bon françois, et me pria de m'asseoir dans un fauteuil qu'on avoit mis derrière moi. Elles s'assirent toutes sur de petites chaises de paille. Après quelques courts propos sur mon voyage, on peut juger qu'il ne fut plus mention que de leur sainte, déjà béatifiée, mais depuis peu. Elles m'en firent apporter des choses de dévotion, un petit Jésus de cire, quelques livres, quelques chapelets, dont elles me donnèrent quelques-uns. J'admirai tout ce qu'elles me voulurent conter, mais j'abrégeai poliment la conversation plus qu'elles n'auroient voulu, et je m'en allai trouver mon dîner, peu satisfait de ma curiosité.

J'avois pris ma route par Pampelune. Le gouverneur vint aussitôt où j'étois logé, et voulut me mener chez lui et me donner à souper et à ceux qui étoient avec moi. Après force longs compliments, j'obtins de demeurer où j'étois, à condition que nous irions souper chez lui. La chère ne se fit point attendre, fut grande, à l'espagnole, mauvaise; des manières nobles, polies, aisées. Il nous fit fête d'un plat merveilleux. C'étoit un grand bassin plein de tripes de morue fricassées à l'huile. Cela ne valoit rien, et l'huile méchante. J'en mangeai, par civilité, tant que je pus. En me retirant je lui demandai la permission de voir la citadelle, où on ne laisse entrer aucun étranger. J'y fus avec ce qui étoit avec moi le lendemain matin. Je visitai tout à mon aise, et je la trouvai fort belle, bien entretenue, ainsi que la garnison, qui me reçut sous les armes, au bruit du canon, et tout en fort bel et bon ordre. Nous allâmes de là voir et remercier le gouverneur, qui peu après revint chez moi nous voir partir.

A peu de distance, nous prîmes des mules pour passer les Pyrénées. Le chemin est par là plus court et un peu moins rude que par Vittoria. Mais il étoit devenu fort mauvais, parce que les Espagnols, qui l'avoient fort aplani pour y pouvoir mener aisément de l'artillerie depuis qu'ils avoient un roi françois, en avoient soigneusement rompu tous les chemins lors de la guerre que l'abbé Dubois leur fit faire par M. le duc d'Orléans pour complaire aux Anglois et pour son chapeau, où le maréchal de Berwick commanda. Nous couchâmes à Roncevaux, lieu affreux, tout délabré, le plus solitaire et le plus triste de ce passage, dont l'église n'est rien, ni ce qui reste de l'ancien monastère, où nous fûmes logés. L'abbé me vint voir, vêtu de long, avec un grand manteau vert, ce qui me surprit beaucoup. La visite fut courte. On nous montra l'épée de Roland et force pareilles reliques romanesques. Nous partîmes de bon matin de ce désagréable gîte, et arrivâmes enfin le jeudi saint à Bayonne, chez M. d'Adoncourt, par une pluie effroyable et continuelle qui ne nous avoit point quittés depuis la sortie des montagnes. Il sembloit qu'elle n'osoit les passer. Je n'en avois presque point vu tomber en Espagne. Le ciel y est sans cesse d'une sérénité admirable, et les vents ne s'y font presque point sentir.

D'Adoncourt, quoi que nous pussions dire, nous logea et nous fit la plus grande et la meilleure chère du monde. J'assistai les jours saints aux offices de la cathédrale, dans la place et avec le même traitement usité pour le gouverneur de la province, l'évêque y officiant. J'eus l'honneur de faire ma cour plusieurs fois à la reine douairière d'Espagne, qui m'ordonna de dîner dans sa maison de la ville, le jour de Pâques, dont le sieur de Bruges, dont j'ai parlé lors de mon passage, fit très-bien les honneurs; et comme on savoit que j'étois affamé de poisson, on y en servit en quantité et d'admirables, que je préférai à la viande. L'évêque, dont j'ai parlé aussi en même temps, et quelques principaux du lieu s'y trouvèrent. J'allai de là remercier et prendre congé de la reine, qui me fit présent elle-même d'une fort belle épée d'or sans diamants, avec beaucoup d'excuses de me donner si peu de chose. L'évêque voulut me donner à souper si absolument qu'il fallut s'y rendre. J'y trouvai bonne compagnie, bonne chère et force poisson, qui ne laissa pas de trouver encore place.

Un courrier m'arriva à Bayonne, qui avoit été précédé de deux autres qui, pour ne me pas manquer, avoient pris, l'un par Vittoria, l'autre par Pampelune. Tous trois apparemment portoient des duplicata, car je n'ai point vu les dépêches des deux autres. Je fus agréablement surpris de celles qui me trouvèrent à Bayonne. C'étoit la réponse à celle que j'avois faite et à ce que m'avoit apporté Bannière. Le cardinal y avoit vu fort nettement mon sentiment sur la préséance et sur la sortie du conseil de ceux qu'elle blessoit. Il pouvoit bien avoir aussi aperçu ce que je pensois de sa prétendue cabale. Enfin il avoit vu que son éloquence entortillée, ses prétextes recherchés et appuyés, ni la crainte de lui déplaire, ne pouvoient me retenir en Espagne. Peut-être les courriers qui m'étoient allés chercher jusqu'à Madrid me portoient-ils des ordres si positifs qu'ils m'eussent embarrassé, qu'il n'étoit plus temps de me donner en deçà des Pyrénées, et que ce fut pour cela que je reçus à Bayonne ce troisième courrier avec des lettres ajustées pour le lieu, au cas qu'il m'y trouvât, comme il arriva, avec ordre de m'y attendre, et peut-être de rebrousser chemin avec ses dépêches au bout d'un certain temps que j'aurois reçu en Espagne celles qui m'y étoient portées par les deux courriers qui avoient passé et qui ne m'avoient point rencontré, car ces sortes de ruses étoient tout à fait dans le caractère du cardinal Dubois. Quoi qu'il en soit, j'ouvris sa lettre avec curiosité.

Je n'y trouvai plus mention de rester encore en Espagne, ni de Chavigny, ni d'aucun autre prétexte, et pas un mot qui laissât sentir que je lui eusse répondu franchement sur l'affaire du conseil. Je n'eus que des louanges de la promptitude avec laquelle j'avois été à Balsaïm, et de la manière dont je m'étois acquitté de ce qui m'y avoit fait aller; des impatiences nonpareilles d'amitié et de besoin de mon arrivée; une prière, qui alloit à la défense, de m'arrêter nulle part, même de faire le très-petit détour de passer à Blaye, parce que les choses du monde les plus pressées et les plus importantes m'attendoient, qui ne pouvoient se faire sans moi. Cette lettre si singulière étoit accompagnée d'une autre de Belle-Ile, qui en faisoit le commentaire. Il me répétoit les mêmes choses, me disoit que le cardinal Dubois étoit charmé de la réponse que j'avois faite aux dépêches que j'avois reçues par Bannière; qu'il m'écrivoit par son ordre exprès pour me conjurer d'arriver avec toute la diligence possible, et que je ne pouvois me rendre assez tôt pour l'importance des choses que le régent et le cardinal avoient à me communiquer, et sur lesquelles, toutes pressées qu'elles fussent, il ne se pouvoit rien faire sans moi. Il ajoutoit qu'il étoit chargé de m'assurer qu'il ne me seroit rien proposé qui pût m'être désagréable ou m'embarrasser, rien surtout qui pût en aucune sorte intéresser ma dignité de duc et pair, sur [ce] qu'ils étoient bien persuadés qu'il n'y avoit rien à espérer de moi là-dessus. Rien de plus pressant enfin ni de plus flatteur. Il finissoit enfin en me conjurant de ne m'arrêter pas un instant et de ne passer point à Blaye.

Un si grand changement de style et tant de merveilles à l'instant de mon départ, malgré tant de fortes insinuations, et quelque chose même de plus, d'y demeurer encore sous les prétextes qu'on a vus, me parut fort suspect d'une part si peu sûre, car il étoit visible que le cardinal avoit pour ainsi dire dicté, au moins vu et corrigé, la lettre de Belle-Ile, comme il avoit fait celle que Bannière m'avoit apportée : on verra bientôt que je ne me trompois pas. Je leur mandai par une réponse courte à chacun le jour que j'avois supputé pouvoir arriver; que j'étois fatigué du voyage à tour de roue jusqu'à Bayonne; que cette raison de m'y reposer et celle des jours saints m'y retiendroient jusqu'au lundi de Pâques; enfin que je n'avois pu refuser au duc de Berwick de prendre les petites landes pour l'aller trouver, où il venoit exprès de Montauban pour me voir; et du reste force compliments.

Le duc de Berwick, qui commandoit en Guyenne, et qui trouvoit Montauban plus commode que Bordeaux pour fixer son séjour, m'avoit en effet demandé ce rendez-vous avec instance; et l'amitié qui étoit entre nous, et toutes celles que j'avois reçues du duc de Liria, ne me permettoit pas un refus. Il étoit bien naturel au maréchal de désirer de m'entretenir sur la situation de son fils en Espagne, sur une cour qu'il avoit tant fréquentée, et sur les dispositions, pour lui-même, de Leurs Majestés Catholiques après tout ce qui s'étoit passé. Je partis donc de Bayonne seul avec l'abbé de Saint-Simon, le lendemain de Pâques, et m'y séparai jusqu'à Paris de tout ce qui étoit avec moi. Je passai un jour franc avec le maréchal de Berwick à Marmande, et avec le duc de Duras, qui étoit venu avec lui, et qui commandoit en Guyenne sous lui. J'appris là que nous n'étions qu'à quatre lieues de Duras. Je voulus y faire une course pour en dire des nouvelles à Mme de Saint-Simon, et des beautés que le maréchal son oncle y avoit fait faire toute sa vie avec attache, sans jamais les avoir été voir. J'en avois aussi curiosité; mais quoi que je pusse faire, jamais ils ne voulurent y consentir. Malheureusement ils savoient, comme tout le pays, les courriers qui m'avoient été dépêchés; ils n'osèrent prendre part à mon retardement, dont j'eus un véritable regret. Je m'embarquai de bon matin sur la Garonne, et j'arrivai de bonne heure à Bordeaux, chez Boucher, intendant de la province. Les jurats me firent aussitôt demander par Ségur, leur sous-maire, l'heure de me venir saluer. Je les priai à souper, et dis à Ségur que les compliments se feroient mieux le verre à la main. Ils vinrent donc souper, et me parurent fort contents de cette honnêteté. Le lendemain la marée me porta de fort bonne heure à Blaye par le plus beau temps du monde. Je n'y couchai qu'une nuit et ne passai point à Ruffec pour abréger.

J'arrivai le 13 avril à Loches sur les cinq heures du soir. J'y couchai parce que j'y voulus écrire un volume de détails à la duchesse de Beauvilliers, qui étoit à six lieues de là, dans une de ses terres, que je lui envoyai par un exprès; et je pus de la sorte lui écrire à découvert sans rien craindre de l'ouverture des lettres. J'arrivai d'assez bonne heure le lendemain 14 à Étampes, où je couchai, et le 15, à dix heures du matin, à Chastres¹, où Mme de Saint-Simon devoit venir dîner et coucher, au-devant de moi, pour jouir du plaisir de nous recevoir, de nous retrouver ensemble, de nous mettre réciproquement au fait de tout, en solitude et en liberté, ce qui ne se pouvoit espérer à Paris dans ces premiers jours de mon retour. Le duc d'Humières et Louville vinrent avec elle. Elle arriva une heure après moi dans le petit château du marquis d'Arpajon, qu'il lui avoit prêté, où la journée nous parut bien courte et la matinée du lendemain 16 avril.

Comme nous causions, sur les dix heures du matin, arriva Belle-Ile. Après les amitiés et les compliments, il me pria qu'il pût m'entretenir en particulier. Après de nouveaux compliments, des louanges de ma conduite en Espagne et de mes lettres, et une courte peinture de la situation de la cour, se taisant sur la préséance et glissant sur la cabale, il me peignit le duc de Noailles comme l'homme le plus dangereux, et le plus ennemi de M. le duc d'Orléans et de son gouvernement, et n'oublia pas d'animer ma haine autant qu'il lui fut possible, et de me présenter tout l'intérêt que j'avois de saisir l'occasion de le perdre sans ressource, qui s'offroit d'elle-même à moi, et pour laquelle j'étois attendu avec tant d'impatience.

Après ce vif préambule, il me dit merveilles du cardinal

---

1. Chastres, ou Châtres, aux environs d'Étampes (Seine-et-Oise), porte aujourd'hui le nom d'Arpajon. On a changé ce nom en celui de Chartres dans les anciennes éditions. L'itinéraire de Saint-Simon se rendant d'Étampes à Paris suffirait pour prouver qu'il ne faut pas lire Chartres.

Dubois à mon égard, et enfin qu'il l'avoit chargé de venir me trouver à Chastres pour me confier de quoi il s'agissoit; en quoi il ne doutoit pas que l'amour de l'État, mon attachement personnel pour M. le duc d'Orléans, la connoissance expérimentale que j'avois du caractère du duc de Noailles, enfin que mon intérêt, si fort uni à celui de M. le duc d'Orléans, ne me portât à me joindre à lui, cardinal Dubois, dans ce qui étoit projeté, pour l'exécution de quoi il m'avoit attendu avec une extrême impatience; en un mot, qu'il falloit chasser le duc de Noailles et lui ôter sa charge de premier capitaine des gardes du corps. Je répondis à Belle-Ile par une autre préface, mais bien plus courte que n'avoit été la sienne, sur tous les points qu'il avoit traités. Je m'étendis un peu plus sur ma haine pour le duc de Noailles, sur ses causes, sur ma soif ardente de vengeance, sur ce que je n'avois nul ménagement à garder avec lui, et sur ce qu'en effet je n'en gardois publiquement aucun. Ensuite je lui dis qu'en affaires de cette nature ce n'étoit pas son intérêt ni sa passion qu'il falloit consulter; que, si je n'écoutois que l'un ou l'autre, il n'y avoit rien à quoi je ne me portasse pour écraser le duc de Noailles; mais que l'intérêt et la passion étoient des conseillers dont un homme d'honneur et de bien se devoit garder, sans toutefois exclure la satisfaction qu'ils pourroient prendre dans les conseils sages, justes et prudents qui, sans égard à eux, et pour des causes réelles et sans reproche, se trouveroient d'ailleurs concourir avec eux; que c'étoit ce que je ne pouvois apercevoir dans la proposition qu'il me faisoit, où je ne voyois nulle raison qui pût imposer à personne, mais beaucoup de danger à s'y abandonner. Belle-Ile, fâché de ce qu'il entendoit, m'interrompit de vivacité et voulut pérorer. A mon tour je lui demandai audience. Je le priai de considérer que ce n'étoit pas tout de frapper de grands coups, mais qu'il en falloit considérer la conséquence et les suites; que je n'ignorois pas le pouvoir du roi sur les charges qui ne sont pas offices de la couronne, mais que je savois aussi qu'il n'est pas souvent à propos de faire tout ce qu'on peut exécuter ; que quelque haine que j'eusse pour le duc de Noailles, et quelque juste mépris que j'eusse de son âme, de sa conduite et de ses quarts de talents, je le voyois revêtu, et point de crime qui autorisât à le dépouiller. S'il y en avoit quelqu'un, il le falloit montrer, le prouver et l'établir publiquement, avec tant de solidité, sans même rien de forme juridique, que cela fermât la bouche au monde. Mais s'il n'y avoit que des sujets de simple mécontentement, le dépouiller seroit et paroîtroit une violence qui irriteroit tout le monde, et en particulier tous ceux qui avoient des charges, et tous leurs entours, dont chacun se diroit avec raison : « Aujourd'hui le duc de Noailles, et demain moi, si la fantaisie en prend ; et qui me garantira d'une fantaisie ? » Dès lors, voilà tout ce qu'il y a de gens les plus établis et les plus considérables, et tout ce qui tient à eux, dans le plus grand éloignement de M. le duc d'Orléans et d'un gouvernement sous lequel il n'y a de sûreté pour personne ; et c'est la semence la plus fertile et la plus dangereuse des associations, des complots, et de tout ce qu'ils enfantent de plus sinistre. « Voyons les choses, ajoutai-je, comme elles sont et comme elles se présentent. Bien ou mal à propos, le duc de Noailles est le troisième capitaine des gardes, et le troisième gouverneur du Roussillon, de père en fils. Il a, depuis qu'il a commencé à paroître, été sans cesse dans des emplois brillants. Les établissements de ses sœurs et de toute sa famille sont immenses, tous gens qui, par intérêt et par honneur ne peuvent pas ne point sentir vivement le coup dont il sera frappé ; et plus il tombe sur un homme si grandement établi, et lui et ses plus proches et nombreux entours, plus M. le duc d'Orléans s'en fait des ennemis irréconciliables, plus toutes les charges du royaume tremblent et s'indignent d'autant plus que la plupart de leurs possesseurs, quant à leurs personnes, aucun, quant à leurs entours, n'ont pas à beaucoup près des considérations de ménagement telles que les a le duc de Noailles. » Je priai ensuite Belle-Ile de considérer la proximité du moment de la majorité, et tout ce que M. le duc d'Orléans auroit à craindre de tous les gens en charge d'approcher à toutes heures un roi dont l'esprit ne pouvoit pas être formé, encore moins le jugement, et qui seroit en proie aux flatteries, aux calomnies, aux adresses de tous gens si intéressés à perdre auprès de lui le régent et sa régence, et qui auroient tant de choses spécieuses à se ballotter entre eux, pour les mettre sans défiance dans la tête du roi, sur les finances, sur la marine, sur l'Angleterre, sur la guerre faite à l'Espagne, sur la vie particulière de M. le duc d'Orléans, et sur tant d'autres points qui se présentent si aisément quand on veut nuire et qu'un grand intérêt y pousse, sans compter les autres mécontents. Belle-Ile ne sut que répondre de précis à des objections si fortes et si évidentes. Mais pour ne pas se rendre, il battit la campagne, et chercha tant qu'il put des ressources dans ma haine et dans son bien dire.

Cette conférence, où il ne fut question que de ce point, dura plus d'une heure, et finit par me prier de faire encore des réflexions. Je lui dis qu'elles s'étoient toutes présentées à la première mention de sa proposition; qu'elles se fortifioient toutes l'une par l'autre; que je ne voyois pas qu'il eût répondu à aucune; qu'ainsi je demeurois dans mon sentiment; que je le priois de les porter toutes et dans toute leur force au cardinal Dubois pour lui faire sentir les suites funestes de ce projet, auquel l'accablement d'affaires de toutes les sortes ne lui avoient pas permis de penser avec l'attention qu'il méritoit. J'assaisonnai cela de tous les compliments capables d'adoucir le dépit de ma résistance, qui fut d'autant plus vif que le cardinal n'osa le montrer. Belle-Ile dîna avec nous en sortant de cette conversation parce que nous voulions arriver à Paris de fort bonne heure, et partit avant nous.

Je ne fis que changer de voiture au logis, et j'allai au Palais-Royal, droit chez le cardinal Dubois. Il accourut au-devant de moi. Ce fut des merveilles; et sans rentrer ni s'arrêter, il me conduisit chez M. le duc d'Orléans, dont la réception fut aussi bonne et plus sincère. Il étoit dans son petit cabinet au bout de sa petite galerie. Nous nous assîmes, moi vis-à-vis de lui, son bureau entre deux, et le cardinal au bout du bureau. Je leur rendis compte de bien des choses, et je répondis à bien des questions. Ensuite je parlai à M. le duc d'Orléans de la conduite de la princesse des Asturies avec Leurs Majestés Catholiques, de leur patience et de leurs bontés pour elle; et après ce sérieux je le divertis de mon audience de congé chez elle, dont il rit beaucoup. Ensuite il me parla de la sortie du conseil, glissant avec des patins sur la préséance; et le cardinal se mit sur la cabale, sans toutefois enfoncer matière, et dit que Son Altesse Royale n'avoit pu moins faire que de chasser le chancelier. Je laissai tout conter; puis je leur dis que je ne pouvois qu'apprendre, ne m'étant pas lors trouvé ici et n'ayant encore vu personne, sinon que je trouvois tout cela bien fâcheux. Et tout de suite, me tournant tout à fait à M. le duc d'Orléans et m'adressant à lui, j'ajoutai que, puisque le chancelier n'étoit à Fresnes que pour la même chose que j'aurois faite si j'avois été ici, j'espérois bien que Son Altesse Royale trouveroit bon que j'y allasse le voir incessamment. Cette parole fit comme deux termes du régent, qui baissa les yeux, et du cardinal, qui égara les siens, rougissant de colère. Je crois bien qu'ils n'avoient pas espéré me persuader de rentrer au conseil; mais l'étonnement et le dépit d'une adhésion si nette et si peu attirée à la sortie du conseil, et la liberté avec laquelle je causois[1] mon empressement pour le chancelier déconcerta le régent comme un particulier, et le tout-puissant ministre comme un courtisan. Je me re-

---

1. J'indiquais la cause.

pus avec complaisance de l'état où je les vis, et du silence qui dura plusieurs moments. Le cardinal le rompit en se secouant comme un homme qui se réveille, et me dit, d'un air le plus bénin qu'il put, qu'ils avoient fait ce que le roi d'Espagne avoit désiré. Je lui demandai ce que c'étoit. Il me répondit : « Donner au roi un jésuite pour confesseur, et c'est le P. Linières. — Le roi d'Espagne ! repris-je, jamais il ne m'en a parlé. — Comment ? dit le cardinal ; il me semble pourtant qu'il vous a parlé de jésuite, et que vous nous en avez écrit. — Vous confondez, monsieur, repris-je ; le roi d'Espagne m'en a parlé pour l'instruction de l'infante, et pour sa confession pour la suite ; je vous en ai écrit et à M. le duc d'Orléans, et cela [a] été fait ; mais jamais le roi d'Espagne ne m'en a dit un seul mot pour le roi. Bien est vrai que le P. Daubenton m'en parla, et me dit que le roi d'Espagne avoit dessein de me charger de prier M. le duc d'Orléans, de sa part, de rendre le confessionnal du roi aux jésuites ; que je répondis au P. Daubenton que pour moi je serois ravi d'y pouvoir contribuer comme particulier, mais que je n'oserois pas me charger de faire cet office, parce que, comme le roi d'Espagne auroit raison de trouver mauvais que notre cour se voulût ingérer d'entrer dans les choses intérieures de sa cour, surtout de se mêler de son confesseur, aussi notre cour vouloit être en pleine liberté sur ces mêmes choses, et me blâmeroit aigrement de me charger d'une pareille commission ; qu'ainsi je le suppliois de détourner le roi d'Espagne de me la proposer, parce que j'aurois la douleur de ne la pouvoir accepter. Le P. Daubenton se rendit tout court à ces raisons, qu'il trouva ou qu'il fit semblant de trouver bonnes. Jamais le roi d'Espagne ne m'en a ouvert la bouche ni parlé de rien d'approchant, ni le P. Daubenton depuis. » Le cardinal balbutia entre ses dents je ne sais quoi qu'il n'achevoit pas de prononcer, et M. le duc d'Orléans, qui jusque-là l'avoit laissé parler là-dessus et moi lui répondre, se mit à rire et à me dire : « Oh bien ! donc, tout ce que nous vous demandons (je remarquai bien ce *nous* de communauté avec le cardinal), c'est que vous ne nous démentiez pas ; car nous avons dit à tout le monde que c'étoit aux pressantes instances du roi d'Espagne que nous avions donné au roi un confesseur jésuite. » Je me mis aussi à rire, et lui répondis que tout ce que je pouvois pour son service, si on m'en parloit dans le monde, seroit de faire le plat important, et de payer de silence pour ne les point démentir et pour ne point mentir. Puis m'adressant au cardinal, je lui dis qu'il avoit toutes mes dépêches ; que, pour en avoir le cœur net, il prît la peine de les visiter, et qu'il n'y trouveroit que le fait d'un jésuite pour l'infante, et pas un mot pour le confesseur du roi. Le saint prélat le savoit de reste ; il se mit à rire aussi, mais du bout des dents ; me dit qu'il se rappeloit la chose, qu'elle étoit telle que je la leur disois, mais qu'il étoit important de la tenir secrète, et que je ne me laissasse pas entamer là-dessus.

Cette conversation, qui dura près de deux heures, finit le mieux du monde, mais, jointe à celle que j'avois eue le matin à Chastres avec Belle-Ile, ne me mit pas bien dans les bonnes grâces du cardinal Dubois, qui toutefois n'osa en rien faire paroître. Elle finit par la permission que je demandai au régent de me démettre de ma pairie à mon fils aîné. Je ne trouvois pas convenable que, destiné par son aînesse à être duc et pair, il n'en eût pas le rang, tandis que je l'avois acquis à son cadet par la grandeur.

Du Palais-Royal j'allai aux Tuileries faire ma révérence au roi, à son souper, à la fin duquel je lui demandai la même permission. Je m'en retournai de là chez moi, où je le dis à mon fils aîné, qui prit le nom de duc de Ruffec. Je lui fis en même temps présent des pierreries qui environnoient le portrait du roi d'Espagne, que le marquis de Grimaldo m'avoit apporté de sa part l'après-dînée de mon audience de congé. Elles furent estimées quatre-vingt mille livres par les premiers joailliers de Paris. C'étoit le plus riche présent qui en eût été fait en Espagne à aucun ambassadeur. Je me plus à en faire faire une magnifique Toison à mon fils.

Il fallut se livrer pendant plusieurs jours aux visites passives et actives. Toutefois je me hâtai d'aller voir le cardinal de Noailles. Je ne voulois pas qu'il fût la dupe de la demande prétendue du roi d'Espagne d'un confesseur jésuite pour le roi. Je lui fis confidence, sous le secret, de ce qui s'étoit passé là-dessus, au Palais-Royal, entre le régent, le cardinal Dubois et moi. Je fis aussi la même confidence, et sous le même secret, à l'évêque de Fréjus et au maréchal de Villeroy, qui s'étoient opposés de toutes leurs forces à un confesseur jésuite, malgré l'ensorcellement de la constitution. Ils furent fort sensibles à cette confidence, que je crus nécessaire, et m'en ont toujours gardé le secret. Du reste, je fus fidèle à ne me laisser entendre là-dessus à personne, et à payer les questions de silence. C'étoit la condition remplie par Dubois à l'égard des jésuites du concours qu'il en avoit obtenu pour son chapeau. Je pris le premier jour du conseil de régence et le temps de sa tenue pour visiter tous ceux qui en étoient sortis. Cette affectation fut fort remarquée, comme c'étoit bien aussi mon dessein. Je sus que le maréchal de Villeroy, qui s'étoit conservé d'y assister, mais derrière le roi, sans opiner ni y prendre la moindre part, avoit envoyé voir dans la cour des Tuileries si mon carrosse y étoit. Il ne put s'empêcher de me témoigner sa joie de ce que je n'étois pas rentré au conseil. Je lui répondis froidement qu'il ne me connoissoit guère s'il m'en avoit pu soupçonner. Six jours après mon arrivée j'en allai passer trois à Fresnes. Cette visite fit grand bruit, et fit au chancelier un plaisir sensible. Tant qu'il y fut je l'y allai voir au moins deux fois l'année. Faisons maintenant une pause, et rétrogradons pour voir ce qui s'étoit passé hors de l'Espagne depuis le commencement de cette année.

CHAPITRE XIII.

Façon plus que singulière dont l'officier dépêché avec le contrat de mariage du roi fut enfin expédié de tout ce que j'avois demandé pour lui. — Mort de Mme de Broglio (Voysin). — Mort du comte de Boulainvilliers; son caractère. — Mort et caractère du comte de Chamilly. — Mort de Mme de Montchevreuil, abbesse de Saint-Antoine. — Cette abbaye donnée à Mme de Bourbon. — Mort de l'abbé et du marquis de Saint-Hérem. — Mort du comte de Cheverny; de l'abbé de Verteuil; de l'évêque de Carcassonne (Grignan); de Saint-Fremont; sa fortune. — Mort du marquis de Montalègre à Madrid, et sa dépouille. — Mort de la princesse Ragotzi (Hesse-Rhinfels); de la duchesse de Zell (Desmiers-Olbreuse); sa fortune. — Mort du comte d'Althan, grand écuyer et favori de l'empereur. — Mariage du prince palatin de Soultzbach avec l'héritière de Berg-op-Zoom; du prince de Piémont avec la princesse palatine de Soultzbach; du marquis de Castries avec la fille du duc de Lévy; de Puysieux avec la fille de Souvré; du duc d'Epernon avec la seconde fille du duc de Luxembourg; de Mlle d'Estrées, déclarée, avec d'Ampus. — P. de Linières, jésuite, confesseur de Madame, fait confesseur du roi, avec des pouvoirs du pape, au refus de ceux du cardinal de Noailles. — Armenonville garde des sceaux. — Morville secrétaire d'État. — Le chancelier, sur le point immédiat de son exil, marie sa fille au marquis de Chastelux. — Caractère de ce gendre. — Cruel bon mot de M. le duc d'Orléans. — Broglio l'aîné et Nocé exilés. — Mme de Soubise gouvernante des enfants de France en survivance de la duchesse de Ventadour. — Dodun contrôleur général des finances en la place de La Houssaye. — Pelletier de Sousy se retire à Saint-Victor. — Duc d'Ossone retourné à Madrid. — Translations d'archevêchés et d'évêchés. — Reims donné à l'abbé de Guéméné. — Ruses inutiles des Rohan pour lui procurer l'ordre avant l'âge. — Mariage de ma fille avec le prince de Chimay. — Mariage du comte de Laval avec la sœur de l'abbé de Saint-Simon : l'un depuis évêque-comte de Noyon, puis de Metz, en conservant le rang et les honneurs de son premier siége; l'autre depuis maréchal de France. — Mort de Courtenvaux. — Sa charge de capitaine des Cent-Suisses donnée à son fils, à peine hors du berceau, et l'exercice à son frère. — La cour retourne pour toujours à Versailles. — Je m'oppose à l'exil du duc de Noailles, enfin inutilement. — Bassesses du cardinal Dubois pour se gagner le maréchal de Villeroy, inutiles. — Fatuité singulière de ce maréchal. — Comte de La Mothe fait grand d'Espagne. — Mort de Plancy. — Le pape donne à l'empereur l'investiture des Deux-Siciles. — Mort du duc de Marlborough; de Zondedari, grand maître de Malte. — Manoel lui succède. — Mort de la duchesse de Bouillon (Simiane); de l'épouse du prince Jacques Sobieski.

La première chose que j'appris fut de quelle façon l'officier du régiment d'infanterie de Saint-Simon, que j'avois dépêché, chargé du contrat de mariage du roi, avoit enfin obtenu et reçu tout ce que j'avois demandé pour lui. Le cardinal le rabrouoit et le remettoit toujours, et avoit tellement rebuté M. Le Blanc là-dessus, qu'il n'osoit plus lui en parler. Cet officier désolé se contentoit de se présenter devant le cardinal, sans plus rien dire, et à peine étoit-il remarqué. Un jour qu'une foule de seigneurs, de dames, d'ambassadeurs, d'évêques et le nonce du pape remplissoient son grand cabinet à l'attendre, quelqu'un prit le cardinal en entrant, et lui parla toujours jusqu'au milieu de cette compagnie. Apparemment qu'il l'importuna, car le cardinal se tournant à lui de furie, l'envoya promener avec tous les b.... et les f.... les plus redoublés, jurant à faire trembler et criant à pleine tête. L'infamie d'une telle sortie au milieu de tout ce que je viens de nommer saisit cet officier d'un si grand ridicule, qui avoit côtoyé le maltraité pour se pousser et tâcher de se faire voir, que malgré lui il éclata de rire. A ce bruit le cardinal tourna la tête, et le vit riant tant qu'il pouvoit. Dans l'instant il lui mit la main sur l'épaule : « Vous n'êtes pas trop sot, lui dit-il; je dirai tantôt à M. Le Blanc d'expédier vos affaires. » Et aussitôt se mêla avec tout ce qui l'attendoit. Ce pauvre officier, qui se crut perdu dès qu'il sentit la main du cardinal sur son épaule dans l'état où il le surprenoit, pensa tomber par terre de ce contraste, et n'eut ni la force ni le temps de le remercier. Il alla le lendemain matin chez M. Le Blanc, où il trouva toute son affaire faite et expédiée sans que rien y manquât de tout ce que j'avois demandé pour lui, et accourut de là chez Mme de Saint-Simon lui conter son aventure sans pouvoir cesser d'en rire et de s'en étonner.

Je trouvai qu'il étoit mort bien des gens de connoissance depuis le commencement de cette année, et quelques personnes considérables des pays étrangers. La femme de Broglio, le roué de M. le duc d'Orléans, qui étoit fille du feu chancelier Voysin, à trente-deux ans.

Le comte de Boulainvilliers, à soixante ans, qui avoit prédit tant de choses vraies et fausses, mais qui ne se trompa point à l'année, au mois, au jour et à l'heure de sa mort, comme il avoit aussi rencontré juste à celle de son fils. Il s'y prépara avec courage, vit souvent le curé de Saint-Eustache, dans la paroisse duquel il demeuroit, et reçut les sacrements. Ce fut dommage qu'un aussi savant homme se fût infatué de ces curiosités défendues, qui rendoient son commerce suspect, et qui étoit le plus doux, le plus aisé et le plus agréable du monde, sûr avec cela, et si modeste qu'il ne sembloit pas rien savoir, avec les connoissances les plus étendues et les plus recherchées sur toutes les histoires, et beaucoup de profondeur, de lumières et de bonne et sage critique sur celle de France et sur son gouvernement primitif, ancien et nouveau [1]. Son grand défaut étoit de travailler à trop de choses en même temps, et de quitter ou d'interrompre un ouvrage commencé, souvent fort avancé, pour se mettre à un autre. Je l'aurois vu bien plus souvent pour m'instruire. Sans jamais chercher à rien apprendre

---

1. Les principaux ouvrages historiques du comte de Boulainvilliers sont l'*Histoire de l'ancien gouvernement de la France* (3 vol. in-8°, la Haye, 1727). — *L'État de la France*, extrait des mémoires dressés par les intendants du royaume (Londres, 1727, 3 vol. in-fol.). Il y a eu de nombreuses éditions de cet ouvrage, et une, entre autres, en 8 vol. in-12. — *Histoire de la pairie de France et du parlement de Paris* (Londres, 1753, 2 vol. in-12).

aux autres, il avoit le talent, quand on l'en recherchoit, de le faire avec une simplicité, une netteté et une grâce qui plaisoit infiniment. Mais la crainte de donner à penser qu'on le recherchoit pour connoître l'avenir, me retenoit et beaucoup d'autres de le fréquenter comme je l'aurois voulu. Il fut toujours fort pauvre, honnête homme, malheureux en famille, et ne laissa point de postérité masculine. Il étoit homme de qualité et se prétendoit de la maison de Croï, par la conformité des armes, sans toutefois en être plus glorieux.

Le comte de Chamilly. C'étoit un grand et gros homme de bonne mine, de savoir et d'esprit, mais qui le faisoit trop sentir aux autres. Il avoit été ambassadeur en Danemark, où sa hauteur n'avoit pas réussi. Le maréchal de Chamilly, son oncle, l'avoit fait succéder à son commandement de Poitou, Saintonge, Angoumois, pays d'Aunis, la Rochelle et îles adjacentes, et il [étoit] lieutenant général et gouverneur du château de Dijon. Il n'avoit que cinquante-huit ans, point d'enfants mâles.

Mme de Monchevreuil, abbesse de Saint-Antoine, à Paris. Elle étoit fort âgée, et sœur du feu marquis de Montchevreuil, chevalier de l'ordre, si bien avec le feu roi et si intimement avec Mme de Maintenon, duquel il a été parlé ici plusieurs fois. Cette belle abbaye fut donnée à la fille aînée de Mme la Duchesse, bossue et fort contrefaite de corps et d'esprit, religieuse de Fontevrault, où elle n'avoit pu durer, et depuis longtemps au Val-de-Grâce, dont elle étoit le fléau, et le devint de son abbaye.

J'eus aussi à regretter des amis. L'abbé de Saint-Herem, fils et frère de deux évêques d'Aire, qui étoit d'une sûre et agréable compagnie, qui savoit, qui se conduisoit très-sagement, et qui de la naissance dont il étoit, et le mérite qu'il avoit, étoit fait pour remplir utilement les premiers postes de l'Église.

Le marquis de Saint-Herem, son cousin, gouverneur de

Fontainebleau, un des plus honnêtes hommes que j'aie connus, avec qui j'avois passé ma vie. Il n'étoit encore que dans la force de l'âge. Il avoit eu la survivance de Fontainebleau pour le fils qu'il laissa.

Enfin le comte de Cheverny, dans un âge fort avancé, dont j'ai parlé souvent, que j'avois fait mettre dans le conseil des affaires étrangères, qui fut après conseiller d'État d'épée et gouverneur de M. le duc de Chartres, plus de titre que d'effet. Il n'avoit point d'enfants. Sa femme étoit gouvernante des sœurs de ce prince.

L'abbé de Verteuil mourut presque aussitôt après mon arrivée. On m'accusa de l'avoir tué d'une indigestion d'esturgeon, dont, en effet, il s'étoit crevé chez moi. C'étoit un excellent convive, homme de bonne, plaisante et libre compagnie; médiocre ecclésiastique, avec de bonnes abbayes, et charmant dans ses colères où on le mettoit souvent. Il étoit frère du feu duc de La Rochefoucauld, mais avec grande différence d'âge. C'étoit un homme fort du monde et du meilleur.

L'évêque de Carcassonne, le dernier des Grignan, à soixante-dix-huit ans. Il étoit frère du feu comte de Grignan, chevalier de l'ordre, lieutenant général et commandant en Provence, gendre de Mme de Sévigné.

Saint-Frémont, lieutenant général, fort entendu à la guerre, et qui n'y avoit pas négligé ses intérêts. C'étoit un homme de fortune, qui s'appeloit Ravend. Il se trouva lieutenant-colonel d'un régiment de dragons, qu'eut un fils aîné de Villette, cousin germain de Mme de Maintenon, fort protégé d'elle, et qui y fut tué. Saint-Frémont, en habile homme qu'il étoit, s'y étoit attaché, et Mme de Maintenon prit soin de l'avancer. Il eut l'art d'être toujours au mieux avec les généraux des armées et avec les ministres de la guerre. Homme d'esprit, de sens, de conduite, gaillard, de bonne compagnie et fort honorable. Il étoit fort dans la bonne compagnie partout. Il étoit extrêmement vieux, très-bon officier général, et avoit prétendu au bâton.

J'appris, peu après mon arrivée, la mort à Madrid du marquis de Montalègre, dont je fus affligé. Sa charge de sommelier de corps fut destinée au duc d'Arion, en chemin de revenir des Indes ; et celle de majordome-major de la princesse des Asturies, qui lui étoit réservée, fut donnée au duc de Bejar, et les hallebardiers au prince de Masseran.

La princesse Ragotzi mourut aussi dans un couvent, à Paris, où elle étoit venue chercher à vivre, depuis que le prince Ragotzi étoit passé en Turquie. On a vu ici ses singulières aventures, à l'occasion de l'arrivée du prince Ragotzi à la cour. Elle étoit Hesse-Rheinfeltz, et pour avoir tant fait parler d'elle, et en tant de pays, elle n'avoit que quarante-trois ans. Elle laissa deux fils, qui n'étoient pas faits pour faire autant de bruit que leur père.

La duchesse de Zell, sur la fortune de laquelle il faut s'arrêter un moment. Elle étoit fille d'Alexandre Desmiers, seigneur d'Olbreuse, gentilhomme de Poitou, protestant, qui sortit du royaume à la révocation de l'édit de Nantes, passa en Allemagne, et s'établit en Brandebourg, où sa fille, belle et sage, fut fille d'honneur de l'électrice, veuve de Charles-Louis duc de Zell, sans enfants en premières noces, et fille du duc d'Holstein-Glucksbourg. Georges-Guillaume, frère du premier mari de cette électrice, duc de Zell par la mort de son frère aîné, devint amoureux de cette fille d'honneur de l'électrice, et l'épousa. Dans la suite il obtint de l'empereur de la faire princesse de l'Empire pour couvrir l'inégalité de ce mariage, et que leurs enfants, s'ils en avoient, pussent succéder. Il mourut en août 1703, à quatre-vingt-un ans, elle en février 1722, ne laissant qu'une fille mariée, 1682, à son cousin germain Georges-Louis duc d'Hanovre, électeur et successeur de la reine Anne à la couronne d'Angleterre, dont le fils y règne aujourd'hui, et que son mari, jaloux d'elle, longtemps avant d'être roi d'Angleterre, tint enfermée le reste de ses jours, après avoir fait jeter dans un four ardent le comte de Kœnigsmarck. Frédéric, frère cadet de Christophe-Louis ci-dessus, et de Georges-Guillaume, avoit usurpé le duché de Zell sur Georges-Guillaume, mari dans la suite d'Éléonore Desmiers, absent à la mort de leur père, qui par son testament avoit ordonné qu'Hanovre et Zell seroient chacun pour les deux aînés à toujours. Georges-Guillaume conquit et garda le duché de Zell, et Christophe-Louis demeura duc d'Hanovre. Il se fit catholique en 1657 et mourut en 1679. Il avoit épousé en 1667 Bénédicte-Henriette-Philipine, palatine, sœur de la princesse de Salm et de la dernière princesse de Condé, filles du second fils de l'électeur palatin, roi de Bohême, mort proscrit en Hollande, dépouillé de tous ses États par l'empereur, sur qui il avoit usurpé la Bohême. Ainsi cette Éléonore Desmiers Olbreuse étoit belle-sœur de la duchesse d'Hanovre ou de Brunswick, que nous avons vu mourir à Paris, au Luxembourg, il n'y a pas longtemps, et belle-mère du second électeur d'Hanovre, premier roi d'Angleterre de sa maison, et grand'mère du roi d'Angleterre, électeur d'Hanovre d'aujourd'hui. Malgré l'inégalité de son mariage qui se pardonne si peu en Allemagne, malgré les malheurs de sa fille, sa vertu et sa conduite la firent aimer et respecter de toute la maison de Brunswick et du roi d'Angleterre, son gendre, et considérer dans toute l'Allemagne.

Le comte d'Althan, grand écuyer de l'empereur, et son favori à quarante ans. L'empereur ne le quitta point pendant sa maladie, et il mourut entre ses bras. Il lui fit faire des obsèques magnifiques, se déclara le tuteur de ses enfants, et nomma deux de ses ministres pour régir leurs affaires et lui en rendre compte. Il est bien rare de voir l'amitié sur le trône.

Je trouvai aussi quelques mariages faits. Ceux du prince de Soultzbach, de la maison palatine, et de sa sœur avec le prince de Piémont. Lui épousa l'héritière de Berg-op-Zoom, fille du feu prince d'Auvergne et d'une sœur du duc d'Aremberg, desquels il a été parlé ici ailleurs.

Le marquis de Castries, chevalier d'honneur de Mme la duchesse d'Orléans, avoit perdu sa femme, son fils et sa belle-fille, desquels on a parlé ici. Il ne lui restoit aucune postérité. Il étoit assez vieux et encore plus infirme, et ne se soucioit pas trop de se remarier. Son frère l'y engagea. Il étoit riche, et ne vouloit pas déchoir de sa première alliance. Mme de Saint-Simon ménagea son mariage avec la fille du duc de Lévi, qui n'avoit rien, et qui dans la suite eut tout l'héritage par la mort de tous ses frères, jeunes, et dont aucun ne fut marié. Elle étoit laide, mais avec beaucoup d'esprit, et l'esprit fort aimable. Elle fut mère du marquis de Castries d'aujourd'hui. Castries eut, en faveur de son mariage, cent cinquante mille livres de brevet de retenue sur son gouvernement de Montpellier.

Puysieux épousa une fille de Souvré, fils de M. de Louvois et maître de la garde-robe du roi. Il étoit fils de Sillery, écuyer de M. le prince de Conti, gendre de M. le Prince, et neveu de Puysieux, ambassadeur en Suisse, qui se fit chevalier de l'ordre par l'adresse qu'on a vue ici en son temps.

Le duc d'Épernon, par la démission du duc d'Antin son père, épousa la seconde fille du duc de Luxembourg;

Et Mlle d'Estrées, vieille fille, sœur du dernier duc d'Estrées, déclara son mariage avec d'Ampus, gentilhomme provençal peu connu, dont le nom est Laurent. Voilà les morts et les mariages que je trouvai à mon arrivée, et voici les autres changements :

Le P. de Linières, jésuite, confesseur de Madame, bon homme, vieux et rien de plus, fait confesseur du roi. On négocia fort avec le cardinal de Noailles pour en obtenir des pouvoirs pour le roi, comme il en avoit donné à ce jésuite pour continuer d'entendre Madame; mais il fut inflexible. Aussi étoit-il bien d'une autre importance de rendre le confessionnal du roi aux jésuites que de laisser continuer Madame avec son ancien confesseur, lorsque le cardinal de Noailles interdit les jésuites. Le cardinal Dubois, qui n'en voulut pas avoir le démenti, fit la plaie si éclatante à l'épiscopat de s'adresser à Rome, et le pape envoya au roi un pouvoir de l'entendre en confession et de l'absoudre, à quiconque il voudroit choisir, sans aucune exception.

Le chancelier, exilé à Fresnes, et d'Armenonville, garde des sceaux, et son fils Morville, secrétaire d'État en sa place; Nocé, si bien et si libre avec M. le duc d'Orléans, et qui avoit été si longtemps l'intime de Dubois, et celui par qui, étant à Hanovre et à Londres, ses lettres passoient au régent, exilé à Blois; et Broglio, ce roué de M. le duc d'Orléans, si impudent et si impie, chassé plus loin. Il y avoit bien longtemps qu'il le méritoit, et pis. Le cardinal Dubois commença par ces deux hommes, dont il craignoit l'esprit hardi du premier, entreprenant et audacieux du second, et la liberté et la familiarité de tous les deux avec M. le duc d'Orléans, qui avoit du goût et de l'amitié de tout temps pour Nocé, fils du vieux Fontenay, qu'il avoit fort estimé, et qui avoit été son sous-gouverneur. Tous d'eux avoient beaucoup d'esprit.

Le chancelier venoit de marier sa fille au marquis de Chastelux, homme de qualité de Bourgogne, du nom de Beauvoir, fort honnête homme, et estimé à la guerre. L'arrêt du chancelier étoit intérieurement prononcé, et M. le duc d'Orléans voulut ne rien déclarer que le mariage qui s'alloit faire ne fût achevé. Il en rioit tout bas, et disoit à ceux du secret que ce pauvre Chastelux donnoit dans le pot au noir, et s'alloit faire poissonnier la veille de Pâques. Il soutint ce subit exil de son beau-père d'une façon respectable, et n'en vécut qu'avec plus de soins, d'attentions et d'amitié pour sa femme, pour son beau-père et pour toute sa famille.

Mme de Soubise, en fonction de gouvernante des enfants de France, en survivance de la duchesse de Ventadour, grand'mère de son mari, et Dodun, contrôleur général des finances, à la place de La Houssaye, que son incapacité n'avoit pu soutenir plus longtemps dans cette place. Dodun, de président aux enquêtes, étoit passé dans les conseils des finances, où il avoit eu plusieurs commissions. Il avoit de la morgue et de la fatuité à l'excès, mais de la capacité, et autant de probité qu'une telle place en peut permettre.

Pelletier de Soucy, qui étoit à la fin entré, comme il a été dit ici, au conseil de régence, le quitta et se retira à Saint-Victor. Il étoit doyen du conseil des parties. Il logeoit avec des Forts, son fils, dans une belle et agréable maison, qu'il avoit bâtie, et toute sa vie avoit eu des emplois distingués, et vécu avec la meilleure compagnie, à qui il faisoit une chère fort recherchée. On crut que quelque mécontentement qu'il eut de son fils lui fit prendre un parti dont il sentit le poids et le vide, et qu'il ne soutint que par la honte de la variation.

Le duc d'Ossone étoit parti de Paris, qu'il avoit rempli de sa magnificence et des plus belles fêtes, lorsque j'y arrivai. Je ne le rencontrai point en chemin.

Je trouvai l'archevêque de Tours, que j'avois voulu faire archevêque de Reims, déjà transféré à Alby, et l'abbé d'Auvergne, nommé à Tours, passé à Vienne. Tours fut donné à l'évêque de Toul, cet abbé de Camilly qui avoit eu cet évêché en récompense, comme je l'ai dit ailleurs, de tous les tours de souplesse dont il avoit si heureusement servi le cardinal de Rohan, longtemps avant sa pourpre pour le faire recevoir dans le chapitre de Strasbourg, où lui-même étoit alors depuis longtemps chanoine du bas-chœur, et Toul fut donné à l'abbé Bégon, qui fut un excellent évêque. Reims ne tarda pas à être donné à l'abbé de Guéméné qui, pour le dire tout de suite, tenta bientôt, après avoir eu l'honneur de sacrer le roi, d'être fait commandeur du Saint-Esprit, n'ayant pas l'âge, car il étoit de 1695. Mais le propre des usurpateurs est de faire semblant de se méconnoître pour que les autres les méconnoissent, et des buts et des combles les plus désirés et les plus grands, de s'en faire des degrés pour arriver à davantage. C'est par où les princes étrangers vrais ou faux, sont parvenus où on les voit. Ainsi la Ligue ayant conduit les Guise à tout ce qu'ils voulurent, à la couronne près qui leur manqua, par des merveilles multipliées, les autres usurpations sont demeurées à leur postérité, entre autres cette distinction qu'ils imaginèrent après coup de fixer l'âge d'être capable d'être admis dans l'ordre du Saint-Esprit, pour le mettre à trente-cinq ans, excepté pour les princes du sang et pour les maisons souveraines, qu'ils firent régler à vingt-cinq ans, pour s'égaler par là aux princes du sang, et à côté d'eux se distinguer de tous les seigneurs. MM. de Rohan alors n'étoient que seigneurs; il s'en falloit bien que Louis XIV fût né, ni Mme de Soubise, dont la beauté eut le don de lui plaire, et elle d'en savoir si bien profiter. De gentilshommes, et reçus comme tels dans l'ordre, comme on l'a vu du marquis de Marigny tout à la queue des gentilshommes de la nombreuse promotion de 1619, où il n'y en eut que cinq ou six après lui, quoique frère du duc de Montbazon, devenus princes, et en ayant emblé par pièces la plupart des distinctions peu à peu, rien ne se présentoit plus à propos pour obtenir l'ordre avant l'âge, et le tourner après en droit, que l'honneur d'avoir sacré le roi avant l'âge de vingt-huit ans. Aussi l'occasion en fut-elle saisie, et le malheur fut que la promotion fut différée au delà de la vie du cardinal Dubois, qui sûrement ne les en eût pas éconduits, et celle de M. le duc d'Orléans, qui ne sut comment la faire, pour avoir promis quatre fois plus de colliers qu'il n'y en avoit de vacants, quoique presque toutes les places de l'ordre le fussent. M. le Duc, qui la fit, ne jugea pas à propos d'accorder ce nouvel avantage à des gens qui n'en avoient que trop usurpé, et qui vouloient persuader que tout leur étoit dû. Encore que les charmes de Mme de Soubise et la ténébreuse complaisance de son mari n'eussent pu obtenir de Louis XIV un autre rang que parmi les gentilshommes, à lui et au comte d'Auvergne, à la promotion de 1688, comme on l'a vu ici en traitant de ces choses, où on a vu quelle fut la colère du roi et de leurs refus, et par quel artifice l'exécution de ces ordres fut corrompue sur les registres. Dans les promotions qui suivirent celle de 1728, cet archevêque de Reims ayant lors plus de trente-cinq ans, il ne lui auroit pas été difficile d'y être compris; mais la distinction que les Rohan s'y étoient proposée s'étoit évanouie avec les années. Il en fallut donc chercher une autre ou un prestige pour éblouir dans la suite : ce fut de n'entrer pas dans l'ordre après trente-cinq ans, n'ayant pu y être admis auparavant, pour éviter d'en marquer la chasse. M. de Reims prévint la chose de bonne heure. Ses nerfs furent attaqués aussitôt après le sacre, en sorte qu'il ne marchoit qu'avec une difficulté qui s'est toujours augmentée, et qui lui en a enfin ôté l'usage. Il déclara donc qu'il ne prétendoit point à l'ordre, que la foiblesse de ses jambes le mettoit hors d'état de recevoir, et il s'en est tiré de la sorte. Telles sont les entreprises, les artifices, les ruses qui ont formé et enfin établi ces rangs prétendus étrangers, tant en ceux qui sont en effet étrangers, qu'en ceux qui, à force de partager avec eux, sont devenus honteux de ne pas l'être. La France est l'unique pays de l'Europe où de tels abus, si dangereux et si flétrissants, soient soufferts, et dont la Ligue est l'odieuse date, et qui porte avec elle toute instruction trop souvent depuis bien rafraîchie.

A peine fus-je arrivé qu'il fallut achever un mariage qui m'avoit été proposé pour ma fille, avant que j'allasse en Espagne. Il y a des personnes faites de manière qu'elles sont plus heureuses de demeurer filles avec le revenu de la dot qu'on leur donneroit. Mme de Saint-Simon et moi avions raison de croire que la nôtre étoit de celles-là, et nous voulions en user de la sorte avec elle. Ma mère pensoit autrement, et elle étoit accoutumée à décider. Le prince de Chimay se persuada des chimères en épousant ma fille dans la situation où il me voyoit. Dès avant d'aller en Espagne je ne lui déguisai rien de tout ce que je pensois, ni du peu de fondement de tout ce qui le persuadoit de faire ce mariage. Je ne le voulus achever qu'à mon retour, pour lui laisser tout le temps aux réflexions et au refroidissement en mon absence. Il ne cessa de presser Mme de Saint-Simon, ni elle de l'en détourner. Dès que je fus de retour ses instances redoublèrent à un point qu'il fallut conclure, et le mariage se fit à Meudon avec le moins de cérémonie et de compagnie qu'il nous fut possible. Son nom étoit Hennin-Liétard, et ses père et mère connus sous le nom de comte de Bossut, par leurs alliances, leurs grands biens dans les Pays-Bas, et leurs grands emplois sous Charles-Quint et depuis. Leur chimère étoit d'être de l'ancienne maison d'Alsace, quoique la leur fût d'une antiquité assez illustre et assez reconnue pour ne la pas barbouiller de fables. Néanmoins son frère, qui étoit archevêque de Malines, avec une grande abbaye et cardinal, portoit hardiment le nom de cardinal d'Alsace, quoique espèce de béat. Lui et son autre frère, le marquis de La Vère, étoient lieutenants généraux, et fort distingués par leur valeur et leur service en Espagne, et en quittant ce pays-là pour celui-ci, y avoient conservé le même grade. On a vu ici ailleurs que l'électeur de Bavière fit donner la Toison d'or au prince de Chimay tout jeune par Charles II. Il se signala en Flandre, dans la guerre qui suivit la mort de ce monarque, par des actions fort distinguées. Il passa ensuite en Espagne, où il fit sa cour à la princesse des Ursins, qui le fit grand d'Espagne, et il y servit avec la même distinction. Il s'y ennuya ensuite et vint en France, où il épousa la fille du duc de Nevers, qu'il perdit quelques années après, sans enfants. C'étoit un homme très-bien fait, d'un visage très-agréable, dont l'air et toutes les manières sentoient le grand seigneur : aussi l'étoit-il par de grandes et de belles terres, mais la plupart, de longue main, en direction, et ses affaires fort embarrassées, dont il ne laissoit pas de tirer gros. C'étoit, de plus, un homme sans règle, qui, avec de l'esprit et les meilleurs discours, se gouvernoit lui et ses affaires de fort mauvaise façon, plein de chimères et de fantaisies. La duchesse Sforze, de chez qui il ne bougeoit tous les soirs, tant que son premier mariage dura, me prédit bien tout ce que j'en vis dans la suite. Son frère avoit quitté l'Espagne par la disgrâce du duc d'Havré, dans laquelle il fut enveloppé, comme elle a été racontée ici en son temps.

Il se fit peu de jours après un autre mariage chez moi, à Meudon, de la sœur de l'abbé de Saint-Simon avec le comte de Laval, maréchal de camp alors, et enfin devenu maréchal de France. Son nom et cette juste récompense de ses longs services dispensent d'en dire davantage. Mme de Saint-Simon avoit pris grand soin de cette jeune personne, et l'eut chez elle tant que je fus en Espagne. Elle étoit fort jolie, et son air de douceur, de modestie et de retenue plaisoit extrêmement. Le dedans étoit fort au-dessus du dehors : de l'esprit, de l'agrément, de la gaieté, une piété et une vertu qui ne se sont jamais démenties et qui n'ont effarouché personne ; fort propre au monde, et une conduite qui a infiniment aidé la fortune de son mari. Il vouloit une alliance et des entours qui le pussent porter. Il eut, en se mariant, un petit gouvernement, et sa femme une pension.

Courtenvaux mourut fort jeune. Il étoit fils aîné du fils aîné de M. de Louvois. Sa mère étoit sœur du maréchal d'Estrées, et sa femme sœur du duc de Noailles, et il laissoit un fils qui sortoit tout au plus du maillot. Il avoit eu la belle charge de son père de capitaine des Cent-Suisses. L'âge de l'enfant étoit ridicule ; les services ni la naissance n'y suppléoient pas. Néanmoins la facilité et le mépris de toutes choses de M. le duc d'Orléans enhardirent le duc de Villeroy et le maréchal d'Estrées : M. le duc d'Orléans ne put leur résister, et l'enfant eut la charge. Le frère cadet de son père l'exerça en plein en attendant que l'enfant fût d'âge à la faire.

On résolut enfin que le roi abandonneroit Paris pour toujours, et que la cour se tiendroit à Versailles. Le roi s'y rendit en pompe le 15 juin, et l'infante le lendemain. Ils y occupèrent les appartements du feu roi et de la feue reine, et le maréchal de Villeroy fut logé dans les derrières des cabinets du roi. Le cardinal Dubois eut toute la surintendance entière pour lui seul, comme M. Colbert l'avoit eue, et après lui M. de Louvois. Il suivoit à grands pas son projet de se faire déclarer premier ministre, et pour cela d'isoler tant qu'il pourroit M. le duc d'Orléans. Paris rendoit son accès facile à bien des gens qui ne pouvoient s'établir à Versailles ni y aller, les uns point du tout, les autres que rarement et des moments. Ce changement dérangeoit les soupers avec les roués et des femmes qui ne valoient pas mieux. Il comprenoit bien que M. le duc d'Orléans les iroit trouver à Paris tant qu'il pourroit, mais que les affaires qu'il sauroit lui présenter à propos le dérangeroient souvent; que cette contrainte le dégoûteroit, l'ennuyeroit, et plus que toute autre chose, le prépareroit à se décharger sur lui, et pour acheter sa liberté, le déclarer premier ministre et le supplément en titre de ses absences, qui ne seroient plus, ou que bien rarement contrariées par les affaires, dont lui, cardinal, devenu publiquement le maître, sauroit bien se faire redouter, de manière qu'il n'auroit rien à craindre des voyages de son maître à Paris, où il le laisseroit se replonger, dans sa petite loge de l'Opéra, dans ses indignes soupers, s'éloigner des affaires, et lui, en profiter pour voler de ses ailes et régner de son chef. M. le duc d'Orléans prit l'appartement de feu Monseigneur en bas, et Mme la duchesse d'Orléans demeura dans celui qu'elle avoit en haut auprès du sien, qui resta vide.

Quoique mon retour d'Espagne et ma conduite à l'égard de ceux qui étoient sortis du conseil lui eussent fort déplu, et que ma résistance au dépouillement du duc de Noailles lui eût donné un dépit qu'il ne me pardonna jamais, il n'étoit pas temps encore de me le montrer. Je ne trouvai donc point d'obstacle à ma familiarité ordinaire avec M. le duc d'Orléans; le cardinal même m'en témoignoit avec un mélange de déférence. Mais sur ce qui étoit affaires autres que menues ou de cour, j'en étois peu instruit, et par-ci, par-là, par morceaux, que l'habitude arrachoit à M. le duc d'Orléans dans mes tête-à-tête avec lui, sans néanmoins que je l'y excitasse. Ce n'étoit pas pourtant que le cardinal ne m'offrît de me les communiquer toutes. Il vouloit que la réserve que j'y éprouvois depuis mon retour tombât sur M. le duc d'Orléans. Mais, outre que ce prince m'en disoit trop pour que je ne visse pas à découvert qu'il ne tenoit pas à lui qu'il ne me dît tout comme auparavant, je connoissois trop le cardinal pour être la dupe de ses offres et de ses compliments. Il ne savoit par où s'y prendre pour m'éloigner de M. le duc d'Orléans : il me craignoit pour sa déclaration de premier ministre; il vouloit également m'écarter des affaires et me ménager, tellement qu'il m'accabloit de gentillesses toutes les fois que je le rencontrois, et s'y surpassoit quand le hasard me faisoit trouver en tiers avec M. le duc d'Orléans et lui, tant pour me cajoler que pour persuader à ce prince qu'il n'oublioit rien pour être bien avec moi, m'embarrasser par là à résister aux choses qu'il entreprenoit, et affoiblir ce que je pourrois dire contre lui à M. le duc d'Orléans, sur les choses où nous ne nous trouverions pas de même avis.

Il s'en présenta bientôt une : ce fut l'exil du duc de Noailles, dont il n'osa pas me parler; mais M. le duc d'Orléans me le dit comme une chose dont on le pressoit. Je lui demandai à propos de quoi cet exil, et il ne put me rien alléguer que de vague et de ce fantôme de cabale. Je lui répondis qu'à ce dernier égard, où, depuis mon retour, je n'avois pu apercevoir rien de réel, je ne voyois pas pourquoi l'exiler plutôt que les autres ; qu'il s'étoit contenté jusqu'alors de l'exil du chancelier, qui étoit bien assez éclatant, et dont, à maints égards, il auroit bien pu se passer ; qu'y revenir sur d'autres sans cause nouvelle et connue, c'étoit montrer un bâton levé sur les maréchaux de Villars, d'Estrées, Tallard, Huxelles, même sur le maréchal de Villeroy, qui étoient en personnages les principaux de ceux qui étoient sortis du conseil, et qu'on lui donnoit avec le duc de Noailles pour les prétendus chefs de la prétendue cabale ; que d'effaroucher tant de gens considérables, considérés et si grandement établis, je n'en voyois que du mal à attendre, et aucun bien à espérer ; et qu'à l'égard du duc de Noailles, il étoit, à mon avis, de ceux qu'il ne falloit jamais bistourner[1] pour quelque cause que ce pût être, mais le laisser entier ou l'écraser à forfait ; qu'écraser un homme, lui, et tous les siens, si grandement établi, et qui avoit eu si longtemps sa confiance et toutes les finances entre les mains, je n'y voyois ni justice ni possibilité, sans crime qui pût être clairement démontré, et tel que ce fût grâce que de ne pas [le] faire traiter juridiquement par les formes ; qu'un exilé, surtout de sa sorte, ne pourrissoit pas exilé ; qu'on touchoit à la majorité ; que, de retour, sa charge de capitaine des gardes l'approcheroit nécessairement du roi ; qu'il n'oublieroit ni fadeurs, ni bassesses, ni fertilité d'esprit pour se l'apprivoiser, se familiariser, se rendre agréable, se donner un crédit immédiat, se rallier les mécontents de la régence, qui approcheroient le roi par leurs emplois ou par leur industrie ; et qu'alors Son Altesse Royale auroit tout lieu de se repentir de s'être fait inutilement un ennemi du duc de Noailles, et de l'avoir laissé en état et en moyens de s'en ressentir. J'ajoutai que, quand je m'opposois à l'exil du duc de Noailles, ma voix en valoit bien une douzaine d'autres dans la situation publique où j'étois avec lui.

1. Mutiler, châtrer.

Cette proposition d'exil balança huit jours, pendant lesquels le cardinal me détachoit sans cesse Belle-Ile pour m'exorciser par ma haine et par mon intérêt, et me dire ce que le cardinal n'osoit lui-même, pour n'avoir pas à se fâcher de la persévérance de mon opposition. Elle l'emporta toutefois et m'indisposa le cardinal de plus en plus. Mais je ne pus me résoudre de servir ses projets ni ma haine aux dépens de M. le duc d'Orléans. Cette suspension d'exil ne fut pas longue.

Cinq semaines ou environ après, que je pensois qu'il n'en fût plus question du tout, j'allai au Palais-Royal (car de Meudon, que j'habitois, je voyois M. le duc d'Orléans à Versailles et à Paris, quand il y étoit, les jours destinés par moi à le voir), et je trouvai La Vrillière seul dans la petite galerie avant son petit cabinet, laquelle étoit toujours vide, et on attendoit dans la pièce qui la précédoit. Surpris de le voir là et encore plus de l'heure qui n'étoit pas la sienne, je lui demandai ce qu'il y faisoit. Il me dit qu'il avoit un mot à dire à M. le duc d'Orléans. J'entrai tout de suite dans le cabinet où il étoit seul, avec l'air assez embarrassé. Je lui demandai ce qu'il y avoit, que La Vrillière étoit dans la petite galerie. « C'est pour fondre la cloche, me répondit-il. — Comment? dis-je, quelle cloche? — L'exil du duc de Noailles, reprit-il. — Comment, lui dis-je, après [avoir] senti et goûté la force de tout ce que je vous ai représenté là-dessus! En vérité, monsieur, vous n'y pensez pas. » Et tout de suite je repris les principales raisons. Nous étions debout. Alors il se mit à se promener, la tête basse, par ce cabinet, quoique fort petit, comme il faisoit toujours quand il se trouvoit debout et embarrassé de quelque chose. Cette promenade et mon discours, avec peu de répliques de sa part et foibles, dura un bon quart d'heure. Le silence succéda, pendant lequel il se mit le nez tout contre les vitres de la fenêtre, puis, se tournant à moi, me dit tristement : « Le vin est tiré, il faut le boire. » Je vis qu'il avoit combattu, qu'il sentoit que j'avois raison, mais qu'il craignoit le cardinal, qui lui avoit arraché la chose. Je haussai les épaules et baissai la tête, en lui disant qu'il étoit le maître, que je souhaitois qu'il s'en trouvât bien. Là-dessus il alla ouvrir la porte de son cabinet, appela La Vrillière, lui parla quelques moments, presque dans la porte. L'affaire fut ainsi consommée, et le duc de Noailles eut son ordre le soir même, partit le lendemain matin, et s'en alla dans ses terres, près du vicomté de Turenne, où il fit le béat, porta chape aux processions et aux lutrins de ses paroisses, et se fit moquer de lui là et à Paris, où on le sut, et où, pour mieux faire sa cour au régent, il entretenoit une comédienne depuis le commencement de la régence, après avoir dit son bréviaire, fait les carêmes, et fréquenté les saluts de la chapelle assidûment depuis son retour d'Espagne jusqu'à la mort du feu roi, pour se raccommoder avec lui et avec sa tante de Maintenon, à quoi il ne put réussir.

Défait du duc de Noailles, le cardinal Dubois, qui ne pouvoit avoir la même prise sur le maréchal de Villeroy, n'oublia rien pour le gagner. Quelque justement perdu qu'il fût dans l'esprit de M. le duc d'Orléans, il lui imposoit toujours par habitude de jeunesse; et, comme il étoit fat jusqu'au point de se croire invulnérable et de s'en vanter, il se piquoit de ne rien craindre, et, pour s'en mieux parer, il tenoit souvent des propos fort hardis au régent, qu'il paraphrasoit au double au public, où le cardinal Dubois n'étoit pas ménagé. Je viens de parler de sa fatuité; il en venoit de donner un rare spectacle à Paris. La fête du saint-sacrement arriva cette année le 4 juin, et le roi n'alla à Versailles s'établir que le 15. Il reconduisit la procession du saint-sacrement, venue à la chapelle des Tuileries, jusqu'à Saint-Germain l'Auxerrois où il entendit la grand'messe. Le maréchal de Villeroy, à qui la goutte ne permettoit guère de marcher sur le pavé des rues, ne crut pas devoir perdre le roi de vue, depuis les Tuileries jusqu'à sa paroisse, quoique environné de sa cour et de ses gardes, et adoré alors à Paris, ni perdre une si belle occasion de se donner en spectacle; il monta le plus petit bidet qu'il put trouver, sur lequel il suivit le roi pas à pas, et se fit admirer de la populace et moquer par tout ce qui accompagna le roi. Ce maréchal étoit donc un véritable fléau pour le cardinal Dubois, sur lequel ni crainte, ni prudence, ni bienséance même n'avoient aucune prise. Il ne pouvoit souffrir l'autorité que le cardinal Dubois avoit prise dans les affaires, ni supporter le rang, l'état et la préséance d'un homme qu'il avoit vu si longtemps ramper dans l'antichambre du chevalier de Lorraine, et qu'il croyoit combler alors d'un léger signe de tête en passant. Il n'y eut donc rien que le cardinal Dubois ne fît pour arrêter une langue si accablante à force de soumissions. Il se mit presque à ses genoux, il le supplia de trouver bon qu'il lui apportât son portefeuille tous les jours, entrer dans tout ce qu'il y auroit de plus secret, le conduire et le rectifier par ses lumières.

Tout vain et tout borné que fût le maréchal de Villeroy, le long usage du grand monde et de la cour, et la connoissance qu'il avoit de longue main du cardinal Dubois lui en avoit assez appris pour ne pas compter beaucoup sur de si grandes offres, ni pour croire qu'un homme de ce caractère, qui dominoit le régent, pût s'accommoder sérieusement de se mettre en brassière sous lui. D'ailleurs, les chimères du maréchal ne pouvoient s'accommoder d'entrer en part du gouvernement de M. le duc d'Orléans; elles étoient de fronder, de faire contre, d'être le chef et le ralliement des mécontents et des frondeurs, l'idole du peuple, l'amour du parlement, surtout l'homme unique à la vigilance duquel toute la France étoit redevable de la vie du roi. Établi sur de si beaux principes, certain d'ailleurs de ne pouvoir être ébranlé depuis que, par deux fois, il se fut rassuré sur sa place, dont pourtant il ne m'avoit pu pardonner la frayeur, on peut juger du peu de succès des bassesses du cardinal Dubois, et combien elles gonflèrent la superbe et la morgue de l'un, et augmentèrent le dépit et la rage de l'autre. Il les cacha tant qu'il put, et redoubla d'efforts auprès de M. le duc d'Orléans pour lui faire chasser le maréchal de Villeroy. C'est où ils en étoient les quinze derniers jours de juin, qui furent les premiers quinze jours de l'établissement de la cour à Versailles.

La duchesse de Ventadour, en pleine et seule possession de l'infante, avec ce nouveau degré de faveur de sa survivance à sa petite-fille, tira habilement sur le temps, et on fut tout étonné qu'il arrivât d'Espagne une grandesse au comte de La Mothe, fils du frère aîné du maréchal de La Mothe, père de la duchesse de Ventadour, et des duchesses d'Aumont et de La Ferté. Une si heureuse fortune le consola du bâton de maréchal de France, qu'on mouroit d'envie de lui donner, et, comme on l'a vu en son lieu, qu'il n'eut pas l'esprit de mériter. Il mourut en 1728, à quatre-vingt-cinq ans.

Plancy mourut au même âge, sans alliance; le dernier des enfants de Guénégaud, secrétaire d'État, après avoir servi et fort ennuyé le monde. Les ministres n'avoient pu encore parvenir à laisser leurs enfants revêtus de l'image et des charges des seigneurs.

Le pape, accablé enfin par les troupes impériales qui désoloient l'État ecclésiastique, donna à l'empereur l'investiture du royaume de Naples et de Sicile dont il étoit en possession. L'Espagne éclata, mais il n'en fut autre chose, sinon de se raccommoder après.

Le fameux Marlborough mourut à Londres, le 27 juin, à près de soixante-quatorze ans, le plus riche particulier de l'Europe, mais sans postérité masculine. Sa sœur étoit mère du duc de Berwick et l'avoit fait comte de Marlborough et capitaine des gardes du roi Jacques II d'Angleterre. Il étoit de petite noblesse et fort pauvre. Il se nommoit Jean Churchill, et il étoit devenu duc de Marlborough, pair d'Angleterre, capitaine général des armées, grand maître de l'artillerie, colonel du premier régiment des gardes, chevalier de l'ordre de la Jarretière et le plus heureux capitaine de son siècle. Sa vie, ses actions, ses fortunes sont si connues qu'on s'en taira ici. Sa victoire d'Hochstedt le fit prince de l'Empire et de Mindelheim, terre dont l'empereur lui fit présent en même temps. Pour en perpétuer la mémoire, il avoit fait bâtir en Angleterre un château superbe auquel il donna le nom de Pleintheim[1], village où trente-six bataillons retranchés se rendirent à lui sans attendre d'attaque. Les honneurs de ses obsèques et leur magnificence égalèrent, à peu de chose près, celles des rois d'Angleterre. Il fut inhumé à Westminster, dans la chapelle de Henri VII; mais cet honneur n'est pas rare en Angleterre. Il y avoit plus de trois ans qu'une apoplexie l'avoit tellement affoibli qu'il pleuroit presque sans cesse et n'étoit plus capable de rien.

Le grand maître de Malte, frère du cardinal Zondedari, mourut en ce même temps, fort estimé et regretté dans son ordre. Antoine Manoel lui succéda, des anciens bâtards de Portugal.

La duchesse de Bouillon (Simiane) mourut aussi à trente-neuf ans à Paris;

Et l'épouse du prince Jacques Sobieski, fils aîné du fameux roi de Pologne. Elle étoit sœur des électeurs de Mayence et palatin, de l'impératrice, mère des empereurs Joseph et Charles VI, des reines douairières d'Espagne et de Portugal, et mère de la reine d'Angleterre, épouse du roi Jacques III, résidant à Rome. Elle mourut sans postérité masculine, à cinquante ans, dans les terres du prince Jacques Sobieski en Silésie.

---

1. Le nom est ainsi écrit dans Saint-Simon. La forme ordinairement adoptée est Bleinheim ou Blindheim.

CHAPITRE XIV.

Extrême embarras du cardinal Dubois, qui tente encore de se ramener le maréchal de Villeroy, qu'il ne pouvoit perdre, et y emploie le cardinal de Bissy. — Le cardinal de Bissy persuade le maréchal de Villeroy, qui veut prévenir le cardinal Dubois, et va chez lui avec le cardinal de Bissy, où, passant des compliments aux injures, il fait la plus terrible scène qui se puisse imaginer au cardinal Dubois. — Le cardinal Dubois, hors de lui, arrive tout de suite dans le cabinet de M. le duc d'Orléans, m'y trouve seul, lui conte devant moi la scène qu'il venoit d'essuyer du maréchal de Villeroy, et déclare qu'il faut opter entre l'un ou l'autre. — M. le duc d'Orléans me presse de dire mon avis. — J'opine à l'exil du maréchal de Villeroy. — Conférence entre M. le duc d'Orléans, M. le Duc et moi, où il est convenu d'arrêter et d'exiler le maréchal de Villeroy. — M. le duc d'Orléans m'envoie chez le cardinal Dubois, au sortir de notre conférence, examiner et convenir de la mécanique pour arrêter le maréchal de Villeroy. — Compagnie que je trouve chez le cardinal Dubois. — Le duc de Charost, en mue, pour être déclaré gouverneur du roi.

Le cardinal Dubois ne fut pas longtemps à sentir qu'il ne persuaderoit pas M. le duc d'Orléans de chasser le maréchal de Villeroy. C'étoit un tour de force dont il avoit senti tous les inconvénients toutes les fois qu'il avoit été tenté de l'entreprendre, qui devenoit tous les jours plus difficile et plus dangereux, auquel il avoit tout à fait renoncé. Chaque jour que le cardinal différoit à se faire déclarer premier ministre lui sembloit une année, et toutefois il n'osoit presser ce grand pas sans s'être mis à couvert des vacarmes qu'en feroit le maréchal de Villeroy, qui donneroient le signal et l'encouragement à tant d'autres, lesquels, sans cet appui, n'oseroient parler haut, et dont le groupe et les assauts que le maréchal se piqueroit de donner au régent feroient courir grand risque au cardinal d'être aussitôt précipité qu'élevé à cette immense place, et par cela même fort éreinté et en situation de regretter celle où il étoit auparavant. L'agitation de ces pensées et la difficulté de se dépêtrer de l'embarras qui l'arrêtoit, l'occupoit tout entier, redoubloit ses humeurs et ses caprices, le rendoit de plus en plus inabordable, et jetoit les affaires les plus importantes et les plus pressées dans un entier abandon. Enfin, il se résolut de faire encore un effort vers le maréchal de Villeroy; mais n'osant plus s'y hasarder lui-même, il imagina de s'y prendre par le cardinal de Bissy, charmé de sa conduite sur la constitution et du confessionnal du roi si récemment rendu à ses bons amis les jésuites, et, ce qui ne le touchoit guère moins, en bravant le cardinal de Noailles et le refus de ses pouvoirs.

Dubois lui fit donc part de ses peines, de la dureté de la conduite du maréchal de Villeroy à son égard, de tous les devoirs où il s'étoit mis, de tout ce qu'il avoit tenté auprès de lui pour en obtenir une paix qu'il n'avoit jamais déméritée, et si nécessaire au bien des affaires et à la bienséance, qui ne l'étoit pas moins entre un homme à qui le roi étoit confié, et celui à qui le régent remettoit le détail et le principal soin des affaires. Il lui représenta le grand bien qui naîtroit infailliblement du frein que sa médiation pourroit seule mettre aux saillies continuelles du maréchal de Villeroy, le disposer à vouloir bien le regarder comme un homme qui ne lui avoit jamais manqué, qui n'avoit cessé, dans tous les temps, de mériter l'honneur de ses bonnes grâces, qu'il n'avoit rien oublié pour qu'il lui voulût permettre de lui porter son portefeuille, et de lui faire part de toutes les affaires avec la déférence la plus entière; enfin, qu'il espéroit cette bonne œuvre de son amour pour le bien et de l'amitié du maréchal de Villeroy pour lui, qui feroit bien recevoir les réflexions qu'il lui feroit faire. L'intime et commune liaison du maréchal et du cardinal avec Mme de

Maintenon, les intrigues de la constitution, la haine du cardinal de Noailles, que le maréchal avoit adoptée en bas courtisan, et fortifiée, depuis la régence, par celle du duc de Noailles, avoit uni Villeroy et Bissy d'une manière étroite.

L'ambitieux béat saisit avidement une occasion si honnête et si décente de rendre à son confrère un service si désiré. Parvenu de si loin où en étoit Bissy, son étonnante fortune ne lui sembloit guère que des degrés pour se porter plus haut. Il vouloit faire une grande fortune à son neveu, et depuis qu'il voyoit l'entrée du conseil ouverte aux cardinaux, il désiroit beaucoup d'y faire le troisième. Outre l'éclat qui en résulteroit pour lui, il comptoit que c'étoit la voie la plus certaine d'avancer son neveu à tout, et que, venant à bout de tirer du pied de Dubois une si fâcheuse épine, et de le mettre en bonne intelligence avec Villeroy, par conséquent de le rapprocher du régent, il n'y avoit rien qu'il ne pût se promettre de Dubois, et par lui de son maître. Il travailla donc à bon escient auprès du maréchal de Villeroy, et fit si bien qu'il le persuada et qu'il le pria d'en porter de sa part parole au cardinal Dubois. Voilà les deux cardinaux au comble de leur joie. Dubois pria Bissy de dire à Villeroy tout ce que la sienne pouvoit exprimer de plus touchant, et qu'il brûloit d'impatience qu'il lui permît d'aller chez lui l'en assurer lui-même. Bissy ne tarda pas à exécuter une si agréable commission, et Villeroy, pour ne demeurer pas en reste, convint avec Bissy d'aller ensemble chez le cardinal Dubois. Le hasard fit qu'ils y allèrent un mardi matin, et que je ne me souviens plus quelle affaire me fit aller en même temps, contre mon ordinaire, parler à M. le duc d'Orléans à Versailles, de Meudon, où j'habitois.

Bissy et Villeroy trouvèrent tous les ministres étrangers, dont c'étoit le jour d'audience du cardinal Dubois, qui attendoient chacun la leur dans la pièce d'avant le cabinet du cardinal. De longue main, l'usage établi de ces audiences est que les ministres étrangers n'y étoient introduits [que] l'un après l'autre, suivant qu'ils étoient arrivés dans la pièce d'attente, pour éviter toute compétence ¹ de rang entre eux. Ainsi Bissy et Villeroy trouvèrent Dubois enfermé avec le ministre de Russie. On voulut avertir le cardinal de quelque chose d'aussi nouveau que le maréchal de Villeroy chez lui, mais il ne le voulut pas permettre, et s'assit avec Bissy sur un canapé en attendant.

L'audience finie, Dubois sortit de son cabinet pour conduire l'ambassadeur, et aussitôt avisa ce canapé si bien garni. Il ne vit plus que lui à l'instant; il y courut, rendit mille hommages publics au maréchal, avec force plaintes d'être prévenu, lorsqu'il n'attendoit que sa permission pour aller chez lui, et pria Bissy et lui de passer dans son cabinet. Tandis qu'ils y allèrent, il en fit excuse aux ambassadeurs sur ce que les fonctions et l'assiduité du maréchal de Villeroy auprès du roi ne lui permettoient pas de s'absenter pour longtemps d'auprès de sa personne; et, avec ce compliment, les quitta et rentra dans son cabinet. D'abord, force compliments réciproques et propos du cardinal de Bissy convenables au sujet. De là protestations du cardinal Dubois et réponses du maréchal; mais à force de réponses, il s'empêtra dans le musical de ses phrases, bientôt se piqua de franchise et de dire des vérités, puis, peu à peu, s'échauffant dans son harnois, des vérités dures et qui sentoient l'injure. Dubois, bien étonné, ne fit pas semblant de sentir la force de ces propos; mais comme elle s'augmentoit de moment à autre, Bissy, avec raison, voulut mettre le hola, interrompre, expliquer en bien les choses, persuader le maréchal quelle étoit son intention. Mais la marée qui montoit toujours tourna tout à fait la tête au maréchal, et le voilà aux injures et aux plus sanglants reproches. En vain Bissy le voulut faire taire, lui représenter de combien il s'écartoit

1. Rivalité.

de ce qu'il lui avoit promis et chargé de rapporter à Dubois, l'indécence sans exemple d'aller maltraiter un homme chez lui, où il ne venoit que pour achever de consommer une réconciliation conclue. Tout ce que put dire Bissy ne fit qu'animer le maréchal, et lui faire vomir tout ce que l'insolence et le mépris peuvent suggérer de plus extravagant. Dubois, confondu et hors de lui-même, rentroit en terre sans proférer un seul mot, et Bissy, justement outré de colère, tâchoit inutilement d'interrompre. Dans le feu subit qui avoit saisi le maréchal, il s'étoit placé de façon qu'il leur avoit bouché le passage pour sortir, et en disoit toujours de plus belle. Las d'injures, il se mit sur les menaces et sur les dérisions, il dit à Dubois que maintenant qu'il s'étoit montré à découvert, ils n'étoient plus en termes de se pardonner l'un à l'autre; qu'il vouloit bien encore l'avertir que tôt ou tard il lui feroit du pis qu'il pourroit, mais qu'il vouloit bien aussi, avec la même candeur, lui donner un bon conseil. « Vous êtes tout-puissant, ajouta-t-il; tout plie devant vous, rien ne vous résiste; qu'est-ce que les plus grands en comparaison de vous? Croyez-moi, vous n'avez qu'une seule chose à faire, usez de tout votre pouvoir, mettez-vous en repos, et faites-moi arrêter, si vous l'osez. Qui pourra vous en empêcher? Faites-moi arrêter, vous dis-je, vous n'avez que ce parti à prendre. » Et là-dessus, à paraphraser, à défier, à insulter en homme qui très-sincèrement étoit persuadé qu'entre escalader les cieux et l'arrêter, il n'y avoit point de différence. On peut bien s'imaginer que tant de si étonnants propos ne furent pas tenus sans interruptions et sans vives altercations du cardinal de Bissy, mais sans en pouvoir arrêter le torrent. Enfin, outré de colère et de dépit contre le maréchal qui lui manquoit si essentiellement à lui-même, il saisit le maréchal par le bras et par les épaules et l'entraîna à la porte qu'il ouvrit, et le fit sortir et sortit lui-même. Dubois, plus mort que vif, les suivit comme il put; il se falloit garder de cette assemblée de ministres étrangers qui attendoient. Tous trois eurent beau tâcher de se composer, il n'y eut aucun de ces ministres qui ne s'aperçût qu'il falloit qu'il se fût passé quelque scène violente dans le cabinet, et aussitôt Versailles fut rempli de cette nouvelle, qui fut bientôt éclaircie par les vanteries, les récits, les défis et les dérisions publiques du maréchal de Villeroy.

J'avois travaillé et causé longtemps avec M. le duc d'Orléans. Il étoit passé dans sa garde-robe, j'étois debout derrière son bureau, où j'arrangeois des papiers, lorsque je vis entrer le cardinal Dubois comme un tourbillon, les yeux hors de la tête, qui me voyant seul, s'écria plutôt qu'il ne demanda, où étoit M. le duc d'Orléans. Je lui dis qu'il étoit entré dans sa garde-robe, et lui demandai à qui il en avoit, éperdu comme je le voyois. » Je suis perdu, je suis perdu, » dit-il, et courut à la garde-robe. Il répondit si haut et si bref que M. le duc d'Orléans, qui l'entendit, accourut presque de son côté, et le rencontrant dans la porte, [ils] revinrent vers moi, lui demandant ce que c'étoit. Sa réponse, entrecoupée de son bégayement ordinaire, que la rage et la frayeur augmentoit, fut en bien plus longs détails le récit que je viens de faire, après lequel le cardinal déclara au régent que c'étoit à son Altesse Royale à sentir où tendoit le maréchal de Villeroy par un guet-apens aussi inouï et aussi peu mérité, paraphrasa tout ce qu'il avoit employé auprès de lui uniquement pour le bien des affaires et le service de M. le duc d'Orléans, et conclut qu'après une insulte de cette nature, et si faussement et traîtreusement préméditée, il falloit que M. le duc d'Orléans vît tout à l'heure ce qu'il pouvoit et ce qu'il vouloit faire, et choisît entre le maréchal de Villeroy et lui, parce qu'il ne pouvoit plus se mêler d'aucune affaire, ni rester à la cour en honneur et en sûreté si le maréchal de Villeroy y demeuroit après ce qui venoit de se passer.

Je ne puis exprimer dans quel étonnement nous demeurâmes M. le duc d'Orléans et moi. Nous ne croyions pas en-

tendre ce que nous entendions, nous pensions rêver. M. le
duc d'Orléans fit plusieurs questions, je pris aussi la liberté
d'en faire pour éclaircir et constater les faits. Point de variations ni d'ambages dans les réponses du cardinal, tout
furieux qu'il étoit. A tous moments il présentoit l'option, à
toute question il proposoit d'envoyer chercher le cardinal de
Bissy, comme témoin de tout. On peut juger quelle fut cette
seconde scène, du hasard de laquelle je me serois bien passé.
Le cardinal insistant toujours sur l'option, M. le duc d'Orléans, fort embarrassé, me demanda ce que je pensois,
comme, à ce qu'il me sembla, à un homme qui s'étoit toujours opposé au renvoi du maréchal de Villeroy. Je répondis
que je me trouvois si étourdi et si ému d'une chose si étonnante, qu'il me falloit auparavant reprendre mes esprits. Le
cardinal, sans s'adresser à moi, mais toujours à M. le duc
d'Orléans, qu'il voyoit dans l'embarras et le trouble, insista
fortement qu'il falloit prendre un parti. M. le duc d'Orléans
me pressant de nouveau, je lui dis enfin que jusqu'alors
j'avois toujours regardé le renvoi du maréchal de Villeroy
comme une entreprise fort dangereuse par les raisons que
j'en avois alléguées plusieurs fois à Son Altesse Royale ; que
je la regardois encore de même pour le moins maintenant
que le roi étoit plus avancé en âge et touchoit à sa majorité ;
mais que, quelque péril qu'il y eût, la scène affreuse qui
venoit d'arriver me persuadoit qu'il y avoit un bien plus
grand danger à le laisser auprès du roi ; que désormais on
ne pouvoit se dissimuler que ce qu'il venoit de faire n'étoit
rien moins que tirer l'épée contre M. le duc d'Orléans, et
ses propositions ironiques de l'arrêter que comme le sentiment d'un homme qui sentoit qu'il le méritoit ; qui se persuadoit et qu'on ne l'oseroit, et que, l'osant même, l'exécution en étoit impossible ; qui, sur ce principe, ne se contraignoit plus, ne se connoissoit plus ; qui, après avoir tramé
en secret contre M. le duc d'Orléans dès le premier jour de
la régence, sans cesser un moment depuis ni avoir pu être

gagné par toutes les grâces, les marques de confiance, même de déférence, enfin par une chaîne non interrompue des traitements les plus distingués, levoit maintenant le masque, et ne se proposoit rien moins que faire publiquement autel contre autel : que c'étoit là mon avis, puisque Son Altesse Royale le vouloit savoir sans me donner le temps d'y réfléchir avec plus de sang-froid ; mais que pour l'exécution, quelque pressée qu'elle pût être, il falloit penser mûrement à s'y prendre de manière qu'on n'en pût avoir le démenti ni dans le temps même, ni dans la suite.

Pendant que je parlois, le cardinal, les oreilles dressées et les yeux en dessous tournés sur moi, suçoit toutes mes paroles, et changeoit de couleur à mesure, comme un homme qui entendroit prononcer son arrêt. Mon avis exposé entier l'épanouit autant que la rage dont il écumoit le lui put permettre. M. le duc d'Orléans approuva ce que je venois de dire ; le cardinal, me jetant un coup d'œil comme de remercîment, dit à M. le duc d'Orléans qu'enfin il étoit le maître de choisir ; qu'il voyoit bien qu'il ne pouvoit rester le maréchal de Villeroy demeurant, et que Son Altesse Royale prenant même la résolution de l'ôter, il falloit se hâter, parce que les choses ne pouvoient subsister en la situation où elles étoient. Enfin il fut conclu qu'on prendroit le reste de la journée, et il étoit environ midi, et la matinée suivante pour y penser, et que je me trouverois le lendemain à trois heures après midi chez M. le duc d'Orléans.

Arrivé le lendemain chez ce prince, je le trouvai avec le cardinal Dubois. M. le Duc y entra un moment après, qui étoit instruit de l'aventure. Le cardinal Dubois ne laissa pas de lui en faire un récit abrégé qu'il chargea un peu de commentaires et de réflexions. Il étoit plus à lui que la veille par le temps qu'il avoit eu de se remettre et l'espérance de se voir défait dans peu du maréchal de Villeroy. J'y appris toutes les vanteries qu'il avoit publiées de la prise, disoit-il, qu'il avoit eue avec le cardinal Dubois, et des défis et des insultes qu'il lui avoit faits, avec une sécurité qui invitoit à l'en démentir, et qui en rendoit l'exécution de plus en plus nécessaire. Après quelques propos debout, le cardinal Dubois s'en alla. M. le duc d'Orléans se mit à son bureau, et M. le Duc et moi nous assîmes vis-à-vis de lui. Là il fut question de délibérer tout de bon sur ce qu'il y avoit à faire.

M. le duc d'Orléans exposa fort nettement les raisons de part et d'autre, sans paroître trop pencher d'un côté, mais se montrant embarrassé, et par conséquent fort en balance. Il développa fort clairement toute sa conduite avec le maréchal de Villeroy et celle du maréchal de Villeroy avec lui depuis l'instant de la mort du roi jusqu'alors, mais en peu de mots, parce qu'il parloit à deux hommes qui en étoient parfaitement instruits, à M. le Duc qui, conjointement avec lui, avoit voulu l'ôter d'auprès du roi et m'y mettre en sa place; à moi, qui l'avois refusé deux autres fois, et cette dernière un mois durant que ces deux princes m'en avoient pressé à l'excès, comme on l'a vu ici en son temps, et qui, par mes refus et mes raisons, avois fait demeurer le maréchal de Villeroy dans sa place. Le point véritablement agité fut donc de savoir quel étoit le moins périlleux de l'y laisser ou de l'en ôter, ce qui ne se pouvoit plus que par une sorte de violence dans la situation où il s'étoit si bien affermi qu'il ne doutoit pas qu'il ne fût impossible de l'en arracher. Après cet exposé assez court, M. le duc d'Orléans m'ordonna de dire ce que je pensois là-dessus. Je répondis que je le lui avois déjà dit la veille; que plus j'avois réfléchi depuis au parti qu'il y avoit à prendre, plus je m'étois affermi dans l'opinion que le danger de laisser auprès du roi le maréchal de Villeroy, après ce qui venoit de se passer, étoit sans comparaison plus grand que celui de l'en ôter, quel qu'il pût être; que tant qu'il n'y avoit eu dans la conduite du maréchal qu'une mauvaise volonté impuissante, des liaisons et des projets mal bâtis et aussitôt déconcertés qu'aperçus, la misère de se vouloir faire le singe de M. de Beaufort, l'union timide avec tous gens qui mouroient de peur, et lui qui en laissoit voir plus qu'aucun, qui trembloit au moindre sérieux du régent, et qui, après des démarches échappées souvent après celles qui étoient ignorées, ne se pouvoit rassurer qu'il ne vînt aux éclaircissements, aux aveux, aux excuses, aux protestations avec la frayeur et les bassesses les plus pitoyables, j'avois cru qu'il n'y avoit qu'à mépriser un homme sans tête et sans courage d'esprit, surtout depuis l'effet de la découverte des complots du duc du Maine et de Cellamare, et laisser piaffer et se panader [1] ce personnage de théâtre et de carrousel, dont le génie n'alloit pas au delà de la fatuité, continuellement arrêté par la crainte; mais que je changeois entièrement d'avis sur ce qui venoit de se passer; que cette scène montroit de deux choses l'une, mais qui revenoient au même point : ou un homme persuadé par le cardinal de Bissy, qui trouve son orgueil satisfait par les hommages qu'il consentoit de recevoir du cardinal Dubois, et sa dignité assurée avec son repos par la part entière qui lui étoit offerte dans les affaires, et qui, charmé de l'avoir amené à ce point par ses hauteurs et par ses incartades, avoit eu impatience de s'en mettre en possession en prévenant le cardinal Dubois et en allant chez lui avec le cardinal de Bissy, leur médiateur, sceller leur réconciliation et leur paix; que là, dans cette intention effective, la vue du cardinal Dubois l'avoit troublé; l'arrangement de ses grands mots et son ton d'autorité l'avoient barbouillé, qu'avec l'intention de bien dire, le jugement lui avoit manqué, l'air de franchise et de supériorité l'avoient emporté; de l'un à l'autre, s'échauffant dans son harnois, il n'avoit

---

1. *Panader* signifie faire la roue comme un paon. La Fontaine s'en est servi dans ce sens (fable du *geai paré des plumes du paon*) :

Puis parmi d'autres paons tout fier se *panada*.

pu reculer, la tête lui avoit tourné; qu'après avoir commencé en homme sage, il avoit poursuivi et fini comme un fou, et montré tout le venin de son âme et toute la superbe de sa sécurité avec toute la complaisance d'un homme ivre qui attaque les murailles et braveroit une armée; ou bien c'est un homme qui, gonflé de vent, charmé de réduire à ses pieds le cardinal Dubois, se persuade être l'homme dont on [ne] peut se passer, qu'on n'a osé ôter de sa place, et qu'on l'osera d'autant moins aujourd'hui qu'il est plus ancré, plus chéri du public par la conservation de la personne du roi, qu'il a su persuader lui être uniquement due, par l'approche de la majorité, par toutes les raisons dans lesquelles un sot se mire, surtout par la persuasion que les démarches vers lui du cardinal Dubois, chargé de toutes les affaires, lui confirme l'excès de son importance ; plein, dis-je, de toutes ces idées, qu'il ne sait ni peser ni digérer, il a amusé le cardinal de Bissy, a fait semblant de se rendre à ses raisons et aux hommages dont il lui a porté [parole, dans la résolution de faire à tous les deux l'affront qu'il leur a fait, d'éclater sans plus de mesure, de se déclarer le persécuteur public du ministre qui s'humilie devant lui, par conséquent l'ennemi du gouvernement et du régent qui gouverne, enivré de la beauté de cette action qui, dans son sens qu'il compte bien qui sera aussi celui du public, lui fait mépriser les hommages du dépositaire de toute la confiance de celui qui gouverne, le partage du secret et de la conduite des affaires, l'autorité qui y est attachée, les fruits personnels et pour tous ceux qu'il voudra protéger, enfin son repos à son âge, et à tant de si grands et de si doux avantages [lui fait] préférer le bien public, le sage rétablissement des affaires, le service du roi, les vues et la dernière confiance en lui du feu roi, et à un si grand et si honorable travail illustrer et consacrer les restes de sa vie avec le plus parfait désintéressement. Ainsi, de quelque façon que le maréchal de Villeroy ait été conduit à la scène qu'il vient de donner, la chose est égale et la fin la même, c'est l'épée tirée contre le régent, et le Rubicon passé avec le plus grand éclat. Le souffrir et laisser le maréchal de Villeroy en place, c'est montrer une foiblesse et une crainte capables de lui réunir tous les mécontents et tous les gens d'espérance pour la majorité ; c'est rendre au parlement ses premières forces et ses premières usurpations ; c'est former soi-même contre soi-même un parti formidable ; c'est perdre toute autorité an dedans et toute considération au dehors ; c'est encourir le mépris et toutes ses suites, et de la France et des pays étrangers ; c'est se creuser des abîmes pour la majorité. Je me tus après ce court discours, pendant lequel M. le duc d'Orléans étoit fort attentif, mais avec la contenance d'un homme fort embarrassé.

Dès que j'eus fini, il demanda à M. le Duc ce qu'il pensoit. M. le Duc dit qu'il pensoit comme moi, et que, si le maréchal de Villeroy demeuroit dans sa place, il n'y avoit qu'à mettre la clef sous la porte, ce fut son expression. Il reprit ensuite quelques-unes des principales raisons que j'avois alléguées, et les appuya, puis conclut qu'il n'y avoit pas un moment à perdre. M. le duc d'Orléans résuma quelque chose de ce qui avoit été dit, et convint de la nécessité de se défaire du maréchal de Villeroy. M. le Duc insista encore sur s'en défaire incessamment. Alors on se mit à voir comment s'y prendre.

M. le duc d'Orléans me demanda mon avis là-dessus. Je dis qu'il y avoit deux choses à traiter : le prétexte et l'exécution. Qu'il falloit un prétexte tel qu'il pût sauter aux yeux de tout ce qui étoit impartial, et qui ne pût être défendu par les amis mêmes du maréchal de Villeroy ; surtout se bien garder de donner lieu de croire que la disgrâce du maréchal fût le fruit et le salaire de l'insulte qu'il venoit de faire au cardinal Dubois ; que, quelque énorme qu'elle fût en elle-même à un cardinal, à un ministre en possession de toute la confiance et de toutes les affaires, le public qui l'envioit et qui ne l'aimoit pas se souvenoit trop d'où il étoit parti, trouveroit la victime trop illustre; que le châtiment feroit oublier l'injure, et qu'on verroit s'élever un cri public; qu'aux partis violents, quoique nécessaires, il falloit toujours mettre de son côté et la raison et les apparences mêmes, que je n'étois donc pas d'avis d'exécuter si brusquement ni si près de l'insulte le châtiment qu'elle méritoit; mais que M. le duc d'Orléans avoit heureusement en main le plus beau prétexte du monde, un prétexte qui étoit connu de tout le haut et le bas intérieur du roi, un prétexte entièrement sans réplique. Je priai M. le duc d'Orléans de se souvenir qu'il m'avoit dit plusieurs fois, et depuis peu encore, qu'il n'avoit jamais pu parvenir jusqu'à présent, non-seulement de parler au roi tête à tête, mais de lui parler à l'oreille devant tout ce qui étoit dans son cabinet; que le maréchal de Villeroy, lorsqu'il l'avoit voulu essayer, venoit devant tout le monde fourrer sa tête entre celle du roi et la sienne, et après, sous prétexte d'excuse, lui avoit déclaré que la place qu'il avoit auprès du roi ne lui permttoit pas de souffrir que qui que ce pût être, non pas même Son Altesse Royale, dît rien au roi tout bas, et qu'il devoit entendre tout ce qu'on lui vouloit dire, encore moins souffrir personne ni Son Altesse Royale être seule dans un cabinet avec le roi. Que c'étoit à l'égard d'un régent, petit-fils de France et le plus proche parent que le roi eût, une insolence à révolter tout le monde et qui sauteroit aux yeux; que le roi approchant de sa majorité, gagnoit un âge où il étoit temps et où le bien de l'État et celui du roi demandoit que le régent l'instruisît de bien des choses qui ne se pouvoient dire que sans témoins, sans en excepter le maréchal de Villeroy ni personne; que se targuer de la place de gouverneur et de chargé de la personne du roi pour empêcher le régent de parler seul au roi dans un cabinet, c'étoit porter l'audace jusqu'à jeter des soupçons les plus fous et les plus injurieux, et que la porter jusqu'à ne vouloir pas souffrir que le régent parlât bas au roi, même au milieu de tout ce qui étoit dans son cabinet, sans venir fourrer son oreille entre eux deux, étoit la dernière et la plus inutile insolence que qui que ce soit ne pouvoit excuser; que je croyois donc que c'étoit là un prétexte si naturel dont il falloit se servir, et le piége que, entre-ci et fort peu de jours, il falloit tendre au maréchal de Villeroy, qui s'y prendroit sans doute de ce pinacle de sûreté et d'importance où il croyoit être, puisqu'il avoit soutenu ce procédé jusqu'à présent; que le piége tendu et succédant, il falloit que M. le duc d'Orléans s'offensât sur-le-champ du refus, et que, le respect du roi présent ménagé, il parlât au maréchal un langage nouveau qui, sans rien de fort, lui fît sentir que, sous l'autorité et le nom du roi, il étoit le maître du royaume; que cela suffiroit pour un juste préparatif au public, que l'ivresse du maréchal ne comprendroit pas, ni bien d'autres, qu'après l'exécution, accoutumé qu'on étoit aux tolérances de Son Altesse Royale; mais que ce piége ne devoit être tendu que lorsque tout seroit résolu, rangé et tout prêt [pour] l'exécution la plus prompte, sans laisser entre-deux tout le moins d'intervalle qu'il seroit possible. Quand j'eus cessé de parler : « Vous me le volez, me dit M. le duc d'Orléans; j'allois le proposer si vous ne l'eussiez pas dit. Que vous en semble, monsieur? » regardant M. le Duc. Ce prince approuva fort la proposition que je venois de faire, la loua dans toutes ses parties en peu de mots, et ajouta qu'il ne voyoit rien de mieux à faire que d'exécuter ce plan très-ponctuellement.

Il fut convenu ensuite qu'il n'y avoit d'autre moyen que d'arrêter le maréchal, de l'envoyer tout de suite et tout droit à Villeroy, d'où on verroit, après l'y avoir laissé se reposer un jour ou deux à cause de son âge, mais bien veillé, si de là on l'enverroit à Lyon ou ailleurs. Je dis après qu'il ne falloit pas oublier d'avoir un gouverneur tout prêt pour le mettre en sa place; par conséquent songer dès à présent au choix, et se souvenir plus que jamais d'éviter également un sujet peu sûr, et tout serviteur particulièrement attaché à

M. le duc d'Orléans, qui étoit la raison qu'ils savoient l'un et l'autre qui m'avoit fait si opiniâtrément refuser cette importante place plus d'une fois. Là-dessus M. le duc d'Orléans me dit que toute l'affaire étoit bien discutée et résolue; qu'il s'en falloit tenir là parce qu'il n'y avoit point d'autre parti à prendre; qu'à l'égard de la mécanique à résoudre pour arrêter le maréchal de Villeroy, il me prioit d'aller chez le cardinal Dubois, où je trouverois qu'on m'attendoit pour en raisonner et la résoudre. Je me levai donc et laissai M. le duc d'Orléans seul avec M. le Duc, et m'en allai chez le cardinal Dubois, duquel je n'avois pas ouï parler, ni d'aucun de ses émissaires, depuis son aventure, excepté le peu que je l'avois vu en présence de M. le duc d'Orléans. Mais ce que ce prince me dit en m'envoyant chez lui me fit nettement sentir que l'arrêt du maréchal de Villeroy étoit résolu entre le régent et son ministre avant la conférence que je viens de raconter, et qu'elle n'avoit été tenue sans autres que les deux princes et moi, pour y laisser un air de liberté par l'absence du cardinal Dubois, et comme je m'étois ouvert la veille entre le régent et le cardinal, lorsqu'il arriva furieux de la scène qu'il venoit d'essuyer, pour me donner lieu de parler devant M. le Duc, et de l'entraîner dans mon avis de se défaire du maréchal de Villeroy.

J'allai donc tout de suite chez le cardinal Dubois, et ma surprise fut extrême de la compagnie que je trouvai avec lui, devant laquelle il me dit d'abordée qu'elle étoit du secret, et que je pouvois parler devant elle. Cette compagnie étoit le maréchal de Berwick, arrivé depuis peu de jours de Guyenne, qui, non plus que moi, ne rentra pas au conseil de régence; le cardinal et le prince de Rohan, Le Blanc et Belle-Ile, assis en rond tout près et devant le canapé adossé à la muraille, où étoient assis les deux cardinaux, et sur lequel je me mis auprès du cardinal de Rohan. Le Blanc me parut une partie nécessaire pour l'arrangement et les ordres de cette mécanique. Il étoit plein d'inventions et de ressources, dans tout l'intérieur des opérations secrètes du régent depuis longtemps, et sur le pied de secrétaire renforcé du cardinal Dubois, avec caractère, par sa charge de signer en commandement. Pour Belle-Ile, encore qu'à l'appui de celui-ci il se fût introduit en tiers tous les soirs avec lui chez le cardinal Dubois, où il se rendoit compte, se résumoient et se résolvoient bien des choses, il approchoit si peu le régent, qui même ne l'aimoit pas, que je le trouvai là fort déplacé. A l'égard du maréchal de Berwick, qui, du temps du feu roi, avoit toujours été sur le pied de protégé du maréchal de Villeroy, lequel, en courtisan qui savoit le goût de son maître pour toutes sortes de grands bâtards par leur homogénéité avec les siens, avoit eu grande part à la rapide élévation de celui-ci à la guerre, je fus extrêmement étonné de le voir admis en ce conciliabule, et de l'y entendre opiner aussi librement et aussi fortement qu'il fit, ayant toujours fait profession jusqu'alors de cultiver le maréchal de Villeroy et d'amitié particulière avec lui. Pour les deux frères Rohan, que le cardinal Dubois ménageoit avec une distinction singulière, et qu'il avoit admis là pour la leur témoigner d'une façon si marquée, je ne vis jamais une joie plus scandaleuse, ni une plus âcre amertume que celle qu'ils ne se mirent pas en peine même de voiler. On vit en plein éclater toute la haine conçue de la rupture du mariage de leur fille boiteuse avec le duc de Retz, sur des conditions méprisantes qu'ils ne proposèrent que quand ils crurent qu'il n'y avoit plus à s'en dédire, et dont le maréchal de Villeroy, justement indigné, ne voulut jamais passer malgré les charmes et les larmes de la duchesse de Ventadour, comme je l'ai raconté en son temps, et le dépit que conçurent les Rohan de voir incontinent après le duc de Retz épouser la fille aînée du duc de Luxembourg, à conditions convenables, tandis qu'ils se trouvèrent trop heureux de donner leur fille au duc Mazarin, d'une naissance et d'un personnel peu agréables, sans charge ni autres réparations.

Je ne ferai point ici un détail superflu de tout ce qui fut discuté dans cette petite assemblée. On y résolut ce qu'on va voir, qui fut très-bien exécuté. Seulement dirai-je que, dès que je fus assis et que le cardinal Dubois m'eut déclaré que tout ce qui se trouvoit en ce petit conventicule étoit du secret et que je pouvois y parler sans réserve, il me dit qu'on m'y attendoit avec impatience pour apprendre ce que M. le duc d'Orléans avoit résolu, comme s'il l'eût ignoré, et que cette assemblée, pour délibérer de la mécanique de l'exécution, n'eût pas décelé la connoissance certaine qu'il avoit de la résolution prise par M. le duc d'Orléans. Je l'exposai donc en peu de mots; après quoi on vint à la manière, à la forme, aux expédients de l'exécution, aux remèdes des obstacles et des inconvénients du moment et de ses suites.

Ces discussions furent assez longues, auxquelles je pris assez peu de part. Le fort en roula sur le cardinal Dubois et sur Le Blanc. Belle-Ile, extrêmement bien avec les Rohan, et d'autre part avec le maréchal de Berwick, se comporta avec sagesse. Le bon maréchal ne se montra pas si mesuré. Je pense qu'il se trouvoit fatigué des grands airs d'ancien maître et d'ancien protecteur que le maréchal de Villeroy déployoit sur lui, et des emphases d'autorité et de toute supériorité dont il l'accabloit, et dont il étoit bien aise de se voir délivré. Je convins avec Le Blanc que, dans l'instant que l'exécution seroit faite, il m'en avertiroit par envoyer simplement à Meudon savoir de mes nouvelles, sans rien de plus, et qu'à ce compliment inutile je reconnoîtrois le signal que le maréchal étoit paqueté.

Je m'en retournai donc à Meudon sur le soir, où plusieurs personnes des amies de Mme de Saint-Simon et des miens couchoient souvent, et où la mode s'étoit mise à Versailles et à Paris de venir dîner ou souper, de manière que la compagnie y étoit toujours fort nombreuse. On n'y parloit que de cette scène du maréchal de Villeroy, qui étoit universellement blâmée, mais sans aller plus loin, et sans que, pendant les dix jours qui s'écoulèrent jusqu'à l'enlèvement du maréchal de Villeroy, il fût entré dans la tête de personne qu'il pût lui en arriver pis que le blâme général d'un emportement si démesuré, tant on étoit accoutumé à l'impunité de ses incartades et à la foiblesse de M. le duc d'Orléans. J'étois ravi cependant de voir une sécurité si générale, qui augmentoit celle du maréchal de Villeroy, rendroit plus facile l'exécution de ce qu'on lui préparoit, et qui ne cessoit de le mériter de plus en plus par l'indécence et l'affectation de ses discours, et l'audace de ses continuels défis. Trois ou quatre jours après j'allai à Versailles voir M. le duc d'Orléans. Il me dit que faute de mieux, et sur ce que je lui avois dit plus d'une fois du duc de Charost, il s'étoit résolu à lui donner la place de gouverneur du roi; qu'il l'avoit vu secrètement; qu'il avoit accepté de fort bonne grâce, et qu'il l'alloit tenir en mue, claquemuré dans son appartement de lui Charost, à Versailles, sans en sortir ni se montrer à qui que ce fût, pour l'avoir tout prêt sous sa main à le mener au roi, et l'installer dans le moment qu'il en seroit temps. Il repassa avec moi toute la mécanique concertée, et je m'en revins à Meudon, résolu de n'en bouger qu'après l'exécution qui s'approchoit, et sur laquelle il n'y avoit plus de nouvelles mesures à prendre.

CHAPITRE XV.

Piége tendu au maréchal de Villeroy, qui y donne en plein. — Le maréchal de Villeroy arrêté et conduit tout de suite à Villeroy. — Le roi fort affligé. — Fuite inconnue de l'évêque de Fréjus, découvert à Bâville, mandé et de retour aussitôt. — Fureurs du maréchal de Villeroy. — Le roi un peu apaisé par le retour si prochain de l'évêque de Fréjus. — Mesures à prendre avec cet évêque, et prises en effet. — Le duc de Charost déclaré gouverneur. — Désespoir du maréchal de Villeroy. — Il dévoile la cause de la fuite de Fréjus, dont cet évêque se tire fort mal. — Sa joie et ses espérances fondées sur l'éloignement du maréchal. — Maréchal de Villeroy exilé à Lyon, mais avec ses fonctions de gouverneur de la ville et de la province. — Crayon léger de ce maréchal. — Le roi tout consolé du maréchal de Villeroy. — Art et ambition de la conduite de Fréjus. — Confirmation et première communion du roi. — Cardinal Dubois, sans plus d'obstacle, tout occupé de se faire brusquement déclarer premier ministre, emploie Belle-Ile pour m'en parler. — Conversation singulière entre M. le duc d'Orléans et moi sur faire un premier ministre, dont je ne suis point d'avis. — Ennui du régent le porte à faire un premier ministre; à quoi je m'oppose. — Comparaison du feu prince de Conti, gendre du dernier M. le Prince. — Aveu sincère de M. le duc d'Orléans. — Considérations futures. — Cardinal Dubois bien connu de son maître. — Foiblesse incroyable du régent. — Belle-Ile resté en embuscade. — Réponse que je lui fais.

Le dimanche 12 août, M. le duc d'Orléans alla sur la fin de l'après-dînée travailler avec le roi, comme il avoit accoutumé de faire plusieurs jours marqués de chaque semaine, et, comme c'étoit l'été, au retour de sa promenade, qui étoit toujours de bonne heure. Ce travail étoit de montrer au roi la distribution d'emplois vacants, de bénéfices, de certaines magistratures, d'intendances, de récompenses de toute nature, et de lui expliquer en peu de mots les raisons des choix et des préférences, quelquefois des distributions de finances; enfin les premières nouvelles étrangères, quand il y en avoit à sa portée, avant qu'elles devinssent publiques. A la fin de ce travail, où le maréchal de Villeroy assistoit toujours, et où quelquefois M. de Fréjus se hasardoit de rester, M. le duc d'Orléans supplia le roi de vouloir bien passer dans un petit arrière-cabinet, où il avoit un mot à lui dire tête à tête. Le maréchal de Villeroy s'y opposa à l'instant. M. le duc d'Orléans, qui lui tendoit le piége, l'y vit donner en plein avec satisfaction. Il lui représenta avec politesse que le roi entroit dans un âge si voisin de celui où il gouverneroit par lui-même, qu'il étoit temps que celui qui, en attendant, étoit le dépositaire de toute son autorité, lui rendît compte des choses qu'il pouvoit maintenant entendre, et qui ne pouvoient être expliquées qu'à lui seul, quelque confiance que méritât quelque tiers que ce pût être, et qu'il le prioit de cesser de mettre obstacle à une chose si nécessaire et si importante, que lui régent avoit peut-être à se reprocher de n'avoir pas commencée plus tôt, uniquement par complaisance pour lui. Le maréchal s'échauffant et secouant sa perruque, répondit qu'il savoit le respect qu'il lui devoit, et pour le moins autant ce qu'il devoit au roi et à sa place, qui le chargeoit de sa personne et l'en rendoit responsable, et protesta qu'il ne souffriroit pas que Son Altesse Royale parlât au roi en particulier, parce qu'il devoit savoir tout ce qui lui étoit dit, beaucoup moins tête à tête dans un cabinet, hors de sa vue, parce que son devoir étoit de ne le perdre pas de vue un seul moment, et dans tous de répondre de sa personne. Sur ce propos, M. le duc d'Orléans le regarda fixement, et lui dit avec un ton de maître qu'il se méprenoit et s'oublioit; qu'il devoit songer à qui il parloit et à la force de ses paroles, qu'il vouloit bien croire qu'il n'entendoit pas; que le respect de la présence du roi l'empêchoit de lui répondre comme il le méritoit et de pousser plus loin cette conversation. Et tout de suite fit au roi une profonde révérence et s'en alla.

Le maréchal, fort en colère, le conduisit quelques pas, marmottant et gesticulant sans que M. le duc d'Orléans fît semblant de le voir et de l'entendre, laissant le roi étonné et le Fréjus riant tout bas dans ses barbes. Le hameçon si bien pris, on se douta que ce maréchal, tout audacieux qu'il étoit, mais toutefois bas et timide courtisan, sentiroit toute la différence de braver et de bavarder, d'insulter le cardinal Dubois, odieux à tout le monde et sentant encore la vile coque dont il sortoit, d'avec celle d'avoir une telle prise, et en présence du roi, avec M. le duc d'Orléans, et de prétendre anéantir les droits et l'autorité du régent du royaume par les prétendus droits et autorité de sa place de gouverneur du roi, et par ses termes de répondre de sa personne, les appuyer ouvertement sur ce qu'il y a de plus injurieux. On n'y fut pas trompé. Moins de deux heures après, on sut que le maréchal, se vantant de ce qu'il venoit de faire, avoit ajouté qu'il s'estimeroit bien malheureux que M. le duc d'Orléans pût croire qu'il eût voulu lui manquer, quand il n'avoit songé qu'à remplir son plus précieux devoir, et qu'il iroit chez lui dès le lendemain matin, pour en avoir un éclaircissement avec lui, dont il se flattoit bien que ce prince demeureroit content.

A tout hasard on avoit pris toutes les mesures nécessaires dès que le jour fut arrêté pour tendre le piége au maréchal. On n'eut donc qu'à leur donner leur dernière forme, dès qu'on sut, dès le soir même, que le maréchal viendroit s'enferrer. Au delà de la chambre à coucher de M. le duc d'Orléans étoit un grand et beau cabinet, à quatre grandes fenêtres sur le jardin, et de plain-pied, à deux marches près, deux en face en entrant, deux sur le côté, vis-à-vis de la cheminée, et toutes ces fenêtres s'ouvroient en portes, depuis le haut jusqu'au parquet. Ce cabinet faisoit le coin, où les gens de la cour attendoient, et en retour étoit un cabinet joignant, où M. le duc d'Orléans travailloit et faisoit entrer les gens les plus distingués ou favorisés qui avoient à lui parler. Le mot étoit donné. Artagnan, capitaine des mousquetaires gris, étoit dans cette pièce, qui savoit ce qui s'alloit exécuter, avec force officiers sûrs de sa compagnie, qu'il avoit fait venir, et d'anciens mousquetaires pour s'en servir au besoin, qui voyoient bien à ce préparatif qu'il s'agissoit de quelque chose, mais sans se douter de ce que ce seroit. Il y avoit aussi des chevau-légers répandus en dehors le long des fenêtres, et dans la même ignorance, et beaucoup d'officiers principaux et autres de M. le duc d'Orléans, tant dans sa chambre à coucher que dans ce grand cabinet.

Tout cela bien ordonné, arriva sur le midi le maréchal de Villeroy avec son fracas accoutumé, mais seul, sa chaise et ses gens restés au loin, hors la salle des gardes. Il entre en comédien, s'arrête, regarde, fait quelques pas. Sous prétexte de civilité, on s'attroupe auprès de lui, on l'environne. Il demande d'un ton d'autorité ce que fait M. le duc d'Orléans. On lui répond qu'il est enfermé et qu'il travaille. Le maréchal élève le ton, dit qu'il faut pourtant qu'il le voie, qu'il va entrer, et dans cet instant qu'il s'avance, La Fare, capitaine des gardes de M. le duc d'Orléans, se présente vis-à-vis de lui, l'arrête et lui demande son épée. Le maréchal entre en furie et toute l'assistance en émoi. En ce même instant, Le Blanc se présente. Sa chaise à porteurs, qu'on avoit tenue cachée, se plante devant le maréchal. Il s'écrie, il est mal sur ses jambes, il est jeté dans la chaise qu'on ferme sur lui, et emporté dans le même clin d'œil par une des fenêtres latérales dans le jardin, La Fare et Artagnan chacun d'un côté de la chaise, les chevau-légers et mousquetaires après, qui ne virent que par l'effet de quoi il s'agissoit. La marche se presse, descend l'escalier de l'orangerie du côté des bosquets, trouve la grande grille ouverte et un carrosse à six chevaux devant. On y pose la chaise : le maréchal a beau tempêter, on le jette dans le carrosse. Artagnan y monte à côté de lui, un officier des mousquetaires sur le devant, et du Libois, un des gentilshommes ordinaires du roi, à côté de l'officier; vingt mousquetaires, avec des officiers à cheval, autour du carrosse, et touche, cocher.

Ce côté du jardin, qui est sous les fenêtres de l'appartement de la reine, occupé par l'infante, ne fut vu de personne à ce soleil de midi, et, quoique ce nombre de gens qui se trouvèrent dans l'appartement de M. le duc d'Orléans se dispersassent bientôt, il est étonnant qu'une affaire de cette nature demeurât ignorée plus de deux heures dans le château de Versailles. Les domestiques du maréchal de Villeroy, à qui personne n'avoit osé rien dire en sortant, je ne sais par quel hasard, attendirent toujours avec sa chaise près de la salle des gardes; et ceux qui étoient chez lui, dans les derrières des cabinets du roi, ne l'apprirent qu'après que M. le duc d'Orléans eut vu le roi, et qu'il leur manda que le maréchal étoit allé à Villeroy, où ils pouvoient lui aller porter ce qui lui étoit nécessaire. Je reçus à Meudon le message convenu. J'allois me mettre à table, et ce ne fut que vers le souper qu'il vint des gens de Versailles qui nous apprirent à tous la nouvelle qui y faisoit grand bruit, mais un bruit fort contenu que la qualité de l'exécution rendoit fort mesuré par la surprise et la frayeur qu'elle avoit répandues.

Ce ne fut pas, après, un petit embarras que celui de M. le duc d'Orléans pour en porter la nouvelle au roi, dès qu'elle fut répandue. Il entra dans le cabinet du roi, d'où il fit sortir tous les courtisans qui s'y trouvèrent, et n'y laissa que les gens dont les charges leur donnoient cette entrée, et il ne s'en trouva presque point. Au premier mot le roi rougit; ses yeux se mouillèrent : il se mit le visage contre le dos d'un fauteuil, sans dire une parole, ne voulut ni sortir ni jouer. A peine mangea-t-il quelques bouchées à souper, pleura et ne dormit point de toute la nuit. La matinée et le dîner du lendemain 14 ne se passèrent guère mieux. Ce même jour 14, comme je sortois de dîner à Meudon avec beaucoup de monde, le valet de chambre qui me servoit me dit qu'il y avoit là un courrier du cardinal Dubois, avec une lettre, qu'il n'avoit pas cru me devoir amener à table devant toute cette compagnie. J'ouvris la lettre. Le cardinal me conjuroit de l'aller trouver à l'instant droit à la surintendance à Versailles, d'amener avec moi un homme sûr en état de courir la poste pour le dépêcher à la Trappe aussitôt qu'il m'auroit parlé, et de ne me point casser la tête à deviner ce que ce pouvoit être, parce qu'il me seroit impossible de le deviner, et qu'il m'attendoit avec la dernière impatience pour me le dire. Je demandai mon carrosse aussitôt, que je trouvai bien lent à venir des écuries, qui sont fort éloignées du château neuf que j'occupois.

Ce courrier à mener au cardinal pour le dépêcher à la Trappe me tournoit la tête : je ne pouvois imaginer ce qui pouvoit y être arrivé, qui occupât si vivement le cardinal dans des moments si voisins de celui de l'enlèvement du maréchal de Villeroy. La constitution, ou quelque fugitif important et inconnu découvert à la Trappe, et mille autres pensées m'agitèrent jusqu'à Versailles. Arrivant à la surintendance, je vis par-dessus la porte le cardinal Dubois à la fenêtre, qui m'attendoit, et qui me fit de grands signes, et que je trouvai au-devant de moi au bas du degré, comme je l'allois monter. Sa première parole fut de me demander si j'avois amené un homme qui pût aller en poste à la Trappe. Je lui montrai ce même valet de chambre qui en connoissoit tous les êtres pour y avoir été fort souvent avec moi, et qui étoit connu de lui de tout temps, parce que de tout temps il venoit chez moi, et que, petit abbé Dubois alors, il l'entretenoit souvent en m'attendant. Il me conta, en montant le degré, les pleurs du roi, qui venoient bien d'augmenter par l'absence de M. de Fréjus, qui avoit disparu, qui n'avoit point couché à Versailles, et qu'on ne savoit ce qu'il étoit devenu, sinon qu'il n'étoit ni à Villeroy ni sur le chemin, parce qu'ils venoient d'en avoir des nouvelles; que cette disparition mettoit le roi au désespoir, et eux dans le plus cruel embarras du monde; qu'ils ne savoient que penser de cette subite retraite, sinon peut-être qu'il étoit allé se cacher à la Trappe, où il falloit envoyer voir s'il y étoit, et tout de suite me conduisit chez M. le duc d'Orléans. Nous le trouvâmes seul, fort en peine, se promenant dans son cabinet, qui me dit aussitôt qu'il ne savoit que devenir ni que faire du roi, qui crioit après M. de Fréjus, et ne vouloit entendre à rien, et de là crier contre une si étrange fuite.

Peu de moments après arrivèrent le prince et le cardinal de Rohan, à qui l'arrêt du maréchal de Villeroy avoit ouvert toutes les portes ; ils étoient suivis de Pezé. Son attachement et sa parenté de Mme de Ventadour, qui l'avoit fort familiarisé avec les deux frères, n'empêchoit pas qu'il ne fût fort aise de se voir délivré du maréchal de Villeroy, mais qui étant lié à Fréjus, étant outré de cette escapade. Après plus de jérémiades que de résolutions, Dubois me pressa d'aller écrire à la Trappe. Tout étoit en désarroi chez M. le duc d'Orléans ; ils parloient tous dans ce cabinet ; impossible à tout ce bruit d'écrire sur son bureau, comme il m'arrivoit souvent quand j'étois seul avec lui. Mon appartement étoit dans l'aile neuve, et peut-être fermé, car on ne m'attendoit pas ce jour-là. J'eus plus tôt fait de monter chez Pezé, dont la chambre étoit proche, au-dessus de l'appartement [de la] reine, et je m'y mis à écrire. Ma lettre étoit achevée, et Pezé, qui m'y avoit conduit et qui étoit redescendu aussitôt, remonta et me cria : « Il est trouvé, il est trouvé ; votre lettre est inutile, revenez-vous-en chez M. le duc d'Orléans. » Puis me conta que tout à l'heure un homme à M. le duc d'Orléans, qui savoit que Fréjus étoit ami des Lamoignon, avoit rencontré Courson dans la grande cour, qui sortoit du conseil des parties, à qui il avoit demandé s'il ne savoit point ce qu'étoit devenu Fréjus ; que Courson lui avoit dit qu'il ne savoit pas de quoi on étoit si en peine ; que Fréjus étoit allé la veille coucher à Bâville, où étoit le président Lamoignon ; sur quoi cet homme de M. le duc d'Orléans lui avoit amené Courson pour le lui dire lui-même.

Nous arrivâmes Pezé et moi chez M. le duc d'Orléans, d'où Courson venoit de sortir. La sérénité y étoit revenue ; Fréjus fut bien brocardé, et le cardinal et le prince de Rohan ne s'y ménagèrent pas. Après un peu d'épanouissement, le cardinal Dubois avisa M. le duc d'Orléans d'aller porter au roi cette bonne nouvelle, et de lui dire qu'il alloit dépêcher à Bâville pour faire revenir son précepteur. M. le duc d'Orléans monta chez le roi et me dit qu'il alloit redescendre; les deux frères s'en allèrent de leur côté avec Pezé, et je demeurai à attendre M. le duc d'Orléans avec le cardinal Dubois. Après avoir un peu raisonné sur cette fugue de Fréjus, il me conta qu'ils avoient des nouvelles de Villeroy; que le maréchal n'avoit cessé de crier à l'attentat commis sur sa personne, à l'audace du régent, à l'insolence de lui Dubois, ni de chanter pouille tout le chemin à Artagnan de se prêter à une violence si criminelle; puis à invoquer les mânes du feu roi, à exalter sa confiance en lui, l'importance de la place pour laquelle il l'avoit préféré à tout le monde; le soulèvement qu'une entreprise si hardie, et qui passoit si fort le pouvoir du régent, alloit causer dans Paris et dans tout le royaume, et le bruit qu'elle alloit faire dans tous les pays étrangers; les choix du feu roi, pour ce qu'il laissoit de plus précieux à conserver et à former, chassés, d'abord le duc du Maine, lui ensuite; déplorations du sort du roi, de celui de tout le royaume; puis des élans, puis des invectives, puis des applaudissements de ses services, de sa fidélité, de sa fermeté, de son invariable attachement à son devoir; après, des railleries piquantes à du Libois, gardien né de tous les personnages qu'on arrêtoit, sur ce qu'il avoit été mis auprès de Cellamare, auparavant de l'ambassadeur de Savoie. Enfin ce fut un homme si étonné, si troublé, si plein de dépit et de rage, qu'il étoit hors de soi et ne se posséda pas un moment. Le duc de Villeroy, le maréchal de Tallard, Biron, furent à peu près ceux qui eurent la permission d'aller à Villeroy, presque aucun autre ne la demanda. Mais ce ne fut que le lendemain.

M. le duc d'Orléans revint de chez le roi, qui nous dit que la nouvelle qu'il lui avoit portée l'avoit fort apaisé : sur quoi nous conclûmes qu'il falloit faire en sorte que Fréjus revînt dans la matinée du lendemain; que M. le duc d'Orléans le reçût à merveilles, prît tout pour bon; l'amadouât, lui fît entendre que ce n'étoit que pour le ménager et lui ôter tout embarras s'il ne lui avoit pas confié le secret de l'arrêt du maréchal de Villeroy ; lui en expliquer la nécessité avec d'autant plus de liberté que Fréjus haïssoit le maréchal, ses hauteurs, ses jalousies, ses caprices, et dans son âme seroit ravi de son éloignement et de posséder le roi tout à son aise ; le prier de faire entendre au roi les raisons de cette nécessité ; communiquer à Fréjus le choix du duc de Charost ; lui en promettre tout le concert et les égards qu'il en pouvoit désirer ; lui demander de le conseiller et le conduire ; enfin prendre le temps de la joie du roi du retour de Fréjus pour lui apprendre le choix du nouveau gouverneur, et le lui présenter. Tout cela fut convenu et très-bien exécuté le lendemain.

Quand le maréchal le sut à Villeroy, il s'emporta d'une étrange manière contre Charost, dont il parla avec le dernier mépris d'avoir accepté sa place, mais surtout contre Fréjus, qu'il n'appeloit plus que traître et scélérat. Après les premiers [moments], qui ne lui permirent que des transports et des fureurs d'autant plus violentes que la tranquillité qu'il apercevoit partout le détrompoit malgré lui de la certitude où son orgueil l'avoit jeté que le parlement, que les halles, que Paris se soulèveroit si on osoit toucher à un personnage aussi important et aussi aimé qu'il se figuroit l'être, après l'avoir été à ses dépens, qu'on n'auroit jamais l'assurance ni les moyens de l'arrêter. Ces vérités, qu'il ne pouvoit plus se dissimuler, succédant si fort tout à coup aux chimères qui faisoient toute sa nourriture et sa vie, le mettoient au désespoir et hors de lui-même. Il s'en prenoit au régent, à son ministre, à ceux qu'ils avoient employés pour l'arrêter, à ceux qui avoient manqué à le défendre, à tout ce qui ne se révoltoit pas pour le faire revenir et faire tête au régent ; à Charost, qui avoit osé lui succéder ; surtout à Fréjus, qui l'avoit trompé, et qui le trahissoit d'une manière si indigne. Fréjus étoit celui contre lequel il étoit le plus irrité. Ses reproches d'ingratitude et de trahison pleuvoient sur lui sans cesse; tout ce qu'il avoit tenté près du feu roi pour lui; comme il l'avoit protégé, assisté, logé, nourri; que sans lui il n'eût jamais été précepteur du roi; et tout cela étoit exactement vrai. Mais la trahison qu'il rebattoit à tous moments, il l'expliqua enfin : il dit que Fréjus et lui s'étoient promis l'un à l'autre, dès les premiers jours de la régence, une indissoluble union, et que, si par des troubles et des événements qui ne se pouvoient prévoir et qui n'étoient que trop communs dans le cours des régences, on entreprenoit d'ôter l'un d'eux d'auprès du roi sans que l'autre le pût empêcher, et sans lui toucher, cet autre se retireroit sur-le-champ et ne reprendroit jamais sa place que celle de l'autre ne lui fût rendue, et en même temps. Et là-dessus, nouveaux cris de la perfidie que ce misérable, car les termes les plus odieux lui étoient les plus familiers, prétendoit sottement couvrir d'un voile de gaze en se dérobant pour aller à Bâville se faire chercher et revenir aussitôt, dans la frayeur de perdre sa place par la moindre résistance et le moindre délai, et prétendoit s'acquitter ainsi de sa parole et de l'engagement réciproque que tous deux avoient pris ensemble; et de là retournoit aux injures et aux fureurs contre ce serpent, disoit-il, qu'il avoit réchauffé et nourri tant d'années dans son sein.

Ce récit revint promptement de Villeroy à Versailles avec les transports, les injures, les fureurs, non-seulement par ceux que le régent y tenoit pour le garder honnêtement, et pour rendre un compte exact de tout ce qu'il disoit et faisoit jour par jour, mais par tout le domestique, tant des siens que de ceux qui furent à Villeroy, qui alloient et venoient, et devant qui il affectoit de se répandre de plus belle, soit à table, soit passant par ses antichambres, ou faisant quelques tours dans ses jardins. Le contre-coup en fut pesant pour Fréjus, qui avec toute la tranquillité apparente de son visage en parut confondu. Il n'y répondit que par un silence de respect et de commisération, dans lequel il s'enveloppa.

Toutefois, il ne put le garder tout entier au duc de Villeroy, au maréchal de Tallard et à quelque peu d'autres ; il s'en tira avec eux par leur dire tranquillement qu'il avoit fait tout ce qu'il avoit pu pour remplir un engagement qu'il ne nioit pas, mais qu'après y avoir satisfait autant qu'il étoit en lui, il avoit cru ne pouvoir se dispenser d'obéir aux ordres si exprès du roi et du régent, ni devoir abandonner le roi pour opérer le retour du maréchal de Villeroy, qui étoit l'objet de leur engagement réciproque, et qu'il étoit sensible que l'opiniâtreté de son absence n'opéreroit pas. Mais parmi ces excuses si sobres, on sentoit la joie percer malgré lui de se trouver défait d'un supérieur si incommode, de n'avoir plus affaire qu'à un gouverneur dont il n'auroit qu'à se jouer, et de pouvoir désormais se conduire en liberté vers le grand objet où il avoit toujours tendu, qui étoit de s'attacher le roi sans réserve, et de faire de cet attachement obtenu par toutes sortes de moyens, la base d'une grandeur qu'il ne pouvoit encore se démêler à lui-même, mais dont le temps et les [conjonctures[1]] lui apprendroient à en tirer les plus grands partis, et marcher en attendant fort couvert. On laissa le maréchal se reposer et s'exhaler cinq ou six jours à Villeroy, et comme il n'avoit aucun talent redoutable, éloigné de la personne du roi, on l'envoya à Lyon, avec la liberté d'exercer ses courtes fonctions de gouverneur de la ville et de la province, en prenant les mesures nécessaires pour le faire veiller de près, et laissant auprès de lui du Libois pour émousser son autorité par cet air de précaution et de surveillance qui lui ôtoit tout air de crédit. Il n'y voulut point recevoir d'honneurs en y arrivant. Une grande partie de son premier feu étoit jetée ; ce grand éloinement de Paris et de la cour, où tout étoit non-seulement demeuré sans le plus léger mouvement, mais dans l'effroi

---

1. Il y a *conjectures* dans le manuscrit, mais c'est une erreur évidente : il faut lire *conjonctures*.

et la stupeur d'une exécution de cette importance, lui ôta tout reste d'espérance, rabattit ses fougues, et le persuada enfin de se comporter avec sagesse pour éviter un traitement plus fâcheux.

Telle fut la catastrophe de cet homme si fort au-dessous de tous les emplois qu'il avoit remplis, qui y montra le tuf dans tous, qui mit enfin la chimère et l'audace à la place de la prudence et de la sagesse, qui ne parut partout que frivole et comédien, et dont l'ignorance universelle et profonde, excepté de l'art de bas courtisan, laissa toujours percer bien aisément la croûte légère de probité et de vertu dont il couvroit son ingratitude, sa folle ambition, sa soif de tout ébranler pour se faire le chef de tous au milieu de ses foiblesses et de ses frayeurs, et pour tenir un gouvernail dont il étoit si radicalement incapable. Je ne parle ici que depuis la régence. On a vu ailleurs en tant d'endroits le peu ou même le rien qu'il valoit en tout genre ; comment son ignorance et sa jalousie perdit la Flandre et presque l'État, puis sa fatuité poussée à l'extrême, lui-même, et les déplorables ressorts de son retour, qu'il est inutile de s'y arrêter davantage. C'est assez de dire qu'il ne put jamais se relever de l'état où le jeta cette dernière folie, et que le reste de sa vie ne fut plus qu'amertume, regrets et mépris. Il avoit persuadé au roi, et on en verra la preuve, si j'ai le temps de remplir jusqu'au bout ce que je me suis proposé, il avoit, dis-je, persuadé au roi que lui seul, par sa vigilance et par ses précautions, conservoit sa vie qu'on vouloit lui ôter par le poison ; c'est ce qui fut la source des larmes du roi quand il lui fut enlevé, et de son presque désespoir lorsque Fréjus disparut. Il ne douta point qu'on ne les eût écartés tous deux que pour en venir plus aisément à ce crime.

Le retour si prompt de Fréjus dissipa la moitié de sa crainte, la persévérance de sa bonne santé le délivra peu à peu de l'autre. Le précepteur, qui avoit un si grand intérêt à le conserver, et qui se sentoit si soulagé du poids du maréchal de Villeroy, ne s'oublia pas à tâcher d'éteindre de si funestes idées, conséquemment à en laisser tomber le criminel venin sur celui qui les avoit inspirées et persuadées. Il en craignoit le retour quand le roi se trouveroit le maître, dont la majorité approchoit : délivré de son joug, il ne vouloit pas y retomber. Il savoit bien que les grands airs, les ironies et les manières d'autorité sur le roi en public lui étoient insupportables, et que le maréchal ne tenoit au roi que par ces affreuses idées de poison. Les détruire, c'étoit laisser le maréchal à nu, et pis que cela, montrer au roi, sans paroître le charger, le criminel intérêt de lui donner ces alarmes, et la fausseté et l'atrocité de l'invention d'une telle calomnie. Ces réflexions, que la santé du roi confirmoit chaque jour, sapoient toute estime, toute reconnoissance, laissoient même la bienséance en liberté de ne rapprocher pas de lui, quand il en seroit le maître, un si noir imposteur et si intéressé. Fréjus sut user de ces moyens pour se mettre pour toujours à l'abri de tout retour du maréchal, et de s'attacher le roi sans réserve : on n'en a que trop senti depuis le prodigieux succès.

Cette expédition fut aussitôt après suivie de la confirmation du roi par le cardinal de Rohan, et de sa première communion, qui lui fut administrée par le même cardinal, son grand aumônier.

Défait enfin du maréchal de Villeroy, le cardinal Dubois n'eut plus d'obstacle pour se faire déclarer premier ministre. Il crut même avec raison devoir profiter de l'étonnement et de la stupeur où cet événement avoit jeté toute la cour, la ville, et plus que tous le parlement, pour achever brusquement cet ouvrage également audacieux et odieux. Son pouvoir sur l'esprit de son maître étoit sans bornes, et il avoit pris soin de le faire connoître tel pour se rendre redoutable à tout le monde. Ce n'étoit pas que les affaires en allassent mieux. Tout languissoit, celles du dehors comme celles du dedans; il n'y donnoit ni temps ni soins, qu'en très-légère apparence, et seulement pour les retenir toutes à soi, où elles se fondoient et périssoient toutes. Son crâne étroit n'étoit pas capable d'en embrasser plus d'une à la fois, ni aucune qui n'eût un rapport direct et nécessaire à son intérêt personnel. Il n'avoit été occupé que d'amener tout à soi, et de conduire son maître au point de n'oser, sans lui, remuer la moindre paille, encore moins décider rien que par son avis, et conformément à son avis, en sorte qu'en grâces comme en affaires, en choses courantes comme en choses extraordinaires, il ne s'agissoit plus de M. le duc d'Orléans, à qui personne, pas même aucun ministre n'osoit aller, pour quoi que ce fût, sans l'aveu et la permission du cardinal, dont le bon plaisir, c'est-à-dire l'intérêt et le caprice, étoit devenu l'unique mobile de tout le gouvernement. M. le duc d'Orléans le voyoit, le sentoit; c'étoit un paralytique qui ne pouvoit être remué que par le cardinal, et dans lequel, à cet égard, il n'y avoit plus de ressource.

Cet état causoit, mais sourdement, un gémissement général, par la crainte qu'avoit répandue de soi cet homme qui pouvoit tout, qui ne connoissoit aucune mesure, et qui s'étoit rendu terrible. Je m'en affligeois plus que personne par amour pour l'État, par attachement pour M. le duc d'Orléans, par la vue des suites nécessaires, et plus que personne je voyois évidemment qu'il n'y avoit point de remède, par ce que je connoissois et j'approchois de plus près que personne. Malgré un empire si absolu et si peu contredit, l'usurpateur du pouvoir suprême me craignoit encore et me ménageoit. Il n'avoit pu que contraindre la confiance de M. le duc d'Orléans en moi, sa familiarité, l'habitude, le goût, je n'oserois dire le soulagement de me voir et de me parler jusque dans sa contrainte, dont il s'échappoit quelquefois, et ma liberté, ma vérité, dirai-je encore le désintéressement qui me rendoit hardi à n'écouter que le bien de l'État et mon attachement pour le régent, pour lui parler ou lui répondre, retenoit le cardinal en des mesures qu'il ne gardoit que pour moi, et qui me forçoient d'en conserver avec lui.

Dans cette situation personnelle, parmi tout ce mouvement, le cardinal me détacha Belle-Ile pour me tourner sur la déclaration de premier ministre, et tâcher non-seulement de ranger tout obstacle de mon côté, mais de n'oublier rien pour me rendre capable de l'y servir. Cet entremetteur s'y prit avec tous les tours et toute l'adresse possibles. Il me représenta que, par tout ce que nous voyions, il ne s'agissoit que du plus tôt ou du plus tard; que ne m'y pas prêter de bonne grâce n'empêcheroit pas à la fin que le cardinal ne l'emportât, et m'exposeroit à toute sa haine, dont je voyois tous les jours la violence, la suite, la durée, le pouvoir; au lieu qu'en le servant en chose qui étoit le but de ses plus ardents désirs, et chose que tôt ou tard il n'étoit en ma puissance ni en celle de qui que ce fût de pouvoir empêcher, je devois être assuré d'une reconnoissance proportionnée, qui me feroit partager et les affaires et l'autorité de ce maître du régent et du royaume. Je répondis à Belle-Ile qu'il pouvoit bien juger que je ne pouvois penser qu'il me vînt faire une telle proposition de lui-même, et il m'avoua sans peine que le cardinal l'avoit chargé de me la faire, et qu'il ne lui avoit pas même défendu de me le dire.

C'étoit pour m'embarrasser que le cardinal s'y prit de la sorte, en me réduisant de la sorte à répondre comme si c'eût été à lui-même. Je dis donc à Belle-Ile de remercier le cardinal de cette confiance, que j'accompagnai de force compliments; que la chose étoit de telle importance qu'elle valoit bien la peine de se donner le temps d'y penser; qu'en attendant, je lui dirois ce qui me venoit dans l'esprit : qu'il me paroissoit que le cardinal possédoit tous les avantages d'un premier ministre, déclaré tel par les plus expresses patentes; que de se les faire expédier ne lui acquerroit rien de plus du côté du pouvoir, de l'autorité, des pleines et entières fonctions, mais que le titre, joint à l'effet et à la substance

qu'il possédoit et qu'il exerçoit sans contredit dans la plus
vaste étendue, lui soulèveroit ceux qui étoient tout accoutumés à le voir et le sentir le maître; et que, si quelque
chose pouvoit être capable de jeter par la suite des nuages
entre M. le duc d'Orléans et lui, ce seroit la jalousie et les
soupçons qui naîtroient de cette qualité de premier ministre; que je suppliois le cardinal, comme son serviteur,
de peser cette première réflexion qui me frappoit sur cette
affaire, de sentir que le nom public et déclaré n'ajouteroit
quoi que ce soit à ce qu'il possédoit et qu'il exerçoit en toute
plénitude, et à quoi tout étoit déjà ployé et accoutumé; que
ce nom de plus n'en rendoit pas la consistance plus stable,
parce que, dans la supposition, pour tout prévoir, qu'il pût
arriver qu'on lui voulût ôter le maniement des affaires, le
titre, les patentes, l'enregistrement et toutes les formes
dont il seroit revêtu, ne le rendroient pas plus difficile à
congédier que s'il n'en avoit point obtenu; que ces choses,
ne faisant donc ni accroissement pour lui, ni obstacles, ni
rempart quelconque à une chute, ne lui devenoient plus
qu'un fardeau inutilement ajouté, mais avec danger d'en
pouvoir être entraîné, au lieu qu'en s'en tenant à sa situation présente, il jouissoit également de tout le pouvoir qu'il
pouvoit se proposer, et qui étoit tel que nul titre ne pouvoit
l'accroître, qu'il ne réveilloit et ne révoltoit personne par
aucune nouveauté; qu'il ne semoit ni soupçon, ni jalousie,
ni nuages dans l'esprit de M. le duc d'Orléans, dont le
germe pouvoit produire des repentirs avec le temps, et de là
des suites; que l'intérêt de tous les deux n'étoit que de bien
envisager la proximité de la majorité, et de se conduire de
telle sorte l'un et l'autre, que l'habitude et la volonté du
roi majeur, maître accessible, succédât en leur faveur à
ce que la nécessité avoit fait pour le duc d'Orléans, avoit fait
pour lui par le droit de sa naissance, et à ce que l'estime, la
confiance et le goût avoient obtenu de M. le duc d'Orléans
pour lui.

Mon but dans ce raisonnement, qui au fond étoit vrai et solide, étoit d'éloigner tout engagement sans me rendre suspect de mauvaise volonté, et de tâcher de détourner le cardinal d'entreprendre ce que je sentois bien que je tenterois en vain d'empêcher, mais que toutefois il n'étoit pas en moi de ne pas tenter par toutes sortes de considérations d'honneur, de probité, de fidélité pour l'État et pour l'intérêt personnel de M. le duc d'Orléans. Belle-Ile avoit trop d'esprit et de sens pour ne pas sentir la force de ce que je lui exposois; mais il connoissoit trop bien le cardinal Dubois et sa passion effrénée pour le titre public de premier ministre, pour espérer la moindre impression sur lui de mon raisonnement, autre que le dépit, la fougue et la violence d'un torrent qui ne cherche qu'à renverser toutes les digues qui se rencontrent sur son chemin, et qui à la fin les brise. Il m'en avertit, se remit sur tout ce que je ne pouvois promettre en servant une passion si véhémente, et n'oublia rien de tout ce qu'il crut avoir le plus de prise sur moi pour me toucher et m'ébranler, convenant d'ailleurs avec moi de la tristesse de l'état des choses et d'une pareille nécessité. Toutefois je demeurai ferme sur le principe secret qui me conduisoit. Je tâchai de lui faire entendre que des raisonnements sages et qui n'alloient à rien moins qu'à diminuer le cardinal en quoi que ce soit, n'étoient pas un refus, mais que j'estimois préalable à tout de lui présenter des réflexions qui n'alloient qu'à ses avantages avant que d'aller plus loin.

Belle-Ile n'en pouvant tirer plus, se résolut de rendre compte au cardinal de tout ce que je lui avois dit, et comme le cardinal ne pouvoit penser à autre chose, ce fut dès le soir même qu'il le lui rendit. Il en arriva ce qu'il en avoit prévu. Dès le lendemain il me le renvoya avec des promesses nonpareilles, non-seulement de conduire toutes les affaires par mon conseil et de partager toute l'autorité avec moi, mais de faire tout ce que je voudrois, et ce qu'il savoit qui me touchoit le plus sur le rétablissement de tout ordre, droits et justice dans les points qu'on me savoit sensibles, où le désordre étoit devenu plus grand. Je ris en moi-même de tant de magnifiques appâts. Dubois me croyoit sans doute aussi dupe que le cardinal de Rohan, à qui il avoit si solennellement promis de le faire premier ministre, et qui avoit été assez simple et assez follement ambitieux pour s'en être laissé pleinement persuader. Mais ce manége, tout faux qu'il fût, m'acculoit de façon à ne pouvoir plus reculer. Toute mon adresse ne butta qu'à m'assurer le privilége des Normands, dont il n'est rien de plus rare que de tirer un oui ou un non. J'eus recours à véritablement bavarder sur l'incertitude et la volubilité de M. le duc d'Orléans, qui change en un moment tout ce qu'on croit tenir de sa facilité, de son crédit sur lui, des impressions qu'il a reçues des raisons qu'on lui a présentées, après quoi très-souvent on se trouve non-seulement à recommencer, mais plus éloigné que l'on n'étoit avant d'avoir proposé; que ce que je ferois, ce seroit de le sonder et de profiter de ce que je trouverois de favorable à mon dessein, la première fois que je le verrois. J'ajoutai que je disois la première fois que je le verrois, parce que, si j'allois le trouver en jour qui n'étoit pas l'ordinaire, il seroit dès là en garde sur ce qui m'amèneroit, et par là je gâterois toute la besogne. Ce que j'alléguois en effet pour différer et gagner du temps étoit en effet tellement dans le vrai du caractère toujours soupçonneux de M. le duc d'Orléans, et si parfaitement connu du cardinal et même de Belle-Ile; par ce qu'il en savoit de ceux qui en avoient l'expérience, par eux-mêmes, que Belle-Ile s'en contenta, et le cardinal aussi, qui me le renvoya le lendemain pour me le dire, me faire des remercîments infinis des promesses réitérées, surtout bien confirmer la bonne volonté que je lui témoignois, et tout doucement m'insinuer et me recorder ma leçon.

Enfin mon jour ordinaire venu, il me fallut aller chez

M. le duc d'Orléans, à Versailles, pour y arriver à mon
heure, qui étoit sur les quatre heures après midi, temps où
il n'y avoit plus personne chez lui. Entrant tout de suite, je
trouvai Belle-Ile seul dans ce grand cabinet, où le maréchal
de Villeroy avoit été arrêté, qui m'attendoit au passage,
pour me recommander l'affaire, et tâcher de la bombarder,
proposition qu'il ne m'avoit point faite jusqu'alors, et qui
venoit apparemment tout fraîchement d'éclore du cerveau
embrasé du cardinal. Belle-Ile me lâcha ce saucisson dans
l'oreille. Je passai sans m'arrêter, et j'entrai dans le cabinet
de M. le duc d'Orléans.

Après quelques moments de conversation, je mis sur son
bureau les papiers dont j'avois à lui rendre compte. Il se
mit à son bureau, et je m'assis vis-à-vis de lui, comme
j'avois accoutumé. Je trouvai un homme occupé, distrait,
qui me faisoit répéter, lui qui étoit au fait avant qu'on eût
achevé, et qui se plaisoit assez souvent à mêler quelques
plaisanteries dans les affaires les plus sérieuses, surtout
avec moi, à placer quelques bourdes et quelques disparates
pour m'impatienter et s'éclater de rire de la colère où cela me
mettoit toujours, et à se divertir de ce que je ne m'y accou-
tumois point. Cette distraction et ce sérieux me donna lieu,
au bout de quelque temps, de lui en demander la cause. Il
balbutia, il hésita et ne s'expliqua point. Je me mis à sourire et à lui demander s'il étoit quelque chose de ce qu'on
m'avoit dit tout bas, qu'il pensoit à faire un premier ministre et à choisir le cardinal Dubois. Il me parut que ma
question le mit au large, et que je le tirois de l'embarras de
s'en taire avec moi, ou de m'en parler le premier. Il prit un
air plus serein et plus libre, et me dit qu'il étoit vrai que le
cardinal Dubois en mouroit d'envie; que, pour lui, il étoit
las des affaires et de la contrainte où il étoit à Versailles d'y
passer tous les soirs à ne savoir que devenir; que du moins
il se délassoit à Paris par des soupers libres dont il trouvoit la compagnie sous sa main, quand il vouloit quitter le

travail ou au sortir de sa petite loge de l'Opéra. Mais qu'avoir la tête rompue toutes les journées d'affaires pour n'avoir les soirs qu'à s'ennuyer, cela passoit ses forces et l'inclinoit à se décharger sur un premier ministre, qui lui donneroit du repos dans les journées et la facilité de s'aller divertir à Paris. Je me mis à rire, en l'assurant que je trouvois cette raison tout à fait solide, et qu'il n'y avoit pas à y répliquer. Il vit bien que je me moquois, et me dit que je ne sentois ni la fatigue de ses journées, ni le vide presque aussi accablant de ses soirées, qu'il n'y avoit qu'un ennui horrible chez Mme la duchesse d'Orléans, et qu'il ne savoit où donner de la tête.

Je répondis que de la façon dont j'étois avec Mme la duchesse d'Orléans depuis le lit de justice des Tuileries, je n'avois rien à dire sur ce qui la regardoit, mais que je le trouvois bien à plaindre si cette ressource d'amusement lui manquoit, de ne savoir pas s'en faire d'autres, lui régent du royaume, avec autant d'esprit, d'ornements dans l'esprit de toutes les sortes, et d'aussi bonne compagnie quand il lui plaisoit; que je le priois de se souvenir de ce qu'il avoit vu du feu prince de Conti, à qui il n'étoit inférieur en rien, sinon en délaissement de soi-même, et faire une comparaison de ce prince avec lui; que le roi le haïssoit et le témoignoit d'une façon si marquée et si constante que personne ne l'ignoroit; qu'il étoit donc non-seulement sans crédit, mais qu'il n'étoit point de courtisan qui ne sentît qu'on déplaisoit au roi de le fréquenter; qu'il n'avoit pas oublié non plus dans quelle frayeur on étoit de lui déplaire, et que le désir de lui être agréable étoit généralement poussé jusqu'à l'esclavage et aux plus grandes bassesses; que nonobstant des raisons si puissantes sur l'âme d'une cour aussi complétement asservie, il avoit vu que M. le prince de Conti n'y paroissoit jamais, et il y étoit assidu, que dans l'instant il ne fût environné de tout ce qu'il y avoit de plus grand, de meilleur, de plus distingué de tout âge; qu'on se pelotonnoit autour de lui; que tous les matins sa chambre étoit remplie à Versailles du plus important et du plus brillant de la cour, où on étoit assis en conversation toujours curieuse et agréable, et où on se succédoit les uns aux autres deux ou trois heures durant; qu'à Marly, où tout étoit bien plus sous les yeux du roi qu'à Versailles, non-seulement le prince de Conti étoit environné dans le salon dès qu'il y paroissoit, mais que ce qui composoit la plus illustre, la plus distinguée, la plus importante compagnie, s'asseyoit en cercle autour de lui, et en oublioit souvent les moments de se montrer au roi, et les heures des repas. Dans la journée, à la cour comme à Paris, ce prince n'étoit jamais à vide ni embarrassé de passer d'agréables soirées, tout cela sans le secours de la chasse ni du jeu, qui n'étoient pour lui que des effets rares de complaisance et nullement de son goût. Jamais dans l'obscur, dans le petit, dans la crapule, ses débauches avec gens de bonne compagnie, et de si bon aloi qu'en leur genre ils faisoient honneur partout; d'ailleurs bonnes lectures de toute espèce et fréquentation chez lui de gens de toute robe et de diverses sciences, outre les gens de guerre et de cour, à tous lesquels il parloit leur propre langage, et les savoit ravir en se mettant à leur unisson; attentif à plaire au valet comme au maître par une coquetterie pleine de grâces et de simplicité qui étoit née avec lui. La princesse sa femme, pour qui il avoit toutes sortes d'égards, mais qui ne savoit que jouer, ne lui étoit point un obstacle, quoiqu'il vécût comme point avec elle, et qu'il n'y pût trouver la moindre ressource. Il rendoit avec attention et distinction ce qui étoit dû à chacun; il étoit attentif à flatter chaque seigneur, chaque militaire par des faits anciens ou nouveaux qu'il savoit placer naturellement; il entendoit merveilleusement à faire des récits agréables, où eux ou les leurs se trouvoient avec distinction. En un mot, c'étoit un Orphée qui savoit amener autour de soi les arbres et les rochers par les charmes de sa lyre, et triompher de la haine du feu roi, si redouté jusqu'au milieu de sa cour, sans paroître y prendre la moindre peine, et avoir toutes les dames à son commandement par l'agrément de sa politesse et la discrétion de sa galanterie. En un mot, le contraste le plus parfait de M. le Duc, devant qui tout fuyoit, tout se cachoit comme devant un ouragan, et qui passoit sa vie dans la tristesse, dans l'ennui, dans l'embarras que faire, où aller, que devenir, et dans la rage de toutes les espèces de jalousies, ayant toutefois beaucoup d'esprit, de savoir, de valeur, et toute la faveur de sa double alliance avec le bâtard favori et la bâtarde du feu roi.

Je demandai ensuite à M. le duc d'Orléans qui l'empêchoit d'imiter ce prince de Conti, ayant autant ou plus d'esprit et de savoir que lui, sachant autant de faits d'histoire, de guerre et de cour que lui, n'ayant pas moins de valeur, et [ayant] de plus commandé les armées, vu l'Espagne à revers, non moins de grâces et de mémoire pour des récits et des conversations charmantes, et, outre ces avantages encore plus grands que dans le prince de Conti, se trouvant, au lieu de la disgrâce dont ce prince n'étoit jamais sorti, tenir les rênes du gouvernement et la balance des grâces, qui seule mettoit tout le monde à ses pieds, et lui présentoit à choisir, à son gré, parmi tout ce qu'il y avoit de meilleur en chaque genre. J'ajoutai que pour cela il n'y avoit qu'un pas à faire, qui étoit de préférer la bonne compagnie à la mauvaise, de la savoir distinguer et attirer, de souper joyeusement, mais seulement avec elle; de sentir que ces soupers devenoient honteux passé dix-huit ou tout au plus vingt ans, où le grand bruit, les propos sans mesure, sans honnêteté, sans pudeur, faisoient injure à l'homme; où une ivresse continuelle le déshonoroit, qui bannissoit tout ce qui n'avoit même qu'un reste d'honneur extérieur et de maintien, et d'où la crapule et l'obscurité des convives si déshonorés repoussoient tout homme qui ne vouloit pas l'être, et dont le public lui faisoit un mérite; que de tout cela je concluois que l'ennui de ses soirées à Versailles n'étoit que volontaire, que celles qu'il y regrettoit et qu'il alloit chercher à Paris ne seroient pas souffertes à aucun particulier de la moitié de son âge, sans être éconduit de toutes les compagnies où il voudroit se présenter, et que ce qu'il n'avoit pas voulu retrancher pour Dieu, il le bannît du moins pour les hommes et pour lui-même; que rien ne l'empêchoit d'avoir à Versailles un souper pour les gens distingués de la cour, de la meilleure compagnie, qui s'empresseroient tous d'y être admis, quand elle seroit sur le pied de n'être point mêlée, ni salie d'ordures, d'impiétés et d'ivrognerie, dont à ne considérer que son âge, son rang et son état, le temps en étoit de bien loin outre-passé pour lui; que la proximité de la majorité l'y convioit encore pour ôter de dessus lui des prises si funestes et si sensibles qui seules pouvoient l'écarter bien loin, et dont il ne pouvoit se dissimuler l'indignation publique, le mépris dans lequel nageoit, pour ainsi dire, les obscurs compagnons de ses scandaleuses soirées, tout ce qui en rejaillissoit sans cesse sur lui, le crédit qu'elles donnoient à tout ce que ses ennemis vouloient imaginer et les pernicieuses semences qui s'en jetoient pour des temps même peu éloignés. Je conclus par le prier de se souvenir qu'il y avoit des années que je gardois un silence exact sur sa conduite personnelle, et que je ne lui en parlois maintenant que parce qu'il m'y avoit forcé en me montrant l'abîme où l'abandon à cette conduite l'alloit précipiter, de se dégoûter des affaires par l'ennui de ses soirées, et de chercher à s'en délivrer, par se décharger sur un premier ministre.

M. le duc d'Orléans eut la patience d'écouter, les coudes sur son bureau et sa tête entre ses deux mains, comme il se mettoit toujours quand il étoit en peine et embarras et qu'il se trouvoit assis, d'écouter, dis-je, cette pressante ratelée[1],

---

1. Vieux mot qui ne s'employait que dans le style familier. *Dire sa ratelée* signifiait *dire librement tout ce que l'on pensait.*

bien plus longue que je ne l'écris. Comme je l'eus finie, il me dit que tout cela étoit vrai, et qu'il y avoit pis encore; c'étoit, ajouta-t-il, qu'il n'avoit plus besoin de femmes, et que le vin ne lui étoit plus de rien, même le dégoûtoit. « Mais, monsieur, m'écriai-je, par cet aveu, c'est donc le diable qui vous possède, de vous perdre pour l'autre monde et pour celui-ci, par les deux attraits dont il séduit tout le monde, et que vous convenez n'être plus de votre goût ni de votre ressort que vous avez usé; mais à quoi sert tant d'esprit et d'expérience; à quoi vous servent jusqu'à vos sens, qui las de vous perdre, vous font, malgré eux sentir la raison ? Mais avec ce dégoût du vin et cette mort à Vénus, quel plaisir vous peut attacher à ces soirées et à ces soupers, sinon du bruit et des gueulées qui feroient boucher toute autre oreille que les vôtres, et qui, plaisir d'idées et de chimères, est un plaisir que le vent emporte aussitôt, et qui n'est plus que le déplorable partage d'un vieux débauché qui n'en peut plus, qui soutient son anéantissement par les misérables souvenirs que réveillent les ordures qu'il écoute ? » Je me tus quelques moments, puis je le suppliai de comparer des plaisirs honteux de tous points, des plaisirs même qui se déroboient à lui sans espérance de retour avec des amusements honnêtes, décents, des délassements de son âge, de son rang, de la place qu'il tenoit dans l'État, et que, sous un autre nom, il devoit tâcher de conserver après la majorité; des amusements qui le montreroient tel qu'il étoit, et qui lui concilieroient tout le monde, par l'honneur de vivre quelquefois avec lui, et par les espérances qui s'y attacheroient et qui lui attacheroient dès lors tous ceux qui les concevroient pour eux ou pour les leurs, ceux même qui seroient au-dessus et au-dessous de ces espérances, par la joie de voir enfin mener une vie raisonnable et digne au maître de toutes les affaires et de toutes les fortunes, et d'être délivrés de la frayeur de voir, avec le temps, le roi tomber dans des égarements plus pardonnables à la jeunesse, dont il lui donneroit l'exemple, mais si insupportables sur le trône, et si peu connus des têtes couronnées, plus étroitement esclaves de toutes bienséances, et plus nécessairement que pas un de leurs sujets. Je lui dis encore de penser à ce que diroit la cour, la ville, toute la France et les pays étrangers, de voir un régent de son âge, et qui s'étoit montré si capable de l'être, l'abdiquer, pour ainsi dire, et en revêtir un autre, pour vaquer à la débauche plus librement et avec plus de loisir; et quelle prise ne donneroit-il pas sur lui à ses ennemis, aux mécontents, aux brouillons, aux ambitieux, d'intriguer auprès du roi pour le faire remercier des soins qu'il ne vouloit plus rendre; puisqu'il s'en étoit déchargé sur un autre, et de congédier cet autre qui n'auroit plus de soutien, pour le remplacer d'un ou de plusieurs de son goût et de son choix; et que devient alors un prince de sa naissance, après avoir si longtemps régné, tombé tout à coup dans l'anéantissement de l'état particulier, et qui n'en jouit même que parmi les craintes et les soupçons qu'on a ou qu'on fait semblant d'avoir, pour les inspirer à un roi encore sans expérience et sans réflexion, facile à être conduit où on le veut mener. Je terminai cette reprise par l'exemple de Gaston confiné à Blois, où il passa les dernières années de sa vie, et où il mourut dans la situation la plus triste, la plus délaissée, on ose dire d'un fils de France, la plus méprisée.

Je crus alors en avoir dit assez, peut-être même trop emporté par la matière, et devoir attendre ce que cela produiroit. Après un peu de silence, M. le duc d'Orléans se redressa sur sa chaise : « Hé bien! dit-il, j'irai planter mes choux à Villers-Cotterets; » se leva et se mit à se promener dans le cabinet, et moi avec lui. Je lui demandai qui le pouvoit assurer qu'on les lui laisseroit planter en paix et en repos, même en sûreté; qu'on ne lui chercheroit pas mille noises sur son administration; que sur le pied qu'on l'avoit fait passer en France et en Espagne, du temps du feu roi, qui est-ce qui pouvoit lui répondre qu'on ne lui feroit pas accroire qu'il trameroit des mouvements et de dangereux complots, et qu'on ne parvînt à effrayer trop fortement le roi, encore sans dauphin, d'un prince d'autant d'esprit, de valeur, de capacité, qui avoit si longtemps régné sous un autre nom, qui ne pouvoit être destitué de gens de main et de créatures, mais justement piqué, outré de son état présent, et qui se touvoit jusqu'alors héritier présomptif de la couronne, avec la liaison la plus intime, si soigneusement achetée et ménagée entre lui et les Anglois, qui gouvernoient l'empereur et la Hollande. Il y eut encore là quelques tours de cabinet en silence, après lesquels il m'avoua que cela méritoit réflexion, et continua une douzaine de tours en silence.

Se trouvant à la muraille, au coin de son bureau où il y avoit par hasard deux tabourets, j'en vois encore la place, il me tira par le bras sur l'un en s'asseyant sur l'autre, et se tournant tout à fait vers moi, me demanda vivement si je ne me souvenois pas d'avoir vu Dubois valet de Saint-Laurent, et se tenant trop heureux de l'être; et de là, reprit tous les degrés et tous les divers états de sa fortune, jusqu'au jour où nous étions, puis s'écria : « Et il n'est pas content; il me persécute pour être déclaré premier ministre, et je suis sûr, quand il le sera, qu'il ne sera pas encore content; et que diable pourroit-il être au delà? » Et tout de suite se répondant à lui-même : « Se faire Dieu le Père, s'il pouvoit. — Oh! très-assurément, répondis-je, c'est sur quoi on peut bien compter; c'est à vous, monsieur, qui le connoissez si bien, à voir si vous êtes d'avis de vous faire son marchepied, pour qu'il vous monte sur la tête. — Oh! je l'en empêcherois bien, » reprit-il. Et le voilà de nouveau à se promener par son cabinet, sans plus rien dire, ni moi non plus, tout occupé que j'étois de ce « je l'en empêcherois bien, » à la suite d'une conversation si forte et de ce vif récit et encore plus vivement terminé qu'il venoit de me faire de la vie du cardinal Dubois *ab incunabulis*[1] jusqu'alors, où je ne l'avois point porté ni donné aucune occasion. Cette seconde promenade dura assez de temps et toujours en silence, lui la tête basse comme quand il étoit embarrassé et peiné, moi comme ayant tout dit et attendant ce qui sortiroit de ce silence après une telle conversation. Enfin il se remit à son bureau à sa place ordinaire, et moi vis-à-vis de lui assis, lui, comme d'abord, ses coudes sur le bureau, sa tête fort basse entre ses deux mains.

Il demeura plus d'un demi-quart d'heure de la sorte, sans remuer, sans ouvrir la bouche ni moi non plus qui n'ôtois pas les yeux de dessus lui. Cela finit par soulever sa tête sans remuer d'ailleurs, l'avancer vers moi et me dire d'une voix basse, foible, honteuse, avec un regard qui ne l'étoit pas moins : « Mais pourquoi attendre et ne le pas déclarer tout à l'heure? » Tel fut le fruit de cette conversation. Je m'écriai : « Ah! monsieur, quelle parole! Qui est-ce qui vous presse si fort? N'y serez-vous pas toujours à temps? donnez-vous au moins le temps de la réflexion à tout ce que nous venons de dire, et à moi de vous expliquer ce que c'est qu'un premier ministre et le prince qui le fait. » Il remit doucement sa tête entre ses deux mains sans répondre une seule parole. Quoique atterré d'une résolution si prompte après ce que lui-même avoit dit des degrés et de l'ambition du cardinal Dubois, je sentis que le salut de la chose, si tant étoit qu'il se pût espérer, n'étoit plus dans les raisons d'opposition, qui étoient toutes épuisées, mais uniquement dans le délai. Il fut court, car après un peu de silence, il se leva et me dit : « Ho! bien donc, revenez ici demain à trois heures précises raisonner encore de cela, et nous en aurons tout le temps. » Je pris les papiers que j'avois à reprendre et je sortis. Il courut après moi et me rappela pour me dire : « Au moins, demain à trois heures; je vous prie, n'y manquez pas, » et

---

1. Depuis le berceau.

referma la porte. Je fus surpris de retrouver Belle-Ile en embuscade où je l'avois laissé en entrant, et qui avoit eu la patience d'y persévérer plus de deux grosses heures à m'attendre. Il me suivit pour me demander si cela étoit fait. Je lui dis que la conversation s'étoit étendue sur plusieurs matières, dont quelques-unes m'avoient conduit à tâter le pavé, que je l'avois trouvé assez bon; mais qu'il connoissoit M. le duc d'Orléans soupçonneux, et qui n'aimoit pas à conclure ni à être pressé; que je reviendrois le lendemain où je verrois ce qui se pourroit faire, sans toutefois lui répondre de rien. Je répondis de la sorte à Belle-Ile, parce qu'il avoit vu M. le duc d'Orléans me rappeler, qu'il avoit pu entendre l'ordre qu'il me donnoit de revenir le lendemain; que ce retour enfin ne pourroit être ignoré de lui ni du cardinal Dubois, trop alerte pour n'être pas informé avec précision de tous les moments de M. le duc d'Orléans dans une telle crise, et que la cachotterie eût été également inutile et préjudiciable à moi, qui voulois aller au bien, mais garder avec eux des mesures. D'ailleurs ma réponse fut en des termes qui ne pouvoient blesser le cardinal.

CHAPITRE XVI.

Autre conversation singulière et curieuse entre M. le duc d'Orléans et moi sur faire un premier ministre, dont je persiste à n'être pas d'avis. — Malheur des princes indiscrets et peu fidèles au secret. — Exemples des premiers ministres en tous pays depuis Louis XI. — Quel est nécessairement un premier ministre. — Quel est le prince qui fait un premier ministre. — Embuscade de Belle-Ile. — Le cardinal Dubois déclaré premier ministre. — Il me le mande et veut me faire accroire qu'il m'en a l'obligation, et n'oublie rien pour en persuader le public. — Conches; quel. — Je vais le lendemain

à Versailles, où je vois le cardinal Dubois chez M. le duc d'Orléans.
— Indignité des Rohan. — Épisode nécessaire. — Plénœuf, sa
femme et sa fille, depuis marquise de Prie, et maîtresse déclarée
de M. le Duc. — Infamie du marquis de Prie. — Liaison intime de
Belle-Ile et de Le Blanc entre eux et avec Mme de Plénœuf. — Elle
leur attire la haine, puis la persécution de Mme de Prie et de M. le
Duc. — Le cardinal Dubois, fort avancé dans son projet d'élaguer[1]
entièrement M. le duc d'Orléans, se propose de perdre Le Blanc
et peut-être Belle-Ile. — Conduite qu'il y tient. — Désordre des
affaires de La Jonchère, trésorier de l'extraordinaire des guerres,
dévoué à M. Le Blanc. — Belle-Ile toujours mal avec M. le duc d'Orléans. — Mariage futur de Mlle de Beaujolois avec l'infant don Carlos,
déclaré. — Mariage du prince électoral de Bavière avec une archiduchesse, Joséphine. — Fort pour amuser le roi. — Mort de Ruffé.
— Étrange licence en France. — Mort de Dacier. — Érudition profonde de sa femme, et sa modestie. — Mort, famille et caractère
de la duchesse de Luynes (Aligre). — Mort de Reynold. — Mariage
de Pezé avec une fille du premier écuyer.

Le lendemain, 22 août, je vins au rendez-vous, et je
trouvai encore Belle-Ile dans ce grand cabinet, qui m'attendoit au passage, et qui me pressa de finir l'affaire du
cardinal; je payai de mine et d'empressement d'entrer dans
le cabinet de M. le duc d'Orléans, que j'y trouvai seul, qui
s'y promenoit avec l'air plus dégagé que la veille. « Eh bien!
me dit-il d'abordée, qu'avons-nous encore à dire sur l'affaire d'hier? Il me semble que tout est dit, et qu'il n'y a
plus qu'à déclarer dès tout à l'heure le premier ministre. »
Je reculai deux pas et je lui dis que pour chose de telle importance, c'étoit là un conseil bientôt pris. Il répondit qu'il
y avoit bien pensé, que tout ce que je lui avois dit là-dessus
lui étoit fort présent; mais qu'au bout, il étoit crevé d'affaires
tout le jour, d'ennui tous les soirs, de persécutions du cardinal Dubois à tous les moments.

Je repris que cette dernière raison étoit la plus puissante;
que je ne m'étonnois pas de l'empressement du cardinal,
mais beaucoup de son succès sur lui qui étoit si soupçon-

---

1. Isoler.

neux ; que je le suppliois de se bien représenter deux choses :
la première, que pour le soulagement des affaires et la
liberté d'aller, tant qu'il voudroit, chercher l'Opéra et ses
soupers à Paris, il pouvoit en jouir tant que bon lui sembleroit, parce que le cardinal jouissoit si pleinement et si
ouvertement de la toute-puissance, et que tout le monde le
voyoit et le sentoit si pleinement, qu'il n'y avoit plus qui
que ce fût, François ou ministres étrangers, qui osât se
jouer à aller directement à Son Altesse Royale, et qui ne fût
bien convaincu, qu'affaire, justice ou grâces ne dépendît
uniquement du cardinal, n'allât à lui, ne se tînt pour battu
s'il le trouvoit contraire, sans oser tenter d'aller plus haut,
demeuroit sûr de ce qu'il demandoit s'il trouvoit le cardinal
favorable, et le plus souvent s'en tenoit là, sans que lui régent en entendît parler, ou que les gens ne venoient à lui
que pour la forme, et lors seulement que le cardinal le leur
prescrivoit, ce qu'il leur ordonnoit aussi quelquefois dans
des cas de refus, dans l'espérance de leur faire prendre le
change et de se décharger du refus sur lui ; que je m'étonnois qu'il fût encore à s'apercevoir d'une chose si évidente
qu'elle n'étoit ignorée de personne ; et que moi-même, depuis mon retour d'Espagne, si j'avois à demander la moindre
chose, et la plus facile et la plus raisonnable, pour moi ou
pour quelque autre à Son Altesse Royale, je me garderois
bien de lui en parler sans m'être assuré du cardinal auparavant, et me tiendrois très-sûr du refus si j'allois droit à
elle sans l'attache du cardinal, et au contraire, avec certitude morale de sa volonté que j'obtiendrois ce que je lui
aurois présenté à demander. Que les choses étant à ce point
d'autorité, et d'autorité affichée, je ne voyois nul accroissement possible à l'exercice actuel qu'il en faisoit publiquement, par la déclaration ni par les patentes de premier ministre, ni plus de soulagement et de liberté que Son Altesse
Royale en pouvoit prendre dès à présent sans cela ; mais
que j'y apercevois pour le cardinal Dubois une différence à

la vérité imperceptible à l'exercice actuel de sa toute-puissance, mais qui n'en étoit pas moins essentielle, et que c'étoit là la seconde chose sur laquelle je demandois à Son Altesse Royale toutes ses réflexions. C'est que, quelle que fût l'étendue et la plénitude actuelle du pouvoir qu'avoit saisi et qu'exerçoit pleinement le cardinal Dubois, il ne laissoit pas de se trouver, comme l'oiseau, sur la branche, exposé à être congédié au premier instant que la volonté en prendroit à Son Altesse Royale, sans autre forme ni embarras que de le renvoyer, de faire dire aux ministres étrangers de ne se plus adresser à lui, et aux ministres et secrétaires d'État de cesser de recevoir et de lui plus demander d'ordres, et de lui plus rendre compte de rien; et sans même ce trèspeu de si courtes et si simples mesures, envoyer un secrétaire d'État lui porter l'ordre de s'en aller en son diocèse, prendre ou sceller ses papiers, et le faire partir sur-lechamp. Que quoique la patente enregistrée et la déclaration de premier ministre ne pût le parer de la chute, autre chose étoit de pouvoir être renvoyé en un instant comme je venois de montrer que cela se pouvoit toutefois et quantes, autre chose de ne le pouvoir que par des formes qui donnent du temps et des ressources, et moyen de se raccommoder et de faire jouer des ressorts dans l'intervalle, de dresser et de causer[1] une déclaration révocatoire, dont il pouvoit être averti, de l'envoyer au parlement, de l'y faire enregistrer. Je suppliai donc M. le duc d'Orléans de faire l'attention si nécessaire à cette différence d'un homme qui est maître de tout sans autre titre que la volonté de son maître, exprimée par le seul usage dans lequel il l'autorise simplement de fait, ou qui le devient par titre exprès, par déclaration, par enregistrement.

J'aurois bien ajouté à un autre qu'à M. le duc d'Orléans, de quel danger il étoit pour lui d'établir premier ministre

---

1. Motiver.

en titre un homme aussi capable que l'étoit le cardinal Dubois de saisir toutes les avenues du roi à force d'argent, de grâces, de souplesses, de se rendre maître de l'esprit d'un enfant devenu majeur, et sans expérience de rien, et lui revêtu en titre, tandis que son premier ministre s'en trouvoit dépouillé de droit par la majorité, se délivrer d'une subordination importune, et le faire renvoyer comme le cardinal Mazarin avoit fait Gaston. Mais c'étoit chose que l'ensorcellement de M. le duc d'Orléans le rendoit incapable d'entendre, puisque tout ce que je lui en avois dit la veille avoit fait si peu d'impression; et d'ailleurs, quoique je n'eusse rien dit qui tendît à aucune diminution de la pleine puissance du cardinal Dubois, je me commettois assez avec lui par la foiblesse et l'indiscrétion de M. le duc d'Orléans, de m'opposer à sa déclaration de premier ministre, pour ne m'exposer pas inutilement à me hasarder de produire cette dernière réflexion, quelque importante qu'elle pût être; et voilà comme le défaut de sentiment et de secret dans les princes ferme la bouche à leurs meilleurs serviteurs, et les prive des plus essentielles connoissances. Je me tus après un discours si péremptoire, pour voir ce qu'il opéreroit. La promenade continua sept ou huit tours en silence, mais l'air embarrassé et la tête basse, puis il s'alla mettre à son bureau dans l'attitude de la veille, et je m'assis vis-à-vis, le bureau seulement entre lui et moi.

Ce mouvement n'interrompit point le silence. J'avois bien résolu de ne le pas rompre le premier. Enfin il leva un peu la tête, me regarda et me fit souvenir, je n'en avois pourtant pas besoin, que je lui voulois dire quelque chose, dès la veille, sur l'état d'un premier ministre. Je lui répondis qu'il savoit trop bien l'histoire de son pays et des voisins pour ignorer les maux et les malheurs que la Hongrie, Vienne, l'Angleterre et l'Espagne avoient soufferts du gouvernement de leurs premiers ministres, à l'exception unique et dans tous les points, du seul cardinal Ximénès, dont la capacité, le désintéressement et la droiture avoit fait un phénix, et n'avoit pu toutefois le garantir du poison des Flamands; que ce seroit perdre le temps de lui retracer les faits de tous ces premiers ministres, excepté Ximénès; les désordres et les ruines que leur intérêt personnel avoit causés; la haine et le mépris dont leur conduite avoit couvert leurs maîtres, sans en excepter même Henri VIII, qui ne s'en releva que par la ruine du cardinal Wolsey. Que, pour se renfermer en France, le plus habile, pour ne rien dire de plus, le plus soupçonneux, le plus rusé et le plus précautionné de tous nos rois avoit été livré au duc de Bourgogne par le cardinal Balue, réduit à en subir la loi, à tout instant en peine de sa vie, réduit à passer par tout ce que son ennemi voulut, et notamment à combattre en personne avec lui deux jours après contre les Liégeois qu'il lui avoit soulevés, et qu'il se vit forcé à l'aider à réduire, c'est peu dire, à les mettre sous son joug. Aussi Louis XI, rendu à lui-même, enferma-t-il Balue, tout cardinal qu'il fût et qu'il l'avoit fait, dans une cage de fer pendant tant d'années, et se garda bien de lui donner un successeur.

Louis XII fut deux fois réduit à deux doigts de sa ruine, et la dernière précipité dans le schisme, toutes les deux par l'ambition de son premier ministre de se faire élire pape, dont toutes les deux fois il se crut assuré, et toutefois les historiens sont pleins des louanges du cardinal d'Amboise, parce qu'il n'eut point d'autres bénéfices que l'archevêché de Rouen. Mais quelle y fut sa magnificence qui fait encore l'admiration d'aujourd'hui? Sept ou huit frères ou neveux comblés des plus grands bénéfices, de la grande maîtrise de Malte, grand maître de France, maréchaux de France, gouverneurs de Milan, un neveu cardinal : voilà pourtant le meilleur premier ministre et le plus applaudi qu'aient eu nos rois.

La Ligue fut conçue et préparée, et l'intelligence et l'union avec l'Espagne pour la faire éclore, par le cardinal de Lorraine, premier ministre, pour transférer la couronne dans sa maison, et qui n'eut d'autre objet pour la guerre et pour cette paix funeste par laquelle il fit rendre plus de quarante places et de vastes pays à l'Espagne, qu'elle n'eût pas repris en un siècle, et qu'il se dévoua par un si perfide service, dont la mort du duc de Guise son frère, tué par Poltrot, l'empêcha de voir le succès et l'accabla de la plus profonde douleur à Trente, où, à l'acclamation de la clôture du concile, il acclama tous les rois en nom collectif pour éviter, contre la coutume constante jusqu'alors, de nommer le roi de France le premier, puis tous les autres après, et gratifier l'Espagne en un point si sensible, depuis que Philippe II avoit osé le premier entrer en compétence si boiteusement fondée sur la préséance de l'empereur Charles-Quint, parce qu'il étoit aussi roi d'Espagne : ce dont le cardinal de Lorraine, premier ministre, jeta de si solides fondements, dont l'effet ne fut suspendu que par la mort de son frère; le fils de ce frère si jeune alors, et depuis tué à Blois au moment qu'il alloit enlever la couronne à Henri III, à force de troubles, de partis, de guerre et de désordres, sut trop bien en profiter, et le duc de Mayenne, son oncle, après lui, en sorte que ce ne fut pas sans des miracles redoublés, et sans des merveilles, qui, en tout genre, ont illustré Henri IV et la noblesse françoise, que ce prince, après tant de hasards, de détresses, de victoires, rassura la couronne sur sa tête et dans sa postérité, mais dont la fin ne le rendit pas moins la victime de l'esprit encore fumant de la Ligue abattue, comme Henri III l'avoit été de sa force et de sa fureur.

Vint après le foible et funeste gouvernement de la reine sa veuve, ou plutôt du maréchal d'Ancre, sous son nom, dont la catastrophe rendit la paix au royaume. Mais Louis XIII étoit si jeune, et, par une détestable politique, si enfermé, si étrangement élevé qu'il ne savoit pas lire encore, et qu'il ignoroit tout, comme il s'en est souvent plaint à mon père, à quoi suppléa un sublime naturel, une piété sincère, une justice exquise, la valeur d'un héros et la science des capitaines ; mais si malheureux en mère, en frère unique, en épouse, vingt ans stérile, en santé, qui attiroit les yeux de tous sur Gaston et qui faisoit sa force, en partis encore fumants, dont les plus grands obligeoient à compter avec eux, et les huguenots armés, organisés, maîtres de tant de places et de pays, formant un État dans l'État, forcèrent Louis XIII à faire un premier ministre, qui fut un génie puissant et transcendant en tout, mais qui, avec tant et de si grandes qualités, ne fut pas exempt de la passion de se maintenir, et qui fit voler bien des têtes, à la vérité presque toutes justement.

La minorité du feu roi soumit la France à une régente pour le moins aussi espagnole d'inclination que de naissance, qui se choisit un premier ministre étranger, et le premier qui fut de la lie du peuple. Aussi ne songea-t-il qu'à lui et à s'asservir tellement la reine qu'elle lui sacrifia tout, jusqu'à se précipiter deux fois au dernier bord des derniers abîmes et de la guerre civile pour son unique intérêt, et pour le maintenir ou le rappeler de ses proscriptions hors du royaume, à toutes risques et affrontant tous les périls de toute la nation, uniquement révoltée contre le cardinal Mazarin. Depuis on a vu ses fautes aux Pyrénées, que Saint-Évremond développa avec tant de justesse et d'agrément dans cette ingénieuse lettre qui lui coûta un expatriement qui a duré aussi longtemps que sa très-longue vie. Les lettres particulières, les mémoires, toute l'histoire du traité de Westphalie conclu enfin à Munster et Osnabruck, font foi qu'il en arrêta la conclusion, aux risques de tout perdre, jusqu'à ce que son intérêt particulier n'eut plus besoin de la guerre pour se soutenir, et se mettre hors d'état de plus rien craindre. Ce furent ses ordres secrets à Servien, son esclave, collègue indigne du grand d'Avaux, qui mirent bien des fois la négociation au point de la rupture, qui rendirent la sienne avec d'Avaux si scandaleuse et si publique, qui mit tous les ministres employés à la paix par toutes les puissances du côté de d'Avaux, qui produisirent ces lettres si insultantes de Servien à d'Avaux, et les réponses de d'Avaux si pleines de sens, de modération et de gravité. Ce fut enfin la conduite de Mazarin, si absurdement confite en félonie, dont Servien avoit tout le secret, conséquemment toute l'autorité de la négociation, qui fit tout abandonner à d'Avaux au sein du triomphe des longs travaux de son génie et de sa politique, qui avoit su venir à bout de la paix du nord, où plus d'un siècle après il est encore admiré, et amener par là les choses à traiter et la plus glorieuse paix en Westphalie, pour venir traîner dans sa patrie, dont il avoit si bien mérité, y être sans crédit sous le vain nom de surintendant des finances, où il n'eut jamais la moindre autorité, ni la moindre part au ministère, dont il vit récompenser Servien à son retour.

C'est à Mazarin que les dignités et la noblesse du royaume doit les prostitutions, le mélange, la confusion, sous lesquels elle gémit, le règne des gens de rien, les pillages et l'insolence des financiers, l'avilissement de tout ordre, l'aversion et la crainte de tout mérite, le mépris public que font de la nation tous ces vils champignons dominant dans les premières places, dont l'intérêt à tout décomposer à la fin a tout détruit. Tel fut l'ouvrage du détestable Mazarin, dont la ruse et la perfidie fut la vertu, et la frayeur la prudence. Qui ne sera épouvanté des trésors qu'il amassa en moins de vingt ans de règne, traversés par deux furieuses proscriptions? Il fut prouvé en pleine grand'chambre, au procès du duc Mazarin contre son fils, pour la restitution de la dot de sa mère, qu'elle avoit eu vingt-huit millions en mariage. Ajoutez à cela les dots de la duchesse de Mercœur, de la connétable Colonne, de la comtesse de Soissons, même celle que trouva après la mort du cardinal Mazarin la duchesse de Bouillon, toutes filles de la seconde de ses sœurs, et les biens immenses qui ont fait le partage du duc de Nevers leur frère. Ajoutez-y les dots de la princesse de Conti et de la duchesse de Modène, filles de la sœur aînée du cardinal Mazarin. Tous ces trésors tirés uniquement de ceux qu'il avoit su amasser, non dans un long cours d'abondance et de prospérités, mais du sein de la misère publique et des guerres civiles qu'il avoit allumées, et des étrangères qu'il trouva, qu'il renouvela, qu'il entretint jusqu'à un an près de sa mort.

Le cardinal de Richelieu et lui ont eu la même maison militaire que nos rois : des gardes, des gens d'armes, des chevau-légers, et le dernier des mousquetaires de plus, tous commandés par des seigneurs et par des gens de qualité sous eux. Personne n'ignore que le père du premier maréchal de Noailles passa immédiatement de capitaine des gardes du cardinal Mazarin à la charge de premier capitaine des gardes du corps, et que le marquis de Chandenier, dont la valeur et la vertu ont été si reconnues, et chef de la maison de Rochechouart, fut le seul des quatre capitaines des gardes dépossédés pour la ridicule affaire arrivée aux Feuillants de la rue Saint-Honoré[1], qui ne put être rétabli, parce qu'il ne le pouvoit être qu'aux dépens du domestique du cardinal Mazarin, à qui sa charge avoit été donnée.

« Voilà, monsieur, dis-je à M. le duc d'Orléans, quels ont été en tous pays les premiers ministres depuis le temps de

1. L'événement auquel Saint-Simon fait allusion eut lieu le 15 août 1648. Comme cette *ridicule affaire* n'est pas toujours connue des lecteurs modernes, je citerai ici un passage du journal inédit d'Olivier d'Ormesson, où elle se trouve tout au long : « J'appris l'affaire du capitaine des gardes, qui étoit que le 15 août le roi étant à la procession dans les Feuillants, les archers du grand prévôt, qui n'ont droit que de tenir la porte de la rue, prirent la porte du cloître, d'où ayant refusé de sortir au commandement de M. de Gesvres, capitaine des gardes, il fit main basse sur eux et deux furent tués à coup de hallebarde. Cela fit bruit. M. le cardinal (Mazarin), qui étoit auprès du roi, envoya M. Le Tellier demander le bâton à M. de Gesvres, avec ordre de se retirer. M. de Gesvres refusa de lui donner le bâton, ayant fait serment de ne le rendre qu'au roi. La reine (Anne d'Autriche), étant de retour au Val-de-Grâce, traita M. de Gesvres d'étourdi, lui redemanda le bâton, lequel il rendit, et se retira. M. le comte de Charost (autre capitaine des gardes), étant commandé de prendre le bâton,

Louis XI, pour ne remonter pas plus haut. Je ne fais ici que vous faire souvenir d'eux par quelques traits généraux. Vous avez assez lu, et vu encore des gens du temps des derniers, pour que ce peu que je vous en dis vous en rappelle tout le reste, et vous démontre que la peste, la guerre et la famine, qui de tout temps ont passé pour les plus grands fléaux dont la justice de Dieu ait puni les rois et les États, ne sont pas plus à craindre que celui d'un premier ministre, avec cette différence que celui-là seul se peut éviter : et que diriez-vous d'un prince prêt à essuyer la peste et la famine dans son royaume, à qui Dieu les montreroit prêtes à y fondre, et promettroit en même temps de l'en garantir à la moindre prière qu'il en feroit, qui non-seulement ne daigneroit pas demander la délivrance de ces terribles fléaux, mais qui auroit la folie, ou si vous lui voulez donner un nom plus propre, qui seroit assez stupide pour les demander? Tel est, monsieur, un prince qui fait un premier ministre quand il n'est pas dans les termes où se trouvèrent la fameuse Isabelle et votre incomparable aïeul, et dont le tact n'est pas juste ou assez heureux pour choisir un Ximénès ou un Richelieu.

« En voilà beaucoup, monsieur, poursuivis-je ; mais ce n'est pas encore tout : permettez-moi de vous dire avec ma

---

refusa, disant qu'il étoit autant criminel que M. de Gesvres, qui n'avoit rien fait que dans l'ordre et par son avis. M. de Chandenier fut ensuite mandé et refusa de même. M. de Tresmes vint se plaindre que, son fils ayant fait une faute, l'on eût voulu donner le bâton à un autre qu'à lui, à qui la charge appartenoit; que l'on ne depossédoit point ainsi les officiers en France. Il eut ordre de se retirer chez lui. Aussitôt la reine pourvut à la charge de Charost et mit en sa place Jarzé, qui prêta le serment de capitaine des gardes, et en celle de M. de Chandenier, M. de Noailles. »

C'est à l'occasion de ce dernier que Saint-Simon fait allusion à la disgrâce des capitaines des gardes. Les sentiments qu'il exprime étaient ceux des contemporains, comme on le voit par la suite du journal d'Olivier d'Ormesson, qui écrivait au moment même des événements : « Chacun étoit fort indigné de ce procédé. L'on disoit que M. le cardinal avoit pris cette occasion pour mettre de ses créatures (Saint-Simon dit *son domestique*) auprès du roi et s'en rendre maître. »

vérité et ma fidélité accoutumée quel est nécessairement un premier ministre et quel devient la prince qui le fait.

« Un premier ministre, si on en excepte le seul Ximenès, est un ambitieux du premier ordre, qui conserve l'écorce dont il a tant besoin et selon la mesure que le besoin subsiste, mais qui, dans la vérité, n'a d'honneur, de vertu, d'amour de l'État, ni de son maître qu'en simple parure, et sacrifie tout à sa grandeur, et, quand il y est parvenu, à sa toute-puissance, à sa sûreté et à son affermissement dans sa grande place. Il ne connoît que cet unique intérêt, d'amis ni d'ennemis que par rapport à cela, et suivant les divers degrés qui s'y rapportent. Conséquemment tout mérite lui est suspect en tout genre, excepté en ceci le cardinal de Richelieu qui se laissoit volontiers dompter par le mérite et les talents; toute réputation lui est odieuse, toute élévation par dignité ou par naissance lui est dure et pesante; tous droits, priviléges, lois, coutumes de tout temps respectées, lui sont à charge; l'esprit et la capacité de quiconque ne le laisse point dormir en repos; sur toutes choses, la moindre familiarité avec le prince, la plus légère marque de son goût pour quelqu'un, l'effraye. Ce sont tous gens qu'il prend à tâche d'éloigner; heureux, mais rarement heureux quand il ne va pas à les noircir et à les perdre. Sa principale application est de se faire autant d'esclaves que de gens qui approchent du prince, de se bien assurer qu'ils ne parleront et ne répondront au prince que sur le ton qu'il leur aura prescrit, et qu'ils lui rendront compte de tout ce qu'ils verront, entendront, sauront, soupçonneront même, avec une parfaite fidélité et le plus scrupuleux détail, et à ceux-là même il donnera des espions et des surveillants qu'ils ne pourront connoître, et d'autres encore à ceux-ci. Son grand art est que personne n'approche du prince que de sa main, et tant qu'il pourra, sans que le prince s'en aperçoive; de perdre sans retour ceux qui s'en approcheront sans lui ou par leur hardiesse ou par le goût du prince; et, comme il s'en trouve toujours quelqu'un trop difficile à perdre, de n'oublier rien pour les gagner. L'intérêt de l'État, toujours subordonné au sien, rend tout conseil d'État, de finance, et tous autres inutiles, et la fortune de ceux qui les composent toujours douteuse. Ils sont réduits à chercher et à deviner la volonté du premier ministre, dont l'ignorance leur devient dangereuse, et la moindre résistance fatale.

« Un roi n'a d'intérêt que celui de l'État : on n'a donc point ces embarras avec lui. Il s'explique nettement et librement de ses volontés : on sait donc à quoi s'en tenir. On obéit, ou, si on croit lui devoir faire quelques représentations sages, ou lui faire apercevoir ce qu'on soupçonne lui être échappé de réflexions à faire sur cette volonté, on le fait avec respect et sans crainte, parce que le roi, dont la place et l'autorité sont inamissibles, n'en peut concevoir aucun soupçon; et, s'il persévère dans sa volonté, c'est sans mauvais gré à qui l'a combattue. A l'égard du premier ministre, c'est précisément tout le contraire. Quelque tout-puissant, quelque affermi qu'il soit, toute représentation lui est odieuse. Plus elle est fondée, plus elle le choque, plus il craint un esprit qu'il sent qui va au fait. Il redoute d'être tâté, encore plus d'être feuilleté. Quiconque en a l'imprudence, même sans mauvaise intention, sa perte est résolue et ne tarde pas.

« Le premier ministre a toujours un intérêt oblique qu'il cache sous tous les voiles qu'il peut, et cela en toute espèce d'affaires. Malheur à qui les perce, s'il s'en aperçoit. Sa place et sa puissance, de quelque façon qu'elles soient établies, ne tiennent qu'à la volonté du prince. Le rien souvent, aussitôt que l'affaire la plus importante, peut altérer cette volonté, et lui causer bien de cuisantes inquiétudes, et bien du travail pour se rassurer dans sa place et dans son autorité. Le moindre affoiblissement lui annonce sa ruine; un autre rien peut la déterminer. Il n'y a donc point de riens pour un premier ministre, et dès lors quelle multitude de soins pour lui, et quelle dangereuse glace que celle sur laquelle marchent toujours les ministres à son égard! La paix et la guerre, les liaisons bonnes ou mauvaises avec les puissances étrangères, les traités et leurs diverses conditions, les conjonctures à saisir ou à laisser tomber, tout est en la main du premier ministre, qui combine, avise et ajuste tout à son intérêt personnel, qui, dans sa bouche, n'est que celui de l'État. Les ministres qui travaillent sous lui, à qui le vrai intérêt de l'État est clair et celui du premier ministre dans les ténèbres, c'est à ces ministres à bien prendre garde à eux, à examiner les yeux et la contenance du premier ministre, à se garer même de ses discours tenus souvent pour les sonder, à ne parler qu'avec incertitude, sans s'expliquer jamais nettement, parce que ce n'est pas leur avis que le premier ministre cherche, mais leur aveu que le sien, quand il jugera à propos de le dire, est la politique la plus exquise et le plus solide intérêt de l'État. Il en est de même sur les finances, et sur ce qui regarde les particuliers. La place de premier ministre, qui décide de toutes les affaires et de toutes les fortunes, est si enviée, si haïe, ne peut éviter de faire un si grand nombre de mécontents de tout genre et de toute espèce, qu'il a continuellement à redouter. Il doit donc multiplier et fortifier ses précautions. Rien de tout ce qui peut le maintenir et le raffermir ne lui paroît injuste. En ce genre il peut tout ce qu'il veut, et il veut tout ce qu'il peut. En récompense de tant d'avisements, de soins, de précautions, de frayeurs, de combinaisons, de mascarades de toutes les sortes, il accumule sur soi et sur les siens les charges, les gouvernements, les bénéfices, les chapeaux, les richesses, les alliances. Il s'accable de biens, de grandeurs, d'établissements pour se rendre redoutable au prince même; mais son grand art est de le persuader à fond, qu'il est l'homme unique dont il ne peut se passer, à qui il est redevable de tout, sans qui tout périroit, pour lequel il ne peut trop faire, et sans lequel il ne doit rien faire, surtout être confus des soins, des peines, des travaux dont il est accablé, uniquement pour son bien et pour sa gloire, et pour lequel sa reconnoissance et son abandon ne sauroient aller trop loin, et par une suite nécessaire, traiter ses ennemis comme ceux de sa personne, de sa gloire et de son État, et n'avoir de rigueur et de bonté que pour les personnes et suivant les degrés qu'il lui marque. Tel est, monsieur, et très-nécessairement tout premier ministre, dont pas un ne pourroit se maintenir sans cela. Voyons maintenant quel est le prince qui fait un premier ministre, et permettez-moi de ne vous en rien rien cacher. J'excepte toujours Isabelle et Louis le Juste par les cas singuliers où ils se sont trouvés, et par l'heureux discernement de leur choix.

« Ce crayon, quoique si raccourci, des exemples des fléaux que tous les divers États ont éprouvés de l'élévation et du gouvernement de leurs premiers ministres, la France en particulier, et celui de ce qu'est nécessairement un premier ministre en lui-même, prépare au crayon du prince qui en fait un. C'est la déclaration la plus authentique qu'il puisse faire de sa foiblesse ou de son incapacité, peut-être de l'une et de l'autre, sans rien persuader à personne du mérite de son choix, quelques pompeux éloges qu'il lui donne dans ses patentes, sinon de la misère du promoteur, et de l'adresse et de l'ambition du promu. Si Louis XI punit la trahison du sien en l'enfermant dans une cage de fer durant tant d'années, à Loches, la reconnoissance du premier ministre pour un si énorme bienfait n'a que la même récompense pour son maître. Mais la cage où il le met est d'or et de pierreries, elle est parfumée des plus belles fleurs ; elle est au milieu de sa cour ; mais elle n'en est pas moins cage, et le prince n'y est pas moins enfermé et bien exactement scellé. Ses plus familiers courtisans sont ses plus sûrs geôliers. Il a donné son nom, son pouvoir, son goût, son juge ment, ses yeux, ses oreilles à son premier ministre, bien jaloux de garder de si précieux dépôts, et bien en garde qu'il n'en revienne au prince l'émanation la plus légère. Son salut en dépend et il ne l'ignore pas. Ainsi tout est transmis du prince au premier ministre; le premier ministre règne en plein en son nom; plus de différence d'effet entre le premier ministre et nos anciens maires du palais; plus de différence effective entre le prince et nos rois fainéants, sinon que la plupart étoient opprimés par les puissantes factions de leurs maires, et que le prince ne l'est que par sa *fétardise*[1]. Je frémis, monsieur, de prononcer ce mot; mais où ne se précipite pas le serviteur tendre et fidèle pour sauver son maître, qu'il voit emporté dans le tournoyant d'un gouffre, et qui se trouve seul à oser le hasarder? Le prince est longtemps et se trouve à son aise dans sa cage. Il y dort, il s'y allonge, il y jouit de la plus douce oisiveté. Tous les plaisirs, tous les amusements s'empressent autour de lui; jamais leur succession n'est interrompue, tandis que tout lui crie : Les travaux continuels du premier ministre, qui se tue pour le soulager, et qui étonne à tous moments l'Europe par la justesse et la profondeur de sa politique, qui n'oublie rien pour rendre ses peuples heureux, qui fait d'ailleurs les délices de sa cour, et à qui il doit tant de solides et de glorieux avantages, sans autre soin que de vouloir s'en servir et l'autoriser en tout. Quel bonheur suprême pour un prince aveugle et paralytique de tout voir, de tout faire par autrui, sans sortir du sein du

---

1. Ce mot, que l'on ne trouve pas toujours dans les dictionnaires, exprime avec plus d'énergie, le même sens que *fainéantise*, *paresse*. Il est employé par les anciens écrivains français, aussi bien que l'adjectif *fétard*. Villon s'en est servi plusieurs fois :

<blockquote>Car de lire je suis *fétard*.</blockquote>

Et encore :

<blockquote>De bien boire oncques ne fut *fétard*.</blockquote>

Voy. le *Dictionnaire étymologique* de Ménage; supplément.

repos, des amusements, des plaisirs et de l'ignorance de tout la plus consommée ! C'est là le grand art de ne retenir que la grandeur et les charmes de la royauté, et d'en bannir tous les soucis, les embarras, les travaux, et n'est-ce pas la dernière folie à qui le peut de ne pas s'y livrer ? Le prince ne voit rien d'aucune des parties du gouvernement. Les fautes, les choix indignes, et ce qui en résulte, la misère et les cris des sujets, les injustices, les oppressions, les désespoirs de tous les ordres de l'État, les imprécations, les désolations, la ruine, le dépeuplement, les désordres, le profit et les partis immenses que les étrangers savent en tirer, leurs dérisions, le mépris du premier ministre qu'ils payent quelquefois en plus d'une sorte de monnoie, qu'ils séduisent, qu'ils trompent, et qui retombe bien plus à plomb sur le prince qui y perd tout et qui n'y gagne rien, comme son premier ministre, ce sont toutes choses si soigneusement éloignées de la cage, que le prisonnier ne s'en peut pas douter. Il lui est si doux de croire régner, et de sentir qu'il n'a rien à faire qu'à s'abandonner à ses goûts et à son oisiveté, qu'il n'imagine pas un plus heureux que lui sur la terre, et l'amour-propre et l'ignorance lui font encore ajouter foi aux plus folles louanges qu'on est sans cesse occupé de lui prodiguer par l'ordre du premier ministre, en sorte que le prince est persuadé qu'il est le plus glorieux et le plus révéré de l'Europe, qu'il en tient le sort entre ses mains ; que de tant d'heur et de gloire, il n'en est redevable qu'à son premier ministre, à ce grand choix qu'il a fait; que l'unique moyen de se conserver dans cet état radieux est de continuer à laisser maître de tout un si grand premier ministre, et qu'il y va de toute sa gloire, de tout son bonheur, de tout celui de son État, de le maintenir et de l'augmenter même, s'il est possible, en puissance, en autorité, en toute espèce de grandeur.

« Mais rien de stable sur la terre. Le premier ministre porté si haut, et qui a eu temps et moyens à souhait de se faire de grands et de solides établissements, et de grandes et de vastes alliances, dont la fortune dépend du maintien de la sienne, vient quelquefois à s'enivrer. Il se figure ne pouvoir plus être entamé, il se croit au-dessus des revers ; il ne voit plus le tonnerre et la foudre que bien loin sous ses pieds, comme ces voyageurs qui passent sur la cime des plus hautes montagnes. Il devient insolent : la souplesse, la complaisance auprès du prince l'abandonnent, parce qu'il compte n'en avoir plus besoin. Il devient fantasque, opiniâtre ; il le contrarie pour des riens, et il refuse d'autres riens aux gardiens de la cage. Le prince, dont l'entêtement est dur à entamer, a plus tôt fait de se croire indiscret que son premier ministre impertinent. Son humeur se fortifie par le succès. Il trouve dangereux d'accoutumer par sa complaisance le prince à être importun, et ceux qui l'approchent à en être cause. Il y faut couper pied, et cette méthode enfin commence à donner au prince du malaise, et du dépit à ses geôliers. Ils négocient ; ils sont rebutés : le prince les plaint, intérieurement se fâche. Il commence à s'apercevoir qu'encore seroit-il de raison qu'il pût disposer des bagatelles. Le premier ministre s'alarme, croit que, s'il abandonne des bagatelles, bientôt tout lui échappera. Il se roidit, il éloigne ces gardiens suspects, il en substitue de plus fidèles. Le prince ne sait plus avec qui se plaindre de la dureté qu'il éprouve. Son angoisse devient extrême ; mais comment se passer d'un homme si nécessaire ? et, quand il seroit capable d'en prendre le parti, comment s'y prendre pour renverser le colosse qu'il a fait ? Et quel usage tirer de l'impuissance où il s'est bien voulu réduire pour élever un autre roi que lui ? De là, les partis, les cabales, les troubles, une lutte et des malheurs profonds, qui ne sont pas même réparés par la chute du premier ministre. L'abondance de la matière fourniroit sans fin. Ce court précis peut suffire aux réflexions de Votre Altesse Royale. Elle se souviendra seulement de ce que c'est qu'un cardinal ; que Dubois ne peut être en rien au-dessous du Mazarin pour la naissance, et qu'il a par-dessus lui l'avantage d'être né François, dont cet Italien a toujours tout ignoré jusqu'à la langue. »

Un assez long silence succéda à ce fort énoncé. La tête de M. le duc d'Orléans, toujours entre ses mains, étoit peu à peu tombée fort près de son bureau. Il la leva enfin et me regarda d'un air languissant et morne, puis baissa des yeux qui me parurent honteux, et demeura encore quelque temps dans cette situation. Enfin il se leva et fit plusieurs tours, toujours sans rien dire. Mais quel fut mon étonnement et ma confusion au moment qu'il rompit le silence ! Il s'arrêta, se tourna à demi vers moi sans lever les yeux, et se prit tout à coup à dire d'un ton triste et bas : « Il faut finir cela, il n'y a qu'à le déclarer tout à l'heure. — Monsieur, repris-je, vous êtes bon et sage, et par-dessus le maître. N'avez-vous rien à m'ordonner pour Meudon ? » Je lui fis tout de suite la révérence et sortis, tandis qu'il me cria : « Mais vous reverrai-je pas bientôt. » Je ne répondis rien, et je fermai la porte. Le fidèle et patient Belle-Ile étoit encore depuis plus de deux grosses heures au même endroit où je l'avois laissé en entrant, sans le temps qu'il y avoit attendu mon arrivée. Il me saisit aussitôt en me disant avec empressement à l'oreille : « Hé bien ! ou en sommes-nous ? — Au mieux, lui répondis-je en me contenant tant que je pus ; je tiens l'affaire faite et tout sur le petit bord d'être déclarée. — Cela est à merveille, reprit-il : je vais tout à l'heure faire un homme bien aise. » Je ne le chargeai de rien, et je me hâtai de le quitter pour me sauver à Meudon, et m'y exhaler seul à mon aise.

Je sentis dès le lendemain la raison des quatre embuscades de Belle-Ile, que je n'avois attribuées qu'à curiosité, à l'envie de se mêler et de faire sa cour au cardinal Dubois. Ni moi ni personne n'en aurions jamais deviné la cause, qui fut toute de projet d'une hardiesse démesurée. Sur les deux heures après midi du 23 août, lendemain de la conversation qui vient d'être racontée, le cardinal Dubois fut déclaré premier ministre par M. le duc d'Orléans, et par lui présenté au roi comme tel, à l'heure de son travail. Sur les quatre heures après midi arriva Conches à Meudon, qui vint m'apprendre cette nouvelle de la part du cardinal Dubois, qui l'envoyoit exprès m'en porter, me dit-il, son hommage, comme à celui à qui il en avoit toute l'obligation. Je répondis fort sec et avec grande surprise que j'étois fort obligé à M. le cardinal de la part qu'il vouloit bien me donner d'une chose pour laquelle il savoit mieux que personne qu'il n'avoit besoin que de lui-même, et Conches, sans autre propos de moi ni guère plus de lui, s'en retourna aussitôt. Conches étoit un homme de rien et de Dauphiné, dont la figure lui avoit tenu lieu d'esprit. M. de Vendôme lui avoit fait avoir une compagnie de dragons, puis commission de lieutenant-colonel. Il s'étoit attaché depuis à Belle-Ile, mestre de camp général des dragons[1], qui ramassoit alors tout ce qu'il pouvoit pour se faire des créatures, et qui savoit très-bien se servir des gens quels qu'ils fussent, et les servir lui-même utilement. Je vis donc par ce message que le cardinal Dubois se vouloit parer de mon suffrage pour son élévation à la place de premier ministre, tandis qu'il étoit radicalement impossible et hors de toute vraisemblance qu'il ne sût par M. le duc d'Orléans ce qui s'étoit passé, du moins en gros, entre ce prince et moi là-dessus. Je fus vraiment indigné de cette effronterie, dont sa prétendue reconnoissance remplit la cour et la ville. Heureusement on nous connoissoit tous deux : mais ce n'étoit pas le plus grand nombre, de ceux surtout qui n'approchoient pas de la cour. Je ne laissai pas de dire à des amis, à quelques autres personnes distinguées, que j'étois fort éloigné d'y avoir part, et je remis au lendemain, quoiqu'il fût de si bonne heure, à aller à Versailles.

1. Colonel général des dragons. On a eu tort, dans les anciennes éditions, de substituer *maréchal de camp général* à *mestre de camp général*.

Comme j'entrois dans les premières pièces de l'appartement, où j'étois apparemment guetté à tout hasard, un des officiers de sa chambre me vint dire que M. le cardinal Dubois me prioit de passer par la petite cour, et que je le trouverois à la porte du caveau. Ce caveau étoit une pièce, une espèce d'enfoncement moins réel que d'ajustement, qui faisoit une petite pièce assez obscure, où monseigneur couchoit souvent l'hiver, dans les derrières de sa chambre naturelle, par la ruelle de laquelle on y entroit, qui avoit un degré fort étroit et fort noir en dégagement, qui rendoit dans la seconde antichambre du roi, d'un côté, et dans les derrières de l'appartement de la reine de l'autre, et qui avoit un autre dégagement de plain-pied dans la petite cour, à travers une manière de très-petite antichambre. Ce fut dans cette antichambre que je trouvai le cardinal Dubois. Je n'ai point su ce qui l'y avoit mis. Peut-être averti de mon arrivée, puisque dès l'entrée de l'appartement j'y fus envoyé de sa part, y étoit-il allé pour m'y faire en particulier toutes ses protestations et ses caracoles, qu'il craignoit apparemment qui ne fussent démenties par le froid dont il craignoit que je les pourrois recevoir. Quoi qu'il en soit, je le trouvai avec Le Blanc et Belle-Ile seuls. Dès qu'il m'aperçut, il courut à moi, n'oublia rien pour me persuader que je l'avois fait premier ministre, et son éternelle reconnoissance me protesta qu'il vouloit ne se conduire que par mes conseils, m'ouvrir tous ses portefeuilles, ne me cacher rien, concerter tout avec moi. Je n'étois pas si crédule que le cardinal de Rohan, et je sentois tout ce que valoit ce langage d'un homme qui savoit mieux qu'il ne disoit, et qui ne cherchoit qu'à se cacher sous mon manteau, et à jeter, s'il l'eût pu, tout l'odieux de sa promotion sur moi, comme l'ayant conseillée, poursuivie et procurée. Je répondis par tous les compliments que je pus tirer de moi, sans jamais convenir que j'eusse la moindre part à sa promotion, ni que je prisse à l'hameçon de tant de belles offres sur les affaires. Il ne tenoit pas à terre de joie. Nous entrâmes par les derrières, lui et moi, dans le cabinet de M. le duc d'Orléans, qui, à travers l'embarras qui le saisit à ma vue, me fit aussi merveilles, mais sans qu'il fût question de la déclaration du premier ministre. J'abrégeai tant que je pus ma visite et m'en revins respirer à Meudon. Cette déclaration, incontinent suivie de la plus ample patente et de son enregistrement, fut extrêmement mal reçue de la cour, de la ville et de toute la France. Le premier ministre s'y étoit bien attendu, mais il y étoit parvenu et il se moquoit de l'improbation et des clameurs publiques, que nulle politique ni crainte ne put retenir.

Les Rohan firent preuve de la leur en cette occasion qui les touchoit de si près; ils avalèrent la chose doux comme lait, affectèrent de l'approuver, de la louer, de publier que cela ne se pouvoit autrement, sinon que cela avoit été trop différé. Ils ont tous en préciput une finesse de nez qui les porte sans faillir à l'insolence et à la bassesse, qui les fait passer de l'une à l'autre avec une agilité merveilleuse, et dont l'air simple et naturel surprendroit toujours, si leur extrême fausseté étoit moins connue, jusqu'à douter, avec raison, s'ils ont soif à table quand ils demandent à boire. En vérité, la souplesse ni l'étude des plus surprenants danseurs de corde n'égala jamais la leur. Leur coup étoit manqué; en user autrement eût blessé le cardinal Dubois jusque dans le fond de l'âme par la conviction de sa longue perfidie; l'avaler comme ils firent étoit se l'acquérir autant qu'il en pouvoit être capable, par la reconnoissance de cacher son forfait autant qu'il étoit en eux, et par l'effort d'approbation et de joie de ce qu'il leur enlevoit après des engagements si forts et si redoublés. Laissons-les s'ensevelir dans cette fange, et Dubois dans le comble de sa satisfaction et de la toute-puissance, pour exposer un épisode indispensable à placer ici pour les étranges suites qu'eurent de si chétives sources.

Plénœuf étoit Berthelot, c'est-à-dire de ces gens du plus bas peuple qui s'enrichissent en le dévorant, et qui, des plus abjectes commissions des fermes, arrivent peu à peu, à force de travail et de talents, aux premiers étages des maltôtiers et des financiers, par la suite. Tous ces Berthelot, en s'aidant les uns les autres, étoient tous parvenus, les uns moins, les autres plus; celui-ci s'étoit gorgé par bien des métiers, et enfin dans les entreprises des vivres pour les armées. Ce fut cette connoissance qui le fit prendre à Voysin, devenu secrétaire d'État de la guerre, pour un de ses principaux commis. Il avoit épousé une femme de même espèce que lui, grande, faite au tour, avec un visage extrêmement agréable, de l'esprit, de la grâce, de la politesse, du savoir-vivre, de l'entregent et de l'intrigue, et qui auroit été faite exprès pour fendre la nue à l'Opéra et y faire admirer la déesse. Le mari étoit un magot, plein d'esprit, qui vouloit en avoir la meilleure part, mais qui du reste n'étoit pas incommode, et dont les gains immenses fournissoient aisément à la délicatesse et à l'abondance de la table, à toutes les fantaisies de parure d'une belle femme, et à la splendeur d'une maison de riche financier.

La maison étoit fréquentée; tout y attiroit; la femme adroite y souffroit par complaisance les malotrus amis de son mari qui, de son côté, recevoit bien aussi des gens d'une autre sorte qui n'y venoient pas pour lui. La femme étoit impérieuse, vouloit des compagnies qui lui fissent honneur; elle ne souffroit guère de mélange dans ce qui venoit pour elle. Éprise d'elle-même au dernier point, elle vouloit que les autres le fussent; mais il falloit en obtenir la permission. Parmi ceux-là elle savoit choisir; elle avoit si bien su établir son empire, que le bonheur complet ne sortoit jamais à l'extérieur des bornes du respect et de la bienséance, et que pas un de la troupe choisie n'osoit montrer de la jalousie ni du chagrin. Chacun espéroit son tour, et en attendant, le choix plus que soupçonné étoit révéré de tous dans un parfait silence, sans la moindre altération entre eux. Il est étonnant combien cette conduite lui acquit d'amis considérables, qui lui sont toujours demeurés attachés, sans qu'il fût question de rien plus que d'amitié, et qu'elle a trouvés, au besoin, les plus ardents à la servir dans ses affaires. Elle fut donc dans le meilleur et le plus grand monde, autant qu'alors une femme de Plénœuf y pouvoit être, et s'y est toujours conservée depuis parmi tous les changements qui lui sont arrivés.

Entre plusieurs enfants, elle eut une fille, belle, bien faite, plus charmante encore par ces je ne sais quoi qui enlèvent, et de beaucoup d'esprit, extrêmement orné et cultivé par les meilleures lectures, avec de la mémoire et le jugement de n'en rien montrer. Elle avoit fait la passion et l'occupation de sa mère à la bien élever. Mais devenue grande, elle plut, et à mesure qu'elle plut elle déplut à sa mère. Elle ne put souffrir de vœux chez elle qui pussent s'adresser à d'autres; les avantages de la jeunesse l'irritèrent. La fille, à qui elle ne put s'empêcher de le faire sentir, souffrit sa dépendance, essuya ses humeurs, supporta les contraintes; mais le dépit s'y mit. Il lui échappa des plaisanteries sur la jalousie de sa mère qui lui revinrent. Elle en sentit le ridicule, elle s'emporta; la fille se rebecqua, et Plénœuf, plus sage qu'elles, craignit un éclat qui nuiroit à l'établissement de sa fille, leur imposa en sorte qu'il en étouffa les suites, qui n'en devinrent que plus aigres dans l'intérieur domestique, et qui pressèrent Plénœuf de l'établir.

Entre plusieurs partis qui se présentèrent, le marquis de Prie fut préféré. Il n'avoit presque rien, il avoit de l'esprit et du savoir; il étoit dans le service, mais la paix l'arrêtoit tout court. L'ambition de cheminer le tourna vers les ambassades, mais point de bien pour les soutenir; il le trouvoit chez Plénœuf, et Plénœuf fut ébloui du parrain du roi, d'une naissance distinguée et parent si proche de la duchesse de

Ventadour du seul bon côté, et qui, avec raison, le tenoit à grand honneur. L'affaire fut bientôt conclue; elle fut présentée au feu roi par la duchesse de Ventadour; sa beauté fit du bruit; son esprit, qu'elle sut ménager, et son air de modestie la relevèrent. Presque incontinent après, de Prie fut nommé à l'ambassade de Turin, et tous deux ne tardèrent pas à s'y rendre. On y fut content du mari, la femme y réussit fort, mais leur séjour n'y fut pas fort long. La mort du roi et l'effroi des financiers pressèrent leur retour; l'ambassade ne rouloit que sur la bourse du beau-père. Mme de Prie avoit donc vu le grand monde françois et étranger; elle en avoit pris le ton et les manières en ambassadrice et en femme de qualité distinguée et connue; elle avoit été applaudie partout. Elle ne dépendoit plus de sa mère; elle la méprisa et prit des airs avec elle qui lui firent sentir toute la différence de la fleur d'une jeune beauté d'avec la maturité des anciens charmes d'une mère, et toute la distance qui se trouvoit entre la marquise de Prie et Mme de Plénœuf. On peut juger de la rage que la mère en conçut; la guerre fut déclarée, les soupirants prirent parti, l'éclat n'eut plus de mesure; la déroute et la fuite de Plénœuf suivirent de près. La misère, vraie ou apparente, et les affaires les plus fâcheuses accablèrent Mme de Plénœuf. Sa fille rit de son désastre et combla son désespoir. Voilà un long narré sur deux femmes de peu de chose, et peu digne, ce semble, de tenir la moindre place dans des Mémoires sérieux, où on a toujours été attentif de bannir les bagatelles, les galanteries, surtout quand elles n'ont influé sur rien d'important. Achevons tout de suite.

Mme de Prie devint maîtresse publique de M. le Duc, et son mari, ébloui des succès prodigieux que M. de Soubise avoit eus, prit le parti de l'imiter, mais M. le Duc n'étoit pas Louis XIV, et ne menoit pas cette affaire sous l'apparent secret et sous la couverture de toutes les bienséances les plus précautionnées. C'est où ces deux femmes en étoient, lorsque je fus forcé par M. le [duc] et Mme la duchesse d'Orléans, comme on l'a vu en son lieu, d'entrer en commerce avec Mme de Plénœuf sur le mariage d'une de leurs filles, que Plénœuf, retiré à Turin, s'étoit mis de lui-même à traiter avec le prince de Piémont. Mme de Prie, parvenue à dominer M. le Duc entièrement, fit par lui la paix de son père, et le fit revenir. Elle l'aimoit assez, et il la ménageoit dans la situation brillante où il la trouvoit; car ces gens-là, et malheureusement bien d'autres, comptent l'utile pour tout, et l'honneur pour rien. Lui et sa fille avoient grand intérêt à sauver tant de biens. Cet intérêt commun et la situation de M. le Duc, duquel elle disposoit en souveraine, serra de plus en plus l'union du père et de la fille aux dépens de la mère; mais la fille, non contente de se venger de la sorte des jalousies et des hauteurs de sa mère, qui ne put ployer devant l'amour de M. le Duc, se mit à prendre en aversion les adorateurs de sa mère, et la crainte qu'elle leur donna en fit déserter plusieurs.

Les plus anciens tenants et les plus favorisés étoient Le Blanc et Belle-Ile. C'étoit d'où étoit venue leur union. Tous deux étoient nés pour la fortune; tous deux en avoient les talents; tous deux se crurent utiles l'un à l'autre : cela forma entre eux la plus parfaite intimité, dont Mme de Plénœuf fut toujours le centre. Le Blanc voyoit dans son ami tout ce qui pouvoit le porter au grand, et Belle-Ile sentoit dans la place qu'occupoit Le Blanc de quoi l'y conduire, tellement que, l'un pour s'étayer, l'autre pour se pousser, marchèrent toujours dans le plus grand concert sous la direction de la divinité qu'ils adoroient sans jalousie. Il n'en fallut pas davantage pour les rendre l'objet de la haine de Mme de Prie. Elle ne put les détacher de sa mère, elle résolut de les perdre. La tentative paroissoit bien hardie contre deux hommes aussi habiles, dont l'un, secrétaire d'État depuis longtemps, étoit depuis longtemps à toutes mains de M. le duc d'Orléans, et employé seul dans toutes les choses les plus secrètes. Il étoit souple, ductile, plein de ressources et d'expédients, le plus ingénieux homme pour la mécanique des diverses sortes d'exécutions où il étoit employé sans cesse, enfin l'homme aussi à tout faire du cardinal Dubois, tellement dans sa confiance qu'il l'avoit attirée à Belle-Ile, et que tous deux depuis longtemps passoient tous les soirs les dernières heures du cardinal Dubois chez lui, en tiers, à résumer, agiter, consulter et résoudre la plupart des affaires. Tel en étoit l'extérieur, et très-ordinairement même le réel. Mais, avec toute cette confiance, Le Blanc étoit trop en possession de celle du régent pour que le cardinal pût s'en accommoder longtemps.

On a déjà vu ici que son projet étoit d'ôter d'auprès de M. le duc d'Orléans tous ceux pour qui leur familiarité avec lui pouvoit donner le moindre ombrage, et qu'il avoit déjà commencé à les élaguer. Il étoit venu à bout de chasser le duc de Noailles, Canillac et Nocé, ses trois premiers et principaux amis, qui l'avoient remis en selle, Broglio l'aîné, quoiqu'il n'en valût guère la peine; qu'il avoit échoué au maréchal de Villeroy, qui bientôt après s'étoit venu perdre lui-même; enfin qu'il avoit tâché de raccommoder le duc de Berwick avec l'Espagne pour l'y envoyer en ambassade, ne pouvant s'en défaire autrement, et on verra bientôt qu'il ne se tenoit pas encore battu là-dessus. Par tous ces élaguements il ne se trouvoit plus embarrassé que du Blanc et de moi. Il me ménageoit, parce qu'il ne savoit comment me séparer d'avec M. le duc d'Orléans. Il me faisoit la grâce du Cyclope; en attendant ce que les conjonctures lui pourroient offrir, il me réservoit à me manger le dernier. D'ailleurs je m'étois toujours contenté d'entrer où on m'appeloit; et à moins de choses instantes et périlleuses, je ne m'ingérois jamais, et il ne pouvoit manquer de s'apercevoir que la conduite du régent et le gouvernement de toutes choses me déplaisoient et me faisoient tenir à l'écart. Cela lui donnoit le temps d'attendre les moyens de faire naître des occasions;

et m'attaquer sans occasions, c'eût été trop montrer la corde et se gâter auprès de M. le duc d'Orléans, à la façon dont j'étois seul à tant de titres auprès de lui. Le Blanc étoit bien plus incommode. Sa charge, et plus encore les détails de la confiance des affaires secrètes, lui donnoient continuellement des rapports et publics et intimes avec M. le duc d'Orléans. La soumission, la souplesse, les hommages de Le Blanc, ne le rassuroient point. C'étoit un homme agréable et nécessaire à M. le duc d'Orléans, de longue main dans sa privance la plus intime. Il étoit de son choix, de son goût, utile et commode à tout, il l'entendoit à demi-mot, il ne tenoit qu'à lui : c'étoient autant de raisons de le craindre, par conséquent de l'éloigner; et si, par les racines qui le tenoient ferme, il ne pouvoit l'éloigner qu'en le perdant et l'accablant absolument, il n'y falloit pas balancer. Et pour le dire encore en passant, voilà les premiers ministres!

Celui-ci, uniquement occupé que de son fait et des choses intérieures, étoit instruit de l'ancienne et intime liaison de Le Blanc et de Belle-Ile avec Mme de Plénœuf, de la haine extrême que se portoient la mère et la fille, que celle de Mme de Prie rejaillissoit en plein sur ces deux tenants de sa mère. Dubois résolut d'en profiter. En attendant que les moyens s'en ouvrissent, il se mit à cultiver M. le Duc. Fort tôt après il sût que le désordre étoit dans les affaires de La Jonchère. C'étoit un trésorier de l'extraordinaire des guerres[1], entièrement dans la confiance de Le Blanc, qui l'avoit poussé et protégé, et qui s'en étoit servi, lui et Belle-Ile, en bien des choses. Je n'ai point démêlé au clair si le cardinal en vouloit aussi à Belle-Ile, ou si ce ne fut que par concomitance avec Le Blanc, par l'implication dans les mêmes affaires et dans la haine de Mme de Prie. Je pencherois à le croire, parce que, ayant plusieurs fois voulu servir

---

1. *L'extraordinaire des guerres* était un fonds réservé pour payer les dépenses extraordinaires de la guerre.

Belle-Ile auprès de M. le duc d'Orléans, je lui ai toujours trouvé une opposition qui alloit à l'aversion. Je ne crois pas même m'être trompé d'avoir cru m'apercevoir qu'il le craignoit, qu'il étoit en garde continuelle contre lui de s'en laisser approcher le moins du monde, et certainement il n'a jamais voulu de lui pour quoi que ç'ait été, d'où il me semble que, lié comme il étoit avec Le Blanc, qui ne cherchoit qu'à l'avancer, et qui en étoit si à portée avec M. le duc d'Orléans, quelque prévention qu'eût eue ce prince, elle n'y auroit pas résisté, si elle n'eût été étayée des mauvais offices du cardinal Dubois, qui, avec tous les dehors de confiance pour Belle-Ile, avoit assez bon nez pour le craindre personnellement, et comme l'ami le plus intime du Blanc, qu'il avoit résolu de perdre. Quoi qu'il en soit, Belle-Ile passoit pour avoir trop utilement profité de l'amitié du Blanc, et pour avoir infiniment tiré des manéges qui se pratiquent dans les choses financières de la guerre, et en particulier de La Jonchère, dans les comptes, les affaires et le crédit duquel cela avoit causé le plus grand désordre sous les yeux et par l'autorité du Blanc.

Au lieu d'étouffer la chose, et d'y remédier pour soutenir le crédit public de cette partie importante au bien général des affaires, le cardinal la saisit pour s'en servir contre Le Blanc, et en faire sa cour à M. le Duc et à Mme de Prie, qui aussitôt lâcha M. le Duc au cardinal. Il fit donc grand bruit, pressa Le Blanc d'éclaircir cette affaire, et bientôt vint à déclarer ses soupçons de la part qu'il avoit en ce désordre. M. le Duc, poussé par sa maîtresse, se mit à poursuivre vivement cette affaire, et à ne garder plus aucunes mesures sur Le Blanc ni sur Belle-Ile. M. le duc d'Orléans, qui aimoit Le Blanc, se trouva dans le dernier embarras des vives instances de M. le Duc, qu'il redoubloit tous les jours sous prétexte du bon ordre à maintenir, et du discrédit que causoit aux affaires publiques la faillite énorme qu'un trésorier de l'extraordinaire des guerres étoit prêt à faire pour n'avoir pu ne se pas prêter à toutes les volontés du secrétaire d'État de la guerre, son supérieur et son protecteur, et de Belle-Ile, ami de Le Blanc jusqu'à n'être qu'un avec lui. Le régent n'étoit pas moins embarrassé des semonces doctrinales de son premier ministre qui, sans lui montrer tant de feu que M. le Duc, le pressoit plus solidement, et avec une autorité que le régent ne s'entendoit pas à décliner. Cette affaire en étoit [là] quand les préparatifs d'une nouvelle liaison avec l'Espagne et ceux du sacre du roi la suspendirent pour quelque temps.

Le mariage de Mlle de Beaujolois, cinquième fille de M. le duc d'Orléans, avec l'infant don Carlos, troisième fils du roi d'Espagne mais aîné du second lit, fut traité avec tant de promptitude et de secret qu'il fut déclaré presque avant qu'on en eût rien soupçonné. Ce prince n'avoit pas encore sept ans, étant né à Madrid le 20 janvier 1716, et la princesse avoit un an plus que lui, étant née à Versailles le 18 décembre 1714. C'étoit cet infant que regardoit la succession de Parme et de Plaisance, aux droits de la reine sa mère, et celle de Toscane aussi. Cet établissement en Italie n'étoit pas prêt d'échoir, par l'âge des possesseurs actuels. Elle avoit besoin d'un grand appui pour n'être point troublée par la jalousie de l'empereur, si attentif à l'Italie, par celle du roi de Sardaigne, qui se trouveroit par là enfermé par la maison royale de France, enfin par celle de toute l'Europe, qui portoit déjà si impatiemment la domination de cette maison en Espagne, et qui avoit fait tant d'efforts pour l'en arracher. L'intérêt de cette auguste maison étoit donc également grand et sensible de se conserver une si belle partie de l'Italie, dont le droit lui étoit évident et reconnu, et en particulier celui de la reine d'Espagne, de qui il dérivoit, à qui il étoit si glorieux d'augmenter d'une si belle et si importante succession la maison où elle avoit eu l'honneur d'entrer, à la surprise de toute l'Europe et au grand mécontentement du feu foi, comme on l'a vu en son lieu. Un intérêt plus personnel à la reine d'Espagne s'y joignoit encore. Elle avoit toujours regardé avec horreur l'état des reines d'Espagne veuves. Elle étoit accoutumée à régner pleinement par le roi son époux; la chute lui en paroissoit affreuse si elle venoit à le perdre, comme la différence de leurs âges le lui faisoit envisager. Son but avoit donc été toujours de n'oublier rien pour faire un établissement souverain à son fils, où elle pût se retirer auprès de lui, hors de l'Espagne, quand elle seroit veuve, et s'y consoler en petit de ce qu'elle perdroit en grand. Pour y réussir, elle ne pouvoit s'appuyer plus solidement que de la France; et le régent, de son côté, ne pouvoit établir sa fille plus grandement, ni mieux s'assurer personnellement de plus en plus l'appui de l'Espagne. La surprise de la déclaration de ce mariage fut grande en Europe, et non moindre en France, où tout ce qui n'aimoit pas le régent et son gouvernement en laissa voir du chagrin. Malheureusement, on vit bientôt après que ces mariages, simplement conclus et signés avec l'Espagne, n'avoient pas été faits au ciel.

Un autre mariage, entièrement parachevé en même temps, acheva l'apparente réconciliation de la maison de Bavière avec celle d'Autriche. Ce fut celui du prince électoral de Bavière avec la sœur cadette de la reine de Pologne, électrice de Saxe, toutes deux filles du feu empereur Joseph, frère aîné de l'empereur régnant. Quoique accompli dès lors avec toute la pompe et la joie la plus apparente, il ne fut pas heureux, et ne réussit point à réunir les deux maisons.

En attendant le sacre qui s'alloit faire, on amusa le roi de l'attaque d'un petit fort dans le bout de l'avenue de Versailles, et à lui montrer ces premiers éléments militaires.

Il perdit Ruffé, un de ses sous-gouverneurs, qui étoit homme fort sage, lieutenant général, et qui ne jouit pas longtemps du gouvernement de Maubeuge, qu'il avoit eu à la mort de Saint-Frémont. Il étoit aussi premier sous-lieutenant de la première compagnie des mousquetaires. Ruffé étoit du pays de Dombes, fort attaché au duc du Maine, et se prétendoit de la maison de Damas, dont il n'étoit point, et n'en étoit point reconnu de pas un de cette illustre et ancienne maison. Son frère néanmoins, qui fut aussi lieutenant général, s'est toujours fait hardiment appeler le chevalier de Damas. En France, il n'y a qu'à vouloir prétendre entreprendre en tout genre, on y fait tout ce que l'on veut.

Les lettres perdirent aussi Dacier, qui s'y étoit rendu recommandable par ses ouvrages et par son érudition. Il avoit soixante et onze ans, et il étoit garde des livres du cabinet du roi, ce qui l'avoit fait connoître et estimer à la cour. Il avoit une femme bien plus foncièrement savante que lui, qui lui avoit été fort utile, qui étoit consultée de tous les doctes en toutes sortes de belles-lettres grecques et latines, et qui a fait de beaux ouvrages. Avec tant de savoir, elle n'en montroit aucun, et le temps qu'elle déroboit à l'étude pour la société, on l'y eût prise pour une femme d'esprit, mais très-ordinaire, et qui parloit coiffures et modes avec les autres femmes, et de toutes les autres bagatelles qui font les conversations communes, avec un naturel et une simplicité comme si elle n'eût pas été capable de mieux.

Il mourut en même temps une femme d'un grand mérite : ce fut la duchesse de Luynes, fille du dernier chancelier Aligre, veuve en premières noces de Manneville, gouverneur de Dieppe, qui sont des gentilshommes de bon lieu, et mère de Manneville, aussi gouverneur de Dieppe, qui avoit épousé une fille du marquis de Montchevreuil, qui fut quelque temps dame d'honneur de la duchesse du Maine. Le duc de Luynes voulant se remarier en troisièmes noces, le duc de Chevreuse, son fils aîné, lui trouva ce parti plein de sens, de vertu et de raison, et eut bien de la peine à la résoudre. Elle s'acquit l'amitié, l'estime et le respect de toute la famille du duc de Luynes, qui l'ont vue soigneusement jusqu'à sa mort. Lorsqu'elle perdit le duc de Luynes, ils ne purent l'empêcher de se retirer aux Incurables. On voyoit encore, à plus de quatre-vingts ans, qu'elle avoit été belle, grande, bien faite et de grande mine. Le duc de Luynes n'en eut point d'enfants.

Reynold, lieutenant général et colonel du régiment des gardes suisses, très-galant homme, et fort vieux, la suivit de près. Il avoit été mis dans le conseil de guerre : il en est ici parlé ailleurs.

Pezé, dont il a été souvent parlé ici, qui avoit le régiment d'infanterie du roi et le gouvernement de la Muette, épousa une fille de Beringhen, premier écuyer.

CHAPITRE XVII.

Préparatifs du voyage de Reims, où pas un duc ne va, excepté ceux de service actuel et indispensable, et de ceux-là mêmes aucun ne s'y trouva en pas une cérémonie sans la même raison. — Désordre des séances et des cérémonies du sacre. — Étranges nouveautés partout. — Bâtards ne font point le voyage de Reims. — Remarques de nouveautés principales. — Cardinaux. — Conseillers d'État, maîtres des requêtes, secrétaires du roi. — Maréchal d'Estrées non encore alors duc et pair. — Secrétaires d'État. — Mépris outrageux de toute la noblesse, seigneurs et autres. — Mensonge et friponnerie avérée qui fait porter la première des quatre offrandes au maréchal de Tallard duc vérifié. — Barons, otages de la sainte ampoule. — Peuple nécessaire dans la nef dès le premier instant du sacre. — Deux couronnes; leur usage. — *Esjouissance des pairs* très-essentiellement estropiée. — Le couronnement achevé, c'est au roi à se mettre sa petite couronne sur la tête et à se l'ôter quand il le faut, non à autre. — Festin royal; le roi y doit être vêtu de tous les mêmes vêtements du sacre. — Trois évêques, non pairs, suffragants de Reims, assis en rochet et camail à la table des pairs ecclésiastiques vis-à-vis les trois évêques comtes-pairs. — Tables des ambassadeurs et du grand chambellan placées au-dessous de celles des pairs laïques et ecclésiastiques. — Lourdise qui les fait placer sous les yeux du roi. — Cardinal de Rohan hasarde l'Altesse dans ses certificats de profession de foi à MM. les duc de Chartres et comte de Charolois; est forcé sur-le-champ d'y supprimer l'Altesse, qui l'est en même temps pour tous certificats et tous chevaliers de l'ordre nommés, avec note de ce dans le registre de l'ordre. — Ce qui est observé depuis toujours. — Grands officiers de l'ordre couverts comme les chevaliers. — Ridicule et confusion de la séance — Princes du sang s'arrogent un de leurs principaux domestiques près d'eux à la cavalcade, où [il y a] plus de confusion que jamais. — Fêtes à Villers-Cotterets et à Chantilly. — La Fare et Belle-Ile à la Ferté. — Leur inquiétude, et mon avis que Belle-Ile ne peut se résoudre à suivre. — Survivance du gouvernement de Paris du duc de Tresmes à son fils aîné. — Signature du contrat du futur mariage de Mlle de Beaujolois avec l'infant don Carlos. — Départ et accompagnement de cette princesse. — Laullez complimenté par la ville de Paris, qui lui fait le présent de la ville. — Mort à Rome de la fameuse princesse des Ursins. — Mort de Madame; son caractère. — Famille et caractère de la maréchale de Clérembault. — Sa mort. — Mariage de Mme de Cani avec le prince de Chalais, et du prince de Robecque avec Mlle du Bellay. — Paix de Nystadt entre le czar et la Suède.

Le temps du sacre s'approchoit fort. A la façon dont tout s'étoit passé depuis la régence, je compris que le sacre, qui est le lieu où l'état et le rang des pairs a toujours le plus paru, se tourneroit pour eux en ignominie. Le principal coup leur étoit porté par l'édit de 1711, qui attribuoit aux princes du sang, et, à leur défaut, aux bâtards du roi et à leur postérité, la représentation des anciens pairs au sacre, de préférence aux autres pairs. L'ignorance, la mauvaise foi, et la malignité éprouvée du grand maître des cérémonies, l'orgueil du cardinal Dubois de tout confondre et de tout abattre pour relever d'autant les cardinaux, le même goût de confusion, par principe, de M. le duc d'Orléans, me répondoient du reste. Je le sondai néanmoins; je représentai, je prouvai inutilement; je ne trouvai que de l'embarras, du balbutiement, et un parti pris. Le cardinal Dubois, qui sut apparemment de M. le duc d'Orléans que je lui avois parlé, et que je n'étois pas content, m'en jeta des propos, et tâcha de me faire accroire des merveilles. Il craignit ce qui arriva. Il voulut m'amuser et laisser les ducs dans la foule. Il me pressa sur ce que je croyois qu'il convenoit aux ducs. Je ne voulus point m'expliquer que je n'eusse parlé à plusieurs, quelque résolution que j'eusse prise, comme on l'a vu ailleurs, de ne me mêler plus de ce qui les regardoit. Pressé de nouveau par le cardinal, je lui dis enfin ce que je pensois. Il bégaya, dit oui et non, se jeta sur des généralités et des louanges de la dignité, sur la convenance, même la nécessité qu'ils se trouvassent au sacre, et qu'ils y fussent dignement, s'expliquant peu en détail. Je lui déclarai que ces propos n'assuroient rien ; mais que d'aller au sacre pour y éprouver des indécences, et pis encore, ce ne seroit jamais mon avis ; que si M. le duc d'Orléans vouloit que les ducs y allassent, il falloit convenir de tout, l'écrire par articles, et que M. le duc d'Orléans le signât double, et en présence de plusieurs ducs ; qu'il en donnât un au grand maître des cérémonies, avec injonction bien sérieuse de l'exacte exécution, l'autre à celui des ducs qu'il en voudroit charger.

Dubois, qui n'avoit garde de se laisser engager de la sorte, parce qu'il vouloit attirer les ducs et se moquer d'eux, se récria sur l'écriture, et vanta les paroles. Je lui répondis nettement que l'affaire du bonnet et d'autres encore avoient appris aux ducs la valeur des paroles les plus solennelles, les plus fortes, les plus réitérées; qu'ainsi il falloit écrire ou se passer de gens qu'il regardoit comme aussi inutiles, sinon à grossir la cour. Le cardinal se mit sur le ton le plus doux, même le plus respectueux, car tous les tons différents ne lui coûtoient rien, et n'oublia rien pour me gagner. Il me détacha après Belle-Ile et Le Blanc pour me représenter que je ne pouvois m'absenter du sacre sans quelque chose de trop marqué, le désir extrême du cardinal que je m'y trouvasse et de m'y procurer toutes sortes de distinctions. M. le duc d'Orléans me demanda si je n'y viendrois pas, et sans oser ou vouloir m'en presser, fit ce qu'il put pour m'y engager. Comme ils sentirent enfin qu'ils n'y réussiroient pas, le cardinal se mit à me presser par lui-même et par ses deux envoyés de ne pas empêcher les autres ducs d'y aller, et de considérer l'effet d'une telle désertion. Je répondis que c'étoit à ceux qui pouvoient l'empêcher, en mettant l'ordre nécessaire, à y faire leurs réflexions; que je ne gouvernois pas les ducs, comme il n'y avoit que trop paru, mais que je savois ce qu'ils avoient à faire, et me tins fermé[1] à cette réponse.

Je m'étois assuré plus facilement que je ne l'avois espéré que pas un d'eux n'iroit, excepté ceux à qui leurs charges rendoient le voyage indispensable, et que de ceux-là mêmes aucun ne se trouveroit dans l'église de Reims, ni à pas une seule des cérémonies, comme celle des autres églises, et celle du festin royal et de la cavalcade, excepté ceux que leurs charges y forceroient, et qu'ils sacrifieroient toute curiosité à ce qu'ils se devoient à eux-mêmes, ce qui fut très-fidèlement et très-ponctuellement exécuté. Quand je fus bien assuré de la chose, j'allai, quatre ou cinq jours avant le départ du roi, prendre congé de M. le duc d'Orléans et dire adieu au cardinal Dubois avec un air sérieux, pour m'en aller à la Ferté, et je partis le lendemain. Tous deux s'écrièrent fort; mais, ne pouvant me persuader le voyage de Reims, ils firent l'un et l'autre ce qu'ils purent pour m'engager à me trouver au retour à Villers-Cotterets, où M. le duc d'Orléans préparoit de superbes fêtes. Je répondis modestement que, ne pouvant avoir de part aux solennités de Reims, je me trouverois un courtisan fort déplacé à Villers-Cotterets, et tins ferme à toutes les instances. J'étois convenu avec les ducs que pas un n'iroit de Paris ni de Reims,

---

1. Il y a *fermé* dans le manuscrit; on a déjà vu ce mot employé par Saint-Simon dans le sens de *fixe* et *fermement attaché*.

hors ceux qui ne pouvoient s'en dispenser par le service actuel de leurs charges. Et cela fut exécuté avec la même ponctualité et fidélité. J'allai donc à la Ferté cinq ou six jours avant le départ du roi, et n'en revins que huit ou dix après son retour.

Le désordre du sacre fut inexprimable, et son entière dissonance d'avec tous les précédents. On y en vit dans le genre de ceux qui eurent ordre de s'y trouver et de ceux qui n'en eurent point, et le projet de l'exclusion possible de toutes dignités et de toute la noblesse y sauta aux yeux. Il ne fut pas moins évident qu'on l'y voulut effacer par la robe et jusque par ce qui est au-dessous de la robe, ces deux genres de personnes y ayant été nommément mandées et conviées, et nul de la noblesse, excepté le peu d'entre elles qui y eurent des fonctions qui ne se pouvoient donner hors de leur ordre. Le même désordre par le même projet régna dans les séances de l'église de Reims, la veille aux premières vêpres du sacre, le jour du sacre, et le lendemain, pour l'ordre du Saint-Esprit, que le roi reçut, puis conféra; au festin royal; à la cavalcade, enfin partout. C'est ce qui va être expliqué par quelques courtes remarques. Il y en auroit tant à faire qu'on ne s'arrêtera qu'à ce qui regarde le sacre, le festin royal et l'ordre du Saint-Esprit. Je n'ai point su quelles furent les prétentions des bâtards; mais le duc du Maine, ni ses deux fils, ni le comte de Toulouse ne firent point le voyage de Reims; et le comte de Toulouse, qui en fut pressé, le refusa nettement et demeura à Rambouillet. Des six cardinaux qu'il y avoit à Paris, le seul cardinal de Noailles n'y fut point invité. Ce fut un hommage que le cardinal Dubois voulut rendre au cardinal de Rohan et à la constitution *Unigenitus*, qui l'avoient si bien servi à Rome pour son chapeau. Par cette exclusion, le cardinal de Rohan se trouva à la tête des quatre autres cardinaux. La même reconnoissance pour les deux frères d'avoir si onctueusement avalé la déclaration de premier ministre, après en avoir été si cruellement joués, fit aussi choisir le prince de Rohan pour faire la charge de grand maître de France, au lieu de M. le Duc qui l'étoit, mais qui représentoit le duc d'Aquitaine.

Les pairs ecclésiastiques devoient à deux titres avoir la première place de leur côté. Ils avoient sans difficulté, avec les pairs laïques, la fonction principale dans toute la cérémonie, et l'archevêque de Reims étoit le prélat officiant et dans son église : les cinq autres le joignoient sur la même ligne, et y étoient les principaux officiers. Voilà donc deux raisons sans réplique. L'usage des précédents sacres en étoit une troisième. Le cardinal Dubois vouloit signaler son cardinalat, et primer à l'appui de ses confrères. Il ne voulut donc pas les placer derrière les pairs ecclésiastiques, et il n'osa les mettre devant eux pour troubler toute la cérémonie. Il fit donner aux cardinaux un banc un peu en arrière de celui des pairs ecclésiastiques, mais poussé assez haut pour qu'il n'y eût rien entre ce banc et l'autel, et que le dernier cardinal, qui étoit Polignac, ne fût pas effacé par l'archevêque de Reims, ni par l'accompagnement ecclésiastique qui étoit près de lui debout. Ainsi les archevêques et évêques, et à leur suite le clergé du second ordre, fut placé sur des bancs derrière celui des pairs ecclésiastiques, et plus arriéré que celui des cardinaux. Sur même ligne que les bancs des archevêques, évêques et second ordre, et au-dessous, étoient trois bancs, sur lesquels furent placés dix conseillers d'État, dix maîtres des requêtes, et, pour que rien ne manquât à la dignité de cette séance, six secrétaires du roi, tous députés de leurs trois compagnies ou corps, qui avoient été invités.

De l'autre côté, les pairs laïques vis-à-vis des pairs ecclésiastiques, et rien vis-à-vis des cardinaux. Derrière les pairs laïques les trois maréchaux de France nommés pour porter les trois honneurs. Il faut se souvenir que le maréchal d'Estrées qui, comme l'ancien des deux autres, étoit destiné pour la couronne, ne devint duc et pair que le 16 juillet 1723, par la mort sans enfants du duc d'Estrées, gendre de M. de Nevers. Au-dessous du banc des honneurs, et un peu plus reculé, étoit le banc des seuls secrétaires d'État, et rien devant eux qu'un bout de la fin du banc des pairs laïques. Il est vrai qu'il y eut un moment court de la cérémonie, où on mit devant les secrétaires d'État un tabouret placé vis-à-vis l'intervalle entre le banc des pairs laïques et celui des honneurs, où se mit le duc de Charost; mais outre que cela fut pour très-peu de temps, la séance accordée aux secrétaires d'État n'en fut pas moins grande, puisque le duc de Charost ne prit cette place pendant quelques moments qu'en qualité de gouverneur du roi, qui n'est pas une charge qui existe ordinairement lors d'un sacre.

Derrière le banc des trois maréchaux de France destinés à porter les honneurs, les maréchaux de Matignon et de Besons y furent placés; et sur le reste de leur banc, qui s'étendoit derrière celui des secrétaires d'État, les seigneurs de la cour et d'autres que la curiosité avoit attirés, sans que pas un fût convié, y furent placés au hasard et sur d'autres bancs derrière. Ainsi les conseillers d'État, maîtres des requêtes et secrétaires du roi d'un côté, et les secrétaires d'État de l'autre, tous conviés, eurent les belles séances, et les gens de qualité furent placés en importuns curieux où ils purent, comme le hasard ou la volonté du grand maître des cérémonies les rangea pour remplir les vides d'un spectacle où ils n'étoient point conviés, et où leur curiosité fit nombre inutile; tant, jusqu'aux secrétaires du roi, tout homme à collet fut là supérieur à la plus haute noblesse de France.

Les quatre premières chaires du chœur, de chaque côté, les plus proches de l'autel, furent occupées par les quatre chevaliers de l'ordre qui devoient porter les quatre pièces de l'offrande, et par les quatre barons chargés de la garde de la sainte ampoule. On a ici remarqué ailleurs la friponnerie mise exprès dans un livre des cérémonies du sacre du feu roi, que le grand maître des cérémonies fit imprimer et publier quelques mois auparavant celui-ci, où mon père étoit nommé comme portant une de ces offrandes. J'eus beau dire, publier et déclarer alors, que c'étoit une faute absurde dans la prétendue relation de ce livre du sacre du feu roi; que c'étoit mon oncle, frère aîné de mon père, et chevalier de l'ordre en 1633, en même promotion que lui, qui porta un des honneurs, et non mon père, qui étoit alors depuis longtemps à Blaye, et qui y demeura longtemps depuis, fort occupé pour le service du roi contre les mouvements, puis de la révolte de Bordeaux et de la province. Ce même service occupoit beaucoup de pairs dans leurs gouvernements, et en fit manquer pour la représentation des anciens pairs au sacre, en sorte que si mon père se fût trouvé à Paris, il eût représenté un de ces anciens pairs, puisqu'à leur défaut il fallut avoir recours à un duc non vérifié, ou, comme on parle, à brevet, qui fut M. de Bournonville, père de la maréchale de Noailles.

Cette fausseté n'avoit pas été mise pour rien dans ce livre répandu exprès dans le public avec bien d'autres fautes. Le parti étoit pris. On avoit résolu de confondre les ducs avec des seigneurs ou autres qui ne l'étoient pas, de la manière la plus solennelle, et on en choisit un qui n'avoit garde de se refuser à rien, et conduit par des gens dont les chimères avoient le même intérêt. Ce fut le maréchal de Tallard, duc vérifié, et non pas pair, qui fut mis à la tête du comte de Matignon, de M. de Médavy, depuis maréchal de France, et de Goesbriant, tous chevaliers de l'ordre, et Tallard fit ainsi la planche inouïe et première de cette association, en même fonction d'un duc; même d'un maréchal de France, avec trois autres qui ne l'étoient pas, et qui n'avoit jamais été faite par un maréchal de France, beaucoup moins par un duc.

A l'égard des quatre barons de la sainte ampoule, placés vis-à-vis, ce fut une indécence tout à fait nouvelle, accordée à leur curiosité de voir le sacre, et c'en fut une autre bien plus marquée de placer dans les quatre chaires basses, au-dessous d'eux, leurs quatre écuyers tenant leurs pennons[1] flottants à leurs armes au revers de celles de France, tandis que les princes du sang, représentant les anciens pairs, ni pas un autre homme en fonction, n'avoient ni écuyers ni pennons. La fonction de ces quatre barons en étoit interceptée. Leur charge est d'être otages de la restitution de la sainte ampoule à l'église abbatiale de Saint-Remi après le sacre. Pour cet effet, ils doivent marcher ensemble, à cheval, avec leurs écuyers portant chacun le pennon éployé aux armes de son maître, et point avec les armes de France, à cheval aussi devant le sien, et les barons environnés de leurs pages et de leur livrée, et aller ainsi depuis l'archevêché, comme députés pour ce par le roi, à l'abbaye de Saint-Remi, où arrivés, ils doivent être de fait, ou supposés enfermés dans un appartement de l'abbaye, et sous clef, depuis l'instant que la sainte ampoule en part jusqu'à celui où elle y est rapportée et replacée, et alors être délivrés, comme dûment déchargés de leur fonction d'otages et de répondants de la restitution et remise de la sainte ampoule, et retourner de l'abbaye de Saint-Remi à l'archevêché avec le même cortége qu'ils en étoient venus. Ainsi leurs pennons uniques ne préjudicioient à personne, puisque, ni dans la marche à l'aller et au retour, les quatre barons étoient seuls ainsi que dans l'abbaye, et ces pennons de plus ne devoient servir en effet qu'à être appendus dans l'église de l'abbaye, en mémoire et en honneur de la fonction d'otage de la restitution de la sainte ampoule, faite et remplie par ces quatre barons.

Voici bien une autre faute sans exemple en aucun des sacres précédents et tout à fait essentielle, et telle que je ne puis croire qu'elle ait été commise en effet dans la cérémonie, mais que le goût d'énerver tout, et l'esprit régnant de confusion a fait mettre dans les relations de la Gazette,

---

1. Étendards à longue queue flottante.

et publiques et autorisées. Elle demande un court récit. Le peuple, qui depuis assez longtemps fait le troisième ordre, mais diversement composé, le peuple, dis-je, simple peuple ou petits bourgeois, ou artisans et manants, a toujours rempli la nef de l'église de Reims au moment que le roi y est amené. Il est là comme autrefois aux champs de Mars, puis de Mai, applaudissant nécessairement, mais simplement à ce qui est résolu et accordé par les deux ordres du clergé et de la noblesse. Dès que le roi est arrivé et placé, l'archevêque de Reims se tourne vers tout ce qui est placé dans le chœur, pour demander le consentement de la nation. Ce n'est plus, depuis bien des siècles, qu'une cérémonie, mais conservée en tous les sacres, et qui, suivant même les relations des gazettes, et autres autorisées et publiées, l'a été en celui-ci. Il faut donc que, comme aux anciennes assemblées de la nation aux champs de Mars, puis de Mai, puisque cette partie de la cérémonie en est une image, que la nef soit alors remplie de peuple pour ajouter son consentement présumé à celui de ceux qui sont dans le chœur, comme dans ces assemblées des champs de Mars, puis de Mai, la multitude éparse en foule dans la campagne, acclamoit, sans savoir à quoi, à ce que le clergé et la noblesse, placés aux deux côtés du trône du roi, consentoit aux propositions du monarque, sur lesquelles ces deux ordres avoient délibéré, puis consenti. C'est donc une faute énorme, tant contre l'esprit que contre l'usage constamment observé en tous les sacres jusqu'à celui-ci, de n'ouvrir la nef au peuple qu'après l'intronisation au jubé.

On se sert au sacre de deux couronnes : la grande de Charlemagne, et d'une autre qui est faite pour la tête du roi, et enrichie de pierreries. La grande est exprès d'une largeur à ne pas pouvoir être portée sur la tête, et c'est celle qui sert au couronnement. Elle est faite ainsi pour donner lieu aux onze pairs servants d'y porter chacun une main au moment que l'archevêque de Reims l'impose sur la tête du roi, et de le conduire, en la soutenant toujours, jusqu'au trône du jubé, où se fait l'intronisation. Il est impossible, par la forme de cette ancienne couronne, que cela ait pu se pratiquer autrement; mais les relations approuvées et publiées ont affecté de brouiller cet endroit si essentiel de la cérémonie, ne parlant point exprès, pour exténuer tout, du soutien de la couronne de Charlemagne sur la tête du roi par les pairs, et laissent croire qu'il l'a portée immédiatement sur sa tête. Ce n'est pas la seule réticence affectée de cet important endroit de la cérémonie. Elles taisent la partie principale de l'intronisation, qui s'appelle l'*esjouissance des pairs*, et voici ce qui a été soigneusement omis par ces relations tronquées. Chaque pair, ayant baisé le roi à la joue assis sur son trône, fait de façon que de la nef il est vu à découvert depuis les reins jusqu'à la tête : le pair qui a baisé le roi se tourne à l'instant à côté du roi, le visage vers la nef, s'appuie et se penche sur l'appui du jubé, et crie au peuple : « Vive le roi Louis XV! » A l'instant le peuple crie lui-même : « Vive le roi Louis XV! » A l'instant une douzième partie des oiseaux tenus exprès en cage sont lâchés ; à l'instant une douzième partie de monnoie est jetée au peuple. Pendant ce bruit le premier pair se retire à sa place sur le jubé même; le second va baiser le roi, se pencher au peuple et lui crier le « Vive le roi Louis XV! » A l'instant autres cris redoublés du peuple, autre partie d'oiseaux lâchés, autre partie de monnoie jetée, et ainsi de suite jusqu'au dernier des douze pairs servants.

Les relations disent tout hors cette proclamation des pairs au peuple, et cette distribution d'oiseaux et de monnoie à chacune des douze proclamations. La raison de ce silence est évidente ; je me dispenserai de la qualifier. Je ne parle point des fanfares et des décharges qui accompagnent chaque proclamation, et dont le bruit, ainsi que celui de la voix de tout ce qui est dans la nef ne cesse point, mais redouble à chaque proclamation et ne commence qu'à la première. L'autre couronne se trouve au jubé. Dès que le roi y est assis, la grande couronne est déposée à celui qui est choisi pour la porter, et c'est le roi lui-même qui prend la petite couronne et qui se la met sur la tête, qui se l'ôte et se la remet toutes les fois que cela est à faire. Je ne sais si les relations sont ici fautives, il seroit bien plus étrange qu'elles ne le fussent pas. La raison de cela est évidente; et quand il va à l'autel pour l'offrande et pour la communion, et qu'il en revient au jubé, c'est après avoir ôté sa petite couronne, qui demeure sur son prie-Dieu au jubé, et les pairs lui tiennent la grande couronne sur sa tête, excepté, pour ces deux occasions, l'archevêque de Reims qui demeure à l'autel.

Les relations ne disent pas un mot des fonctions de l'évêque-duc de Langres, ni des évêques-comtes de Châlons et de Noyon[1].

Il y eut, au festin royal, ou une faute dans le fait, ou une méprise dans les relations si la faute n'a pas été faite, et deux nouveautés qui n'avoient jamais été à pas un autre festin du sacre avant celui-ci. La faute ou la méprise est que les relations disent que le roi étant revenu de l'église en son appartement, on lui ôta ses gants pour les brûler, parce qu'ils avoient touché aux onctions, et sa chemise pour la brûler aussi par la même raison ; qu'il prit d'autres habits que ceux qu'il avoit à l'église, reprit par-dessus son manteau royal, et conserva sa couronne sur sa tête. Les gants ôtés et brûlés, cela est vrai et s'est toujours pratiqué, d'abord en rentrant dans son appartement, la chemise aussi ; mais, à l'égard de la chemise, ordinairement elle n'est ôtée qu'après le festin, lorsque le roi, retiré dans son appartement, quitte ses habits royaux pour ne les plus reprendre. Que si quelquefois il y a eu des rois qui ont changé de chemise avant le festin royal, ils ont repris tous les mêmes

---

1. On a vu plus haut (t. IX, p. 445-446), quelles étaient les fonctions de ces évêques à la cérémonie du sacre.

vêtements qu'ils avoient à l'église pour aller au banquet royal. C'est donc une faute et une nouveauté s'il en a été usé autrement, sinon une lourde méprise aux relations de l'avoir dit, et un oubli d'avoir omis quel fut l'habit que ces relations prétendent que le roi prit dessous son manteau royal pour aller au festin.

A l'égard des deux nouveautés, l'une fut faite pour tout confondre, l'autre par une lourde imprudence qui vint d'embarras. La première fut de faire manger à la table des pairs ecclésiastiques les évêques de Soissons, Amiens et Senlis, comme suffragants de Reims, sans aucune prétention ni exemple quelconque en aucun festin royal du sacre avant celui-ci. La suffragance de Reims n'a jamais donné ni rang ni distinction; c'est la seule pairie qui les donne. Cela est clair par le siége de Soissons, qui n'en a point, quoique premier suffragant, quoique cette primauté de suffragance lui donne le droit de sacrer les rois en vacance du siége de Reims, ou empêchement de ses archevêques; et le siége de Langres, dont l'évêque est duc et pair, et toutefois suffragant de Lyon. Jamais qui que ce soit, avant ce sacre, n'avoit été admis à la table des pairs ecclésiastiques; aussi dans cette entreprise n'osa-t-on pas y mettre d'égalité. Les pairs ecclésiastiques étoient à leur table en chape et en mitre, comme ils y ont toujours été, de suite et tous six du même côté, joignant l'un l'autre, l'archevêque de Reims à un bout avec son cortége de chapes derrière lui debout, et sa croix et sa crosse portées par des ecclésiastiques en surplis devant lui, la table entre-deux, et l'évêque de Noyon à l'autre bout. Les trois évêques, qu'on peut appeler parasites, furent en rochet et camail, et apparemment découverts, puisque les relations taisent le bonnet carré, et placés de l'autre côté de la table, et encore au plus bas bout qu'il se put, vis-à-vis des trois évêques comtes-pairs. Outre le préjudice de la dignité des pairs dans une cérémonie si auguste, et où ils figurent si principalement, c'étoit manquer de respect au roi, en présence duquel et à côté de lui dans la même pièce, c'est manger avec lui, quoiqu'à différente table, et jamais évêque ni archevêque n'a mangé en aucun cas avec nos rois s'il n'a été pair ou prince, comme il a été expliqué ici ailleurs, jusqu'à ce que l'ancien évêque de Fréjus se fit admettre le premier dans le carrosse du roi, puis à sa table, ce qui a été le commencement de la débandade qui s'est vue depuis en l'un et en l'autre ; c'étoit faire une injure aux officiers de la couronne qui sont bien au-dessus des évêques, qui en ce festin du sacre, tout grands qu'ils sont, ne sont pas admis à la table des pairs laïques, et ne le furent pas non plus en celui-ci. En un mot, il n'a jamais été vu en aucun autre sacre que qui que ç'ait été ait mangé à la vue du roi au festin royal, autres que les six pairs laïques et les six pairs ecclésiastiques qui avoient servi au sacre.

L'autre nouveauté, qui fut une très-lourde bévue, vint de l'embarras qui étoit né de la facilité qu'on laisse à chacun de faire ce qui lui plaît, sans penser aux conséquences. La pièce, de tout temps destinée au festin royal du sacre, dans l'ancien palais archiépiscopal de Reims, étoit une pièce vaste et fort extraordinaire, en ce qu'elle étoit en équerre, en sorte que ce qui se passoit dans la partie principale de cette pièce ne se voyoit point de ceux qui étoient dans la partie de la même pièce qui étoit en équerre, et réciproquement n'étoit point vu de ceux qui étoient dans la partie principale de la même pièce. L'équerre étoit aussi fort spacieuse et profonde, et c'étoit dans cette équerre qu'étoient les tables des ambassadeurs et du grand chambellan, tellement qu'elles étoient également toutes deux dans la même pièce où étoit la table du roi, et celle des pairs laïques et ecclésiastiques, et toutefois entièrement hors de leur vue. L'archevêque de Reims Le Tellier, qui travailla beaucoup à ce palais archiépiscopal, trouvant cette pièce immense baroque, la rompit sans penser aux suites, ou sans s'en mettre en peine, et le feu roi l'ignora, ou ne s'en soucia pas plus que lui. De là l'embarras où placer les tables des ambassadeurs et du grand chambellan : on ne pouvoit les placer dans la même pièce de celle du roi, sans être sous sa vue, ni lui en dérober la vue qu'en les mettant dans une autre pièce. On ne songea seulement pas qu'avant le changement fait à cette pièce, elle étoit aussi capable qu'alors de contenir ces deux tables, et qu'elles avoient néanmoins été toujours mises dans l'équerre, que l'archevêque Le Tellier n'avoit fait que couper, pour les dérober à la vue du roi; ce qui devoit déterminer à les mettre encore dans cette même équerre, quoique coupée et faisant une autre pièce. On sauta donc le bâton, on les mit dans la pièce où étoit la table du roi, et on les plaça sur même ligne, mais au-dessous des deux tables des pairs laïques et ecclésiastiques, d'où résulta nouvelle difformité, en ce que ces évêques, non pairs, suffragants de Reims, qu'on fit manger pour la première fois à la table des pairs ecclésiastiques, se trouvèrent à une table supérieure à celle des ambassadeurs et à celle du grand chambellan, avec qui ces évêques n'ont pas la moindre compétence; et, pour rendre la chose plus ridicule, à une table supérieure à celle où le chancelier mangeoit, et placé comme eux au bas-côté de la table inférieure à la leur, lui qui ne leur donne pas la main chez lui, et dont le style de ses lettres à eux est si prodigieusement supérieur. Ajoutons encore l'énormité de faire manger à la vue du roi, en une telle cérémonie, les deux introducteurs des ambassadeurs, tant par leur être personnel que par la médiocrité de leur charge, parce qu'ils doivent manger à la table des ambassadeurs. Les réflexions se présentent tellement d'elles-mêmes sur un si grand amas de dissonances de toutes les espèces, nées de toutes ces nouveautés, que je les supprimerai ici. Venons maintenant à ce qui se passa pour l'ordre du Saint-Esprit, que le roi reçut le lendemain matin des mains de l'archevêque de Reims, et qu'il conféra ensuite, comme grand maître de l'ordre, au duc de Chartres et au comte de Charolois.

La règle est que ceux qui sont nommés chevaliers de l'ordre, entre plusieurs formalités préparatoires, font à genoux, chez le grand aumônier de France, qui l'est né de l'ordre, profession de la foi du concile de Trente, et lecture à haute voix de sa formule latine, qui est longue, et que le grand aumônier leur tient sur ses genoux, assis dans un fauteuil, la signent, et prennent un certificat du grand aumônier d'avoir rempli ce devoir. Les deux princes nommés au chapitre tenu à Reims s'acquittèrent de ce devoir.

Le cardinal de Rohan, ne doutant de rien sur l'appui de la protection si déclarée et si bien méritée du cardinal Dubois, saisit une si belle occasion d'établir sa princerie, d'autant mieux que c'étoit la première promotion de l'ordre qui se faisoit depuis qu'il étoit grand aumônier. Il donna ses ordres à son secrétaire qui, en signant les certificats de ces princes au-dessous de la signature du cardinal de Rohan, mit hardiment *par Son Altesse Éminentissime*, au lieu de mettre simplement *par monseigneur*. Le secrétaire des commandements du régent, qui retira le certificat de M. le duc de Chartres, y jeta les yeux par hasard, et fut si étrangement surpris de l'*Altesse Éminentissime* qu'il alla sur-le-champ en avertir M. le duc d'Orléans. La colère le transporta à l'instant malgré sa douceur naturelle et son peu de dignité, mais au fond très-glorieux. Il envoya sur-le-champ chercher l'abbé de Pomponne, chancelier de l'ordre. C'étoit l'heure qu'on sortoit de dîner pour aller bientôt aux premières vêpres du sacre, et le chapitre de l'ordre s'étoit tenu la veille. L'abbé de Pomponne m'a conté qu'il fut effrayé de la colère où il trouva M. le duc d'Orléans, au point qu'il ne sut ce qui alloit arriver. Il lui commanda d'aller dire de sa part au cardinal de Rohan d'expédier sur-le-champ deux autres certificats à MM. les duc de Chartres et comte de Charolois, où il y eût seulement *par monseigneur*, d'y supprimer l'*Altesse Éminentissime* qu'il avoit osé y hasarder, et de lui défendre de la part du roi de jamais l'employer dans aucun certificat de chevalier de l'ordre. Le régent ajouta l'ordre à l'abbé de Pomponne de faire écrire le fait et l'ordre en conséquence, tant à l'égard du certificat expédié à chacun de ces deux princes, que [pour] tous ceux à expédier à tous chevaliers de l'ordre nommés à l'avenir, sur les registres de l'ordre.

Le cardinal de Rohan et son frère furent bien mortifiés de cet ordre, dont ils ne s'étoient pas défiés par le caractère du régent et par la protection du premier ministre. Ils obéirent sur-le-champ même et sans réplique, et l'avalèrent sans oser en faire le plus léger semblant. De pareilles tentatives, souvent avec succès, sont les fondements des prétentions, et trop ordinairement de la possession de ces chimères de rang de prince étranger : je l'ai remarqué ici en plus d'une occasion. Quand je fus chevalier de l'ordre, cinq ans après, j'avertis les maréchaux de Roquelaure et d'Alègre et le comte de Grammont, qui furent de la même promotion avec le prince de Dombes, le comte d'Eu et des absents, de prendre bien garde à leurs certificats. M. le duc d'Orléans n'étoit plus et les entreprises revivent. Je voulus voir le mien chez le cardinal de Rohan même, au sortir de ma profession de foi. Le secrétaire, qui en sentit bien la cause, me dit un peu honteusement que je n'y trouverois que ce qu'il y falloit, et me le présenta. En effet, j'y vis *par monseigneur* et point d'*Altesse;* je souris en regardant le secrétaire, et lui dis : « Bon, monsieur, comme cela, » et je l'emportai. Je sus des trois autres que j'avois avertis, que les leurs étoient de même. Cela me montra qu'ils avoient abandonné cette prétention. Certainement le coup étoit bon à faire ; si le premier prince du sang, fils du régent, et un autre prince du sang avoient souffert l'Altesse du cardinal de Rohan, qui eût pu après s'en défendre ?

Il n'y eut de séance à la cérémonie de l'ordre que pour le clergé et pour la même robe, même les secrétaires du roi, qui y eurent les mêmes qu'au sacre. Tout le reste n'y fut placé qu'à titre de curieux, pêle-mêle, comme il plut au grand maître des cérémonies. Il n'y eut que les chevaliers de l'ordre, qui étoient en petit nombre, qui formèrent seuls la cérémonie. Ce qu'il y eut de nouveau, car il y eut du nouveau partout, c'est que les officiers de l'ordre se couvrirent dans le chœur, comme les chevaliers, eux qui dans les chapitres, excepté le seul chancelier de l'ordre, sont au bout de la table, derrière lui, debout et découverts, et les chevaliers et le chancelier assis et couverts. Aussi, comme je l'ai remarqué ailleurs, ont-ils fait en sorte qu'il n'y a plus de chapitre qu'en foule, en désordre, sans rang, où le roi est debout et découvert, et qu'il n'y a plus de repas, parce que le chancelier de l'ordre y mange seul avec le roi et les chevaliers en réfectoire, et les autres grands officiers mangent en même temps avec les petits officiers de l'ordre dans une salle séparée.

A l'égard de la cavalcade, il ne se put rien ajouter à l'excès de sa confusion. Les princes du sang y prirent, pour la première fois, un avantage que le régent souffrit pour l'intérêt de M. son fils contre le sien. Chacun d'eux eut près de soi un de ses principaux domestiques. Cela ne fut jamais permis qu'aux fils de France et aux petits-fils de France, c'est-à-dire à M. le duc de Chartres, depuis duc d'Orléans, enfin régent, seul petit-fils de France, qui ait existé depuis l'établissement de ce rang pour Mademoiselle, fille de Gaston, et pour ses sœurs, qui toutes n'avoient point de frères. Cette nouveauté en a enfanté bien d'autres depuis que M. le Duc fut premier ministre.

Je ne parle point de beaucoup d'autres remarques, cela seroit infini; j'omets aussi les fêtes superbes que M. le duc d'Orléans et M. le Duc donnèrent au roi, à Villers-Cotterets et à Chantilly, en revenant de Reims.

Tout en arrivant à Paris, La Fare et Belle-Ile me vinrent voir à la Ferté. La Fare étoit aussi fort ami de Mme de Plénœuf, mais non son esclave comme ses deux amis Le Blanc et Belle-Ile. Ils me parlèrent fort de leur inquiétude sur la vivacité avec laquelle l'affaire de La Jonchère se poussoit, lequel avoit été conduit à la Bastille, et qu'on ne parloit pas de moins que d'ôter à Le Blanc sa charge de secrétaire d'État, et de l'envelopper avec Belle-Ile dans la même affaire. Quoique La Fare n'y fût pour rien, ils venoient me demander conseil et secours. Je leur dis franchement que je voyois clairement la suite du projet d'écarter de M. le duc d'Orléans tous ceux en qui il avoit habitude de confiance, et ceux encore dont on pouvoit craindre la familiarité avec lui, dont les exemples des exils récents faisoient foi ; que Le Blanc étant celui de tous le plus à éloigner, en suivant ce plan par l'accès de sa charge et par l'habitude de confiance et de familiarité, le prétexte et le moyen en étoit tout trouvé par l'affaire de La Jonchère ; que le cardinal Dubois auroit encore à en faire sa cour à M. le Duc et à Mme de Prie, et à tout rejeter sur eux ; qu'ils connoissoient tous deux l'esprit et la rage de Mme de Prie contre les deux inséparables amis de sa mère, et quel étoit son pouvoir sur M. le Duc ; qu'ils ne connoissoient pas moins l'impétuosité et la férocité de M. le Duc, la foiblesse extrême de M. le duc d'Orléans, l'empire que le cardinal Dubois avoit pris sur lui ; qu'il n'y avoit point d'innocence ni d'amitié de M. le duc d'Orléans qui pussent tenir contre le cardinal, M. le Duc et sa maîtresse réunis par d'aussi puissants intérêts ; que je ne voyois donc nul autre moyen de conjurer l'orage que d'apaiser la fille en voyant moins la mère, qui ne couroit risque de rien, à qui cela ne faisoit aucun tort, et qui, si elle avoit de la raison et une amitié véritable pour eux, et qui méritât la leur, devoit être la première à exiger de ses deux amis à faire ce sacrifice à une fureur à laquelle ils ne pouvoient résister, qu'en la désarmant par cette voie, même de ne voir plus la mère, laquelle ne méritoit pas qu'ils se perdissent pour elle, si elle le souffroit.

La Fare trouvoit que je disois bien, et que ce que je proposois étoit la seule voie de salut, si déjà l'affaire n'étoit trop avancée. Belle-Ile ne put combattre mes raisons ni se résoudre à suivre ce que je pensois, et se mit, faute de mieux, à battre la campagne. J'avois beau le ramener au point, il s'échappoit toujours. A la fin, je lui prédis la prompte perte de Le Blanc et la sienne, que le cardinal, M. le Duc et sa maîtresse entreprenoient de concert, et dont ils ne se laisseroient pas donner le démenti, si, en suivant mon opinion, ils ne désarmoient promptement M. le Duc et sa maîtresse par le sacrifice que je proposois; quoi fait, ils auroient encore bien de la peine à se tirer des griffes seules du cardinal; mais que, quand ils n'auroient plus affaire qu'à lui, encore y auroit-il espérance. Mais rien ne put ébranler Belle-Ile. Question fut donc de voir quelle conduite il auroit, si les choses se portoient à l'extrémité, comme je le croyois. Je conclus à la fuite, et que Belle-Ile attendît hors du royaume les changements que les temps amènent toujours.

La Fare fut aussi de cet avis, mais Belle-Ile s'écria que fuir seroit s'avouer coupable, et qu'il préféroit de tout risquer, étant bien sûr qu'il n'y avoit sur lui aucune prise. Je lui demandai s'il n'avoit jamais vu, au moins dans les histoires, d'innocents opprimés, et trop souvent encore sous nos yeux, par des procès, mais que je ne croyois pas qu'il en eût vu aucun échapper à des premiers ministres, quand ils y mettent tout leur pouvoir, encore moins s'ils se trouvent soutenus d'un prince du sang du caractère et dans la posture où étoit M. le Duc, et d'une femme de l'esprit et de l'emportement de Mme de Prie; que personne n'ignoroit qu'avec de telles parties, si hautement déclarées et engagées, raison, justice, innocence, évidence n'avoient plus lieu : par conséquent que fuir leur fureur et leur puissance, l'un et l'autre, n'étoit rien moins que s'avouer coupable, mais sagesse et nécessité; s'y exposer, folie consommée. Ce raisonnement, qui me paroissoit évident et solide, ne put rien gagner sur Belle-Ile. Il s'en retourna avec La Fare persuadé, sans être lui-même le moins du monde ébranlé, malgré ma prédiction réitérée, de laquelle pourtant il ne s'éloignoit pas.

Ils m'apprirent que le roi, avec lequel étoit M. le duc d'Orléans, etc., trouva, en arrivant à Paris, le duc de Tresmes venant en cérémonie au-devant de lui. La survivance du gouvernement de Paris lui fut donnée pour son fils aîné, qu'il ne songeoit pas à demander. Son fils avoit alors trente ans, et avoit eu, dès 1716, la survivance de la charge de premier gentilhomme de la chambre qu'avoit son père. Celle-ci ne nuisit pas à l'autre. Le premier ministre vouloit se faire des amis de ce qui environnoit le roi.

Le 25 novembre, don Patricio Laullez, ambassadeur extrordinaire d'Espagne, conduit et reçu avec les cérémonies accoutumées, fit au roi la demande de Mlle de Beaujolois pour don Carlos, et fut ensuite chez M. [le Duc] et Mme la duchesse d'Orléans. Il fut après traité à dîner avec sa suite, après quoi il alla chez le cardinal Dubois, où les articles furent signés par lui et par les commissaires du roi, qui furent le cardinal Dubois, Armenonville, garde des sceaux, la Houssaye, chancelier de M. le duc d'Orléans, conseiller d'État, et Dodun, contrôleur général des finances. Laullez fut ensuite reconduit à Paris, à l'hôtel des ambassadeurs extraordinaires. Le lendemain il retourna à Versailles, accompagné et reçu comme la veille, et conduit, sur les cinq heures du soir, dans le cabinet du roi, où étoient tous les princes et princesses du sang, debout des deux côtés d'une table, au milieu de laquelle le roi étoit dans son fauteuil, sur laquelle le contrat de mariage fut signé par le roi et tous les princes et princesses du sang sur une colonne, au bas de laquelle le cardinal Dubois signa, et l'ambassadeur signa seul sur l'autre colonne; après quoi il fut reconduit à Paris.

Le 1ᵉʳ de décembre Mlle de Beaujolois partit de Paris pour se rendre à Madrid, accompagnée, jusqu'à la frontière, de la duchesse de Duras, qui mena avec elle la duchesse de Fitz-James sa fille, qui eurent toujours un fauteuil, une soucoupe, le vermeil doré, etc., avec la princesse. Elle fut servie par les officiers du roi et par ses équipages, et accompagnée d'un détachement des gardes du corps jusqu'à la frontière. M. le duc d'Orléans et M. le duc de Chartres la conduisirent de Paris jusqu'au Bourg-la-Reine. Quelques jours après le prévôt des marchands, à la tête du corps de la ville de Paris, alla, par ordre du roi, complimenter l'ambassadeur d'Espagne, et lui présenter les présents de la ville.

Enfin la fameuse princesse des Ursins mourut à Rome, où elle s'étoit, à la fin, retirée et fixée depuis plus de six ans, aimant mieux y gouverner la petite cour d'Angleterre que de ne gouverner rien du tout. Elle avoit quatre-vingt-cinq ans, fraîche encore, droite, de la grâce et des agréments, une santé parfaite jusqu'à la maladie peu longue dont elle mourut; la tête et l'esprit comme à cinquante ans, et fort honorée à Rome, où elle eut le plaisir de voir les cardinaux del Giudice et Albéroni l'être fort peu. On a tant et si souvent parlé ici de cette dame si extraordinaire et si illustre, qu'il n'y a rien à y ajouter.

Madame, dont la santé avoit toujours été extrêmement forte et constante, ne se portoit plus bien depuis quelque temps, et se sentoit même assez mal pour être persuadée qu'elle alloit tomber dans une maladie dont elle ne relèveroit pas. L'inclination allemande qu'elle avoit toujours eue au dernier point, lui donnoit une prédilection extrême pour Mme la duchesse de Lorraine et pour ses enfants, par-dessus M. le duc d'Orléans et les siens. Elle mouroit d'envie de voir les enfants de Mme la duchesse de Lorraine, qu'elle n'avoit jamais vus, et se faisoit un plaisir extrême de les voir à Reims, où Mme la duchesse de Lorraine, qui vouloit voir le sacre, les devoit amener. Madame, se sentant plus incommodée, balança fort sur le voyage qui approchoit beaucoup, et vouloit devancer le roi à Reims de plusieurs jours pour être plus longtemps avec Mme la duchesse de Lorraine, à qui elle avoit donné rendez-vous à jour marqué et à ses enfants. On a vu ici, à la mort de Monsieur, qu'elle prit à elle la maréchale de Clerembault, et la feue comtesse de Beuvron qu'elle avoit toujours fort aimées et que Monsieur avoit chassées de chez lui, et qu'il haïssoit fort.

La maréchale de Clerembault croyoit avoir une grande connoissance de l'avenir par l'art des petits points ; et comme, Dieu merci, je ne sais ce que c'est, je n'expliquerai point cette opération, en laquelle Madame avoit aussi beaucoup de confiance. Elle consulta donc la maréchale sur le voyage de Reims, qui lui répondit fermement : « Partez, madame, en toute sûreté, je me porte bien. » C'est qu'elle prétendoit avoir vu par ces petits points qu'elle mourroit avant Madame, qui sur cette confiance alla à Reims. Elle y fut logée dans la belle abbaye de Saint-Pierre avec Mme la duchesse de Lorraine, où le roi les alla voir deux fois, et dont une sœur du feu comte de Roucy étoit abbesse. Madame vit le sacre et les cérémonies de l'ordre du lendemain dans une tribune avec Mme la duchesse de Lorraine et ses enfants, dans laquelle le frère du roi de Portugal eut aussi place. Mais au retour du sacre elle perdit la maréchale de Clerembault, qui mourut à Paris le 27 novembre, dans sa quatre-vingt-neuvième année, ayant jusqu'alors la santé, la tête, l'esprit et l'usage de tous ses sens comme à quarante ans. Elle étoit fille de Chavigny, secrétaire d'État, mort à quarante-quatre ans, en octobre 1652, dont j'ai parlé à l'entrée de ces Mémoires, et qui étoit fils de Bouthillier, surintendant des finances, mort un an avant lui. La mère de la maréchale étoit fille unique et héritière de Jacques Phélypeaux, seigneur de Villesavin et d'Isabelle Blondeau, que j'ai vue, et fait collation dans sa chambre avec de jeunes gens de mon âge qui allions voir son arrière-petit-fils, et je la peindrois encore grande, grasse, l'air sain et frais. Elle nous conta qu'elle étoit dans son carrosse avec son mari sur le pont Neuf, lorsque tout à coup ils entendirent de grands cris, et qu'ils apprirent un moment après que Henri IV venoit d'être tué. Pour revenir à la maréchale de Clerembault, elle eut plusieurs frères et sœurs, entre autres l'évêque de Troyes qui, démis et retiré, fut mis dans le conseil de régence, et duquel il a été souvent parlé ici; Mme de Brienne Loménie, femme du secrétaire d'État, morte dès 1664, et la duchesse de Choiseul, seconde femme sans enfants du dernier duc de Choiseul, veuve en première noces de Brûlart, premier président du parlement de Dijon, dont elle eut la duchesse de Luynes, dame d'honneur de la reine.

La maréchale de Clerembault avoit épousé, en 1654, le maréchal de Clerembault, qui avoit été fait maréchal de France dix-huit mois auparavant. Il eut le gouvernement du Berry, et fut chevalier de l'ordre en la première grande promotion du feu roi en 1661, et mourut en 1665, à cinquante-sept ans, ne laissant qu'une fille qui fut religieuse, et deux fils dont on a parlé ici à l'occasion de leur mort sans alliance. Le maréchal de Clerembault étoit homme de qualité, bon homme de guerre, et avoit été mestre de camp général de la cavalerie, fort à la mode sous le nom de comte de Palluau, avant qu'il prît son nom lorsqu'il devint maréchal de France. C'étoit un homme de beaucoup d'esprit, orné, agréable, plaisant, insinuant et souple, avec beaucoup de manége, toujours bien avec les ministres, fort au gré du cardinal Mazarin[1], et fort aussi au gré du monde et toujours

---

1. Le comte de Palluau devint maréchal de France en 1652. On était alors en pleine Fronde, et les poëtes satiriques n'épargnèrent pas un général qui était resté fidèle à Mazarin. Blot lui décocha le couplet suivant :

> A ce grand maréchal de France,
> Favori de Son Éminence,
> Qui a si bien battu Persan;
> Palluau, ce grand capitaine,
> Qui prend un château dans un an,
> Et perd trois places par semaine.

parmi le meilleur. Sa femme, devenue veuve, fut gouvernante des filles de Monsieur, et accompagna la reine d'Espagne jusqu'à la frontière, en qualité de sa dame d'honneur.

C'étoit une des femmes de son temps qui avoit le plus d'esprit, le plus orné sans qu'il y parût, et qui savoit le plus d'anciens faits curieux de la cour, la plus mesurée et la plus opiniâtrément silencieuse. Elle en avoit contracté l'habitude par avoir été constamment une année entière sans proférer une seule parole dans sa jeunesse, et se guérit ainsi d'un grand mal de poitrine. Elle n'avoit jamais bu que de l'eau, et fort peu. Souvent aussi son silence venoit de son mépris secret pour les compagnies où elle se trouvoit et pour les discours qu'on y tenoit; mais lorsqu'elle étoit en liberté, elle étoit charmante, on ne la pouvoit quitter. Je l'ai souvent vue de la sorte entre trois ou quatre personnes au plus chez la chancelière de Pontchartrain dont elle étoit fort amie. C'étoit un tour, un sel, une finesse, et avec cela un naturel inimitable. Elle fut allant, venant à la cour en grand habit presque toujours jusqu'à sa dernière maladie. Fort riche et avare. Par les chemins et dans les galeries, elle avoit toujours un masque de velours noir. Sans avoir jamais été ni prétendu être belle ni jolie, elle avoit encore le teint parfaitement beau, et elle prétendoit que l'air lui causoit des élevures. Elle étoit l'unique qui en portât, et quand on la rencontroit et qu'on la saluoit, elle ne manquoit jamais à l'ôter pour faire la révérence. Elle aimoit fort le jeu, mais le jeu de commerce et point trop gros, et eût joué volontiers jour et nuit. Je me suis peut-être trop étendu sur cet article : les singularités curieuses ont fait couler ma plume.

Madame fut d'autant plus touchée de la perte de cette ancienne et intime amie qu'elle savoit que les petits points avoient toujours prédit qu'elle la survivroit, mais que ce seroit de fort peu. En effet, elle la suivit de fort près. L'hydropisie, qui se déclara tard, fit en très-peu de jours un tel progrès qu'elle se prépara à la mort avec beaucoup de fermeté et de piété. Elle voulut presque toujours avoir auprès d'elle l'ancien évêque de Troyes, frère de la maréchale de Clerembault, et lui dit : « Monsieur de Troyes, voilà une étrange partie que nous avons faite la maréchale et moi. » Le roi la vint voir, et elle reçut tous les sacrements. Elle mourut à Saint-Cloud le 8 de décembre, à quatre heures du matin, à près de soixante et onze ans. Elle ne voulut point être ouverte, ni de pompe à Saint-Cloud. Ainsi dès le 10 du même mois, elle fut portée à Saint-Denis dans un carrosse sans aucun appareil de deuil, le carrosse précédé, environné et suivi des pages des deux écuries du roi, des gardes et des suisses de M. le duc d'Orléans, et de ses valets de pied avec des flambeaux. Mlle de Charolois et les duchesses d'Humières et de Tallard accompagnoient dans un autre carrosse, où étoit Mme de Châteauthiers, dame d'atours de Madame, avec Mmes de Tavannes et de Flamarens. Madame tenoit en tout beaucoup plus de l'homme que de la femme. Elle étoit forte, courageuse, allemande au dernier point, franche, droite, bonne et bienfaisante, noble et grande en toutes ses manières, et petite au dernier point sur tout ce qui regardoit ce qui lui étoit dû. Elle étoit sauvage, toujours enfermée à écrire, hors les courts temps de cour chez elle; du reste, seule avec ses dames; dure, rude, se prenant aisément d'aversion, et redoutable par les sorties qu'elle faisoit quelquefois, et sur quiconque; nulle complaisance; nul tour dans l'esprit, quoiqu'elle [ne] manquât pas d'esprit; nulle flexibilité, jalouse, comme on l'a dit, jusqu'à la dernière petitesse, de tout ce qui lui étoit dû; la figure et le rustre d'un Suisse, capable avec cela d'une amitié tendre et inviolable. M. le duc d'Orléans l'aimoit et la respectoit fort. Il ne la quitta point pendant sa maladie, et lui avoit toujours rendu de grands devoirs, mais il ne se conduisit jamais par elle. Il en fut fort affligé. Je passai le lendemain de cette mort plusieurs heures seul avec lui à Versailles, et je le vis pleurer amèrement.

Les ambassadeurs et la cour se présentèrent devant le roi en manteaux longs et en mantes, ainsi que les princes et les princesses du sang, et pareillement chez M. [le Duc] et Mme la duchesse d'Orléans, qui les reçut de même, et Mme la duchesse d'Orléans au lit, après que l'un et l'autre eurent été avec M. le duc de Chartres, en manteaux et en mantes, saluer le roi, qui après alla voir M. [le Duc] et Mme la duchesse d'Orléans. Le roi fut harangué par le parlement et par toutes les autres compagnies, lesquelles toutes allèrent saluer M. [le Duc] et Mme la duchesse d'Orléans. Le roi drapa, parce que Madame étoit veuve du grand-père maternel du roi. Cette perte ne fit pas grande sensation à la cour ni dans le monde. La duchesse de Brancas, sa dame d'honneur, ne parut à rien, étant déjà attaquée du cancer au sein dont elle mourut assez longtemps après.

Mme de Cani, veuve du fils unique de Chamillart, avec beaucoup d'enfants, et sœur du duc de Mortemart, s'ennuya enfin de porter le nom de son mari, et en un tourne-main son mariage se fit avec le prince de Chalais, grand d'Espagne, qui, ennuyé de l'Espagne où il n'avoit que cette dignité, sans grade militaire qui lui pût faire rien espérer par delà la médiocre pension qu'il en avoit, s'étoit depuis peu fixé en France pour toujours, où étoit son bien et sa famille. Toute celle de Mortemart parut fort aise de ce mariage. Ce qu'il y eut de louable, est que les enfants du premier lit n'en ont été que plus constamment chéris et bien traités en tout de la mère et de son second mari. Le prince de Robecque, aussi grand d'Espagne, et dégoûté du séjour et du service d'Espagne, où il étoit lieutenant général, et fixé en France avec le même grade, épousa, à Paris, Mlle du Bellay.

L'année finit par le traité de paix conclu à Nystadt entre le czar et la Suède, qui céda au czar toutes les conquêtes qu'il avoit faites sur elle, ce qui la restreignit au delà de la mer Baltique et lui ôta toute la considération que les conquêtes de Charles....[1] lui avoient acquise au deçà, et conséquemment toute sa considération en Allemagne et dans le reste de l'Europe, tellement que cette monarchie, revenue à son dernier état, se trouva de plus ruinée et dans le dernier abattement, fruit du prétendu héroïsme de son dernier monarque [2].

CHAPITRE XVIII.

Année 1723. — Stérilité des récits de cette année; sa cause. — Mort de l'abbé de Dangeau. — Mort du prince de Vaudemont; du duc de Popoli à Madrid, et sa dépouille. — Mort et caractère de M. Le Hacquais. — Obsèques de Madame à Saint-Denis. — Mort, famille, caractère, obsèques de Mme la Princesse. — Biron, Lévi et La Vallière faits et reçus ducs et pairs à la majorité. — Majorité du roi. — Lit de justice. — Il visite les princesses belle-fille, filles, même la sœur de feu Mme la Princesse, et point ses petites-filles, quoique princesses du sang. — Conseil de régence éteint. — Forme nouvelle du gouvernement. — Survivance de la charge de secrétaire d'État de La Vrillière à son fils. — Mariage secret du comte de Toulouse avec la marquise de Gondrin. — Fin de la peste de Provence, et le commerce universellement rétabli. — Mlle de Beaujolois remise à la frontière par le duc de Duras au duc d'Ossone,

---

1. Saint-Simon n'a pas indiqué de quel Charles il vouloit parler. Il s'agit probablement ici de Charles X, ou Charles-Gustave, qui régna en Suède de 1654 à 1660, et se signala par ses victoires sur les Danois et les Polonais.

2. Passage omis dans les précédentes éditions depuis *l'année finit* jusqu'à *son dernier monarque.*

Nous n'avons pas cru devoir supprimer ce paragraphe, quoiqu'il revienne sur un événement dont Saint-Simon a déjà parlé, et qu'il y ait ici une erreur de date. Le traité de Nystadt fut signé le 10 septembre 1721 et non à la fin de l'année 1722.

et reçue par Leurs Majestés Catholiques, etc., à une journée de Madrid, où il se fait de belles fêtes. — Le chevalier d'Orléans, grand prieur de France, et le comte de Bavière, bâtard de l'électeur, faits grands d'Espagne. — Explication des diverses sortes d'entrées chez le roi, et du changement et de la nouveauté qui s'y fit. — Rétablissement des rangs et honneurs des bâtards, avec des exceptions peu perceptibles, dont ils osent n'être pas satisfaits. — Cardinal Dubois éclate sans mesure contre le P. Daubenton. — Cause de cet éclat sans retour. — Mort du prince de Courtenay. — Détails des troupes et de la marine rendus aux secrétaires d'État. — Duc du Maine conserve ceux de l'artillerie et des Suisses, et y travaille chez le cardinal Dubois. — Maulevrier arrivé de Madrid, où Chavigny est chargé des affaires, sans titre. — Mariage de Maulevrier-Colbert avec Mlle d'Estaing, et du comte de Peyre avec Mlle de Gassion. — Mort de la princesse de Piémont (palatine Soultzbach); du duc d'Aumont; de Beringhen, premier écuyer du roi; de la marquise d'Alègre: de Mme de Châteaurenaud et de Mme de Coetquen, sœur de Noailles; du fils aîné du duc de Lorraine. — Cardinal Dubois préside à l'assemblée du clergé. — La Jonchère à la Bastille. — Le Blanc exilé. — Breteuil secrétaire d'État de la guerre. — Cause singulière et curieuse de sa fortune. — Son caractère.

Cette année [1723], dont la fin est le terme que j'ai prescrit à ces Mémoires, n'aura ni la plénitude ni l'abondance des précédentes. J'étois ulcéré des nouveautés du sacre; je voyois s'acheminer le complet rétablissement de toutes les grandeurs des bâtards, j'avois le cœur navré de voir le régent à la chaîne de son indigne ministre, et n'osant rien sans lui ni que par lui; l'État en proie à l'intérêt, à l'avarice, à la folie de ce malheureux sans qu'il y eût aucun remède. Quelque expérience que j'eusse de l'étonnante foiblesse de M. le duc d'Orléans, elle avoit été sous mes yeux jusqu'au prodige lorsqu'il fit ce premier ministre après tout ce que je lui avois dit là-dessus, après ce qu'il m'en avoit dit lui-même, enfin de la manière incroyable à qui ne l'a vu comme moi, dont je l'ai raconté dans la plus exacte vérité. Je n'approchois plus de ce pauvre prince à tant de grands et utiles talents enfouis, qu'avec répugnance; je ne pouvois m'empêcher de sentir vivement sur lui ce que les mauvais Israélites se disoient dans le désert sur la manne : *Nauseat anima mea super cibum istum levissimum.* Je ne daignois plus lui parler. Il s'en apercevoit, je sentois qu'il en étoit peiné ; il cherchoit à me rapprocher, sans toutefois oser me parler d'affaires que légèrement et avec contrainte, quoique sans pouvoir s'en empêcher. Je prenois à peine celle d'y répondre, et j'y mettois fin tout le plus tôt que je le pouvois ; j'abrégeois et je ralentissois mes audiences ; j'en essuyois les reproches avec froideur. En effet, qu'aurois-je eu à dire ou à discuter avec un régent qui ne l'étoit plus, pas même de soi, bien loin de l'être du royaume, où je voyois tout en désordre.

Le cardinal Dubois, quand il me rencontroit, me faisoit presque sa cour. Il ne savoit par où me prendre. Les liens de tous les temps et sans interruption étoient devenus si forts entre M. le duc d'Orléans et moi, que le premier ministre, qui les avoit sondés plus d'une fois, n'osoit se flatter de les pouvoir rompre. Sa ressource fut d'essayer de me dégoûter par imposer à son maître une réserve à mon égard qui nous étoit à tous deux fort nouvelle, mais qui lui coûtoit plus qu'à moi par l'habitude, et j'oserai dire par l'utilité qu'il avoit si souvent trouvée dans cette confiance, et moi je m'en passois plus que volontiers, dans le dépit de n'en pouvoir espérer aucun fruit ni pour le bien de l'État, ni pour l'honneur et l'avantage de M. le duc d'Orléans, totalement livré à ses plaisirs de Paris, et au dernier abandon à son ministre. La conviction de mon inutilité parfaite me retira de plus en plus, sans avoir jamais eu le plus léger soupçon qu'une conduite différente pût m'être dangereuse, ni que, tout foible et tout abandonné que fût le régent au cardinal Dubois, celui-ci pût venir à bout de me faire exiler comme le duc de Noailles et Canillac, ni de me faire donner des dégoûts à m'en faire prendre le parti. Je demeurai donc dans ma vie accoutumée, c'est-à-dire ne voyant jamais M. le duc d'Orléans que tête à tête, mais le voyant peu à peu, toujours plus de loin en plus loin, froidement, courtement, sans ouvrir aucun propos d'affaires, les détournant même de sa part quand il en entamoit, et y répondant de façon à les faire promptement tomber. Avec cette conduite et ces vives sensations, on voit aisément que je ne fus de rien, et que ce que j'aurai à raconter de cette année sentira moins la curiosité et l'instruction de bons et de fidèles Mémoires, que la sécheresse et la stérilité des faits répandus dans des gazettes.

L'abbé de Dangeau mourut au commencement de cette année, à quatre-vingts ans. Il en a été [assez] parlé d'avance à l'occasion de la mort de son frère aîné, pour n'avoir rien à y ajouter. Il n'avoit qu'une abbaye et un joli prieuré à Gournay-sur-Marne, qui lui faisoit une très-agréable maison de campagne à la porte de Paris, aussi bon homme et aussi fade que son frère.

Le prince de Vaudemont mourut presque en même temps, à quatre-vingt-quatre ans, à Commercy, où il s'étoit comme retiré depuis la mort du feu roi, venant rarement et courtement à Paris, et n'allant guère plus souvent ni plus longuement à Lunéville. Il a tant et si souvent été parlé de la naissance, de la famille, de la fortune, des perfidies, des cabales de cet insigne Protée, que je ne m'y étendrai pas ici. Ses chères nièces lui alloient tenir compagnie tous les ans, longtemps, surtout depuis que l'aînée, tombée des nues par la mort de Monseigneur, puis par celle du roi, s'étoit fait une planche, après le naufrage, de l'abbaye de Remiremont, qu'elle avoit su obtenir fort peu après la mort de Monseigneur. La princesse d'Espinoy recueillit l'immense héritage de ce cher oncle, excepté Commercy, qui revint au duc de Lorraine, qui renvoya à l'empereur le collier de la Toison, que Vaudemont avoit de Charles II.

Le duc de Popoli, duquel j'ai aussi tant parlé, mourut à Madrid quelques jours après. Le duc de Bejar eut sa place de majordome-major du prince des Asturies, et le duc d'Atri, frère du cardinal Acquaviva, eut sa compagnie italienne des gardes du corps. Le duc de Popoli avoit soixante-douze ans, et il étoit chevalier du Saint-Esprit et de la Toison d'or. Ce fut une perte pour la cabale italienne, et un gain pour les Espagnols et pour les honnêtes gens. Son fils, dont j'ai aussi beaucoup parlé, trouva un prodigieux argent comptant et force pierreries, qu'il ne tarda pas à manger, ni à se ruiner ensuite. Il fit aussitôt après sa couverture de grand d'Espagne.

Un plus honnête homme qu'eux les suivit de près, mais d'une condition si différente que je n'en parlerois pas ici sans la singularité de ses vertus; et que je l'ai fort connu à Pontchartrain. Il s'appeloit Le Hacquais, et par corruption M. des Aguets, conseiller d'honneur à la cour des aides, après y avoir été longtemps avocat général avec la plus grande réputation de droiture et la première d'éloquence, avec une capacité profonde et une facilité surprenante à parler et à écrire. Il étoit plein d'histoire et de belles-lettres, de goût le plus délicat, du sel le plus fin et du tour le plus singulier et le plus agréable. Il avoit la conversation charmante, naturelle, pleine de traits; il étoit modeste, poli, respectueux, et jamais ne montroit la moindre érudition. La galanterie et l'amour de la chasse les avoit unis le chancelier de Pontchartrain et lui dans leur jeunesse; leurs cœurs ne s'étoient jamais désunis depuis. Il étoit de tous les voyages de Pontchartrain, aussi aimé de la chancelière, de toute la famille et de tous les amis qu'il l'étoit du chancelier, et il étoit là dans un air de considération infinie, et y chassoit, tant qu'il pouvoit, à tirer à pied et à cheval, et à courre le renard avec le chancelier. Il étoit extrêmement sobre et simple en tout. Ses vers galants autrefois, et sur toutes sortes de sujets, étoient pleins de pensées, de tour, de traits et de justesse. Il y avoit longtemps, quand je le connus à Pontchartrain, qu'il étoit convenu fort homme de bien et même pénitent. Ce changement lui avoit tellement fermé la bouche que le chancelier l'appeloit son muet, et on y perdoit infiniment. Quand il faisoit tant que de dire quelque chose, c'étoit toujours avec un sel et une grâce qui ravissoit. Je lui disois souvent que j'avois envie de le battre jusqu'à ce qu'il se mît à parler. Il ne fut jamais marié, fort solitaire et sauvage depuis sa grande piété, et mourut avec peu de bien, duquel il ne s'étoit jamais soucié, à quatre-vingt-quatre ans, regretté de beaucoup d'amis, et avec une réputation grande et rare.

Les obsèques de Madame se firent à Saint-Denis, le 13 février. Mlles de Charolois, de Clermont et de la Roche-sur-Yon, firent le deuil, menées par M. le duc de Chartres, M. le duc et M. le comte de Clermont. Les cours supérieures y assistèrent. L'archevêque d'Albi (Castries) officia, et l'évêque de Clermont (Massillon) fit l'oraison funèbre, qui fut belle.

Mme la Princesse suivit Madame de près. Elle mourut à Paris, le 23 février, à soixante-quinze ans. Elles étoient filles des deux frères et fort unies, petites-filles de l'électeur palatin, gendre de Jacques Ier, roi de la Grande-Bretagne, qui[1], pour s'être voulu faire roi de Bohême, perdit tous ses États et sa dignité électorale, et mourut proscrit en Hollande. Son fils aîné fut enfin rétabli, mais dernier électeur, ce que Madame, qui étoit sa fille, ne pardonna jamais à la branche de Bavière. Édouard, frère puîné de l'électeur rétabli, épousa Anne Gonzague, dite Clèves, dont il eut la princesse de Salm, femme du gouverneur de l'empereur Joseph, et ministre d'État de l'empereur Léopold, Mme la Princesse, et la duchesse d'Hanovre ou de Brunswick, mère de l'impératrice Amélie, épouse de l'empereur Joseph. Cette Anne Gonzague se rendit illustre par son esprit et sa conduite, et par sa grande cabale pendant les troubles de la minorité du feu

---

1. Le *qui* se rapporte à l'électeur palatin.

roi, devint jusqu'à sa mort la plus intime et confidente amie du célèbre prince de Condé, qu'elle servit plus utilement que personne, de sorte qu'ils marièrent ensemble leurs enfants. Elle étoit sœur de la reine Marie[1], deux fois reine de Pologne, aimée et admirée partout par son esprit, ses talents de gouvernement et tous les agréments possibles, que la reine mère et le cardinal de Richelieu empêchèrent Monsieur, Gaston, de l'épouser.

Mme la Princesse eut des biens immenses. Elle étoit laide, bossue, un peu tortue, et sans esprit, mais douée de beaucoup de vertu, de piété, de douceur et de patience, dont elle eut à faire un pénible et continuel usage tant que son mariage dura, qui fut plus de quarante-cinq ans. Devenue veuve, elle bâtit somptueusement le Petit-Luxembourg, assez vilain jusqu'alors, l'orna et le meubla de même; mais quand on l'alloit voir, on entroit par ce qui s'appelle une montée, dans une vilaine petite salle à manger, au coin de laquelle étoit une porte qui donnoit dans un magnifique cabinet, au bout de toute l'enfilade de l'appartement, qu'on ne voyoit jamais. Toutes les cérémonies dues à son rang furent observées au Petit-Luxembourg, où elle mourut, mais il n'y fut pas question de la garde de son corps par des dames. Cette entreprise, tentée précédemment, n'avoit pu réussir; les princes du sang enfin s'en étoient dépris. Elle fut portée en cérémonie aux Carmélites de la rue Saint-Jacques, où elle fut enterrée. Caylus, évêque d'Auxerre, y fit la cérémonie. J'ai rangé ici cette mort pour ne pas interrompre ce qui va suivre.

La majorité approchoit et mettoit bien des gens en mouvement. M. le duc d'Orléans se laissa entendre qu'il pourroit faire duc et pair le marquis de Biron, son premier écuyer. Cette notion en réveilla d'autres. Le prince de Talmont, qui à

---

1. Marie de Gonzague-Nevers épousa successivement les deux frères Wladislas VII et Jean-Casimir, qui régnèrent en Pologne, le premier de 1632 à 1648, et le second de 1648 à 1668.

son mariage avoit escroqué le tabouret au feu roi par surprise, et qui ne pouvoit espérer de le transmettre à son fils, n'oublia rien pour être fait duc et pair. Madame et lui étoient enfants des deux sœurs, titre qui, joint à sa naissance, le lui faisoit espérer de M. le duc d'Orléans : toutefois il n'y put réussir. La princesse de Conti, dont la passion pour l'élévation de La Vallière son cousin germain, étoit extrême, se mit à tourmenter M. le duc d'Orléans, qui, à ce qu'il me dit, avoit donné au fils de La Vallière la survivance de son gouvernement de Bourbonnois pour être quitte avec la princesse de Conti, et lui fermer la bouche sur toute autre demande, mais il n'eut pas la force de résister. Je réussis aussi, quoique avec grande peine, pour le marquis de Lévi, gendre du feu duc de Chevreuse. Ainsi ces trois furent déclarés en cet ordre : Biron, Lévi et La Vallière. Les deux premiers, *toto cœlo* distants du troisième[1], avoient eu chacun un duché-pairie dans sa maison, et Lévi avoit vu éteindre celui de Ventadour depuis peu d'années. A l'égard de celui de Biron, j'admirai avec indignation l'effronterie et l'impudence avec laquelle la femme de Biron osoit tirer un titre de prétention de l'extinction du duché-pairie de Biron. Biron et Lévi passèrent sans grand murmure par leur naissance et leurs services; mais La Vallière qu'on aimoit d'ailleurs excita les clameurs publiques, au point que M. le duc d'Orléans en fut honteux.

Le 19 février, le roi reçut à Versailles les respects de M. le duc d'Orléans et de toute la cour sur sa majorité, et déclara les trois nouveaux ducs et pairs. Le lendemain il vint en pompe, après dîner, à Paris aux Tuileries, et le 22 il alla au parlement tenir son lit de justice pour la déclaration de sa majorité, et y fit recevoir les trois nouveaux ducs et pairs. La séance finit par l'enregistrement d'un nouvel édit contre les duels, qui redevenoient communs. Le 23, le roi

---

1. Séparés du troisième par toute la distance du ciel à la terre.

reçut aux Tuileries les harangues des compagnies supérieures et autres corps qui ont accoutumé d'haranguer. Le 24, il alla voir Mme la Duchesse et les deux filles de Mme la Princesse, morte la veille. On vit avec surprise qu'il alla voir aussi la duchesse de Brunswick, sa sœur. Ses visites s'y bornèrent; elles ne s'étendirent pas jusqu'aux princes et princesses du sang, petits-enfants de Mme la Princesse. Enfin, le 25, il retourna à Versailles avec la même pompe qu'il en étoit venu.

Le conseil de régence prit fin. Le conseil d'État ne fut composé que de M. le duc d'Orléans, M. le duc de Chartres, M. le Duc, du cardinal Dubois et de Morville, secrétaire d'État jusqu'alors sans fonction, à qui le cardinal Dubois remit sa charge de secrétaire d'État avec le département des affaires étrangères. Maurepas, secrétaire d'État, jusqu'alors sous la tutelle de La Vrillière, son beau-père, commença à faire sa charge de secrétaire d'État avec le département de la marine. La Vrillière demeura comme il étoit sous le feu roi; mais il ne remit qu'un peu après le détail de Paris et de la maison du roi à son gendre, qui étoient de son département, et Le Blanc demeura secrétaire d'État avec le département de la guerre pour ne pas y rester longtemps. Le conseil des finances, les mêmes, excepté Morville, et de plus Armenonville, garde des sceaux, Dodun, contrôleur général, et les deux conseillers d'État au conseil royal des finances. Le maréchal de Villeroy, chef de ce conseil, étoit exilé à Lyon. Le conseil des dépêches[1] étoit composé de M. le duc d'Orléans, des deux princes du sang, du cardinal Dubois et des quatre secrétaires d'État. Ainsi tout cet extérieur, aux princes du sang près, reprit tout celui du temps du feu roi. On consola La Vrillière de son déchet par la survivance de sa charge de secrétaire d'État à son fils.

Il y avoit assez longtemps que le comte de Toulouse avoit

1. Conseil de l'administration intérieure, voy. t. Ier, p. 446.

pris beaucoup de goût pour la marquise de Gondrin aux eux de Bourbon, où ils s'étoient rencontrés et fort vus. Elle étoit sœur du duc de Noailles qu'il n'aimoit ni n'estimoit, et veuve avec deux fils du fils aîné de d'Antin, avec qui il avoit toujours eu beaucoup de commerce et de liaisons de convenance et de bienséance, parce qu'ils étoient tous deux fils de Mme de Montespan. Mme de Gondrin avoit été dame du palais sur la fin de la vie de Mme la Dauphine, jeune, gaie et fort Noailles; la gorge fort belle, un visage agréable, et n'avoit point fait parler d'elle. L'affaire fut conduite au mariage dans le dernier secret. Pour le mieux cacher, le comte de Toulouse prit le moment de la séance du lit de justice de la majorité, dont il s'excluoit, parce que les bâtards ne traversoient plus le parquet, et à cause de cela n'alloient point au parlement, ni le cardinal de Noailles non plus à cause de sa pourpre qui y auroit cédé aux pairs ecclésiastiques. La maréchale de Noailles alla seule avec sa fille à l'archevêché, où le comte de Toulouse se rendit en même temps seul avec d'O, où le cardinal de Noailles leur dit la messe et les maria dans sa chapelle, au sortir de laquelle chacun s'en retourna comme il étoit venu. Rien n'en transpira, et on fut longtemps sans en rien soupçonner, d'autant que le comte de Toulouse avoit toujours paru fort éloigné de se marier.

En ce même temps la peste qui avoit si longtemps désolé la Provence y fut tout à fait éteinte, et tellement que les barrières furent levées, le commerce rétabli, et les actions de grâces publiquement célébrées dans toutes les églises du royaume, et au bout de peu de mois le commerce entièrement rouvert avec tous les pays étrangers.

Mlle de Beaujolois fut remise à la frontière par le duc de Duras, qui commandoit la Guyenne et qui en eut la commission, au duc d'Ossone, qui avoit celle du roi d'Espagne pour la recevoir, et qui commandoit le détachement de la maison du roi d'Espagne envoyé au-devant d'elle. La duchesse de Duras la remit à la comtesse de Lemos, sa camarera-mayor, dont j'ai parlé plus d'une fois, et dont la complaisance d'accepter cette place surprit fort toute la cour d'Espagne. Aucun François ni Françoise ne passa en Espagne avec Mlle de Beaujolois. Elle trouva Leurs Majestés Catholiques, le prince et la princesse des Asturies à Buytrago, à une journée de Madrid, qui lui présentèrent don Carlos à la descente de son carrosse. Ils allèrent tous le lendemain à Madrid, où il y eut beaucoup de fêtes. Le chevalier d'Orléans, grand prieur de France, y étoit arrivé sept ou huit jours auparavant, et il fut fait grand d'Espagne. Bientôt après il fit sa couverture, et s'en revint aussitôt après avoir rempli l'objet de son voyage. L'électeur de Bavière, qui avoit si bien servi les deux couronnes, et à qui il en avoit coûté si cher, crut, sur cet exemple, pouvoir demander la même grâce au roi d'Espagne, fils de sa sœur, pour son bâtard le comte de Bavière, qui étoit dans le service de France.

M. le duc d'Orléans, qui méprisoit tout et qui faisoit litière de tout, avoit peu à peu accordé à qui avoit voulu, sans choix ni distinction aucune, les grandes entrées chez le roi, aux uns les grandes, les premières entrées aux autres, et les avoit rendus si nombreux que c'étoit un peuple dont la foule ôtoit toute distinction, et ne pouvoit qu'importuner beaucoup le roi. Le cardinal Dubois, qui ne buttoit[1] pas moins à se rendre maître de l'esprit du roi, qu'il avoit fait à dominer M. le duc d'Orléans, voulut éloigner de tout moyen de familiarité avec le roi tous ceux qu'il pourroit, et se la procurer en même temps tout entière. Il saisit donc les premiers moments qui suivirent la majorité pour faire aux entrées le changement qu'il projetoit sous prétexte d'y remettre l'ordre et de soulager le roi d'une foule importune dans les moments de son particulier. Pour mieux entendre le manége du cardinal Dubois là-dessus, il faut expliquer auparavant ce que c'étoit que les entrées chez le feu roi,

---

1. Qui ne tendoit pas moins.

l'ordre qui y étoit observé, et combien elles étoient précieuses et rares. Je n'ai fait qu'en dire un mot à l'occasion de celles que le feu roi lui donna : les premières à MM. de Charost, père et fils, et les grandes, longtemps depuis, aux maréchaux de Boufflers et de Villars.

Il y avoit chez le feu roi trois sortes d'entrées fort distinguées, deux autres fort agréables, une dernière qui étoit comme entre les mains du premier gentilhomme de la chambre en année. La première sorte s'appeloit les grandes entrées. Les charges qui les donnoient sont celles de grand chambellan, des quatre premiers gentilshommes de la chambre en année ou non, de grand maître de la garde-robe et du maître de la garde-robe en année. Sans charge elles furent toujours très-rares, et une grande récompense ou un grand effet de faveur; je ne les ai vues qu'aux bâtards et aux maris des bâtardes, même des filles des bâtardes. De gens de la cour, le duc de Montausier pour avoir été gouverneur de Monseigneur, le premier maréchal de La Feuillade et le duc de Lauzun, qui en a joui seul sans charge bien des années jusqu'à la mort du roi. L'autre sorte d'entrées n'étoit que par les derrières. Ceux qui les avoient n'entroient jamais par devant, ni n'en jouissoient dans la chambre du roi à son lever, à son coucher; ou quand ils y vouloient venir, ils n'entroient qu'avec toute la cour. Ils venoient donc par le petit degré de derrière qui donnoit dans les cabinets du roi, ou par les portes de derrière des cabinets qui donnoient dans la galerie ou dans le grand appartement, et entroient ainsi sans être vus dans les cabinets du roi à toutes heures, hors celles du conseil, ou d'un travail particulier du roi avec un de ses ministres. C'est ce que n'avoient point les grandes entrées ni aucune autre. Celles de derrière se trouvoient quand bon leur sembloit dans le cabinet du roi après le lever, où, pendant un quart d'heure et plus, le roi donnoit l'ordre de sa journée, parmi tous ceux qui avoient des entrées; mais l'ordre donné, tout sortoit du cabinet, excepté les entrées des derrières qui demeuroient jusqu'à la messe, et cela étoit souvent assez long.

Les soirs, entre le souper et le coucher du roi, ces entrées de derrière avoient la liberté d'être dans le cabinet où le roi se tenoit avec ses bâtards, ses bâtardes et leurs enfants ou gendres, ou Monseigneur, les fils de France, Mmes les duchesses de Bourgogne et de Berry; et après la mort de Mme la duchesse de Bourgogne, devenue Dauphine, Madame fut enfin admise. Ceux qui avoient ces entrées étoient les fils de France, les princesses qui viennent d'être nommées et qui entroient par devant avec le roi. Tout le reste entroit et sortoit par derrière : c'étoient les bâtards, les bâtardes, leurs gendres, petits-gendres et leurs enfants et petits-enfants. A cette entrée d'après souper M. le Duc, gendre du roi, et M. le prince de Conti, gendre de Mme la Duchesse, et qui ne l'avoient eue que comme tels à leur mariage, entroient et sortoient seuls par devant avec le roi. Le reste de ceux qui avoient ces entrées de derrière ne les avoient que par leurs emplois. C'étoient Mansart, puis d'Antin qui avoient les bâtiments, Montchevreuil et d'O, comme ayant été gouverneurs des deux bâtards : Chamarande, qui avoit eu la survivance, de son père, de premier valet de chambre. Le reste n'étoit que des principaux valets, lesquels avoient aussi les grandes entrées. Ce qui distinguoit ces grandes entrées des premières entrées étoit le premier petit lever où les grandes entrées voyoient le roi au lit et sortir de son lit, avoient toutes les autres entrées excepté celles de derrière, mais pouvoient aussi entrer à toute heure dans le cabinet du roi, quand il n'y avoit point de travail de ministre, lorsqu'ils avoient quelque chose à dire au roi de pressé, ce qui n'étoit pas permis à d'autres. Les premières entrées avoient, exclusivement aux entrées inférieures, un second petit lever fort court, et le petit coucher auquel il n'y avoit point de différence des grandes entrées à celles-ci, qui en sortoient ensemble.

Longtemps avant la mort du roi, à l'occasion d'une longue goutte qu'il avoit eue, il avoit supprimé le grand coucher, c'est-à-dire, que la cour ne le voyoit plus depuis la sortie de son souper. Ainsi tout le coucher étoit devenu petit coucher réservé aux grandes entrées et aux premières. Quand le roi étoit incommodé, ces grandes entrées avoient leurs privances et leurs distinctions au-dessus des premières, comme celles-ci en avoient au-dessus des entrées inférieures, qui en avoient aussi, mais peu perceptibles sur le reste de la cour. Dans ces cas d'incommodité, les entrées des derrières entroient par les derrières dans les cabinets, et de là dans la chambre du roi, en de certains moments rompus, et en sortoient de même. Ceux qui avoient les premières entrées que j'ai vus, étoient le maître de la garderobe qui n'étoit point en année, le précepteur et les sous-gouverneurs de Monseigneur et des princes ses fils, ou qui l'avoient été. Il n'y avoit que ceux-là par charge. Des autres, M. le Prince qui les avoit eues seulement au mariage de M. son fils avec la fille aînée du roi et de Mme de Montespan, le maréchal de Villeroy, comme fils du gouverneur du roi, le duc de Béthune, lorsqu'il quitta sa compagnie des gardes du corps, Beringhen, premier écuyer, Tilladet, parce qu'il avoit été maître de la garde-robe avant d'avoir eu les Cent-Suisses; enfin, les deux lecteurs du roi, que je ne compte pas, quoique par charge, parce qu'elles n'ont rien que ces premières entrées qui les fasse compter pour quelque chose, et qu'excepté Dangeau qui en acheta une uniquement pour avoir ces entrées, et qui perça, tous les autres ont été des gens de fort peu de chose. Viennent après les entrées de la chambre et celles du cabinet. Toutes les charges chez le roi ont ces deux entrées, et tous les princes du sang comme tels, ainsi que les cardinaux. Fort peu d'autres gens de la cour sans charges les ont obtenues.

Celles de la chambre consistent à entrer au lever du roi un moment avant le reste de la cour, quelquefois pour un instant, quand le roi prenoit un bouillon les jours de médecine, ou de quelque légère incommodité, privativement au reste de la cour.

Celles du cabinet, qui appartiennent aux charges principales et secondes, et à fort peu d'autres courtisans, mais aussi aux princes du sang et aux cardinaux, n'étoient que pour entrer après le lever dans le cabinet du roi à l'heure qu'il donnoit l'ordre pour la journée, et rien plus.

Enfin la dernière entrée, dont le premier gentilhomme de la chambre en année disposoit, étoit lorsque le roi allant à la chasse ou se promener, venoit prendre une chaussure et un surtout. L'huissier alloit nommer au premier gentilhomme de la chambre en année les personnes de quelque distinction qui étoient à la porte et qui désiroient entrer. Le premier gentilhomme de la chambre ne nommoit au roi que celles qu'il vouloit favoriser, qu'il faisoit entrer, et de de même au retour du roi. C'est ce qui s'appeloit le botter et le débotter. A Marly y entroit qui vouloit indépendamment du premier gentilhomme de la chambre, mais non ailleurs.

On voit ainsi l'ordre de toutes ces entrées, et combien précieuses et rares étoient les grandes et celles des derrières, même les premières entrées qui donnoient lieu à faire une cour facile et distinguée, et à parler au roi à son aise et sans témoins, car les gens de ces entrées s'écartoient dès que l'un d'eux s'approchoit pour parler au roi, qui étoit si difficile à accorder des audiences au reste de sa cour.

Le cardinal Dubois, dans son nouveau projet, commença par faire rendre les brevets des grandes et des premières entrées à ceux qui en avoient obtenu. Il n'en excepta que le maréchal de Berwick pour les grandes, qu'il ménageoit, pour l'éloigner en lui faisant accepter l'ambassade d'Espagne, et Belle-Ile pour les premières, qu'il vouloit tromper jusqu'au bout pour le perdre avec Le Blanc, et il fut la dupe de l'un et de l'autre. Berwick ne fut point en Espagne. Belle-Ile, après un long et dur séjour à la Bastille, puis en exil à Nevers, revint à la cour faire la plus prodigieuse fortune, et tous deux conservèrent leurs entrées. Tous les autres les perdirent, hors le très-peu de ceux qui restoient et qui les avoient du feu roi. Je fus du nombre des supprimés, et M. le duc d'Orléans le souffrit. Je renvoyai mon brevet dès qu'il me fut redemandé, sans daigner m'en plaindre, ni en dire un mot au cardinal Dubois, ni à M. le duc d'Orléans que j'aurois fort embarrassé. Les entrées, excepté ces deux, demeurèrent donc restreintes aux charges et à ce si peu d'autres qui les avoient du feu roi. Celles des derrières furent abolies, en donnant les grandes à d'Antin, à d'O et à Chamarande. Le cardinal Dubois en inventa de familières qui, du temps du feu roi, n'étoient que pour Monseigneur et les princes ses fils, Monsieur et M. le duc d'Orléans, le duc du Maine et le comte de Toulouse. Dubois les prit pour lui, et, pour faire moins crier, les étendit à tous les princes du sang, au duc du Maine, à ses deux fils et au comte de Toulouse. Elles donnèrent droit d'entrée à toute heure où étoit le roi quand il ne travailloit pas. Les princes du sang s'en trouvèrent extrêmement flattés, eux qui n'avoient que celles de la chambre. Jamais le feu prince de Conti n'en avoit eu d'autres avec celles du cabinet. Et avant que le coucher du roi eût été retranché aux courtisans, j'ai vu bien des fois M. le Prince assis au-dehors de la porte du cabinet du roi, entre le souper et le coucher, et assis qui pouvoit dans la même pièce que lui, en attendant le coucher du roi, tandis qu'en sa présence M. le Duc son fils, comme gendre du roi, entroit dans le cabinet, et n'en sortoit qu'avec le roi, quand il venoit se déshabiller pour son coucher. Ces entrées familières sont demeurées aux princes du sang et aux bâtards et bâtardeaux, et il ne sera pas facile désormais de les leur ôter par un roi qu'une familiarité si grande pourra facilement gêner et importuner beaucoup.

Tel fut le préparatif du rétablissement des bâtards et des enfants du duc du Maine dans tous les rangs, honneurs et distinctions dont ils jouissoient à la mort du roi. C'est ce qui fut fait par une déclaration du roi enregistrée au parlement, qui n'excepta que le droit de succession à la couronne, le nom et le titre de prince du sang qui leur fut de nouveau interdit, et le traversement du parquet, en sorte que d'ailleurs ils conservèrent en tout et partout l'extérieur de princes du sang, et en eurent aussi les mêmes entrées. C'étoit, ce semble, de quoi être plus que contents, après la dégradation qu'ils avoient, à tous égards, si justement essuyée. Ils ne le parurent point du tout, et Mme la duchesse d'Orléans encore moins qu'eux. Ils ne prétendoient à rien moins qu'aux trois points qu'ils tâchèrent d'obtenir par toutes sortes d'efforts, et à un quatrième qui étoit une extension illimitée à leur postérité. Dubois, qui n'osa choquer les princes du sang en des points si sensibles, n'osa les accorder. Son but étoit de se mettre bien avec les uns et les autres, et de les tenir ennemis pour les opposer et nager ainsi entre eux, appuyé selon l'occasion de ceux qui lui seroient les plus utiles, en faisant pencher la balance de leur côté. Nous fîmes nos protestations, dernière ressource des opprimés. Cet événement acheva de m'éloigner du cardinal et de M. le duc d'Orléans, auxquels, comme chose très-inutile, je ne pris pas la peine d'en dire une seule parole. Personne de nous ne visita les bâtards sur ce rétablissement si honteux et si fort à pure perte pour M. le duc d'Orléans, après tout ce qui s'étoit passé.

En même temps le cardinal Dubois négocioit avec le P. Daubenton, non-seulement le retour des bonnes grâces du roi d'Espagne au maréchal de Berwick, mais l'agrément de Sa Majesté Catholique pour qu'il allât ambassadeur du roi à Madrid. L'impossibilité du succès de cette entreprise, dont il ne m'avoit confié que la moitié, ne l'avoit pas rebuté, quoique je la lui eusse bien clairement exposée, tant il étoit pressé de se défaire de ce duc, dont l'estime, l'amitié, la familiarité pour lui de M. le duc d'Orléans lui étoit si importune, et duquel il ne pouvoit se délivrer autrement. A l'occasion de la négociation du futur mariage de Mlle de Beaujolois, il avoit promis une grosse abbaye à un frère que le P. Daubenton avoit à Paris. Cette abbaye ne venoit point, le cardinal en suspendoit le don pour hâter le jésuite d'obtenir du roi d'Espagne ce qu'il avoit si fort à cœur, et payoit, en attendant, son frère d'espérances les plus prochaines. La négociation ne fut pas longue, le P. Daubenton manda nettement au cardinal qu'il n'avoit pu y réussir, et qu'il n'avoit jamais trouvé dans le roi d'Espagne une inflexibilité si dure ni si arrêtée. Le cardinal entra en furie, dans le dépit de ne savoir plus comment pouvoir éloigner le duc de Berwick. Le frère du P. Daubenton se présenta à lui pour insister sur l'abbaye promise; le cardinal l'envoya très-salement promener, le traita comme un nègre, lui chanta pouille du P. Daubenton, lui déclara qu'il n'avoit plus d'abbaye à espérer, lui défendit d'oser jamais paroître devant lui, et rompit tout commerce avec le P. Daubenton pour tout le reste de sa vie. On peut juger de l'effet de cette sortie sur un jésuite accoutumé aux adorations des ministres des plus grandes puissances, et aux ménagements directs de ces mêmes puissances. On en verra bientôt les funestes effets.

Je n'ai point su par quelle heureuse fantaisie, car le cardinal Dubois n'étoit rien moins que noble et bienfaisant, il avoit pris en gré, du temps de la splendeur de Law, le vieux prince de Courtenay, qui n'avoit pas de quoi vivre. Il lui avoit procuré le payement de ses dettes, et plus de quarante mille livres de rentes au delà. Il n'en jouit que quelques années; il mourut à quatre-vingt-trois ans, en ce temps-ci, et laissa ce bien à son fils unique qu'il avoit eu de [Marie] de Lamet; il avoit eu un aîné tué à vingt-deux ans, sans alliance, étant mousquetaire au siége de Mons, comme il a été dit ici ailleurs. M. de Courtenay, après douze ans de veuvage, se remaria, en 1688, à la fille de Besançon, qu'on appeloit M. Duplessis-Besançon, lieutenant général et gouverneur d'Auxonne, laquelle étoit veuve de M. Le Brun, président au grand conseil, dont il laissa une fille mariée au marquis de Beauffremont en 1712. On a vu ailleurs comment ce prince de Courtenay perdit la fortune que le cardinal Mazarin avoit résolu de lui faire, en lui donnant une de ses nièces en mariage, et le faisant déclarer prince du sang. On y a vu aussi ce qu'est devenu son fils, en qui toute cette maison de Courtenay s'est éteinte, vraiment et légitimement de la maison royale, sans en avoir jamais pu être reconnu, quoiqu'elle n'en doutât pas, ni le feu roi non plus.

Fort tôt après la formation des conseils d'État, des finances et des dépêches, le cardinal Dubois ôta le détail de l'infanterie, de la cavalerie et des dragons à M. le duc de Chartres, au comte d'Évreux et à Coigny colonels généraux, et le rendit aux départements du secrétaire d'État de la guerre. Le comte de Toulouse retint encore quelque peu de temps celui de la marine; mais il le perdit enfin à très-peu de chose près, comme les autres, et le vit passer au secrétaire d'État de la marine. Pour les Suisses et l'artillerie, tout fut rendu à cet égard, à peu de chose près, au duc du Maine, comme il l'avoit du temps du feu roi, mais en allant travailler chez le cardinal Dubois sur ces deux matières.

Maulevrier revint en ce temps-ci d'Espagne, et fut médiocrement reçu. Il s'en alla tôt après montrer sa Toison dans sa province. Je n'entendis point parler de lui ni lui de moi, et n'en avons pas ouï parler depuis. Qui lui auroit dit alors qu'il deviendroit maréchal de France, il en auroit été pour le moins aussi étonné que le monde le fut quand le bâton lui fut donné. Chavigny demeura en Espagne sans titre, mais chargé des affaires en attendant un ambassadeur.

Un autre Maulevrier, mais qui étoit Colbert, et petit-fils du maréchal de Tessé, épousa une fille du comte d'Estaing, et le comte de Peyre une fille de Gassion, petite-fille du garde des sceaux Armenonville.

La princesse de Piémont mourut en couche à Turin, au bout d'un an de mariage. Elle n'avoit pas vingt ans, et étoit fort belle. Elle étoit Palatine-Soultzbach.

Le duc d'Aumont, chevalier de l'ordre, mourut le 6 avril d'apoplexie, à cinquante-six ans. Il en a été assez parlé ici, suffisamment ailleurs, pour n'avoir plus rien à en dire. Son fils avoit la survivance de sa charge et de son gouvernement. Beringhen, son beau-frère, ne le survécut pas d'un mois après une longue maladie. Il étoit premier écuyer du roi, et chevalier de l'ordre, et avoit soixante et onze ans : homme d'honneur, de fort peu d'esprit, aimé et compté à la cour, estimé et fort bien avec le feu roi. Son fils avoit la survivance de sa charge et de son petit gouvernement.

La marquise d'Alègre, dont j'ai eu occasion de parler ici quelquefois, mourut à soixante-cinq ans; dévote fort singulière, qui n'étoit pas sans esprit et sans vues. Elle avoit été belle, on s'en apercevoit encore. On a vu que ce fut elle qui me donna le premier éveil de toute la conspiration du duc et de la duchesse du Maine, sans rien nommer, dont son mari étoit tout du long, qui étoit fort bête et qui ne s'en doutoit pas.

Deux sœurs du duc de Noailles moururent à un mois l'une de l'autre; Mme de Châteaurenaud à trente-quatre ans, et Mme de Coëtquen à quarante-deux ans. On n'avoit jamais fait grand cas de l'une ni de l'autre dans leur famille, ni dans celle de leurs maris, ni dans le monde.

Le fils aîné du duc de Lorraine mourut de la petite vérole à dix-sept ans.

Le cardinal Dubois, que l'assemblée du clergé avoit élu son premier président, et qui en fut fort flatté, suivoit chaudement l'affaire de La Jonchère pour perdre Le Blanc qu'il y fit impliquer. Mme de Prie et M. le Duc ne s'y épargnèrent pas. Ce trésorier avoit été mis à la Bastille et fort resserré, où il dit et fit à peu près ce qu'on voulut. Ainsi, toute l'affection, la confiance, tous les services publics et secrets que M. le duc d'Orléans avoit reçus de Le Blanc ne purent tenir contre l'impétuosité de M. le Duc et du cardinal Dubois. Le Blanc eut ordre de donner la démission de sa charge de secrétaire d'État et de s'en aller sur-le-champ à quinze ou vingt lieues de Paris, à Doux, terre de Tresnel, son gendre, et sur-le-champ Breteuil, intendant de Limoges, fut fait secrétaire d'État de la guerre en sa place.

Cet événement affligea tout le monde. Jamais Le Blanc ne s'étoit méconnu. Il étoit poli jusque avec les moindres, respectueux où il le devoit et où ces messieurs ne le sont guère, obligeant et serviable à tous, gracieux et payant de raison jusque dans ses refus, expéditif, diligent, clairvoyant, travailleur fort capable; connoissant bien tous les officiers et tous ceux qui étoient sous sa charge. On peut dire que ce fut un cri et un deuil public sans ménagement, quoiqu'on sentît depuis quelque temps que la partie en étoit faite. Mais la surprise ne fut pas moins grande et générale de voir Breteuil en sa place, et être tiré pour cela d'une des dernières et des plus chétives intendances du royaume, dans un âge qui étoit encore fort peu avancé, sans avoir jamais vu ni ouï parler de troupes, de places ni de rien de ce qui appartient à la guerre, qui n'avoit jamais eu ni travail ni application, et qui étoit de ces petits-maîtres étourdis de robe, qui ne s'occupoit que de son plaisir. La cause longtemps secrète d'une telle fortune fut précisément le hasard de sa petite intendance.

Le cardinal Dubois étoit marié depuis longues années, par conséquent fort obscurément. Il paya bien sa femme pour se taire quand il eut des bénéfices; mais quand il pointa au grand il s'en trouva fort embarrassé. Sa bassesse ne lui laissoit que les élévations ecclésiastiques, et il étoit toujours dans les transes que sa femme ne l'y fît échouer. Son mariage s'étoit fait dans le Limousin et célébré dans une paroisse de village. Nommé à l'archevêché de Cambrai, il prit le parti d'en faire la confidence à Breteuil et de le conjurer de n'oublier rien pour enlever les preuves de son mariage avec adresse et sans bruit.

Dans la posture où Dubois étoit déjà, Breteuil vit les cieux ouverts pour lui s'il pouvoit réussir à lui rendre un service si délicat et si important. Il avoit de l'esprit et il sut s'en servir. Il s'en retourna diligemment à Limoges, et, tôt après, sous prétexte d'une légère tournée pour quelque affaire subite, il s'en alla, suivi de deux ou trois valets seulement, ajustant son voyage de façon qu'il tomba à une heure de nuit, dans ce village où le mariage avoit été célébré, alla descendre chez le curé faute d'hôtellerie, lui demanda familièrement la passade comme un homme que la nuit avoit surpris, qui mouroit de faim et de soif et qui ne pouvoit aller plus loin. Le bon curé, transporté d'aise d'héberger M. l'intendant, prépara à la hâte tout ce qu'il put trouver chez lui, et eut l'honneur de souper tête à tête avec lui, tandis que sa servante régala les deux valets dont Breteuil se défit ainsi que de la servante pour demeurer seul avec le curé. Breteuil aimoit à boire et y étoit expert. Il fit semblant de trouver le souper bon et le vin encore meilleur. Le curé, charmé de son hôte, ne songea qu'à le reforcer, comme on dit dans la province ; le broc étoit sur la table ; ils s'en versoient tour à tour avec une familiarité qui transportoit le bon curé. Breteuil, qui avoit son projet, en vint à bout, et enivra le bon homme à ne pouvoir se soutenir, ni voir, ni proférer un mot. Quand Breteuil eut, en cet état, achevé de le bien noyer avec quelques nouvelles lampées, il profita de ce qu'il en avoit tiré dans le premier quart d'heure du souper. Il lui avoit demandé si ses registres étoient en bon ordre, et depuis quel temps, et sous prétexte de sûreté contre les voleurs, où il les tenoit et où il en gardoit les clefs, tellement que dès que Breteuil se fut bien assuré que le curé ne pouvoit plus faire usage d'aucun de ses sens, il prit ses clefs, ouvrit l'armoire, en tira le registre des mariages qui contenoit l'année dont il avoit besoin, en détacha bien proprement la feuille qu'il cherchoit, et malheur aux autres mariages qui se trouvèrent sur la même feuille, la mit dans sa poche, et rétablit le registre où il l'avoit trouvé, referma l'armoire et remit les clefs où il les avoit prises. Il ne songea plus après ce coup qu'à attendre le crépuscule du matin pour s'en aller; laissa le bon curé cuvant profondément son vin, et donna quelques pistoles à la servante.

Il s'en alla de là à Brive, chez le notaire, dont il s'étoit bien informé, qui avoit l'étude et les papiers de celui qui avoit fait le contrat de mariage, s'y enferma avec lui, et de force et d'autorité se fit remettre la minute du contrat de mariage. Il manda ensuite la femme, des mains de qui l'abbé Dubois avoit su tirer l'expédition de leur contrat de mariage, la menaça des plus profonds cachots si elle osoit dire jamais une parole de son mariage, et lui promit monts et merveilles en se taisant. Il l'assura de plus que tout ce qu'elle pourroit dire et faire seroit en pure perte, parce qu'on avoit mis ordre à ce qu'elle ne pût rien prouver, et à se mettre en état, si elle osoit branler, de la faire condamner de calomnie et d'imposture, et la faire raser et pourrir dans la prison d'un couvent. Breteuil remit les deux importantes pièces à Dubois, qui l'en récompensa de la charge de secrétaire d'État quelque temps après.

La femme n'osa souffler. Elle vint à Paris après la mort de son mari. On lui donna gros sur ce qu'il laissoit d'immense. Elle a vécu obscure, mais fort à son aise, et est morte à Paris plus de vingt ans après le cardinal Dubois, dont elle n'avoit point eu d'enfants. Dubois, à qui le cardinal son frère avoit donné sa charge de secrétaire du cabinet du roi, et la charge des ponts et chaussées qu'avoit le feu premier écuyer, et qui étoit bon et honnête homme, vécut toujours fort bien avec elle. Il étoit assez mauvais médecin de village dans son pays, lorsque son frère le fit venir à Paris quand il fut secrétaire d'État. Dans la suite, cette histoire a été sue, et n'a été désavouée ni contredite de personne.

CHAPITRE XIX.

Bâtards de Montbéliard. — Mezzabarba, légat *à latere* à la Chine, en arrive à Rome avec le corps du cardinal de Tournon, et le jésuite portugais Magalhaens. — Succès de son voyage et de son retour. — Le roi à Meudon pour la convenance du cardinal Dubois, dont la santé commence visiblement à s'affoiblir. — Belle-Ile, Conches et Séchelles interrogés. — La Vrillière travaille à se faire duc et pair par une singulière intrigue. — Mort du marquis de Bedmar à Madrid. — Maréchal de Villars grand d'Espagne.

Ce fut dans ce temps-ci que le conseil aulique jugea à Vienne un procès dont je ne parle ici que par les efforts qui ont été faits vingt ans depuis pour revenir à cette affaire par la protection du roi et par la juridiction du parlement de Paris. Le dernier duc de Montbéliard avoit passé sa vie avec un sérail, et n'avoit point laissé d'enfants légitimes. Entre autres bâtards, il en laissa de deux femmes différentes, nés pendant la vie de son épouse légitime. Mais il prétendit les avoir épousées avec la permission de son consistoire, et les fit considérer comme telles dans son petit État. Toutes les faussetés et toutes les friponneries les plus redoublées et les plus entortillées furent employées pour soutenir la validité de ces prétendus mariages, et pour rendre légitimes, par conséquent, les Sponeck, sortis de l'une, et les Lespérance, sortis de l'autre. Il fit mieux encore, car pour mettre ces bâtards d'accord, qui se disputoient le droit à l'héritage, il maria le frère et la sœur qu'il avoit eus de ces deux différentes maîtresses. Il donna sa prédilection à ces nouveaux mariés, leur assurant, autant qu'il fut en lui, sa succession; les fit reconnoître à Montbéliard comme les souverains futurs, et mourut bientôt après, leur laissant beaucoup d'argent comptant et de pierreries. Sponeck et sa femme se firent prêter serment et reconnoître souverains par leurs nouveaux sujets, et se mirent en possession de tout le petit État de Montbéliard. Le duc de Würtemberg, à qui il revenoit, faute d'héritier légitime, les y troubla et s'adressa à l'empereur. Le Sponeck soutint son prétendu droit, et les Lespérance intervinrent, prétendant exclure le Sponeck et être seuls légitimes héritiers.

Après bien des débats, les uns et les autres furent déclarés bâtards, avec défense de porter le nom et les armes de Würtemberg et le titre de Montbéliard; les sujets de ce petit État déliés du serment qu'ils avoient prêté au Sponeck, obligés à la prêter au duc de Würtemberg envoyé en possession de tout le Montbéliard; et les lettres écrites par les Sponeck à l'empereur, renvoyées au Sponeck avec les armes de son cachet et sa signature biffées. Ils intriguèrent pour une révision, et y furent encore plus maltraités. Le voisinage de ce petit État de Montbéliard, qui confine à la Franche-Comté, leur fit implorer la protection du roi pour s'y maintenir. Ils trouvèrent Mme de Carignan, qui disposoit fort alors de notre ministère, laquelle, pour de l'argent, entreprenoit tout ce qu'on lui proposoit. Elle les fit écouter, et, contre toute apparence de raison, renvoyer au parlement de Paris. M. de Würtemberg cria, on le laissa dire, et la poursuite et l'instruction ne s'en continuèrent pas moins. A la fin, l'empereur se plaignit, et demanda de quel droit le roi pouvoit prétendre se mêler des affaires domestiques de l'Empire, et quelle juridiction pouvoit avoir le parlement de Paris sur l'État d'un Allemand naturel, qui se prétendoit prince de l'Empire, et dont le procès avoit été jugé par le conseil aulique, tribunal de l'Empire, qui n'en connoissoit point de supérieur à soi, beaucoup moins un tribunal étranger à l'Empire, tel que le parlement de Paris.

On essaya d'amuser l'empereur, mais il se fâcha si bien qu'on n'osa passer outre, et le parlement cessa d'y travailler. La chute du garde des sceaux Chauvelin, et d'autres circonstances qui décréditèrent Mme de Carignan, fit dormir cette affaire. Sponeck et sa femme, prouvée aussi sa sœur, s'étoient faits catholiques pour s'acquérir les prêtres et les dévots; ils ne bougeoient de Saint-Sulpice, des jésuites et de tous les lieux de piété en faveur. C'étoient des saints, malgré l'inceste et le bien d'autrui qu'ils vouloient s'approprier comme que ce fût. Mais il falloit une grande protection pour remettre leur affaire en train. Ils la trouvèrent dans la maison de Rohan, qui avisa qu'en leur faisant gagner leur procès ils deviendroient conséquemment princes de la maison de Würtemberg, et qu'ils se déferoient pour rien d'une de leurs filles en la mariant au fils de cet inceste, en lui obtenant ici le rang de prince étranger. Ils y mirent tout leur crédit, et parvinrent à leur faire accorder des commissaires. Tous ces manéges eurent beaucoup de haut et de bas; les commissaires travaillèrent.

Cependant le duc de Würtemberg jeta les hauts cris, l'empereur se fâcha de nouveau, l'affaire au fond et en la forme étoit insoutenable; on ne voulut pas se brouiller avec l'empereur pour cette absurdité où le roi n'avoit pas le plus petit intérêt d'État. Ils furent donc condamnés comme ils l'avoient été à Vienne, avec les mêmes clauses et défenses; et ils furent réduits à obtenir du duc de Würtemberg, au désir des arrêts du conseil aulique, une légère subsistance comme à des bâtards qu'il faut nourrir, et eux et les Lespérance, et le roi s'entremit auprès du duc de Würtemberg pour leur faire donner quelques terres les plus proches de la Franche-Comté. La douleur des vaincus fut grande, et celle de leurs protecteurs. Le Sponeck se rompit bientôt le cou en allant à Versailles, sa femme alla loger chez Mme de Carignan ; et jusqu'à l'heure que j'écris, a l'audace, malgré tant d'arrêts, de porter tout publiquement le nom de princesse de Montbéliard, les armes de Würtemberg pleines à son carrosse, et se montre ainsi effrontément partout, avec deux tétons gros comme des timbales, et qui, avec sa dévotion, sont médiocrement couverts. Elle n'a qu'un fils qui, ne pouvant s'accommoder d'un état si bizarre et si différent de celui qu'il avoit prétendu, s'est retiré dans une communauté. J'ai poussé ce récit fort au delà des bornes de ces Mémoires, pour montrer quel bon pays est la France à tous les escrocs, les aventuriers et les fripons, et jusqu'à quel excès l'impudence y triomphe.

En voici une autre d'une espèce différente. Le feu pape, irrité de la désobéissance des jésuites de la Chine, des souffrances et de la mort du cardinal de Tournon qu'il y avoit envoyé son légat *à latere*, y avoit envoyé de nouveau, avec le même caractère et les mêmes pouvoirs, le prélat Mezzabarba, orné du titre de patriarche d'Alexandrie. Il alla de Rome à Lisbonne pour y prendre les ordres et les recommandations du roi de Portugal, pour ne pas dire son attache, sous la protection duquel les jésuites travailloient dans ces missions des extrémités de l'orient. Il fit voile de Lisbonne pour Macao où il fut retenu longtemps avec de grands respects avant de pouvoir passer à Canton. De Canton, il voulut aller à Pékin, mais il fallut auparavant s'expliquer avec les jésuites qui étoient les maîtres de la permission de l'empereur de la Chine, et qui ne la lui voulurent procurer qu'à bon escient. Il différa tant qu'il put à s'expliquer, mais il eut affaire à des gens qui en savoient autant que lui en finesses, et qui pouvoient tout, et lui rien que par eux. Après bien des ruses employées d'une part pour cacher, de l'autre pour découvrir, les jésuites en soupçonnèrent assez pour lui fermer tous les passages.

Mezzabarba avoit tout pouvoir ; mais pour faire exécuter à la lettre les décrets et les bulles qui condamnoient la conduite des jésuites sur les rits chinois, et pour prendre toutes les plus juridiques informations sur ce qui s'étoit passé entre eux et le cardinal de Tournon jusqu'à sa mort inclusivement. Ce n'étoit pas là le compte des jésuites. Ils n'avoient garde de laisser porter une telle lumière sur leur conduite avec le précédent légat, encore moins sur la prison où ils l'avoient enfermé à Canton à son retour de Pékin, et infiniment moins sur sa mort. Mezzabarba, en attendant la permission de l'empereur de la Chine pour se rendre à Pékin, voulut commencer à s'informer de ces derniers faits, et de quelle façon les jésuites se conduisoient à l'égard des rits chinois depuis les condamnations de Rome. Il n'alla pas loin là-dessus sans être arrêté. La soumission apparente et les difficultés de rendre à ces brefs l'obéissance désirée furent d'abord employées, puis les négociations tentées pour empêcher le légat de continuer ses informations, et pour le porter à céder à des nécessités locales inconnues à Rome, et qui ne pouvoient permettre l'exécution des bulles et des décrets qui les condamnoient. Les promesses de faciliter son voyage à la cour de l'empereur, et d'y être traité avec les plus grandes distinctions, furent déployées. On lui fit sentir que le succès de ce voyage, et le voyage même étoit entre leurs mains. Mais rien de ce qui étoit proposé au légat n'étoit entre les siennes. Il n'avoit de pouvoir que pour les faire obéir, et il avoit les mains liées sur toute espèce de composition et de suspension. Il en fallut enfin venir à cet aveu. Les jésuites, hors de toute espérance de retourner cette légation suivant leurs vues, essayèrent d'un autre moyen. Ce fut de resserrer le légat et de l'effrayer. Ce moyen eut un plein effet.

Le patriarche, se voyant au même lieu où le cardinal de Tournon avoit cruellement péri entre les mains des mêmes qui lui en montroient de près la perspective, lâcha pied, et pour sauver sa vie et assurer son retour en Europe, consentit, non-seulement à n'exécuter aucun des ordres dont il étoit chargé, et dont l'exécution, qu'il vit absolument impossible, faisoit tout l'objet de sa légation, mais encore d'accorder, contre ses ordres exprès, par conséquent sans pouvoir, un décret qui suspendît toute exécution de ceux de Rome, jusqu'à ce que le saint-siége eût été informé de nouveau. De là, les jésuites prirent occasion d'envoyer avec lui à Rome le P. Magalhaens, jésuite portugais, pour faire au pape des représentations nouvelles, en même temps pour être le surveillant du légat depuis Canton jusqu'à Rome. A ces conditions les jésuites permirent au légat d'embarquer avec lui le corps du cardinal de Tournon, et de se sauver ainsi de leurs mains sans avoir passé Canton, et sans y avoir eu, lors même de sa plus grande liberté, qu'une liberté fort veillée et fort contrainte. Il débarqua à Lisbonne où, après être demeuré quelque temps, il arriva en celui-ci à Rome avec le jésuite Magalhaens et le corps du cardinal de Tournon qui fut déposé à la Propagande. Mezzabarba y rendit compte de son voyage, et eut plusieurs longues audiences du pape, où il exposa l'impossibilité qu'il avoit rencontrée à son voyage au delà de Canton, premier port de la Chine à notre égard, et à réduire les jésuites à aucune obéissance. Il expliqua ce que, dans le resserrement où ils l'avoient tenu, il avoit pu apprendre de leur conduite, du sort du cardinal de Tournon, enfin du triste état des missions dans la Chine; il ajouta le récit de ses souffrances, de ses frayeurs; et il expliqua comment, en s'opiniâtrant à l'exécution de ses ordres, il n'y auroit rien avancé que de causer l'éclat d'une désobéissance nouvelle, et à soi la perte entière de sa liberté, et vraisemblablement de sa vie, comme il étoit arrivé au cardinal de Tournon; qu'il n'avoit pu échapper et se procurer son retour pour informer le pape de l'état des choses qu'en achetant cette grâce par la prévarication dont il s'avouoit coupable, mais à laquelle il avoit été forcé par la crainte de ce qui étoit sous ses yeux, et de donner directement contre ses ordres une bulle de suspension de l'exécution des précédentes, jusqu'à ce que le saint-siége, plus amplement informé, expliquât ce qu'il lui plaisoit de décider.

Ce récit, en faveur duquel les faits parloient, embarrassa et fâcha fort le pape. La désobéissance et la violence ne pouvoient pas être plus formelles. Il n'y avoit point de distinction à alléguer entre fait et droit, ni d'explication à demander comme sur la condamnation d'un amas de propositions *in globo* et d'un autre amas de qualifications indéterminées. Il n'y avoit pas lieu non plus de se récrier contre une condamnation sans avoir été entendus. La condamnation étoit claire, nette, tomboit sur des points fixes et précis, longuement soutenus par les jésuites, et juridiquement discutés par eux et avec eux à Rome. Ils avoient promis de se soumettre et de se conformer au jugement rendu. Ils n'en avoient rien fait, leur crédit les avoit fait écouter de nouveau, et de nouveau la tolérance dont il s'agissoit avoit été condamnée. Ils y étoient encore revenus sous prétexte qu'on n'entendoit point à Rome l'état véritable de la question, qui dépendoit de l'intelligence de la langue, des mœurs, de l'esprit, des idées et des usages du pays. C'est ce qui fit résoudre l'envoi de Tournon; et ce que Tournon y vit et y apprit, et ce qu'il tenta d'y faire, et qu'il y fit à la fin, empêcha son retour et son rapport, et celui de la plupart des ministres de sa légation.

Quelque bruit et quelque prodigieux scandale qui suivît de tels succès, les jésuites eurent encore le crédit d'éviter le châtiment, soumis, respectueux et répandant l'or à Rome dans la même mesure qu'ils en amassoient à la Chine et au Chili, au Paraguay et dans leurs principales missions, et à proportion de leur puissance et de leur audace à la Chine. Ce fut donc pour tirer les éclaircissements locaux qu'ils avoient bien su empêcher le cardinal de Tournon et la plupart des siens de rapporter en Europe, et finalement pour faire obéir le saint-siége, que Mezzabarba y fut envoyé. Il ne se put tirer d'un si dangereux pas qu'en la manière qu'on vient de voir, directement opposée à ses ordres. Mais que dire à un homme qui prouve un tel péril pour soi et une telle inutilité d'y exposer sa vie? Aussi ne sut-on qu'y répondre; mais la honte de le voir à Rome en témoigner l'impuissance, par le seul fait d'être revenu sans exécution, et forcé au contraire à suspendre tout ce qu'il étoit chargé de faire exécuter, rendit sa présence si pénible à supporter, qu'il ne lui en coûta pas seulement le chapeau promis pour le prix de son voyage, mais l'exil loin de Rome, où il vécut obscurément plusieurs années, et dans lequel il mourut.

Le pape, la très-grande partie du sacré collége et de la cour romaine vouloit faire rendre les plus grands honneurs à la mémoire du cardinal de Tournon; et le peuple, soutenu de plusieurs cardinaux et de beaucoup de gens considérables, le vouloient faire déclarer martyr. Les jésuites en furent vivement touchés. Ils sentirent tout le poids du contre-coup qui tomberoit sur eux de ce qui se feroit en l'honneur du cardinal de Tournon. L'audace, poussée au dernier point de l'effronterie, leur en para l'affront. Ils insistèrent pour obtenir qu'après Mezzabarba, leur P. Magalhaens fût écouté à son tour.

Peu occupés de défendre les rits chinois, la désobéissance et les violences des jésuites de la Chine devant la congrégation de la Propagande, dont ils n'espéroient rien, ils voulurent aller droit au pape. Magalhaens y défendit les siens comme il put. Il se flattoit peu de leur parer une condamnation nouvelle. Son grand but fut d'étouffer la mémoire du cardinal de Tournon et de sauver l'affront insigne des honneurs qu'on lui préparoit. Le pape, gouverné par le cardinal Fabroni, leur créature et leur pensionnaire, qui les craignoit à la Chine, où ils se moquoient de lui en toute sécurité, et qui s'en servoient si utilement en Europe, crut mettre tout à couvert en condamnant de nouveau les rits chinois et les jésuites, leurs protecteurs à la Chine, sous la plus grande peine, s'ils n'obéissoient pas enfin à ces dernières bulles, et sous les plus grandes menaces de s'en prendre au général et à la société en Europe, aux dépens de la mémoire du cardinal de Tournon, qui fut enfin enterré dans l'église de la Propagande sans aucune pompe. C'étoit tout ce que les jésuites s'étoient proposé. Contents au dernier point de voir tomber par là toute information de ce qui s'étoit passé à la Chine, à l'égard de la légation et de la personne du légat, après tout le bruit qui s'en étoit fait à Rome, ils se tinrent quittes à bon marché de la nouvelle condamnation du pape, moyennant que cette énorme affaire demeurât étouffée, que l'étrange succès de la légation de Mezzabarba restât tout court sans aucune suite, bien assurés qu'après de telles leçons données à ces deux légats *à latere*, il ne seroit pas facile de trouver personne qui se voulût charger de pareille commission, non pas même pour la pourpre, qui n'avoit fait qu'avancer la mort du cardinal de Tournon; et qu'à l'égard des condamnations nouvelles, ils en seroient quittes pour des respects, des promesses d'obéissance et des soumissions à Rome, et n'en continueroient pas moins à la Chine à s'en moquer et à les mépriser, comme ils avoient fait jusqu'alors. C'est en effet comme ils se conduisirent fidèlement à Rome et à la Chine, sans que Rome ait voulu ou su depuis quel remède y apporter.

Mais ce qui est incroyable est la manière dont le P. Magalhaens s'y prit pour conduire l'affaire à cette issue. Ce fut de demander hardiment au pape de retirer tous les brefs, ou bulles et décrets, qui condamnoient les rits chinois et la conduite des jésuites à cet égard et à l'égard de ces condamnations. Il falloit être jésuite pour hasarder une demande si impudente au pape, en personne, en présence du corps du cardinal de Tournon, et du légat Mezzabarba, et il ne falloit pas moins qu'être jésuite pour la faire impunément. Le pape fut encore plus effrayé qu'indigné de cette audace.

Il crut donc faire un grand coup de politique de les condamner de nouveau pour ne pas reculer devant ce jésuite, mais d'en adoucir le coup pour sa compagnie, en supprimant tout honneur à la mémoire du cardinal de Tournon, et se hâtant de le faire enterrer sans bruit dans l'église de la Propagande, où il étoit demeuré en dépôt, en attendant que les honneurs à rendre à sa mémoire et la pompe de ses obsèques eussent été résolus, qui furent sacrifiés aux jésuites, avec un scandale dont le pape ne fut pas peu embarrassé.

Le 11 juin le roi alla demeurer à Meudon. Le prétexte fut de nettoyer le château de Versailles, la raison fut la commodité du cardinal Dubois. Flatté au dernier point de présider à l'assemblée du clergé, il vouloit jouir quelquefois de cet honneur. Il désiroit aussi se trouver quelquefois aux assemblées de la compagnie des Indes; Meudon le rapprochoit de Paris de plus que la moitié du chemin de Versailles, et lui épargnoit du pavé. Ses débauches lui avoient donné des incommodités habituelles et douloureuses que le mouvement du carrosse irritoit, et dont il se cachoit avec grand soin. Le roi fit à Meudon une revue de sa maison où l'orgueil du premier ministre voulut se satisfaire; il lui en coûta cher. Il monta à cheval pour y jouir mieux de son triomphe, il y souffrit cruellement, et rendit son mal si violent qu'il ne put s'empêcher d'y chercher du secours. Il vit des médecins et des chirurgiens les plus célèbres, dans le plus grand secret, qui en augurèrent tous fort mal, et par la réitération des visites et quelques indiscrétions la chose commença à transpirer. Il ne put continuer d'aller à Paris qu'une fois ou deux au plus avec grande peine, et uniquement pour cacher son mal qui ne lui donna presque plus de repos.

En quelque état que fût le cardinal Dubois, ses passions ne l'occupoient pas moins que si son âge et sa santé lui eussent promis encore quarante années de vie. Les soins de s'enrichir et de se perpétuer la souveraine et unique puissance le tourmentoient avec la même vivacité. Il poussoit donc l'affaire de La Jonchère à son gré, sous le prétexte de l'ardeur de M. le Duc à perdre Le Blanc et Belle-Ile; et Belle-Ile s'y trouva embarrassé par les dépositions de La Jonchère et de ses commis arrêtés avec lui. Conches, et Séchelles maître des requêtes, fort distingué dans son métier, ami intime de Le Blanc et de Belle-Ile, y furent aussi compris. Ils furent tous trois obligés à comparoître devant les commissaires des malversations, puis devant la chambre de l'Arsenal. Ils y furent interrogés plusieurs fois. Belle-Ile y déclara qu'allant servir sous le maréchal de Berwick dans le Guipuscoa et dans la Navarre espagnole, il avoit donné ses billets de banque et ses actions à La Jonchère pour s'en servir, et lui rendre après en divers temps. Rien n'étoit moins répréhensible : on ne trouva rien de plus mal dans les deux autres. Cela piqua, mais ne fit qu'encourager la haine à chercher, à tâcher, à ne se point rebuter, et à les tenir cependant dans des filets, mais sans pouvoir encore aller plus loin ni les arrêter.

Une autre pratique s'étoit élevée depuis quelque temps dans les ténèbres, avec toute l'adresse et toute l'audace possible. La conduite de M. le duc d'Orléans persuadoit aisément qu'il n'y avoit rien, quelque étrange que fût ce qu'on se proposoit, qui fût impossible avec la protection du cardinal Dubois, et rien encore, pour monstrueux qu'il fût, qu'on n'arrachât du premier ministre à la recommandation de l'Angleterre. Mme de La Vrillière, au bout de tant d'années de mariage, ne pouvoit se consoler ni s'accoutumer à être Mme de La Vrillière. Elle le faisoit sentir souvent à son mari. Il étoit glorieux autant et plus qu'il osoit l'être; les fonctions que je lui avois procurées pendant la régence, qui l'y avoient rendu nécessaire à tout le monde, l'avoient achevé de gâter; lui et sa femme n'imaginèrent rien moins que de se faire duc et pair; et voici comment ils s'y prirent.

La comtesse de Mailly, mère de Mme de La Vrillière, étoit Saint-Hermine, et de Saintonge. Elle avoit originairement beaucoup de parents calvinistes qui s'étoient retirés eu divers temps dans les États de la maison de Brunswick, où des alliances de plusieurs d'eux avec les Olbreuse, de même pays qu'eux ou fort voisins, leur avoient fait espérer, puis obtenir la protection de la duchesse de Zell, de laquelle il a été parlé ailleurs. Personne n'ignoroit le crédit qu'avoit eu la baronne de Platten sur l'électeur d'Hanovre qui l'avoit fait comtesse, et qu'elle en conservoit encore quelques restes, quoique depuis longtemps une autre maîtresse l'eût supplantée, que l'électeur avoit même attirée et élevée en dignité en Angleterre, depuis que lui-même y eut été prendre possession de la couronne de la Grande-Bretagne, à la mort de la reine Anne.

Schaub, ce Suisse dont ce prince s'étoit si longtemps servi à Vienne, ce drôle si intrigant, si rusé, si délié, si anglois, si autrichien, si ennemi de la France, si confident du ministère de Londres, que nous avons si souvent rencontré dans ce qui a été donné ici, d'après M. de Torcy, sur les affaires étrangères, ce Schaub étoit ici chargé du vrai secret entre le ministère anglois et le cardinal Dubois, sur lequel il avoit su usurper tout pouvoir. Aussi étoit-il fort cultivé dans notre cour. M. et Mme de La Vrillière l'avoient fort attiré chez eux par cette raison, et Schaub, qui étoit fort entrant, et avide d'écumer partout où il pouvoit espérer quelque récolte, s'y étoit rendu extrêmement familier. Pour s'amuser ou autrement, il s'avisa de tourner autour de Mme de La Vrillière. Il la voyoit encore coquette au dernier point, et n'ignoroit pas qu'elle n'avoit jamais été cruelle. La dame s'en aperçut bientôt, elle ne s'en offensa pas, et fit si bien qu'elle le rendit amoureux tout de bon; car elle étoit encore jolie. Alors elle le jugea un instrument propre à la servir, et son mari et elle lui firent confidence de leurs vues et de leur besoin de la protection du roi d'Angleterre.

Schaub, qui avoit les siennes, fut charmé d'une ouverture qui l'y conduisoit, et se mit à digérer le projet. Ils surent que la comtesse de Platten avoit une fille belle et bien faite, d'âge sortable pour leur fils, mais sans aucun bien, comme toutes les Allemandes, et dès lors ils ne songèrent plus qu'à ce mariage pour se procurer l'intercession du roi d'Angleterre, laquelle ne lui coûtant rien, il ne la refuseroit pas à son ancienne maîtresse pour l'établissement de sa fille. Les parents calvinistes de la comtesse de Mailly, retirés et depuis longtemps établis dans les États de la maison de Brunswick, se mirent en campagne pour faire la proposition de ce mariage; ils furent écoutés. Mme de Platten se seroit bien gardée de prendre une fille de La Vrillière qui auroit exclus son fils et sa postérité des chapitres protestants pour des siècles, comme des chapitres catholiques ; mais sa fille à donner au fils de La Vrillière n'avoit pas le même inconvénient.

L'affaire réglée donna lieu à Schaub de jouer son personnage. Il sonda le cardinal Dubois sur son attachement pour le roi d'Angleterre et pour ses ministres principaux. Il en reçut toutes les protestations d'un homme qui leur devoit son chapeau, par conséquent le premier ministère, auquel, sans le chapeau, il n'auroit pu atteindre, et qui l'avoit mis en état de recevoir une pension de quarante mille livres sterling de l'Angleterre, qui passoit par les mains de Schaub depuis qu'il étoit en France, et qui étoit depuis longtemps au fait des liaisons intimes, ou plutôt de la dépendance entière de Dubois du ministère anglois. Quand sa matière fut bien préparée, il lui parla du mariage, du crédit que la comtesse de Platten conservoit très-solide sur le roi d'Angleterre, sur ses liaisons intimes avec ses principaux ministres allemands et anglois, de l'embarras où se trouvoit la comtesse de Platten de donner sa fille à un homme qui, de l'état que ses pères avoient toujours exercé, quelque honorable et distingué qu'il fût en France, n'oseroit penser à sa fille s'il étoit Allemand; que ce mariage toutefois convenoit extrêmement à M. le duc d'Orléans et à Son Éminence, parce que ce seroit un lien de plus avec le roi d'Angleterre et avec ses ministres, un moyen certain d'être toujours bien et sûrement informés de leurs intentions, et de les faire entrer dans celles de Son Altesse Royale et de Son Éminence ; qu'il croyoit rendre un service essentiel à l'un et à l'autre de ménager cette affaire; mais qu'elle étoit désormais entre les mains de Son Éminence pour lever la seule difficulté qui l'arrêtoit, en rendant le fils de La Vrillière capable d'y prétendre, et en comblant d'aise et de reconnoissance la comtesse de Platten, et avec elle le roi d'Angleterre et ses ministres les plus confidents, en faisant pour La Vrillière la seule chose dont il fût susceptible, et que méritoient si fort les grands services rendus à l'État depuis si longtemps, par tant de grands ministres ses pères, ou de son même nom.

Dubois, qui, par ce qu'il étoit né, et par la politique qu'il s'étoit faite et qu'il avoit inspirée de longue main à son maître, vouloit tout confondre et tout anéantir, prêta une oreille favorable à Schaub, et ne fut point effarouché de la proposition qu'il lui fit enfin de faire La Vrillière duc et pair. Il servoit l'Angleterre suivant son propre goût ; il s'en assuroit de plus en plus son énorme pension par une complaisance qui, bien loin de lui coûter, se trouvoit dans l'unisson de son goût et de sa politique. Il ne laissa pas, pour se mieux faire valoir, d'en représenter les difficultés à Schaub, mais en lui laissant la liberté de lui en parler, et l'espérance de pouvoir réussir.

Soit de concert avec le premier ministre, soit de pure hardiesse, tant à son égard même qu'à celui de M. le duc d'Orléans, Schaub revint à la charge et dit au cardinal qu'il ne s'étoit pas trompé lorsqu'il l'avoit assuré que cette affaire seroit extrêmement agréable au roi d'Angleterre et à ses plus confidents ministres, que jusqu'alors il n'avoit parlé à Son Excellence que de lui-même, mais qu'il venoit d'être chargé de lui recommander la chose au nom du roi d'Angleterre qui la désiroit avec passion, et de la part de ses ministres qui lui demandoient cette grâce comme le gage de leur amitié, et qu'il avoit le même ordre du roi d'Angleterre d'en parler de sa part à M. le duc d'Orléans. Le cardinal lui accorda toute liberté de le faire, et lui promit d'y préparer M. le duc d'Orléans et d'agir de son mieux auprès de lui pour lever, s'il pouvoit, les difficultés qui se rencontreroient. Pour le faire court, M. le duc d'Orléans trouva la proposition extrêmement ridicule; mais sans cesser de la trouver telle, il fut entraîné. La Vrillière, en conséquence, parla au cardinal Dubois, et de son aveu à M. le duc d'Orléans. Il en fut assez bien reçu, et si transporté de joie, lui et sa femme, que le secret transpira.

Le duc de Berwick en fut averti des premiers; il en parla à M. le duc d'Orléans avec toute la force et la dignité possible, et l'embarrassa étrangement. Il me vint trouver aussitôt après à Meudon, où la cour ne vint que quelque temps après, et m'apprit cette belle intrigue; le clou qu'il avoit tâché d'y mettre aussitôt, et m'exhorta à parler, de mon côté, à M. le duc d'Orléans.

Je ne me fis pas beaucoup prier sur une affaire de cette nature, et j'allai dès le lendemain à Versailles chez M. le duc d'Orléans. Il rougit et montra un embarras extrême au premier mot que je lui en dis. Je vis un homme entraîné dans la fange, qui en sentoit toute la puanteur, et qui n'osoit ni s'en montrer barbouillé ni s'en nettoyer, dans la soumission sous laquelle il commençoit secrètement à gémir. Je lui demandai où il avoit vu ou lu faire un duc et pair de robe ou de plume, et donner la plus haute récompense qui fût en la main de nos rois, et le comble de ce à quoi pouvoit et devoit prétendre la plus ancienne et la plus haute noblesse, à un greffier du roi, dont la famille en avoit toujours exercé la profession depuis qu'elle s'étoit fait connoître pour la première fois sous Henri IV, sans avoir jamais porté les armes, qui est l'unique profession de la noblesse.

Cet exorde me conduisit loin, et mit M. le duc d'Orléans aux abois. Il voulut se défendre sur la vive intercession du roi d'Angleterre, et sur la position où il étoit avec lui. Je lui répondis que je ne pouvois présumer qu'il espérât me faire recevoir cette raison comme sérieuse; qu'il connoisssoit très-bien Schaub, et que c'étoit lui-même qui m'avoit appris que c'étoit un insigne fripon, un audacieux menteur, plein d'esprit, d'adresse, de souplesses, singulièrement faux et hardi à controuver tout ce qui lui faisoit besoin, et de génie ennemi de la France ; qu'étant tel par le portrait que Son Altesse Royale m'en avoit souvent fait, j'étois fort éloigné de penser que Son Altesse Royale crût sur une si périlleuse parole que le roi d'Angleterre ni ses ministres s'intéressassent à lui faire faire ce qui étoit sans aucun exemple, pour mieux marier la fille d'une maîtresse abandonnée depuis si longtemps, du crédit de laquelle nous n'avions jamais ouï parler pendant huit ans de sa régence, et qu'il avoit été question sans cesse de manier et de s'aider du roi d'Angleterre; que par conséquent il m'étoit clair qu'il étoit bien persuadé que le roi d'Angleterre ne prenoit pas la moindre part aux imaginations de La Vrillière, ni pas un de ses ministres ; que cet intérêt, présenté par Schaub comme véritable et vif, n'étoit que l'effet de son adresse et de son amour pour Mme de La Vrillière, saisi par Son Altesse Royale pour prétexte et pour excuse de ce qu'il voyoit énorme et sans exemple, à quoi néanmoins il se laissoit entraîner. J'ajoutai que, quand il seroit certain que l'intercession de l'Angleterre seroit vraie et vive, je le suppliois de me dire s'il étoit bon d'accoutumer les grandes puissances étrangères à s'ingérer des grâces et de l'intérieur de la cour ; s'il ne prévoyoit pas quelle tentation il préparoit à la fidélité des ministres du roi et de ses successeurs par l'exemple de La Vrillière; si lui-même oseroit hasarder de demander au roi d'Angleterre, pour un Anglois ou un Hanovrien, une pareille élévation dans sa cour, et s'il connoissoit aucun exemple semblable de puissance à puissance dans toute l'Europe, avec toutefois la seule exception d'occasions singulières, qui avoient quelquefois procuré la Jarretière à des François, mais des François qui n'étoient pas de l'état de La Vrillière, tels, par exemple, que l'amiral Chabot, le connétable Anne et le maréchal de Montmorency, son fils aîné, le maréchal de Saint-André, qui, en naissance, en établissements, et par eux-mêmes étoient de fort grands personnages ; et dans des temps postérieurs les ducs de Chevreuse-Lorraine et de La Valette, sans parler du duc de Lauzun qui l'avoit eue dans Paris de la reconnoissance, d'un roi détrôné ; et de plus encore, quelle comparaison, surtout en France, entre la Jarretière et la dignité de duc et pair ? Je n'oubliai pas l'abus des grandesses françoises ; mais je lui fis remarquer leur nouveauté, leur cause entre des rois, grand-père et petit-fils, ou neveu et oncle de même maison, et qui encore n'avoient jamais produit de ducs et pairs de France en Espagne, et l'échange de fort peu de colliers du Saint-Esprit contre beaucoup de colliers de la Toison d'or.

Ces raisons, qui prévenoient toute réplique, mirent M. le duc d'Orléans à non plus. Il se promenoit la tête basse dans son cabinet, et ne savoit que dire. Le projet étoit de cacher dans le plus profond secret cet ouvrage de ténèbres, et que personne n'en pût avoir le vent que par la déclaration de La Vrillière duc et pair. Berwick et moi le déconcertions, et M. le duc d'Orléans découvert, se voyoit incontinent exposé à la multitude des représentations, des demandes de la même grâce, sur un tel exemple, et qui ne se pourroient refuser, et en grand nombre, enfin au cri public, qu'il redoutoit toujours. Je continuai mes instances et mes raisonnements sur un si beau canevas, et je le quittai au bout d'une heure sans savoir ce qui en seroit. J'allai de là rendre au duc de Berwick ce que je venois de faire. Nous conclûmes de revenir sans cesse à la charge par nous et par d'autres, que lui, qui habitoit Versailles, se chargea de lui lâcher, et de rendre la chose publique pour exciter le cri public. Ce cri devint si grand et si universel qu'il arrêta le prince et le cardinal, et qu'il étourdit jusqu'à l'audace de La Vrillière et de sa femme, et jusqu'à l'impudence de Schaub.

Le public farcit cette ambition de ridicules, et ce ne fut pas ce qui contint le moins M. le duc d'Orléans. La figure de La Vrillière n'étoit pas commune, il étoit un peu gros et singulièrement petit; il étoit vif, et ses mouvements tenoient de la marionnette. Quoiqu'on ne se fasse pas, et que ces défauts n'influent que sur le corps, ils donnent beau champ au ridicule. M. le prince de Conti alloit disant tout haut qu'il avoit envoyé prendre les mesures du petit fauteuil de polichinelle pour en faire faire un dessus pour La Vrillière quand il seroit duc et pair, et qu'il le viendroit voir. Enfin on en dit de toutes les façons.

Ce vacarme et ces dérisions arrêtèrent pour un temps. M. et Mme de La Vrillière, et Schaub lui-même étoient déconcertés. Ils avoient bien prévu l'extrême danger d'être découverts plus tôt que par la déclaration même. Ce malheur arrivé, ils prirent le parti de laisser ralentir l'orage, de continuer après de presser leur affaire sourdement, et de la faire déclarer quand on ne s'y attendroit plus. Ils y furent encore trompés. Tant de gens considérables avoient intérêt de la traverser, ou de s'en servir pour être élevés au même honneur, qu'ils furent éclairés de trop près. La Vrillière, peut-être informé de ce que j'avois dit à M. le duc d'Orléans, qui rendoit tout au cardinal Dubois, de qui Schaub pouvoit l'avoir su, me vint trouver à Meudon pour me demander en grâce de ne le point traverser auprès de M. le duc d'Orléans; et, pour tâcher à me tenir de court, m'assura que non-seulement il en avoit parole de lui et du cardinal Dubois, mais que l'un et l'autre l'avoient donnée au roi d'Angleterre; qu'ainsi c'étoit une affaire faite, qui n'attendoit plus qu'une prompte déclaration; que ce qu'il me demandoit étoit donc moins la crainte de la retarder, puisque enfin ils s'étoient mis dans la nécessité de la finir, que pour n'avoir pas la douleur, après toute l'amitié que je lui avois témoignée toute ma vie, de me trouver opposé à son bonheur.

La vérité est que je me fusse passé bien volontiers de cette visite. Je ne me voulois pas brouiller avec un homme que j'avois si grandement obligé en tant de façons, parce que je lui avois des obligations précédentes, et qui me devoit tout ce qu'il étoit et tout ce qu'il prétendoit devenir; je ne voulois ni m'engager, ni mentir, ni donner prise. Je battis donc la campagne sur l'ancienne amitié; je lui avouai mon éloignement des érections nouvelles, qui toujours en amenoient d'autres, et augmentoient un nombre déjà trop grand; que lui-même ne l'ignoroit pas, avec qui je m'en étois plaint souvent; qu'à chose promise et à lui et au roi d'Angleterre, et qui n'attendoit plus que la déclaration, ce seroit peine perdue de travailler contre; que, de plus, il étoit trop à portée de l'intérieur pour n'avoir pas remarqué que depuis longtemps je battois de plus en plus en retraite; puis force propos polis, qui ne signifioient rien. Il fut content ou fit semblant de l'être, mais j'eus lieu de croire que ce fut le dernier, par ce qui arriva sept ou huit jours après à l'abbé de Saint-Simon, qui tout de suite vint me le conter à Meudon.

Il alla chez La Vrillière, à Versailles, lui parler d'une affaire. Après y avoir répondu honnêtement : « Voyez-vous, lui dit-[il] ce tiroir de mon bureau? il y a dedans la liste de tous ceux qui se sont opposés à mon affaire, et de tous ces beaux messieurs qui en ont tenu de si jolis discours. Elle se fera malgré eux et leurs dents, et sans que je m'en remue. Ce n'est plus mon affaire, c'est celle du roi d'Angleterre, qui l'a entreprise, qui en a la parole positive, qui prétend se la faire tenir; et nous verrons si on aimera mieux rompre avec lui et avoir la guerre. Si cela arrive, j'en serai fâché, mais je m'en lave les mains. Il faudra s'en prendre à ces messieurs les opposants et autres beaux discoureurs, desquels tous j'ai la liste que je n'oublierai jamais, et qui, je vous le promets, me le payeront tôt ou tard plus cher qu'au marché. » La menace étoit bien indiscrète, et le *plus cher qu'au marché* bien bourgeois; mais, pour en suivre le style, c'est que le hareng sent toujours la caque. L'abbé de Saint-Simon sourit, n'osant rire tout à fait, et lui applaudit sur ce qu'il falloit éviter la guerre avec l'Angleterre pour si peu de chose; qu'il ne croyoit pas qu'il pût y avoir de choix là-dessus, et se moqua doucement de lui, avec toutes les politesses qui le laissèrent fort content. L'abbé de Saint-Simon ne fut pas le seul dépositaire de cette confidence.

La Vrillière crut faire taire le monde en persuadant que son affaire étoit sûre, et qu'il n'y craignoit plus d'oppositions. Il eut la folie de débiter la guerre comme inévitable avec l'Angleterre si on ne lui tenoit pas la parole qu'on avoit donnée à cette couronne sur ce qui le regardoit, et de s'excuser de se trouver la cause innocente de la guerre si elle s'embarquoit à son occasion sur une affaire dont il ne se mêloit plus, parce qu'elle n'étoit plus la sienne depuis qu'elle étoit devenue celle du roi d'Angleterre. Ces propos, qui sentoient par trop les petites-maisons, remirent dans les conversations de tout le monde son oncle paternel et son frère aîné, enfermés depuis longtemps, et lui donnèrent un grand ridicule. Le déchaînement public accrocha si bien son affaire qu'elle gagna le temps que la cour vint à Meudon, que la santé du cardinal le rendit presque invisible, même à Schaub, suspendit toute affaire. Cet état du cardinal aboutit promptement à la mort, et M. le duc d'Orléans délivré d'avoir à compter avec lui, aima mieux compter avec le monde. Schaub et La Vrillière demeurèrent éconduits.

Le marquis de Bedmar, dont j'ai souvent parlé pendant mon ambassade d'Espagne, mourut à Madrid, à soixante et onze ans, laissant de soi une estime et un regret général. Il avoit servi toute sa vie en Flandre, où montant par tous les degrés, il y étoit devenu gouverneur général des Pays-Bas espagnols par *interim*, en l'absence de l'électeur de Bavière, et gouverneur de Bruxelles, enfin général des armées des deux couronnes, en pleine égalité avec nos maréchaux de France généraux des armées de Flandre. Il s'y conduisit si bien qu'il en acquit l'affection du roi, qui lui donna l'ordre du Saint-Esprit, lui procura la grandesse, puis la vice-royauté de Sicile. De retour en Espagne, il y fut ministre d'État et chef du conseil des ordres et du conseil de guerre, avec une grande considération. J'en ai donné ailleurs la maison, la famille, et le caractère. J'ai admiré cent fois en Espagne comment cet homme, si fait pour le grand monde, qui en avoit un si long usage, et qui pendant tant d'années avoit vécu si publiquement et si splendidement, avoit pu, de retour en Espagne, en reprendre la vie commune des seigneurs espagnols, manger seul son *puchero*[1], et achever sa vie dans une solitude presque continuelle, interrompue seulement par quelques visites plus de bienséance que de société, et par quelques fonctions.

On fut surpris en même temps d'apprendre que le maréchal de Villars étoit fait grand d'Espagne, sans l'avoir jamais servie que dans l'affaire de Cellamare et du duc du Maine, et sans qu'on ait jamais su comment il avoit obtenu cette grâce, que M. le duc d'Orléans lui permit d'accepter, parce qu'il permettoit tout. Le maréchal avoit essayé d'obtenir de la cour de Vienne, où il étoit fort connu pour y avoir été longtemps en deux fois envoyé extraordinaire du feu roi, un titre de prince de l'Empire; mais il n'y put parvenir. Le maréchal vouloit toutes les dignités, tous les honneurs, toutes les richesses, et il en fut comblé sans en être rassasié ni ennobli.

1. Pot au feu.

FIN DU DIX-NEUVIÈME VOLUME.

TABLE DES CHAPITRES

DU DIX-NEUVIÈME VOLUME.

Chapitre premier. — Rang observé toujours dans l'ordre de la Toison d'or. — Quel est l'état de capitaine général des armées d'Espagne. — Médiannates et lansas des grands. — Appointements des maisons royales, des capitaines généraux et des conseils. — Explication sur les serments. — Quelles de ces personnes n'en prêtent point ; quelles en prêtent, et entre quelles mains. — Buen-Retiro. — Casa del Campo. — L'Escurial. — Aranjuez. — Le Pardo. — La Sarçuela. — Le Pardillo. — Don Gaspard Giron ; sa naissance, son caractère. — Du marquis de Villagarcias. — De Cucurani. — De Villafranca, introducteur des ambassadeurs. — Hyghens, premier médecin du roi d'Espagne ; son caractère. — Hyghens m'engage à conférer secrètement avec le duc d'Ormond ; son caractère. — Legendre, premier chirurgien ; son caractère. — Ricœur, premier apothicaire ; son caractère. — Marquis del Surco et sa femme ; leur fortune, leur caractère. — Valouse ; sa fortune, son caractère. — Hersent ; son état, son caractère. — Cardinal Borgia ; son caractère. — Garde et livrée. — Armendariz, lieutenant-colonel du régiment des gardes espagnoles ; son caractère. — Titolados. — L'Excellence. — Comtesse d'Altamire ; son caractère. — Caractère de quelques señoras de honor. — Don Domingo Guerra, confesseur de la reine ; son caractère. — MM. de Saint-Jean père et fils ; leur fortune et leur caractère. — Capitaines des gardes du corps et colonels des régiments des gardes prêtent seuls serment entre les mains du roi d'Espagne. — Salazar ; sa fortune et sa réputation... 1

Chapitre ii. — Miraval, gouverneur du conseil de Castille ; son caractère. — Caractère du grand inquisiteur. — Conseils. — Deux marquis de Campoflorido extrêmement différents à ne pas les confondre. — Archevêque de Tolède. — Constitution. — Inquisition. — Le nonce ni les évêques n'ont point l'Excellence. — Premier et unique exemple en faveur de l'archevêque de Tolède, de mon temps. — Conseillers et conseil d'État, nuls. — Ce qu'ils étoient. — Don Michel et don Domingo Guerra ; leur fortune et leur caractère. — Fortune et caractère du marquis de Grimaldo et de sa femme. — Riperda. — Fortune et caractère du marquis de Castellar et de sa femme. — Jalousie du P. Daubenton [à l'égard] du P. d'Aubrusselle ; caractère de ce dernier. — Jésuites tous puissants, mais tous ignorants en Espagne, et pourquoi. — Fortune et caractère du chevalier Bourck. — Caractère et fortune du nonce Aldobrandin en Espagne. — Caractère et fortune du colonel Stanhope, ambassadeur d'Angleterre en Espagne. — Bragadino, ambassadeur de Venise en Espagne. — Ambassadeur de Hollande. — Ambassadeurs de Malte traités en sujets en Espagne. — Guzman, envoyé de Portugal. — Caractère de Maulevrier. — Duc d'Ormond; son caractère, sa situation en Espagne. — Marquis de Rivas, jadis Ubilla; sa triste situation en Espagne; je le visite............ 29

Chapitre III. — Situation de la cour d'Espagne. — Goût et conduite de la reine. — Elle hait les Espagnols, qui la haïssent publiquement. — Cabale nationale à la cour d'Espagne. — Fortune de Caylus. — Importance de la mécanique journalière. — Plan de la reine arrivant à Madrid. — Sa conduite. — Fortune d'Albéroni; son règne, sa chute. — Vie journalière du roi et de la reine d'Espagne. — Déjeuner. — Prière. — Travail avec Grimaldo. — Lever. — Toilette. — Heures des audiences particulières des seigneurs et des ministres étrangers. — De l'audience publique et sa description. — De l'audience du conseil de Castille. — Des audiences publiques des ambassadeurs et de la couverture des grands. — La messe et confession et communion. — Dîner. — Sortie et rentrée de la chasse. — Collation, et travail de Grimaldo. — Temps de la confession de la reine; sa contrainte. — Souper et coucher. — Voyages. — La reine présente à toutes les audiences particulières des ministres étrangers et des sujets. — Raisons de l'explication du détail des journées. — Jalousie réciproque du roi et de la reine. — Difficulté extrême de la voir en particulier, et de tout commerce d'affaires avec elle seule. — Caractère de Philippe V. — Éducation et sentiments de la reine d'Espagne pour sa famille et pour son pays. — Fortune de Scotti. — Caractère, vie, vues, art, manéges, conduite, pouvoir, contrainte de la reine d'Espagne. — Extinction par la princesse des Ursins des étiquettes; des conseils où le roi se trouvoit; des fonctions des charges principales, qui a toujours duré depuis. — Oubli réparé d'une fonction du grand et du premier écuyer.. 60

Chapitre IV. — Chasse. — L'Atoche. — Impudence monacale. — Le Mail. — Vie ordinaire de Madrid. — *Recao;* ce que c'est. — Usage dans les visites. — Vie des gens employés dans les affaires. — Politesse et dignité des Espagnols. — Mesures pour la grandesse et la Toison. — Lettres de M. le duc d'Orléans au roi d'Espagne, et du cardinal Dubois à Grimaldo pour ma grandesse, d'une telle foiblesse, que Grimaldo ne voulut pas remettre au roi celle de M. le duc d'Orléans, ni lui parler de celle du cardinal Dubois... 87

Chapitre V. — 1722. — Échange des princesses (9 janvier). — Usurpation des Rohan. — Ruses, artifices, manéges du prince de Rohan, tous inutiles auprès du marquis de Santa-Cruz, qui le force à céder sur ses chimères dans l'acte espagnol, dont j'ai la copie authentique et légalisée. — Présents du roi aux Espagnols, pitoyables. — Grands d'Espagne, espagnols, n'en prennent point la qualité dans leurs titres, et pourquoi. — Avances singulières que le cardinal de Rohan me fait faire de Rome; leur motif. — Sottise énorme du cardinal de Rohan partant de Rome. — Échange des princesses dans l'île des Faisans. — Présents et prostitution de rang de la reine douairière d'Espagne, à qui je procure un payement sur ce qui lui étoit dû. — Je vais faire la révérence à Leurs Majestés Catholiques. — Matière de cette audience. — Conte singulièrement plaisant par où elle finit. — Le roi, la reine et le prince des Asturies vont, comme à la suite du duc del Arco, voir la princesse à Cogollos. — Je vais saluer la princesse à Cogollos, puis à Lerma, à son arrivée. — Chapelle. — J'y précède tranquillement le nonce, sans faire semblant de rien. — Rare et plaisante ignorance du cardinal Borgia, qui célèbre le mariage, dont la cérémonie extérieure est différente en Espagne. — Célébration du mariage, l'après-dîner du 20 janvier. — Je suis fait grand d'Espagne de la première classe, conjointement avec un de mes fils à mon choix, pour en jouir actuellement l'un et l'autre; et la Toison donnée à l'aîné, sans choix. — Je donne à l'instant la grandesse au cadet. — Remercîment. — Compliments de toute la cour. — Je me propose, sans en avoir aucun ordre et contre tout exemple en Espagne, de rendre public le coucher des noces du prince et de la princesse des Asturies; et je l'exécute, et je l'obtiens. — Bonté et distinction sans exemple du roi d'Espagne pour moi et pour mon fils aîné au bal, dont je m'excuse par ménagement pour les seigneurs espagnols. — Mesures que je prends pour éviter que le coucher public ne choque les Espagnols. — Vin et huile détestablement faits en Espagne, mais admirablement chez les seigneurs. — Jambons de cochons nourris de vipères, singulièrement excellents. — Évêques debout au bal, en rochet et camail. — Cardinal Borgia n'y paroît point. — Vélation; ce que c'est. — J'y précède encore le nonce, sans faire semblant de rien. — Maulevrier n'y paroît point, parti furtivement dès le matin de son quartier pour Madrid, qui en est fort blâmé. — Conduite réciproque entre lui et moi pendant les jours du mariage. — Étrange conduite et prétentions de La Fare. — Ma conduite à cet égard.................................... 105

Chapitre VI. — Ma conduite en France sur les grâces reçues en Espagne. — Parrains de mes deux fils. — Princesse des Asturies fort incommodée. — Inquiétude du roi et de la reine, qui me commandent de la voir tous les jours, contre tout usage en Espagne. — Ils me confient les causes secrètes de leurs alarmes, sur lesquelles je les rassure. — Couverture de mon second fils. — Le cordon bleu donné au duc d'Ossone. — Je prouve à M. le duc d'Orléans qu'il pouvoit et qu'il devoit faire lui-même le duc d'Ossone chevalier de l'ordre, et lui propose sept ou huit colliers pour l'Espagne, lors de la grande promotion, dont un pour Grimaldo. — L'ordre offert au cardinal Albane et refusé par lui. — Office au cardinal Gualterio, à qui le feu roi l'avoit promis. — Chavigny en Espagne, mal reçu; son caractère. — Chavigny à Madrid. — Sa mission, et de qui. — Vision du duc de Parme la plus inepte sur Castro et Ronciglione. — Fausseté puante de Chavigny sur le duc de Parme. — Chavigny chargé par le duc de Parme de proposer le passage actuel de l'infant don Carlos à Parme avec six mille hommes, dont le duc de Parme auroit le commandement, les subsides, et l'administration du jeune prince. — Chavigny sans ordre ni aucune réponse du cardinal Dubois sur le passage de don Carlos en Italie; sans lettre de créance ni instruction du cardinal Dubois pour la cour d'Espagne. — Ordre de lui seulement d'y servir le duc de Parme, mais sans y entrer en trop de détails sur Castro et Ronciglione. — Tableau de la cour intérieure d'Espagne. — Chavigny se montre à Pecquet vouloir un établissement actuel à don Carlos en Italie. — Multiplicité à la fois des ministres de France à Madrid publiquement odieuse et suspecte à la cour d'Espagne. — Dangers et absurdité du passage actuel de don Carlos en Italie, sans aucun fruit à en pouvoir espérer. — Chimère ridicule de l'indult. — Mon embarras du silence opiniâtre du cardinal Dubois sur le projet du passage de don Carlos en Italie. — Mesures que je prends en France et en Espagne pour faire échouer la proposition du passage de don Carlos en Italie, qui réussissent. — Je mène Chavigny au marquis de Grimaldo, et le présente au roi et à la reine d'Espagne, desquels il est extrêmement mal reçu. — Il échoue sur les deux affaires qu'il me dit l'avoir amené à Madrid.................. 139

CHAPITRE VII. — Le duc de Bournonville, nommé à l'ambassade de France, en est exclus. — Je tente en vain d'obtenir la restitution de l'honneur des bonnes grâces de Leurs Majestés Catholiques au duc de Berwick. — Je tente en vain d'obtenir la grandesse pour le duc de Saint-Aignan. — Conduite étrange de la princesse des Asturies à l'égard de Leurs Majestés Catholiques. — Bal de l'intérieur du palais. — La *Pérégrine*, perle incomparable. — Illuminations; feux d'artifice admirables. — Leurs Majestés Catholiques en cérémonie à l'Atoche. — Raison qui me fait abstenir d'y aller. — Fête de la course des flambeaux. — Fête d'un combat naval. 179

CHAPITRE VIII. — Buen-Retiro. — Morale et pratique commode des jésuites sur le jeûne en Espagne. — Je veux voir la prison de François Ier. — Délicate politesse de don Gaspard Giron. — Expédient de Philippe III contre l'orgueil des cardinaux. — Prison de François Ier. — Je vais voir Tolède. — Causes particulières de ma curiosité. — Contes et sorte de forfait des cordeliers de Tolède. — Différence de notre prononciation latine d'avec celle de toutes les autres nations. — Le carême fort fâcheux dans les Castilles. — Vesugo, excellent poisson de mer. — Église métropolitaine de Tolède. — Humble sépulture du cardinal Portocarrero. — Beauté admirable des stalles du chœur. — Chapelle et messe mosarabiques. — Évêques mêlés avec les chanoines sans aucune distinction. — Drapeau blanc au clocher de l'église de Tolède pour chaque archevêque ou chanoine devenu cardinal, qui n'en est ôté qu'à sa mort. — Députation du chapitre de Tolède pour me complimenter. — Ville et palais de Tolède. — Aranjuez. — Amusement de sangliers. — Haras de buffles et de chameaux. — Lait de buffle exquis................................. 202

CHAPITRE IX. — Réception de mon fils aîné dans l'ordre de la Toison d'or. — Indécence du défaut des habits de la Toison, et de la manière confuse des chevaliers d'accompagner le roi les jours de collier, qui sont fréquents. — Manière dont le roi prend toujours son collier. — Sa Majesté et tous ceux qui ont la Toison et le Saint-Esprit ne portent jamais un collier sans l'autre. — Nulle marque de l'ordre dans ses grands officiers, quoique d'ailleurs pareils en tout à ceux du Saint-Esprit. — Rang dans l'ordre; d'où se prend. — Le prince des Asturies est le premier infant qui ait obtenu la préséance. — Les chevaliers, grands ou non, couverts au chapitre. — Les grands officiers découverts. — Différence très-marquée de leur séance d'avec celle des chevaliers. — Préliminaires immédiats à la réception. — Réception. — Épée du grand capitaine devenue celle de l'État. — Son usage aux réceptions des chevaliers de la Toison. — Singuliers respects rendus à cette épée. — Courte digression sur le grand capitaine. — Accolade. — Imposition du collier. — Révérences et embrassades. — Visites et repas. — Cause du si petit nombre de chevaliers espagnols. — Expédient qui rend enfin les ordres anciens et lucratifs d'Espagne compatibles avec ceux de la Toison, du Saint-Esprit, etc. — Fâcheux dégoût donné sur la Toison à Maulevrier, qui rejaillit sans dessein sur La Fare. — Mon fils aîné s'en retourne à Paris; voit l'Escurial. — Sottise des moines.. 223

CHAPITRE X. — Honneurs prodigués à l'infante, et fêtes à son arrivée à Paris. — J'obtiens une expédition en forme de la célébration du mariage du prince et de la princesse des Asturies, dont il n'y avoit rien par écrit. — Baptême de l'infant don Philippe. — L'infant don Philippe reçoit le sacrement de confirmation et l'ordre de Saint-Jacques. — Voyage très-solitaire de quatre jours, à Balsaïm, de Leurs Majestés Catholiques. — Je reçois un courrier sur l'entrée des cardinaux de Rohan et Dubois au conseil de régence, et sur la sortie des ducs, du chancelier et des maréchaux de France du conseil de régence. — Manége du cardinal Dubois. — Il présente au régent un périlleux fantôme de cabale. — Lettre curieuse du cardinal Dubois à moi sur l'affaire du conseil de régence. — Néant évident de la prétendue cabale. — Dubois, par une lettre à part, veut que sur-le-champ j'en fasse part à Leurs Majestés Catholiques, en quelque lieu qu'elles fussent. — Second usage du fantôme de cabale pour isoler totalement M. le duc d'Orléans. — Artifices de la lettre du cardinal Dubois à moi. — Sa crainte de mon retour. — Moyens qu'il tente de me retenir en Espagne. — Autres pareils artifices du cardinal Dubois, qui me fait écrire avec plus d'étendue et de force par Belle-Ile. — Remarques sur la lettre de Belle-Ile à moi. — Je prends le parti de taire la prétendue cabale, de ne dire que le fait existant, et d'aller à Balsaïm. — Conversation avec Grimaldo.. 241

CHAPITRE XI. — Voyage à Balsaïm. — Fraîche réception tôt réchauffée. — Audience à Balsaïm. — Je couche à Ségovie. — Ségovie. — Cordelier de M. de Chalais. — Je dîne à Balsaïm, et suis Leurs Majestés Catholiques à la Granja. — Comment la Granja devenue Saint-Ildephonse. — Saint-Ildephonse. — Superbe et riche chartreuse. — Manufactures de Ségovie fort tombées. — Je réponds aux lettres du cardinal Dubois et de Belle-Ile. — Bruit ridicule que fait courir mon voyage de Balsaïm. — Hardiesse étrange de Leurs Majestés Catholiques allant et venant de Balsaïm. — Autres lettres curieuses du cardinal Dubois à moi. — Vif sentiment du duc d'Arcos sur la préséance des cardinaux au conseil de régence. — Cardinaux, chanoines de Tolède, mêlés avec les autres chanoines en leur rang d'ancienneté entre eux.. 267

CHAPITRE XII. — Mon audience de congé. — Singularité unique de celle de la princesse des Asturies. — Maulevrier reçoit enfin le collier de l'ordre de la Toison d'or, mais avec un dégoût insigne. — Je pars de Madrid. — Alcala de Henarez. — Guadalajara. — Agreda. — Pampelune. — Roncevaux. — Bayonne. — Réponse curieuse du cardinal Dubois et de Belle-Ile. — Trois courriers me sont dépêchés. — Je me détourne pour passer à Marmande, où le duc de Berwick étoit venu m'attendre de Montauban, où il commandoit en Guyenne. — Bordeaux. — Blaye. — Loches. —

Chastres. — Belle-Ile vient à Chastres me proposer, de la part du cardinal Dubois, le dépouillement du duc de Noailles, et me presse d'y entrer, auquel je m'oppose. — Je vais au Palais-Royal. — Long entretien entre le régent, le cardinal Dubois et moi. — Friponnerie sur la restitution aux jésuites du confessionnal du roi. — Je me démets de ma pairie à mon fils aîné, et lui fais présent des pierreries du portrait du roi d'Espagne. — Je visite pendant la tenue du premier conseil de régence tous ceux qui en étoient sortis, et vais à Fresnes voir le chancelier exilé............ 286

Chapitre XIII. — Façon plus que singulière dont l'officier dépêché avec le contrat de mariage du roi fut enfin expédié de tout ce que j'avois demandé pour lui. — Mort de Mme de Broglio (Voysin). — Mort du comte de Chamilly. — Mort de Mme de Montchevreuil, abbesse de Saint-Antoine. — Cette abbaye donnée à Mme de Bourbon. — Mort de l'abbé et du marquis de Saint-Hérem. — Mort du comte de Cheverny, de l'abbé de Verteuil; de l'évêque de Carcassonne (Grignan); de Saint-Fremont; sa fortune. — Mort du marquis de Montalègre à Madrid, et sa dépouille. — Mort de la princesse Ragotzi (Hesse-Rhinfels); de la duchesse de Zell (Desmiers-Olbreuse); sa fortune. — Mort du comte d'Althan, grand écuyer et favori de l'empereur. — Mariage du prince palatin de Soultzbach avec l'héritière de Berg-op-Zoom; du prince de Piémont avec la princesse palatine de Soultzbach; du marquis de Castries avec la fille du duc de Lévy; de Puysieux avec la fille de Souvré; du duc d'Épernon avec la seconde fille du duc de Luxembourg; de Mlle d'Estrées, déclarée, avec d'Ampus. — P. de Linières, jésuite, confesseur de Madame, fait confesseur du roi, avec des pouvoirs du pape, au refus de ceux du cardinal de Noailles. — Armenonville garde des sceaux. — Morville secrétaire d'État. — Le chancelier, sur le point immédiat de son exil, marie sa fille au marquis de Chastelux. — Caractère de ce gendre. — Cruel bon mot de M. le duc d'Orléans. — Broglio l'aîné et Nocé exilés. — Mme de Soubise gouvernante des enfants de France en survivance de la duchesse de Ventadour. — Dodun contrôleur général des finances en la place de La Houssaye. — Pelletier de Sousy se retire à Saint-Victor. — Duc d'Ossone retourné à Madrid. — Translations d'archevêchés et d'évêchés. — Reims donné à l'abbé de Guéméné. — Ruses inutiles des Rohan pour lui procurer l'ordre avant l'âge. — Mariage de ma fille avec le prince de Chimay. — Mariage du comte de Laval avec la sœur de l'abbé de Saint-Simon : l'un depuis évêque-comte de Noyon, puis de Metz, en conservant le rang et les honneurs de son premier siège; l'autre depuis maréchal de France. — Mort de Courtenvaux. — Sa charge de capitaine des Cent-Suisses donnée à son fils, à peine hors du berceau, et l'exercice à son frère. — La cour retourne pour toujours à Versailles. — Je m'oppose à l'exil du duc de Noailles, enfin inutilement. — Bassesses du cardinal Dubois pour se gagner le maréchal de Villeroy, inutiles. — Fatuité singulière de ce maréchal. — Comte de La Mothe fait grand d'Espagne. — Mort de Plancy. — Le pape donne à l'empereur l'investiture des Deux-Siciles. — Mort du duc de Marlborough; de Zondedari, grand maître de Malte. — Manoel lui succède. — Mort de la duchesse de Bouillon (Simiane); de l'épouse du prince Jacques Sobieski.................................... 304

Chapitre XIV. — Extrême embarras du cardinal Dubois, qui tente encore de se ramener le maréchal de Villeroy, qu'il ne pouvoit perdre, et y emploie le cardinal de Bissy. — Le cardinal de Bissy persuade le maréchal de Villeroy, qui veut prévenir le cardinal Dubois, et va chez lui avec le cardinal de Bissy, où, passant des compliments aux injures, il fait la plus terrible scène qui se puisse imaginer au cardinal Dubois. — Le cardinal Dubois, hors de lui, arrive tout de suite dans le cabinet de M. le duc d'Orléans, m'y trouve seul, lui conte devant moi la scène qu'il venoit d'essuyer du maréchal de Villeroy, et déclare qu'il faut opter entre l'un ou l'autre. — M. le duc d'Orléans me presse de dire mon avis. — J'opine à l'exil du maréchal de Villeroy. — Conférence entre M. le duc d'Orléans, M. le Duc et moi, où il est convenu d'arrêter et d'exiler le maréchal de Villeroy. — M. le duc d'Orléans m'envoie chez le cardinal Dubois, au sortir de notre conférence, examiner et convenir de la mécanique pour arrêter le maréchal de Villeroy. — Compagnie que je trouve chez le cardinal Dubois. — Le duc de Charost, en mue, pour être déclaré gouverneur du roi.. 326

Chapitre XV. — Piége tendu au maréchal de Villeroy, qui y donne en plein. — Le maréchal de Villeroy arrêté et conduit tout de suite à Villeroy. — Le roi fort affligé. — Fuite inconnue de l'évêque de Fréjus, découvert à Bâville, mandé et de retour aussitôt. — Fureurs du maréchal de Villeroy. — Le roi un peu apaisé par le retour si prochain de l'évêque de Fréjus. — Mesures à prendre avec cet évêque, et prises en effet. — Le duc de Charost déclaré gouverneur. — Désespoir du maréchal de Villeroy. — Il dévoile la cause de la fuite de Fréjus, dont cet évêque se tire fort mal. — Sa joie et ses espérances fondées sur l'éloignement du maréchal. — Maréchal de Villeroy exilé à Lyon, mais avec ses fonctions de gouverneur de la ville et de la province. — Crayon léger de ce maréchal. — Le roi tout consolé du maréchal de Villeroy. — Art et ambition de la conduite de Fréjus. — Confirmation et première communion du roi. — Cardinal Dubois, sans plus d'obstacle, tout occupé de se faire brusquement déclarer premier ministre, emploie Belle-Ile pour m'en parler. — Conversation singulière entre M. le duc d'Orléans et moi sur faire un premier ministre, dont je ne suis point d'avis. — Ennui du régent le porte à faire un premier ministre ; à quoi je m'oppose. — Comparaison du feu prince de Conti, gendre du dernier M. le Prince. — Aveu sincère de M. le duc d'Orléans. — Considérations futures. — Cardinal Dubois bien connu de son maître. — Foiblesse incroyable du régent. — Belle-Ile resté en embuscade. — Réponse que je lui fais........................... 343

Chapitre XVI. — Autre conversation singulière et curieuse entre M. le duc d'Orléans et moi sur faire un premier ministre, dont je persiste à n'être pas d'avis. — Malheur des princes indiscrets et peu fidèles au secret. — Exemples des premiers ministres en tous pays depuis Louis XI. — Quel est nécessairement un premier ministre. — Quel est le prince qui fait un premier ministre. — Embuscade de Belle-Ile. — Le cardinal Dubois déclaré premier ministre. — Il me le mande et veut me faire accroire qu'il m'en a l'obligation, et n'oublie rien pour en persuader le public. — Conches ; quel. — Je vais le lendemain à Versailles, où je vois le cardinal Dubois chez M. le duc d'Orléans. — Indignité des Rohan. — Épisode nécessaire. — Plénœuf, sa femme et sa fille, depuis marquise de Prie, et maîtresse déclarée de M. le Duc. — Infamie du marquis de Prie. — Liaison intime de Belle-Ile et de Le Blanc entre eux et avec Mme de Plénœuf.

— Elle leur attire la haine, puis la persécution de Mme de Prie et de M. le Duc. — Le cardinal Dubois, fort avancé dans son projet d'élaguer entièrement M. le duc d'Orléans, se propose de perdre Le Blanc et peut-être Belle-Ile. — Conduite qu'il y tient. — Désordre des affaires de La Jonchère, trésorier de l'extraordinaire des guerres, dévoué à M. Le Blanc. — Belle-Ile toujours mal avec M. le duc d'Orléans. — Mariage futur de Mlle de Beaujolois avec l'infant don Carlos, déclaré. — Mariage du prince électoral de Bavière avec une archiduchesse, Joséphine. — Fort pour amuser le roi. — Mort de Ruffé. — Étrange licence en France. — Mort de Dacier. — Érudition profonde de sa femme, et sa modestie. — Mort, famille et caractère de la duchesse de Luynes (Aligre). — Mort de Reynold. — Mariage de Pezé avec une fille du premier écuyer 371

Chapitre XVII. — Préparatifs du voyage de Reims, où pas un duc ne va, excepté ceux de service actuel et indispensable, et de ceux-là mêmes aucun ne s'y trouva en pas une cérémonie sans la même raison. — Désordres des séances et des cérémonies du sacre. — Étranges nouveautés partout. — Bâtards ne font point le voyage de Reims. — Remarques de nouveautés principales. — Cardinaux. — Conseillers d'État, maîtres des requêtes, secrétaires du roi. — Maréchal d'Estrées non encore alors duc et pair. — Secrétaires d'État. — Mépris outrageux de toute la noblesse, seigneurs et autres. — Mensonge et friponnerie avérée qui fait porter la première des quatre offrandes au maréchal de Tallard, duc vérifié. — Barons, otages de la sainte ampoule. — Peuple nécessaire dans la nef dès le premier instant du sacre. — Deux couronnes; leur usage. — *Esjouissance des pairs* très-essentiellement estropiée. — Le couronnement achevé, c'est au roi à se mettre sa petite couronne sur la tête et à se l'ôter quand il le faut, non à autre. — Festin royal; le roi y doit être vêtu de tous les mêmes vêtements du sacre. — Trois évêques, non pairs, suffragants de Reims, assis en rochet et camail à la table des pairs ecclésiastiques vis-à-vis les trois évêques-comtes pairs. — Tables des ambassadeurs et du grand chambellan placées au-dessous de celles des pairs laïques et ecclésiastiques. — Lourdise qui les fait placer sous les yeux du roi. — Cardinal de Rohan hasarde l'Altesse dans ses certificats de profession de foi à MM. les duc de Chartres et comte de Charolois; est forcé sur-le-champ d'y supprimer l'Altesse, qui l'est en même temps pour tous certificats et tous chevaliers de l'ordre nommés, avec note de ce dans le registre de l'ordre. — Ce qui est observé depuis toujours. — Grands officiers de l'ordre couverts comme les chevaliers. — Ridicule et confusion de la séance. — Princes du sang s'arrogent un de leurs principaux domestiques près d'eux à la cavalcade, où [il y a] plus de confusion que jamais. — Fêtes à Villers-Cotterets et à Chantilly. — La Fare et Belle-Ile à la Ferté. — Leur inquiétude, et mon avis que Belle-Ile ne peut se résoudre à suivre. — Survivance du gouvernement de Paris du duc de Tresmes à son fils aîné. — Signature du contrat du futur mariage de Mlle de Beaujolois avec l'infant don Carlos. — Départ et accompagnement de cette princesse. — Laullez complimenté par la ville de Paris, qui lui fait le présent de la ville. — Mort à Rome de la fameuse princesse des Ursins. — Mort de Madame; son caractère. — Famille et caractère de la maréchale de Clerembault. — Sa mort. — Mariage de Mme de Cani avec le prince de Chalais, et du prince de Robecque avec Mlle du Bellay. — Paix de Nystadt entre le czar et la Suède 403

CHAPITRE XVIII. — Année 1723. — Stérilité des récits de cette année; sa cause. — Mort de l'abbé de Dangeau. — Mort du prince de Vaudemont; du duc de Popoli à Madrid, et sa dépouille. — Mort et caractère de M. Le Hacquais. — Obsèques de Madame à Saint-Denis. — Mort, famille, caractère, obsèques de Mme la Princesse. — Biron, Lévi et La Vallière faits et reçus ducs et pairs à la majorité. — Majorité du roi. — Lit de justice. — Il visite les princesses belle-fille, filles, même la sœur de feu Mme la Princesse, et point ses petites-filles, quoique princesses du sang. — Conseil de régence éteint. — Forme nouvelle du gouvernement. — Survivance de la charge de secrétaire d'État de La Vrillière à son fils. — Mariage secret du comte de Toulouse avec la marquise de Gondrin. — Fin de la peste de Provence, et le commerce universellement rétabli. — Mlle de Beaujolois remise à la frontière par le duc de Duras au duc d'Ossone, et reçue par Leurs Majestés Catholiques, etc., à une journée de Madrid, où il se fait de belles fêtes. — Le chevalier d'Orléans, grand prieur de France, et le comte de Bavière, bâtard de l'électeur, faits grands d'Espagne. — Explication des diverses sortes d'entrées chez le roi, et du changement et de la nouveauté qui s'y fit. — Rétablissement des rangs et honneurs des bâtards, avec des exceptions peu perceptibles, dont ils osent n'être pas satisfaits. — Cardinal Dubois éclate sans mesure contre le P. Daubenton. — Cause de cet éclat sans retour. — Mort du prince de Courtenay. — Détails des troupes et de la marine rendus aux secrétaires d'État. — Duc du Maine conserve ceux de l'artillerie et des Suisses, et y travaille chez le cardinal Dubois. — Maulevrier arrivé de Madrid, où Chavigny est chargé des affaires, sans titre. — Mariage de Maulevrier-Colbert avec Mlle d'Estaing, et du comte de Peyre avec Mlle de Gassion. — Mort de la princesse de Piémont (palatine Soultzbach); du duc d'Aumont; de Beringhen, premier écuyer du roi; de la marquise d'Alègre; de Mme de Châteauренaud et de Mme de Coëtquen, sœur de Noailles; du fils aîné du duc de Lorraine. — Cardinal Dubois préside à l'assemblée du clergé. — La Jonchère à la Bastille. — Le Blanc exilé. — Breteuil secrétaire d'État de la guerre. — Cause singulière et curieuse de sa fortune. — Son caractère.................................. 430

CHAPITRE XIX. — Bâtards de Montbéliard. — Mezzabarba, légat *a latere* à la Chine, en arrive à Rome avec le corps du cardinal de Tournon, et le jésuite portugais Magalhaens. — Succès de son voyage et de son retour. — Le roi à Meudon pour la convenance du cardinal Dubois, dont la santé commence visiblement à s'affoiblir. — Belle-Ile, Conches et Séchelles interrogés. — La Vrillière travaille à se faire duc et pair par une singulière intrigue. — Mort du marquis de Bedmar à Madrid. — Maréchal de Villars grand d'Espagne... 453

FIN DE LA TABLE DES CHAPITRES.

TYPOGRAPHIE DE CH. LAHURE ET Cie
Imprimeurs du Sénat et de la Cour de Cassation
rue de Vaugirard, 9.